슈퍼 팩트

슈퍼 팩트
SUPER

세상의 진실과 거짓을
한눈에 간파하는 강력한 10가지 법칙

팀 하포드 지음
김태훈 옮김

FACT FACT FACT

세종

일러두기

- 이 책은 국립국어원의 표준어 규정 및 외래어 표기법을 따르되 일부 기업·인명은 실제 발음을 따랐습니다.
- 단행본과 신문·잡지·논문집 등은《 》, 논문·기사·영화·노래 제목 등은〈 〉로 표시했습니다.
- 이 책에 인용된 각종 출간물·영상물은 기본적으로 한국어판 제목과 번역을 따르되 부분적으로 수정해두었음을 알려드립니다.

헌사

피터 싱클레어Peter Sinclair를 기억하며,
지금까지 내게 고마운 가르침을 전한 선생님과
이 세상의 모든 선생님께
이 책을 바칩니다.

그는 우리 세계를 조명하는 인상적인 이야기를 들려주는 일에 있어서 세계 최고의 천재다.

말콤 글래드웰 Malcolm Gladwell, 《**아웃라이어**Outliers》의 저자

통계란 어렵고 복잡하다고 생각하는 사람들이 있다. 하지만 이 책을 읽고 나면 통계를 좋아하게 될 것이다. 강렬하고, 설득력이 넘친다. 진실이 왜곡되는 우리 시대에 꼭 필요한 책이다.

캐롤라인 크리아도 페레즈 Caroline Criado Perez, 《**보이지 않는 여자들**Invisible Women》의 저자

"너무도 시기적절한 책이다", "그 어느 때보다 우리에게 이런 책이 필요하다" 같은 문구를 종종 본다. 하지만 내가 신성시하는 모든 것을 걸고 감히 단언하건대 《**슈퍼 팩트**》만큼 이 말이 적절한 책은 없었다. 독자들에게 무척 복되게도 대단히 이해하기 쉽고, 명쾌하고, 재치 넘치며, 권위 있는 책이다. 저자 팀 하포드는 이 책에서 팩트, 근거, 수치, 선명한 주장과 더 질 높은 삶을 위해서 팩트를 알아야 하는 이유까지 담아냈다. 대단히 훌륭하며 세계와 우리 사회를 이해하는 데 중요한 이유를 상기시켜준다. 모든 정치인과 언론인이 이 책을 의무적으로 읽게 만들어야 한다.

스티븐 프라이 Stephen Fry, 다큐멘터리 작가, 칼럼니스트, 영화배우

현명한 통계 활용법을 알려주는 최고의 지침서이다. 정말 재미있고 마음에 든다.

매트 파커 Matt Parker, 《**험블 파이**Humble Pi》의 저자

정부, 단체, 기업이 수많은 통계와 예측을 내놓는다. 이들은 모두 데이터를 근거로 한다고 주장하는데, 무엇이 진실이고 또 거짓일까? 저명한 경제학자인 저자는 자신의 오랜 경험을 이 현명한 책에 모두 담아냈다. 저자가 제시한 십계명은 반드시 기억하자. 감정을 살피는 일부터 우리 생각과 선택이 틀릴 수 있다는 것을 인정하는 겸손한 태도까지 자신의 것으로 할 수 있다. 대단히 값진 책이다.

데이비드 스피겔할터 David Spiegelhalter 케임브리지 명예교수, 영국왕립학회 펠로우

팀 하포드는 최고의 논픽션 작가이다. 그가 쓴 이 훌륭한 책은 현명하고, 인간적이며, 우리를 무지와 거짓의 늪에서 구원해준다. 통계와 숫자를 이해하고 팩트를 찾아내는 방법에 대해서 그 누구도 팀 하포드보다 더 뛰어날 수 없다.

매튜 사이드 Matthew Syed, 《반란의 생각들 Rebel Ideas》의 저자

숫자와 논리 그리고 순수한 호기심의 힘을 다루는 이 책은 무척 흥미롭고 흡인력 강하다. 저자의 표현을 빌리자면, 통계의 아름다움에 대한 '나의 경이감을 일깨웠다'.

마리아 코니코바 Maria Konnikova, 《최고의 블러핑 The Biggest Bluff》의 저자

팀 하포드는 뛰어난 지성과 엄정한 데이터 그리고 올곧은 신념을 지닌 우리 시대의 가장 호감 가는 수호자이다. 그의 책은 명쾌하고, 우아하며, 언제나 즐겁게 읽을 수 있다.

《타임스The Times》 Book of the Year

팀 하포드의 책은 대단히 새롭고, 솔루션은 따라가기 쉬우며, 그 효과는 마법과 같다. 또한 경제 상황 변화에 유연한 대처법과 마침내 투자 성공에 이르게 할 방법을 담고 있다. 독자들은 오늘날의 세상을 이해하는 매우 중요한 틀을 얻을 수 있을 것이다.

《파이낸셜 타임스 Financial Times》 Book of the Year

이 책은 통계에 숨어 있는 교묘한 트릭을 간파하는 것을 넘어서 세상의 거짓과 우리 자신의 편향을 알아차리고 진실의 눈을 갖게 한다. 반드시 읽어야 할 책이다.

《와이어드Wired》 Book of the Year

지금 그 어느 때보다 팀 하포드 같은 경제학자가 필요하다. 이 책은 미려한 문체와 다양한 근거로 가득하다. 통계와 리포트에서 팩트를 알아내기 위한 강건한 지침을 제공한다.

《선데이 타임스 The Sunday Times》 Book of the Year

"그 누구의 말도 그대로 믿지 말라"

마인드 마이너 송길영

과거에 작은 마을을 이루고 살 때에 사람들은 서로 투명했습니다. 옆집 숟가락이 몇 개인지도 알 만큼요. 새해 운은 정초에 토정비결에서 알아볼 수 있었고, 신점을 치는 점쟁이에게서 7~8월에 물가에 가지 말라는 점괘를 얻고 따르는 것만으로 그해의 위험을 피할 수 있다 믿었습니다.

하지만 지금은 전 세계가 매우 촘촘하게 엮여 있습니다. 수십억 명이 소셜네트워크로 실시간 소통을 하고, 히말라야 암염과 지중해의 과일이 우리 식탁에 오르며, 전자제품 하나에도 여러 나라의 원자재와 부품이 들어갑니다. 온갖 진기한 제품과 서비스가 전 세계 유통망을 오가는 무한 교류의 세상입니다. 한편으로 범지구 네트워크는 그 혜택의 크기만큼 심각한 문제를 낳았습니다. 지구온난화에 따른 이상기후가 전 세계 사람들의 삶과 경제를 위협하고 지정학적 갈등에 따른 식량과 에너지 자원의 위기가 오늘도 스마트폰 알림으로 우리에게 전해지고 있습니다.

이토록 복잡한 세상에서 우리에게 가장 중요한 것은 데이터의 수집과 해석입니다. 궁극적으로 장기적인 추세를 예측하고 우리와 다음 세대를 위한 전략·정책을 수립하기 위함입니다. 독자들은 통계와 뉴스의 형태로 데이터를 실감합니다. 정부와 기업은 정책과 경영의 근거로 활용합니다. 물론 그 영향력은 모든 개인에게 미칩니다.

그런데 과연 데이터는 늘 팩트를 담고 있을까요? 그렇지 않다는 것을 우리는 이미 알고 있습니다. 하지만 무엇이 팩트이고 무엇이 거짓인지 가려내는 일은 결코 쉽지 않습니다. 팀 하포드의 《슈퍼 팩트》는 자신만의 탁월한 시각을 가지고 세상의 진실과 거짓을 구분하는 데 큰 도움을 줍니다. 그리고 더 나아가 정부와 기업이 정책과 전략을 수립하기 위해 데이터를 현명하게 활용하는 법을 알려줍니다.

한편으로 데이터에 대한 이해와 팩트 체크는 절체절명의 위기에 즉각적으로 대처하기 위해서라도 반드시 필요합니다. 이 사실은 코로나 팬데믹 시대에 더욱 명확해졌습니다. 우리는 팬데믹이라는 어려움을 헤쳐 나가는 내내 전문가들의 견해와 예측에 전적으로 의지할 수밖에 없었고 그 과정에서 전 세계가 절망과 희망을 오가곤 했습니다.

데이터와 팩트는 우리 일상에도 매우 밀착되어 있습니다. 인터넷 브라우저와 메신저를 가득 채우고 있는 꼭 봐야 할 뉴스와 유용한 여러 '팁'의 형태로 말입니다. 문제는 이중에는 우리에게 유익한 데이터와 정확한 팩트도 있지만 잘못된 정보 혹은 의도된 왜곡도 적지 않다는 것입니다. 뜨거운 물을 삼키면 바이러스를 파괴할 수 있다는 허무맹랑한 이야기나 백신과 항생제가 아이들을 병들게 한다는 괴담이 정체모를 의사의 이름을 달고 여기저기로 확산되고 있습니다. 한편 왜곡은 편향으로 이어지기도 합니다. 뉴스와 통계를 열심히 찾아보는 사람들이 신념을 강화하는 방향으로 행동하는 것을 관찰할 수 있습니다. 사람들은 본인의 믿음에 관한 증거를 찾고, 그에 반하는 주장이 제기되면 의견을 바꾸는 대신에 반박할 자료를 전보다 더욱 열심히 검색합니다.

인공지능과 알고리즘은 세상에 대한 이런 오해들을 바로잡기에 좋은 대안일까요? 오히려 반대입니다. 알고리즘은 대중의 기호와 행동을 기반으로 학습하며, 그 결과로서 보고 싶은 것만 보고 믿고 싶은 것만 믿게 되는 편향을 더욱 가속화할 수 있습니다. 저자는 "인공지능은 딱 인간의 편향만큼 왜곡된다"라는 인상적인 한마디로 이 현상을 정리했습니다.

우리는 인터넷 준거집단과 왜곡의 문제에서도 눈을 돌리면 안 됩니다. 준거집단의 신념과 성향은 개인이 자기주장을 펼칠 대상으로서 의미를 갖습니다. 우리는 준거집단에 어떤 의견을 올릴 때, 의사소통을 해왔던 다른 이들이 지지하느냐 아니면 백안시하느냐에 따라 자기 사고와 행동을 제어합니다. 물론 이는 무리를 지어 공존해온 우리 종의 사회적 압력 때문이라고 볼 수 있으며 과거에도 있던 일이지만, 지금은 그 편향과 왜곡이 더욱 광범위하고 심각하다는 점이 문제입니다. 다양한 인터넷 준거집단들은 동일한 주장을 놓고도 집단의 성향에 따라 대비되는 반응을 보입니다. 그리고 개인은 인터넷 준거집단의 반응을 보며 사고와 행동이 위축되거나 반대로 강화됩니다. 이는 인터넷 속 준거집단 구성원들이 암묵적으로 합의하는 성향을 형성하는 '편향의 되먹임'으로 이어집니다.

우리는 이런 편향을 어떻게 걸어낼 수 있을까요? 한 가지 단서는 편향이란 '처음부터 무엇인가가 배제된 데이터'에서 태생적으로 발생한다는 것입니다. 가령 전화를 이용한 여론조사에서 조사 시간을 오후 5시 이전, 조사 방식을 가정집 유선전화로 한정하면 직장인들이 응답자에서 제외되는 문제가 있습니다. 이뿐만 아니라 1인 청년 가구는 유선전화가 없는 경우도 많기 때문에 표본 오류는 더욱 커질 수밖에 없습니다. 따라서 데이터를 모을 때 다양한 시각을 아우르고 새로운 정보를 수용하면서 '고슴도치가 아니라 여우처럼 행동해야' 예측의 정확도를 높일 수 있습니다. 이 책에서는 배제된 대상과 응답을 '다크 데이터'로 소개하면서 이같은 표본 편향 문제의 원인과 극복 방법을 소개하고 있으니 꼭 살펴보시기 바랍니다.

올바른 정보를 얻고 정확하게 판단하기 위해서 우리는 어떤 노력을 해야 할까요? 저자는 "누구의 말도 그대로 믿지 말라"고 조언합니다.

우리가 살아가는 세상은 앞으로 더욱 복잡해지고 진실과 거짓의 뒤얽힘이 한층 심해질 것입니다. 사회가 변하는 속도가 빨라지는 만큼 선택해야 하는 것도 많아지게 됩니다. 우리는 그 속에서 인과를 추론하고 현명하게 판단해야 생존할 수 있고, 더 나아가 질 높은 삶을 영위할 수 있습니다. 이를 위해서는 이 책에 담긴 저자의 풍부한 경험과 당부를 주의 깊게 읽어봐야 합니다.

"세상에 호기심을 가지십시오"라는 저자의 한마디는 세상의 모든 말 가운데 실로 가장 진실에 가까운 말입니다. 이 책이 자신만의 탁월한 시각을 가지고 진실을 탐구하는 모든 이들에게 유용한 틀거리가 되기를 바라며 일독을 권합니다.

마인드 마이너 송길영
《그냥 하지 말라》의 저자

차례

프롤로그 데이터 사기꾼이 당신을 조종하는 방법들

슈퍼 팩트 법칙 1

감정에 지배당하지 말고 지배하라

슈퍼 팩트 법칙 2

개인적인 경험을 의심하라

슈퍼 팩트 법칙 3

말과 숫자부터 정확히 정의하라

슈퍼 팩트 법칙 4

데이터의 맥락과 바탕에 집중하라

슈퍼 팩트 법칙 5

행운과 우연에 속지 말라

슈퍼 팩트: 진실을 꿰뚫는 눈

1935년 영국 공군성은 적군 항공기를 격추시킬 수 있는 살인광선을 만들기 위해 노력했지만, 결국 성공하지 못했습니다. 그 대신 공군성은 살인광선보다 훨씬 더 유용한 것을 만들어냈습니다. 영국 전파연구소의 로버트 왓슨와트와 아놀드 윌킨스가 라디오파의 활용법을 발견한 덕분입니다. 그들은 라디오파가 물체에 닿으면 반사된다는 성질을 이용해 적군 폭격기의 위치를 탐지하는 방법을 고안했습니다.

이렇게 탄생한 레이더 시스템은 그로부터 5년 후 독일 공군의 폭격을 막아내는 데 핵심적인 역할을 했습니다. 이 시스템이 적군 폭격기가 접근할 때 그 위치를 정확하게 탐지해냈기 때문입니다.

사실 한국 독자들에게는 위와 같은 역사적 사실을 굳이 설명할 필요가 없을 것 같긴 합니다. 코로나 팬데믹 시대에 한국은 바이러스를 막아낼 수 있는 고유한 레이더 시스템을 가동하는 데 성공했기 때문이지요. 한국의 정보 시스템은 바이러스의 활동을 추적하고 억제해 급속한 확산을 막을 수 있을 정도로 탁월했습니다.

하지만 코로나 바이러스 방역에 성공한 한국과 달리 유럽의 정보 시스템에는 약점이 있었습니다. 그 결과 몇 주 만에 바이러스가 급속하게 확산됐습니다. 전 세계 사람들은 한국과 유럽의 대조적인 상황을 목격했습니다. 한국은 좋은 정보야말로 최고의 기술이라는 사실을 보기 좋게 증명했습니다.

《슈퍼 팩트》는 바로 그 중요한 '정보'를 진지하게 다루는 방법을 소개하는 책입니다. 세상을 지배하는 것은 감정과 숫자입니다. 대부분의 사람은 감정에 지배되고 왜곡된 숫자에 현혹되어 팩트를 보지 못합니다. 그 결과로서 사람들은 경제적인 손실뿐 아니라 건강과 생명에도 피해를 입습니다. 한편 감정에 지배되지 않고 오히려 감정을 지배하며, 왜곡된 숫자를 배제하고 진실된 숫자를 파악하면 더 많은 것을 알게 됩니다. 보이는 팩트뿐 아니라 '보이지 않던 팩트'까지 보게 됩니다. 여러분은 전과 달리 스스로 선택을 하고, 더 많이 알고 싶어지며, 훨씬 넓은 시야를 갖게 됩니다. 그리고 그것은 초예측과 당신의 성공으로 이어집니다. 그것이 바로 제가 말하고 싶은 '슈퍼 팩트'입니다. 이 책을 따라가다보면 여러분도 '슈퍼 팩트'를 갖게 될 것입니다. 정보에는 팩트가 중요합니다.

정보와 팩트를 우리에게 전달하고 더 나은 통찰을 할 수 있도록 도와주는 사람들은 더 많은 지원과 감사를 받아야 마땅합니다. 과거에 레이더를 개발했던 과학자들, 이번 코로나 팬데믹에서 바이러스를 추적한 의료 전문가들, 지금 이 순간에도 금융시스템의 약점을 연구하는 경제학자들 그리고 사건을 조사해 보도하는 저널리스트들이 그런 이들입니다.

유용한 통계는 쉽게 다운로드할 수 있는 스프레드시트 어딘가에만 있는 것이 아닙니다. 유용한 통계는 수집되어야 합니다. 누군가는 기준을 정하고, 시스템들을 연결하고, 사람을 고용해 통계를 수집해야 합니다.

하지만 사실들을 수집하는 것만으로는 충분하지 않습니다. 새로운 정보가 우리가 가진 희망이나 생각과 충돌하더라도 열린 마음으로 그 새로운 정보를 받아들일 수 있어야 합니다.

2500년 전 피타고라스의 추종자들은 우주의 상수들이 모두 정수라고 생각했습니다. 하지만 그 생각은 틀렸습니다. 가로와 세로의 길이가 1인 정사각형의 대각선 길이만 해도 정수가 아닌 $\sqrt{2}$(1.41421⋯)입니다. 정수 두 개로 구성되는 분수로도 $\sqrt{2}$의 값을 나타낼 수는 없습니다. 분수 $\frac{3}{2}$이 $\sqrt{2}$와 비슷하지만 정확한 값은 아닙니다. 한편 분수 $\frac{10}{7}$은 $\sqrt{2}$의 값에 더 근접하지만 여전히 딱 맞아떨어지지는 않습니다. $\sqrt{2}$의 값을 정확하게 나타낼 수 있는 분수는 존재하지 않으며 그 증명도 어렵지 않습니다.

피타고라스의 추종자들은 이 사실을 발견하고 극도의 혼란에 빠졌다고 합니다. $\sqrt{2}$의 발견은 그들이 믿어왔던 세계관을 기초부터 흔들어버리는 것이었기 때문입니다. √2라는 무시무시한 팩트를 발견한 수학자 히파소스가 배 위에서 바다로 던져져 살해당했다는 이야기가 전해질 정도입니다.

사실 히파소스에 대해서는 알려진 것이 별로 없으며, 그가 실제로 그런 벌을 받고 죽었는지도 확실하지 않습니다. 하지만 히파소스의 전설이 지금까지 전해 내려오는 이유는 그 이야기가 일종의 경고 역할을 하기 때문일 것입니다. 단지 팩트를 말했다는 이유로 사회가 사람을 박해한다면 그 사회는 머지않아 집단 지성을 상실하게 된다는 경고 말입니다.

세계에 관한 분명하고 훌륭한 결정에는 두 가지 측면이 존재합니다. 한쪽 면에는 팩트를 수집하고 그 팩트가 명확하고 정확하며 중요하다는 확신을 주는 사람들이 자리하고 있습니다.

다른 한쪽에는 개별 시민들이 있습니다. 그 사실들을 해석하는 저나 독자 여러분 같은 사람입니다. 우리는 그 팩트에 호기심을 가질 수도 있고, 반대로 외면할 수도 있습니다. 그리고 극단적인 경우에 우리는 그 팩트를 발견하고 전달하는 사람을 배 밖으로 던져버리기도 합니다.

팩트를 수집하고 규명하는 이들과 팩트를 수신하고 해석하는 이들. 이 두 집단은 종이를 자르는 가위의 두 날과 비슷합니다. 가위에 두 날이 없으면 '팩트와 거짓이 뒤섞인 세상이라는 종이'를 결코 자를 수 없습니다. 만약 두 날이 충분히 날카롭다면 혼란한 세상에서 팩트와 거짓을 가를 수 있게 됩니다. 물론 《슈퍼 팩트》는 주로 팩트를 수신하고 해석해야 하는 '당신'에게 초점을 맞춘 책입니다.

책 본문에서 더 자세히 다루겠지만, 팩트와 거짓을 가려내기 위해서는 일정 수준의 구체적인 '기술'과 감정을 통제할 수 있는 '지혜'가 필요합니다. 피타고라스의 추종자들이 히파소스를 배 밖으로 던진 이유는 히파소스의 생각을 이해할 수 없었기 때문이 아닙니다. 추종자들 자신이 알게 된 팩트, 즉 $\sqrt{2}$를 받아들일 수가 없어서 너무나 화났기 때문이었습니다. 현대에도 저런 추종자들은 차고 넘칩니다. 예를 들어 잘못된 길로 들어선 투자자는 거품 자산에 돈을 쏟아 부으면서 지적 정당화를 합니다. 실제로 그들의 행위는 이성적인 투자 전략이 아닌 경우가 많습니다. 그보다는 뒤섞인 긍정오류와 부정오류에 탐욕과 열등감 그리고 공포까지 더해진 감정적인 결정의 결과이기도 합니다.

《슈퍼 팩트》의 핵심은 팩트를 위한 십계명에 있습니다. 이 십계명을 따라 가다보면 팩트를 분간하는 기술적인 능력과 감정을 통제하는 지혜를 얻을 수 있습니다. 우리는 감정을 자극하는 정보나 어떤 어리석은 일을 하도록 유혹하는 정보에 매우 쉽게 노출되곤 합니다. 그때 이 책과 십계명을 기억해주세요. 그러면 진실을 꿰뚫는 눈을 되찾고 침착하게 옳은 결정을 내릴 수 있을 것이라 약속합니다.

이 한국어판 서문을 읽었다면 독자들은 《슈퍼 팩트》의 비전을 전반적으로 이해할 수 있을 겁니다. 또한 나의 주장과 비유 그리고 그 원천을 이해하는 데 도움을 받을 수 있을 겁니다.

진심을 담아서 한 가지 조언을 하고 싶습니다. 한국 독자들이 세상에 호기심을 가지기를 바랍니다. 손을 뻗으면 닿는 거리뿐 아니라 그 너머까지 관심만 기울인다면 세상은 매력으로 가득 찬 멋진 곳이라는 사실을 깨닫게 될 겁니다.

한국에서 내 책들이 출간되는 것을 영광으로 생각합니다. 그동안 많은 한국 독자가 내 책에 지지를 보내온 것을 잘 알고 있습니다. 또한 내 책들이 한국의 서점과 도서관에 존재하며, 출간될 때마다 책을 사랑하는 이들에게 환영받는 것도 대단히 감사한 일입니다.

부디 《슈퍼 팩트》를 재미있게 읽어주기를 바랍니다. 우리 세계와 팩트에 호기심을 가지고, 거짓과 팩트를 구분하는 일에 이 책이 큰 도움이 되기를 간절히 희망합니다.

팀 하포드Tim Harford

2022년 9월, 영국 옥스퍼드

실로 진정한 문제는…
어떤 것이 오류임을 증명하는 게 아니라
진실한 대상이 진실임을
증명하는 일로 이뤄진다.

움베르토 에코 Umberto Eco [1]

프롤로그
데이터 사기꾼이 당신을 조종하는 방법들

'황새가 아기를 물어온다'는 오랜 이야기를 알고 있는가?

저 이야기는 분명 사실이다.

통계로 증명할 수 있다.

각국의 황새 개체수에 대한 통계 수치와 각 연도에 태어난 아기의 수를 살펴보라. 유럽 전체에 걸쳐서 상당히 강력한 상관성이 존재한다. 황새가 늘면 신생아도 증가한다. 반대로 황새가 줄어들수록 신생아도 감소한다.

'황새와 신생아의 상관관계'는 학술지 게재를 위한 전통적인 관문을 통과할 수 있을 만큼 확고하다. 실제로 《황새가 아기를 물어온다(p=0.008)》는 제목의 과학 논문이 발표된 적이 있다. 지나치게 전문적인 내용을 배

제하고 봤을 때, 여러 개의 0은 그것이 우연이 아님을 말해준다.[2]•

아마 당신은 이미 꼼수를 짐작했을 것이다. 독일, 폴란드, 터키 같은 유럽의 대국들은 많은 아기와 황새의 고향이다. 알바니아나 덴마크 같은 소국들은 아기와 황새의 수가 더 적다. 데이터에는 명확한 패턴이 존재하지만 그렇다고 해서 황새가 아기들을 태어나게 만든다는 뜻은 아니다.

이처럼 통계로 어떤 것이든 '증명'할 수 있는 것처럼 보인다. 설령 그것이 황새가 아이를 물어온다는 말이라고 해도 마찬가지다.

《새빨간 거짓말, 통계How to Lie with Statistics》를 읽으면 분명 그런 인상을 받을 것이다. 1954년에 그다지 유명하지 않은 미국의 프리랜서 저널리스트인 대럴 허프Darrell Huff가 펴낸 이 재치 넘치고 냉소적인 책은 발간 즉시 《뉴욕타임스》로부터 호평받았다. 그리고 아마도 통계 관련 저서로는 역대 가장 많은 인기를 끌면서 100만 부 넘게 팔렸다.

이 책은 그만한 인기와 칭찬을 누릴 만하다. 통계가 무엇인지 알려주는 놀라운 책이기 때문이다. 이 책은 또한 대럴 허프를 전설적인 너드nerd••로 만들었다. 《배드 사이언스Bad Science》라는 베스트셀러를 쓴 전염병학자, 벤 골드에이커Ben Goldacre는 "그 유명한 허프"가 "끝내주는 책"

• 사회과학 분야의 연구 논문은 대개 p(확률값)=0.05 이하이면 "통계적으로 유의미하다"라고 말한다. p=0.05는 아무 상관성이 없다면 적어도 관측된 것만큼 명확한 패턴은 20번 중에서 1번만 발생할 것이라는 뜻이다. 황새 논문은 p=0.008이라는 수치를 내세웠다. 즉, 실제로 황새와 출생 사이에 아무 관계가 없다면 관측된 것만큼 명확한 패턴은 125번 중에서 1번만 발생할 것이다. 여기서는 그 이유를 깊이 파고들지 않겠지만 이런 통계적 유의성 시험을 적용하는 전통은 유감스러운 점이 많다.
•• 관심 분야에 매우 깊게 빠져드는 마니아. - 옮긴이

을 썼다고 경의를 표했다. 미국의 저술가인 찰스 윌런Charles Wheelan은《벌거벗은 통계학Naked Statistics》을 허프가 쓴 "고전"에 바치는 "헌서"라고 말했다. 유명 학술지인《통계학Statistical Science》은《새빨간 거짓말, 통계》발간 50주년을 맞아 허프를 회고하는 특집을 기획했다.

나도 같은 마음이었다. 나는 십 대 시절에《새빨간 거짓말, 통계》를 즐겨 읽었다. 명민하고, 날카롭고, 장난기 어린 삽화가 가득한 이 책은 통계적 조작이라는 커튼의 이면을 엿볼 수 있게 해주었다. 또한 다시는 속지 않도록 사기가 어떻게 이뤄지는지 보여주었다.

허프는 책에서 온갖 사례를 제시한다. 그는 예일대 졸업생이 얼마나 많은 돈을 벌어들이느냐는 질문으로 이야기를 시작한다. 1950년에 이뤄진 조사 결과에 따르면 1924년 예일대 졸업반은 오늘날의 기준으로 1년에 거의 50만 달러에 육박하는 평균 소득을 올렸다. 이는 충분히 믿을 만한 수치였다. 어쨌든 세계 초일류 대학인 예일이니까 말이다. 그래도 1년에 50만 달러는 정말 큰돈인데, 정말로 예일대 졸업생들의 평균적인 벌이가 이 수준일까?

물론 거짓이다. 허프는 이 "믿기 힘들 만큼 윤택한" 수치는 조사대상자들이 스스로 밝힌 데이터에서 나왔다고 설명한다. 즉, 예일대 졸업생들이 허영심 때문에 수입을 부풀렸을 것이라고 짐작할 수 있다. 또한 이 조사는 번거로움을 무릅쓰고 조사에 응한 응답자들과 학교 측이 찾은 졸업자만을 대상으로 삼았다. 졸업한 지 수년, 수십 년 지나도 찾기 쉬운 이들은 누구일까? 바로 돈 많고 유명한 사람들이다. 모르긴 몰라도 예일대학교는 백만장자 졸업자의 연락처를 분명히 관리하고 있을 것이다.

허프는 "예일에서 주소 불명으로 처리된 길 잃은 어린 양들은 어떤 이들일까?"라고 묻는다. 성공하지 못한 졸업생들은 관리 대상에서 쉽게 누락되었을 것이다. 이 모든 사실은 해당 조사가 크게 과장된 시각을 제시했을 것임을 말해준다.

허프는 유리한 결과만 골라낸 연구에 기반한 치약 광고부터 관점에 따라 의미가 달라지는 지도까지 폭넓은 분야를 확보하며 통계 범죄를 까발린다. 그리고 "사기꾼들은 이미 이런 수법을 알고 있다. 그러니 정직한 사람들도 자기방어를 위해 통계의 거짓말을 알아야 한다"고 말한다.

《새빨간 거짓말, 통계》를 읽고 나면 숫자가 당신을 속이는 여러 방식을 의심하는 시각을 갖게 될 것이다. 《새빨간 거짓말, 통계》는 현명하고 교육적인 책이다.

하지만 나는 10년 넘게 통계학적 개념을 알리고 수치적 주장에 대한 팩트 체크를 하려 애썼다. 그리고 오랜 시간이 지나면서 갈수록 《새빨간 거짓말, 통계》와 이 책이 대변하는 태도가 불편해졌다. 해당 주제에 대해 가장 큰 성공을 거둔 책이 처음부터 끝까지 오정보에 대한 경고를 담고 있다는 사실은 통계에, 그리고 우리에 대해 무엇을 말해주고 있는 것일까?

데이터 탐정의 역사적인 첫 성과

대럴 허프는 《새빨간 거짓말, 통계》를 1954년에 펴냈다. 바로 그 해에 다른 일도 일어났다. 리처드 돌Richard Doll과 오스틴 브래드포드 힐Austin Bradford Hill이라는 두 명의 영국 연구자가 흡연이 폐암을 유발한다는 사실을 증명하는 최초의 설득력 있는 연구 결과 중 하나를 제시했다.[3]

돌과 힐은 통계 없이는 이 사실을 파악할 수 없었다. 영국의 폐암 발병률은 15년 만에 여섯 배나 증가했다. 1950년에 영국은 세계에서 가장 높은 폐암 발병률을 기록했으며, 폐암 사망자 수가 최초로 결핵 사망자 수를 넘어섰다. 이 사실을 알기 위해서도 통계적 관점이 필요했다. 물론 당시 의사 개개인은 개별 환자의 사망을 선고했을 뿐이며 사망자 수의 증가 폭을 통계적으로 인식하지는 못했다.

당시에는 많은 이들이 폐암의 원인은 자동차에 있다고 여겼다. 물론 이는 1950년대 시점에서 전적으로 타당한 추측이었다. 20세기 초반에 자동차가 대중화되었다. 사람들은 자동차 매연과 새로 깔린 도로의 타르에서 피어오르는 이상하게 매력적인 증기를 흔히 볼 수 있게 되었다. 같은 시기에 폐암 발병도 증가했다. 자동차가 아니라 담배가 폐암을 초래한다는 진실을 파악하려면 단지 주위를 둘러보는 것 이상의 일이 필요했다. 연구자들이 신중하게 숫자를 세고 비교하는 작업이 요구되었다. 더 정확하게 말하자면 비로소 '통계'가 필요했다. 담배가 폐암의 원흉이라는 사실을 보여주는 데에도 다시 통계가 핵심적인 역할을 했다.

많은 이가 담배 가설을 회의적인 시각으로 본 것도 사실이다. 이 가설이 전적으로 새로운 것은 아니었다. 가령 나치 독일에서는 담배가 위험하다는 증거를 확보하기 위한 대규모 연구가 이뤄졌다. 히틀러는 흡연을 혐오했다. 담배가 암을 초래한다는 사실을 독일 의사들이 발견했을 때 히틀러는 분명히 기뻐했을 것이다. 그러나 "나치가 담배를 싫어했다"는 사실은 담배의 인기를 막을 명백한 이유가 되지 못했다.

그래서 돌과 힐은 나름의 통계 조사를 실시하기로 했다. 리처드 돌은 잘생기고, 조용하고, 한결같이 정중한 젊은이였다. 그는 통계학으로 의료에 혁신을 일으킬 아이디어를 머릿속에 가득 담은 채 제2차 세계대전에서 돌아왔다. 그의 멘토인 오스틴 브래드포드 힐은 제1차 세계대전 때 조종사로 활약한 후 결핵 때문에 거의 죽을 뻔했다.[*] 힐은 카리스마가 넘치고, 통찰력을 지녔으며 20세기 최고의 의료통계학자로 불렸다.[4] '데이터 탐정Data Detective'으로서 두 사람의 공동 작업은 이후 많은 생명을 구했다.

두 사람의 첫 흡연 및 암 연구는 1948년 새해 첫날에 시작되었다. 이 연구는 런던 북서부에 있는 20개 병원을 중심으로 진행되었으며 리처드 돌이 이끌었다. 암 환자가 들어올 때마다 간호사들은 무작위로 같은 병원에서 성별과 연령이 같은 다른 환자를 찾았다. 암 환자와 그들의 비교 대상은 사는 곳과 일하는 곳, 생활 습관 및 식습관, 흡연 기록을 묻는 심층적인 설문조사에 임했다. 그렇게 몇 달에 걸쳐 조사 결과가 쌓여갔다.

-    힐은 나중에 최초의 엄격한 무작위 임상시험으로 인정받은 임상시험을 거쳐 결핵 치료법을 발표하여 달콤한 복수에 성공했다.

연구가 시작된 지 2년이 채 되지 않은 1949년 10월, 돌은 담배를 끊었다. 37살인 그는 성인이 된 후 줄곧 흡연자로 살았다. 그와 힐은 과도한 흡연이 폐암 발병 위험을 두 배나 세 배 심지어 네 배 증가시키는 데 그치지 않는다는 사실을 발견했다. 흡연은 폐암 발병 위험을 열여섯 배나 치솟게 했다.[5]

힐과 돌은 1950년 8월에 연구 결과를 발표했다. 그리고 곧바로 규모가 더욱 크고 장기적이며 야심 찬 연구에 돌입했다. 힐은 영국의 모든 의사(5만 9,600명)에게 편지를 써서 그들의 건강과 흡연 습관에 대한 "질문지"를 작성해달라고 요청했다. 돌과 힐은 의사들이 자신의 흡연 현황을 잘 알고 있으리라 생각했다. 또한 그들은 항상 명단이 관리되기 때문에 쉽게 찾을 수 있었으며, 사망하는 경우에도 의사가 그 원인을 제대로 진단했을 가능성이 높았다. 힐과 돌은 그저 기다리기만 하면 되었다.

4만여 명의 의사가 힐의 요청에 응했다. 그러나 모두 기꺼이 응한 것은 아니었다. 당시에는 흡연이 매우 흔했다는 점을 이해할 필요가 있다. 돌과 힐의 초기 샘플에 속한 남성 의사 중 85퍼센트가 흡연자라는 사실은 전혀 놀랄 일이 아니었다. 누구도 자신을 천천히 죽이고 있다는 말을 듣고 싶어 하지 않는다. 특히 그 자살 수단이 대단히 중독성이 강한 것이라면 더욱 그렇다.

어떤 의사는 런던에서 열린 파티에서 다음과 같이 날 선 말로 힐을 몰아붙였다. "당신이 우리더러 담배를 끊으라고 한 작자로군!" 이 말에 파이프 담배를 피우던 힐이 대꾸했다. "전혀 그렇지 않아요. 단지 당신이 계속 담배를 피우면 어떻게 죽을지 담배를 끊으면 어떻게 죽는지 알고 싶을 뿐입니다. 그러니 담배를 끊을지 아니면 계속 피울지는 스스로 선택하십시오. 나는 아무 관심 없습니다. 어쨌든 당신이 어떻게 죽었는지는 통계에 넣을 겁니다."[6]

힐이 원래 경제학을 공부했다는 사실을 말했던가? 그는 경제학에서 이런 매력적인 태도를 익혔다.

의사들을 대상으로 한 연구는 수십 년 동안 계속되었다. 그러나 돌과 힐은 연구를 시작한 지 오래 지나지 않아 명확한 결론을 내리기에 충분한 데이터를 확보했다. 그 결론이란 '흡연이 폐암을 초래하며 담배를 오랫동안 피울수록 위험이 커진다'는 것이었다. 게다가 흡연이 심근경색을 초래한다는 새로운 사실도 밝혀졌다.

의사들은 바보가 아니다. 1954년에 이 연구 결과가 의료 전문지인 《영국의료저널British Medical Journal》에 발표되었을 때 그들은 나름의 결론을 내릴 수 있었다. 힐은 그해에 담배를 끊었다. 그의 수많은 동료도 담배를 끊었다. 영국 의사들은 자국에서 대규모로 금연을 실시한 최초의 사회집단이 되었다.

1954년은 통계학에 관한 두 가지 관점이 동시에 부상한 상징적인 해였다. 우선 대럴 허프의 《새빨간 거짓말, 통계》를 읽은 많은 독자는 통계란 사기꾼과 협잡꾼이 가득한 하나의 게임이라고 생각했다. 저들은 통계를 다루는 악당들의 농간을 밝히는 일을 즐거워했다. 반대로 오스틴 브래드포드 힐과 리처드 돌에게 통계는 웃음거리가 아니었다. 힐과 돌의 게임에는 상상할 수 있는 가장 큰 대가가 걸려 있었다. 그래서 정직하게 잘 플레이하면 생명을 구할 수 있었다.

코로나 팬데믹과 데이터 탐정들

2020년 봄, 통계는 다시 시험에 들었다. 엄격하고 시기적절하며 정직한 통계를 내놓는 데 성공하느냐 실패하느냐에 사상 최대 판돈이 걸린 것이다. 새로운 종류의 코로나 바이러스가 세상을 휩쓸기 시작했고 정치인들은 통계에 의지하여 수십 년 만에 가장 중대한 결정을 빠르게 내려야 하는 처지에 몰렸다.

위에서 말한 중대한 결정이란 코로나 바이러스에 대한 모든 것이었다. 시작점, 전염 방식, 치사율 등이다. 전염병학자, 의료통계학자, 경제학자들이 급히 실행한 데이터 수사 작업에 의존했다. 잠재적으로 수천만 명의 목숨이 위험에 처해 있었다. 수십억 명의 생계도 마찬가지였다. 이 데이터 탐정들은 급히 세계가 직면한 것이 무엇인지 파악하는 일에 나섰다. 그러나 그 어디에서도 좀처럼 증거가 나오지 않았다. 유행병학자인 존 이오아니디스John Ioannidis는 3월 중순에 코로나 바이러스가 "증거 측면에서 한 세기에 한 번 나올 만한 낭패가 될지 모른다"라고 썼다.[7] 우리는 어둠 속에서 생사의 결정을 내리고 있었다.

그러나 몇 주 만에 데이터 탐정들은 바이러스의 주요 특징과 그것이 초래한 질환에 대한 대략적인 그림을 그리기 시작했다. 우리는 많은 사람이 증상이 발현되기 전에 이미 감염되었다는 사실을 알게 되었다. 또한 증상이 전혀 발현되지 않는 사례도 있다는 사실을 알게 되었다. 그 수가 정확히 얼마나 되는지가 중요한 문제였다(현재는 약 4분의 1로 생각된다. 그러나 잠시 생각해보면 이 문제는 신중한 수사 작업이 없으면 답하기 어렵다는 사실을 깨닫게 된다). 우리는 청년층보다 노년층이 훨씬 큰 위험에 처해 있다는 사실을 빠르게 인식했다. 심지어 감염 사망률에 대한 타당한 추정치까지 도출했다. 노년 인구가 많은 부유한 국가의 사망률은 약 1퍼센트였다. 이 수치는 격렬한 논쟁의 대상이 되었다. 또한 의학이 진보하고 바이러스가 변이를 일으킴에 따라 수치가 바뀔 수 있었다. 그러나 초기 추정치는 검증을 놀랍도록 잘 견뎌냈다.

일부 수수께끼는 아직 남아 있다. 그러나 진단 수를 늘리고, 사례를 연구하고, 심지어 바이러스의 변이 유전자 코드를 추적하면서 시간이 지남에 따라 그림이 갈수록 선명해졌다. 진단의 중요성이 크게 강조된 데에는 그럴 만한 이유가 있었다. 진단은 데이터를 수집하여 보이지 않는 위협을 파악하는 수단이었다. 특히 적절하게 조직되고 분석된 진단은 더욱 유용했다. 영국의 국립통계청 Office for National Statistics 이 실시한 분석이 한 예였다. 통계는 팬데믹을 살피는 레이더와 같았다.

권력자가 결정하는 숫자의 메시지

이 책의 개요는 중증급성호흡기증후군 코로나 바이러스2(Sars-Cov-2)의 첫 감염자가 나오기 전에 작성되었다. 그리고 치명적인 팬데믹은 통계에 관한 나의 오랜 주장 세 가지가 진실이었음을 증명해줬다(물론 이를 지켜보는 일은 그다지 유쾌하지 않았다).

첫째, 우리의 감정과 선입견 그리고 정치 성향은 우리가 증거를 해석하는 방식을 심하게 왜곡할 수 있다. 이 문제는 이 책의 핵심적인 논점으로서 법칙1에서 집중적으로 다뤄볼 것이다. 미리 밝혀두자면 미국이 팬데믹에 대응하는 과정에서 나의 오래된 주장은 진실임이 드러났다. 트럼프 대통령은 2020년 2월 말에 "이 바이러스는 사라질 겁니다. 어느 날 갑자기 기적처럼 사라질 겁니다"라고 발표했다. '희망회로Wishful thinking'는 강력했다. 그때로부터 4주 후에도 친애하는 트럼프 씨는 여전히 부활절에는 모든 사람이 교회에 갈 수 있을 것이라는 희망찬 발언을 했다.[8] 그가 퇴임할 무렵, 미국인 사망자가 40만 명에 달했음을 기억하라.

트럼프는 의견이 대립하는 사람들이 극단으로 치닫도록 유도하는 데 도가 튼 인간이었다. 아마 그가 아이스크림이 좋은 간식이라고 말했다면 어떤 미국인들은 아이스크림만 먹을 것이고, 다른 미국인들은 아이스크림 가게 밖에서 요란하게 시위를 벌였을 것이다. 실상 코로나 바이러스도 마찬가지였다. 수많은 트럼프 지지자들에게 마스크를 거부하는 그릇되고 무모한 태도는 자긍심의 징표가 되었다. 반면 트럼프의 의견에 찬성하지 않는 이들은 극단적인 반대편으로 치달았다. 어느 미국 저널리스트는 팬데믹 상황이 "걷잡을 수 없는" 지경이 되었다고 트위터에 썼다. 영국인이 보기에 이 트윗은 당혹스러운 것이었다. 감염 확산에 대한 증거에 따르면, 마스크를 쓰든 안 쓰든 실외 산책 중에 바이러스가 전염될 위험은 아주 낮다. 그리고 무엇보다도 저 미국 저널리스트의 트윗이 올라온 2021년 1월 말에 영국의 코로나 감염자 수는 심각한 수준이 아니었다. 오히려 빠르게 감소하고 있었다.

그럼 미국 저널리스트의 트윗은 어떤 시각으로 볼 수 있는가? 바로 책임감 있는 마스크 사용을 둘러싸고 정치적으로 극과 극으로 나뉜 투쟁이다. 이 투쟁에 참여한 두 진영은 진실을 파악하는 데 관심이 없다. 그러나 역설적으로 문제로부터 한 발 뒤로 물러나면 투쟁에 관련된 종족주의tribalism를 쉽게 파악할 수 있다. 양극단, 즉 각각 공화당과 민주당이라는 종족에 속한 두 집단은 전투에 너무 몰입한 나머지 명료한 사고를 하지 못한다. 반면에 흥미롭게 지켜보는 외부자라는 종족에 속해 있으면 객관적이고 명쾌하게 상황을 파악할 수 있다.

둘째, 정치적 결정권자는 통계 수집과 공유 그리고 무시 혹은 은폐를 결정한다. 코로나 사태 초기를 예로 들어보자. 당시에는 지정학적 논쟁이 정직한 통계가 자유롭게 유통되지 못하도록 막았다(이 문제는 법칙8에서 다시 다룰 것이다).

대만은 2019년 12월 말에 사람 간 전염에 대한 중요한 단서를 세계보건기구에 전달했다고 고발했다. 그러나 세계보건기구는 1월 중순에도 중국이 사람 간 전염에 대한 증거를 찾지 못했다는 트윗을 자신 있게 올렸다. 참고로 말하자면 대만은 세계보건기구의 회원국이 아니다. 중국이 대만 영토에 대한 주권을 주장하며 대만을 독립국으로 인정하지 말라고 요구했기 때문이다. 이런 지정학적 장애물이 팬데믹에 대한 대응을 지연시켰을지도 모른다.[9]

정치적 결정권자의 통계적 결정과 지정학적 장애물이 팬데믹 억제에 문제가 되었을까? 확실히 그랬다고 말할 수 있다. 이삼일마다 감염자가 두 배 늘어나는 상황에서 두어 주 일찍 경고가 이뤄졌다면 2020년 초반 팬데믹에 대한 전 세계의 대응은 더욱 신속했을 것이다.

셋째, 통계는 다른 방식으로는 볼 수 없는 것을 우리에게 보여준다. 통계는 단지 신문 기사를 위한 장식이나 정치 논쟁의 무기가 아니다. 강건한 통계와 오류·결함이 있는 데이터의 차이는 생사를 가른다.

2020년 봄에 초고를 쓰고 있을 때는 팬데믹과 바이러스에 대해 우리는 모르는 것도 많았고 데이터도 무척 부족했다. 사망자가 며칠마다 배로 늘면서 길게 두고 볼 시간이 없었다. 지도자들은 경제를 인위적으로 혼수상태에 빠뜨렸다. 3월 말, 미국에서는 1주일 만에 300만여 명이 실업급여를 신청했다. 이는 기존 기록보다 다섯 배나 큰 수치였다. 그다음 주에는 상황이 더 나빠져 추가로 650만 건의 실업급여 신청이 이뤄졌다. 이토록 많은 사람의 소득을 쓸어버릴 만큼 보건상의 잠재적인 대가가 실로 파국적이었을까? 지금 와서는 실제로 그랬던 것으로 추측할 수 있지만 그 당시 감염병 학자들은 매우 한정된 정보를 토대로 최선의 추정을 할 수밖에 없었다.

우리가 대개 정확하고 체계적으로 수집한 통계치를 얼마나 당연시하는지 보여주는 사례로 이번 팬데믹보다 탁월한 것은 없다. 코로나 바이러스 이전에 발생한 폭넓은 주요 사안에 대한 통계는 부지런한 통계학자들에 의해 오랫동안 힘들게 취합되었으며 종종 세계 어디서든 무료로 내려받을 수 있었다. 그러나 일부 사람들은 저 통계를 가리켜 "거짓말과 새빨간 거짓말 그리고 통계lies, damned lies, and statistics"●라고 헐뜯으면서도 실제로는 통계를 활용한 호사(격리·치료·재정 지원 등)를 마음껏 누렸다. 이와 대조적으로 이번 코로나 팬데믹은 통계가 존재하지 않을 때 우리의 상황이 얼마나 절박해질 수 있는지 방증한다.

숫자를 조롱하자 벌어진 일들

대럴 허프는 통계를 마술사의 속임수처럼, 즉 절대 진지하게 받아들이면 안 되는 유흥거리처럼 여기게 만들었다. 코로나 팬데믹이 터지기 훨씬 전부터 나는 이런 태도가 지금의 우리에게는 도움이 되지 않는다는 사실을 알기에 염려스러웠다. 우리는 통계가 세상을 이해하도록 도와준다는 사실에 대한 감을 잃었다. 이는 우리가 모든 통계를 거짓으로 받아들인

───────────

● 　거짓말의 세 가지 종류를 가리키며 통계의 허구성을 꼬집는 구절이다. - 옮긴이

다는 말이 아니다. 그보다는 진실을 가려내는 데 무력감을 느낀다는 말이다. 그래서 우리는 무엇이든 믿고 싶은 것을 믿는다(이 문제에 대해서는 법칙2에서 더 자세히 다룰 것이다). 그리고 나머지에 대해서는 허프가 보인 반응대로 거칠게 웃거나, 어깨를 으쓱하거나, 둘 다 한다.

통계에 대한 이런 냉소적 태도는 단지 안타까운 수준이 아니라 차라리 비극적이다. 우리에게는 더 이상 무엇이 진실인지 파악하는 능력이 없다고 생각하여 굴복하면 아주 중요한 도구를 버리게 된다. 이 도구는 담배가 치명적이라는 사실을 보여주었다. 또한 이 도구, 즉 통계는 코로나 팬데믹으로부터 탈출하기 위한 방법, 더 폭넓게는 복잡한 세상을 이해하는 길을 찾을 수 있는 유일하고도 실질적인 기회를 제공한다.

반면에 달갑지 않은 모든 통계적 주장을 반사적으로 무시하는 습관에 빠지면 이 도구는 쓸모를 잃는다. 물론 아무 주장이나 쉽게 믿을 수는 없다. 그러나 잘 속지 않는 방법은 아무 것도 믿지 않는 것이 아니라 호기심과 건강한 의심을 하고 정보를 평가하는 자신감을 기르는 것이다.

좋은 통계는 결코 속임수가 아니다. 일종의 마술이기는 하지만 말이다. 좋은 통계는 위장막이 아니며, 오히려 우리가 사태를 더욱 명확하게 보도록 도와준다. 좋은 통계는 천문학자의 망원경이나 세균학자의 현미경 또는 방사선 전문의의 엑스레이와 같다. 그래서 우리가 기꺼이 기회를 주면 다른 방식으로는 보지 못할, 우리를 둘러싼 세상과 우리 자신에 대한 크고 작은 진실을 보도록 도와준다.

이 책을 쓰는 나의 주된 목적은 당신이 허프의 냉소주의가 아니라 돌과 힐의 비전을 받아들이도록 설득하는 것이다. 나는 당신에게 통계가 명료하고 정직하게 현실을 조명하는 데 활용될 수 있다는 믿음을 주고 싶다. 그러기 위해서는 통계적 추론을 활용하여 언론, 소셜미디어, 일상적인 대화에서 당신을 둘러싼 주장들을 스스로 평가할 수 있음을 보여주어야 한다. 나는 당신이 이런 주장들을 새롭게 평가하고, 마찬가지로 무엇을 믿고 어디서 도움을 구할 수 있는지 파악하도록 도와주고 싶다.

다행인 점은 이 일을 재미있게 할 수 있다는 것이다. 통계와 관련된 이야기를 깊이 파고드는 일은 실로 만족감을 안긴다. 당신은 그 과정에서 자신감을 얻고 호기심을 충족하며, 결국에는 어떤 것을 터득했다는 느낌을 받게 될 것이다. 당신은 통계가 내놓은 진실을 방관하고 비웃지 말고 이해해야 한다. 대럴 허프의 접근법은 정크푸드와 같다. 인공적인 맛이 강하며 나중에는 물리게 된다. 또한 당신에게 해롭다. 통계 분야의 정크푸드와 대척점에 있는 것은 생귀리와 순무가 아니라, 만족스럽고 기분 좋은 다양한 음식이다.

세상의 진실과 거짓은 숫자에 달렸다

나는 이 책에서 2007년 이후 내가 직접 알게 된 내용들을 설명할 것이다. 당시 BBC는 내게 〈모어 오어 레스More or Less〉라는 라디오 프로그램을 진행해달라고 요청했다. 뉴스와 생활 속에 등장하는 숫자에 대한 프로그램이었다. 이 프로그램을 만든 저널리스트인 마이클 블래스틀랜드_{Michael Blastland}와 경제학자 앤드루 딜노트_{Andrew Dilnot} 경의 뒤를 이을 예정이었다. 나는 BBC가 생각한 것만큼 그 자리를 맡을 자격이 충분하지 않다고 생각했다. 나의 전공은 통계학이 아니라 경제학이었다. 물론 덕분에 숫자에 대한 약간의 자신감을 얻기는 했지만, 대개는 방어적인 수준에 그쳤다. 즉, 결함과 속임수를 포착하는 법을 익혔으나 그 이상은 하지 못했다.

거기서 대럴 허프의 관점으로부터 멀어지는 나의 여정이 시작되었다.

매주 나는 제작진과 함께 정치인의 입에서 나오거나 신문에 대문짝만하게 실린 통계적 주장을 평가했다. 이 주장들은 진실을 부풀린 경우가 많았다. 그러나 단순한 팩트 체크는 결코 주장 자체에 대한 만족스러운 대응처럼 보이지 않았다. 우리는 맞거나, 틀리거나, 모호한 각 주장의 이면에 탐구하고 설명해야 할 흥미로운 세계가 있다는 사실을 발견했다. 뇌졸중 유병률이든, 부채가 경제성장을 저해한다는 증거든, J. R. R. 톨킨의 《호빗_{The Hobbit}》에서 '그녀_{she}'라는 단어가 사용된 횟수든, 숫자는 세상을 가리는 만큼 또 드러낼 수 있었다.

팬데믹이 극명하게 보여준 대로 우리는 개인과 조직 그리고 사회로서 결정을 내리기 위해 믿을 만한 수치에 의존한다. 이처럼 우리는 대개 위기에 직면했을 때만 통계를 모은다. 일자리를 원하지만 갖지 못한 사람들이 얼마나 되는지 말해주는 척도인 실업률을 예로 들어보자. 현재 실업률은 경제의 상태를 이해하려는 모든 정부에게 기본적인 정보다. 그러나 1920년에는 일자리를 찾는 사람이 얼마나 되는지 그 누구도 말해주지 못했다.[10] 심각한 불황 때문에 실업률 문제가 정치적으로 더 중요해진 후에야 각국 정부는 실업률을 도출할 수 있는 데이터를 수집하기 시작했다.

우리의 거대하고 어지러운 세계는 숫자를 신중하게 살펴야만 답할 수 있는 의문으로 가득하다. 페이스북은 우리를 행복하게 만들까, 불행하게 만들까? 우리는 다른 사람들이 다른 방식으로 반응하는 이유를 예측할 수 있을까? 얼마나 많은 종이 멸종 위험에 처해 있을까? 그 수는 전체에서 큰 부분에 해당할까? 그 원인은 기후변화일까, 농업의 확산일까, 아니면 완전히 다른 것일까? 인류의 혁신 속도는 빨라질까, 느려질까? 아편 유사제 위기가 미국 중산층의 건강에 미치는 영향은 얼마나 심각할까? 십 대의 음주는 줄어들고 있을까? 줄어들고 있다면 그 이유는 무엇일까?

〈모어 오어 레스〉의 팬들이 우리가 "잘못된 통계를 까발리는" 방식을 칭찬할 때마다 나는 더욱 거북한 기분을 느꼈다. 물론 그 일은 재미있었지만 그 과정에서 서서히 알게 된 사실이 있었다. 나는 오류를 잡아내는 것보다 무엇이 진실인지 이해하려고 노력하는 데 진정한 기쁨이 있음을 인식하게 되었다.

나는 방송을 진행하면서 상식적인 원칙이 데이터 탐정으로 활동하는 데 놀랍도록 많은 도움을 준다는 사실을 깨달았다. 지금부터 그 원칙들을 제시할 것이다. 우리 팀에서 일한 자료조사원과 프로듀서들은 대부분 나처럼 숫자를 다루는 훈련을 본격적으로 받은 적이 없었다. 그러나 전문적인 영역에서도 단순한 의문(그리고 약간의 인터넷 검색)이 종종 대단히 실속 있는 답변을 낳았다. 물론 때로는 통계학 학위가 유용했을 경우도 있었다. 그러나 학위가 없어도 우리는 올바른 질문을 제기할 수 있었다. 그 점은 당신도 마찬가지다.

의심은 누군가의 이익을 위해 생산된 상품이다

1953년 크리스마스 직전에 담배회사의 고위 임원들이 뉴욕에 있는 플라자호텔에서 만났다. 돌과 힐의 중대한 연구 결과가 발표된 것은 이듬해다. 그러나 담배회사들은 과학계가 담배에 관해 대단히 부정적인 연구 결과를 발표하기 시작했다는 사실을 이미 알고 있었다. 그래서 임박한 위기에 대처할 방법을 모색하려고 한자리에 모인 것이었다.

그들이 찾아낸 답은 (아쉽게도) 상당히 명민했으며 이후 선전의 기준을 세우게 되었다. 우선 그들은 진실을 보는 사람들의 시야를 흐리게 만들었다. 담배와 흡연에 관한 기존 연구 결과에 의문을 제기했고, 더 많은 연구를 요구했으며, 밀폐건물 증후군이나 광우병처럼 언론을 흥분시킬 다른 연구를 지원했다. 그들은 진실에 대한 의심을 생산했다.[11] 나중에 드러난 업계의 비밀 서신에 따르면 담배회사는 내부자들에게 "의심이 우리의 상품"임을 상기시켰다고 한다.[12]

당연한 일이지만 우리는 설득이라고 하면 사람들이 믿지 말아야 할 것을 속아서 믿게 되는 것을 생각한다. 이 문제도 법칙2에서 더 자세히 살펴볼 것이다. 다만 우리가 뭔가를 섣불리 믿으려 하는 것이 아니라 어떤 것도 믿지 않을 이유를 찾는 것이 문제라는 점은 여기서 확실히 해야 한다. 흡연자들은 흡연을 즐겼고 육체적으로 니코틴에 의존했으며 가능하다면 계속 담배를 피우고 싶어 했다. 흡연자들이 어깨를 으쓱하며 '이 혼란스러운 주장들을 이해하지 못하겠어'라고 생각하는 상황은 담배 산업에 매우 바람직했다. 담배회사의 과제는 담배가 안전하다고 흡연자들을 설득하는 것이 아니라 담배가 위험하다는 사실을 보여주는 통계적 증거에 의심을 불러일으키는 것이었다.

알고 보니 의심은 실로 만들어내기 쉬운 상품이었다. 20여 년 후 심리학자인 캐리 에드워즈Kari Edwards와 에드워드 스미스Edward Smith는 미국인들에게 정치적으로 민감한 사안을 찬성하거나 반대하는 주장을 제시해달라고 요청하는 실험을 했다. 그 주제는 낙태권, 아동 체벌, 동성 부부의 입양, 소수인종 고용 할당, 16세 미만에 대한 사형 등이었다.[13] 예상한 대로 에드워즈와 스미스는 사람들이 편견을 지녔음을 발견했다. 특히 자신의 입장을 변호하는 데 활용할 수 있는 주장을 잘 제시하지 못했다. 더욱 인상적인 사실이 하나 있으니 바로 이런 편견들이 찬성보다 반대 주장에서 훨씬 분명하게 드러나는 경향이 있다는 것이었다. 불신은 신념보다 유창하게 제시되었다. 실험 대상자들은 자신이 지지하는 입장을 옹호하는 일보다 싫어하는 입장을 반대하는 일을 훨씬 수월하게 해냈다. 의심에는 특별한 힘이 있었다.

의심은 또한 홍보하기도 쉽다. 과학적 탐구와 논쟁 과정의 일부이기 때문이다. 대부분의 사람은 학교에서 증거에 의문을 제기하도록 배운다 (또는 배워야 한다). 세계에서 가장 오래된 학회 중 하나인 왕립학회Royal Society의 모토는 "누구의 말도 그대로 믿지 말라"는 뜻의 "눌리우스 인 베르바nullius in verba"이다. 통계적 증거를 부정하려는 로비 집단은 언제나 현재 과학 분야에서 아직 해결되지 않은 측면을 가리키며 해당 문제가 실로 복잡하며 추가 연구가 필요하다고 말한다. 이런 주장은 과학적일 뿐아니라 심지어 현명하게 들리지만, 실은 누구도 어떤 것을 제대로 알 수 없다는 잘못된 결론에 다다르게 만든다. 이는 분명히 위험한 일이다.

담배 산업의 수법은 사람들에게 폭넓게 받아들여졌다.[14] 현재에도 가장 효과적으로 통계를 불신하게 만드는 집단이 있다. 바로 기후변화 부정론자들이다. 차이가 있다면 기후변화 부정론자들의 주장은 과학적 질문을 넘어 정치로 확산하였다는 것이다. 오랫동안 담배 산업을 연구한 역사학자인 로버트 프록터Robert Proctor는 현대 정치를 "무지의 황금기"라 부른다. 많은 흡연자가 계속 담배를 피우려 하는 것처럼 많은 사람은 정치적 질문에 대한 직관에 애착을 갖는다. 정치인들은 그저 그 직관에 도전하는 증거를 의심하도록 설득하기만 하면 된다.

도널드 트럼프의 전 측근인 스티브 배넌Steve Bannon은 저술가인 마이클 루이스Michael Lewis에게 이런 유명한 말을 했다. "민주당은 문제가 되지 않습니다. 우리에게 진짜 야당은 언론입니다. 언론을 상대하는 방법은 바로 헛소리를 쏟아내는 겁니다."[15]

여기서 도널드 트럼프와 연계된 또 다른 용어인 '가짜뉴스'의 역사를 살펴보면 스티브 배넌의 말을 이해하는 데 도움이 된다. 원래 가짜뉴스라는 용어는 웹사이트들이 소셜미디어를 통해 클릭을 유도하고 광고 수입을 늘리기 위해 가짜 기사를 싣는 매우 구체적인 현상을 가리켰다. 교황이 트럼프의 대권 도전을 승인했다는 주장이 대표적인 예다. 트럼프가 승리했을 때 한동안 도덕적 공황이 발생했다. 진지한 논평가들은 순진한 유권자들이 말도 안 되는 거짓말을 믿고 트럼프에게 투표한 것은 아닌지 우려했다.

물론 트럼프의 승리 이후 찾아온 저 공황의 원인은 오판에 있었다. 연구 결과 가짜뉴스는 폭넓게 퍼지지 못했고 영향력을 미치지도 않은 것으로 드러났다. 가짜뉴스 대부분은 줄곧 트럼프 지지자였을 매우 보수적인 소수의 노인 유권자들에게 전파되는 데 그쳤다. 소셜미디어 웹사이트들이 위협을 인식하면서 이런 가짜 이야기들은 곧 그다지 문제가 아니게 되었다.[16]

그러나 '가짜뉴스'라는 개념 그 자체는 강력한 힘을 얻었다. 그래서 출처가 어디든 불편한 주장을 무시하기 위한 평계가 되었다. 즉, "거짓말과 새빨간 거짓말 그리고 통계"에 대한 냉소적 경구의 현대판인 셈이다. 복잡한 사안을 정치적 곤봉으로 삼는 삐뚤어진 재능을 지닌 트럼프 씨는 정상적인 저널리스트들을 악마화하는 데 이 개념을 활용했다. 당시 영국 총리인 테레사 메이Theresa May와 그녀의 맞수인 노동당 당수, 제레미 코빈Jeremy Corbyn을 비롯한 다른 많은 정치인도 마찬가지였다.

'가짜뉴스'가 반향을 일으킨 이유는 불행한 진실을 토대로 삼기 때문이다. 앞으로 살펴보겠지만 심지어 주류 언론에도 '날림 저널리즘'이 만연해 있다. 물론 주장의 근거를 신중하게 확보하는 진지하고 책임감 있는 언론인들도 있다. 하지만 그들은 교황이 트럼프를 지지한다는 기사를 쓰는 부류와 함께 머릿속의 쓰레기통에 던져진다.

다시 말하지만 코로나 팬데믹은 건강한 의심이 얼마나 쉽게 해로운 냉소로 변질하는지 상기시켜주었다. 미국의 첫 번째 봉쇄령lockdown이 시행된 2020년 봄에 "봉쇄령 회의론자들lockdown sceptics"이라고 불리는 사람들이 의문을 제기했다. 그들은 봉쇄령에 따른 사회적 제약의 해악이 질병 전파 속도를 늦추는 혜택을 넘어서는 시기가 언제인지 따졌다. 이는 분명한 값을 구하기 어렵지만 중요한 토론이었다. 그러나 바이러스가 주춤하는 여름이 되자 목소리 큰 사람 중 다수가 코로나 팬데믹은 끝났다고 요란하게 주장했다. 또한 그들은 2차 대유행은 없을 것으로 예측했다. 그러다가 같은 해 가을에 사망자가 급등하면서 그들의 팬데믹 종결 주장은 수치스러운 오판이었다는 것이 증명되었다. 그러나 당시에 그들이 보인 흔한 반응은 주류 과학자들도 많은 실수를 저질렀으니 역시 믿을 수 없다며 '시야를 흐리게 만드는 것'이었다.

코로나 팬데믹 통계를 거짓이라고 주장했던 이들의 주된 주장은 세계보건기구가 2020년 3월에 사망률을 지나치게 과대평가했다는 것이었다. 세계보건기구가 밝힌 코로나 바이러스의 감염 사망률인 3.4퍼센트는 실제보다 몇 배나 높다고 주장했다. 하지만 진실은 달랐다. 그들은 단어의 정의를 유사한 다른 정의와 뒤바꿔서 제시함으로써 세계보건기구의 통계를 왜곡했다(모호한 정의에 대해 좀 더 자세한 내용은 법칙3을 참고하라). 세계보건기구는 '공식 감염자' 가운데 사망자의 비율(3.4퍼센트)을 계산했다. 이는 '전체 감염자' 중에서 사망한 사람의 비율이 아니었다. '공식 감염자'는 2020년 3월에 심각한 증상을 보여서 진단받고 확진 판정을 받은 사람들이다.[17] '전체 감염자'에서 사망자 수를 계산하면 당연히 사망률은 낮았을 것이다. 즉, 모집단을 왜곡하며 벌어진 일이다.

교묘한 왜곡이 통계의 진실을 가리는 수법이 보이는가? 이 전략은 1950년대에 담배회사들이 쓴 전략과 같다. 즉, 전문가들은 자신이 무슨 말을 하는지 잘 모른다며 사람들이 의심에 따른 냉담한 태도를 갖게 만든다. 자칭 "(팬데믹)봉쇄령 회의론자" 가운데 다수는 순수하게 이해를 추구하는 사람들이 아니라 전문적인 논쟁꾼이었던 것으로 드러났다. 이 전문적인 논쟁꾼들은 자본이나 권력에 대한 분노를 조장하여 이름을 날린다. 그들에게 절망과 혐오에 사로잡혀서 망연자실하는 청중보다 더 나은 것은 없다. 저들은 당신이 전문가들과 그들의 주장을 밑받침하는 증거들 그리고 충실한 취재를 거친 언론 보도를 외면하기를 간절히 바란다. 당신이 "그런 건 하나도 안 믿어"라고 말하면 저 난봉꾼들은 크게 기뻐한다. 헛소리를 쏟아낸다는 스태브 배넌의 전략을 기억하라.

많은 사람이 무엇이든 믿어버리는 세상은 분명 우려스럽다. 그리고 사람들이 자신의 선입견 이외에는 아무것도 믿지 않는 세상은 훨씬 더 우려스럽다.

데이터 사기꾼이 사람들을 조종하는 방법들

1965년 봄, 미 상원 위원회는 담뱃갑에 흡연 경고 문구를 넣어야 하는 지 숙고했다. 증인으로 나선 한 전문가는 과학적 증거에 대한 확신이 없었다. 그래서 그는 황새와 아기의 사례를 들었다. 그는 특정 지역에서 태어나는 아기의 수와 황새의 수 사이에는 정적 상관관계positive correlation가 존재한다고 설명했다.[18] 그리고 황새가 아기를 물어온다는 옛이야기는 사실이 아니라고 덧붙였다. 물론 그렇다. 상관성은 인과성과 다르다. 황새는 아기를 물어오지 않는다. 그러나 땅이 클수록 아기와 황새들을 위한 공간이 더 많아진다. 마찬가지로 흡연과 폐암 사이에 상관성이 있다고 해도 흡연이 암을 유발한다는 것을 (당장은) 뜻하진 않았다.

위원장은 "솔직하게 말해서 황새와 아기 사이의 관계만큼 흡연과 질병을 잇는 통계 사이에 우발적인 관계가 존재한다고 생각합니까?"라고 물었다. 증인으로 나선 전문가는 "제가 보기에는 그 둘이 같다"라고 대답했다.[19] 그 증인의 이름은 앞서 말한 《새빨간 거짓말, 통계》의 저자인 대럴 허프였다.

허프는 담배 회사의 로비를 받고 자신이 가장 잘하는 일을 했다. 즉, 재치 있는 사례들과 약간의 통계적 지식 그리고 일정한 냉소를 한데 엮어서 담배가 위험하다는 생각에 의심의 그늘을 드리웠다. 그는 심지어 출판되지 않았지만, 자신이 쓴 명저의 후속편까지 집필했다. 그 후속편의 제목은 《흡연 통계로 거짓말하는 법How To Lie With Smoking Statistics》이었다.[20] 의심은 강력한 무기이고 통계는 취약한 표적이다. 그 표적에는 방패가 필요하다. 통계로 거짓말하기가 쉬운 것은 맞다. 그러나 통계 없이 거짓말하기는 더 쉽다.*

여기서 주목해야 할 것은 '통계가 없으면 진실을 말하기가 불가능하다'는 사실이다. 즉, 애당초 통계가 부재하다면 리처드 돌과 오스틴 브래드포드 힐처럼 세상을 이해하여 더 나은 곳으로 바꾸려는 노력을 할 수가 없다. 저 선한 이들이 한 일에는 통찰과 의지가 필요했다. 반면에 천재성이나 전문적인 수학 기법은 필요 없었다. 돌과 힐은 흡연자, 비흡연자, 폐암 발병 건수, 심장질환 발병 건수 같은 중요한 수치를 집계했다. 그들은 인내심을 갖고 체계적으로 이 수치들을 집계했으며 이러한 증거를 토대로 신중하게 '담배는 암을 유발한다'는 결론을 내렸다. 이들의 연구 결과는 오랜 세월에 걸쳐 수천만 명의 생명을 구했다. 거기에는 자신들의 생명도 포함되었다. 힐은 파이프 담배를 끊고 돌처럼 비흡연자가 되었으며 두 사람은 90대까지 살았다.

확실성과 지혜로 통계를 활용했을 때 무엇이 좋은가? 통계 이전에는 아직 또렷하지 않아서 확신하기 힘들었던 '추세'를 더 명확하게 할 수 있다. 현대 세계는 아주 크고 매우 복잡하다. 또한 대단히, 대단히 흥미롭다. 지구에는 거의 80억 명에 달하는 인간이 산다. 전 세계 경제에서는

---

* 이 경구는 통계학자들 사이에 인기가 있다. 뛰어난 통계학자인 프레드릭 모스텔러Frederick Mosteller가 처음 이 말을 했다는 글을 종종 본다. 그러나 나는 그 기원을 확실하게 파악하지는 못했다.

매일 수조 달러가 순환한다. 일반적인 인간의 뇌에는 860억 개의 뉴런이 있다.[21] 인터넷에는 약 20억 개의 웹사이트가 있다. 새로운 바이러스는 한 명에게서 수천 명, 수백만 명, 심지어 수억 명에게로 전파될 수 있다. 우리가 세계에 대해, 서로에 대해, 우리 자신에 대해 이해하려는 것이 무엇이든 통계 없이는 큰 진전을 이룰 수 없다. 그것은 엑스레이 없이 관절을, 현미경 없이 박테리아를, 망원경 없이 하늘을 살피려는 것과 다를 바 없다.

갈릴레오가 만든 망원경과 관련된 인기 있는 이야기가 있다. 천문학의 아버지인 갈릴레오는 로마 가톨릭 교회로부터 이단 혐의로 고발당했다. 고위 추기경들은 마술사의 속임수라 주장하며 망원경을 들여다보지 않으려 했다. 갈릴레오가 달에 있는 산들을 봤다고? 분명 망원경의 렌즈가 지저분했을 거야! 그가 목성의 위성들을 관측했다고? 헛소리! 그 위성이란 건 망원경에 처음부터 매달려 있었겠지! 추기경들은 과학적 진실을 목격하기를 거부했다.

갈릴레오 시대로부터 무려 4세기가 지난 지금에 와서는 오랫동안 부풀려진 위의 일화를 그저 웃어넘기기 쉽다.[22] 그러나 저 일화를 그저 옛날이야기로 치부하며 자만하지는 말아야 한다. 지금도 많은 이들이 '속을까 봐 두렵다'는 이유로 통계적 증거를 보려 하지 않기 때문이다. 사람들은 어떤 통계이든 간에 냉소적으로 무시하는 '허프식 접근법'을 취함으로써 스스로 세상 물정에 밝아지고 있다고 생각한다. 하지만 분명히 말하건대 절대 그렇지 않다. 통계를 무시하는 행위는 포퓰리스트와 선동가들에게 자신의 패배를 인정하는 것과 같다. 선동가들과 포퓰리스트들은 우리가 논리와 증거를 보는 것을 포기하는 대신 기분 좋아지는 것만을 믿기를 희망한다.

나는 우리 모두 달라지기를 바란다. 독자들에게 통계라는 망원경을 들고 세상을 조망하는 데 활용할 자신감을 주고 싶다. 통계적 진실의 이면에 있는 논리를 이해하고, 오류를 형성하는 잘못된 논리와 감정 그리고 인지적 편향으로부터 벗어나기를 바란다.

그러니 통계의 망원경에 눈을 대고 세상을 둘러보라. 세상이 얼마나 밝게 보이는지 감탄하게 될 것이다.

HARFORD

감정에
지배당하지 말고
지배하라

SEARCH YOUR
FEELINGS

루크 스카이워커: "아니야… 아니야….
그럴 리가 없어!"

다스베이더: "네 감각을 느껴보거라.
이것이 진실이란 것을 너도 느끼고 있지 않으냐!"

〈스타워즈 에피소드 Ⅴ: 제국의 역습〉(1980)[1]

감정에 지배당하지 말고
지배하라

아브라함 브레디우스Abraham Bredius는 쉽게 속는 사람이 아니었다. 미술평론가이자 수집가인 그는 네덜란드 화가들, 특히 17세기 거장인 요하네스 페르메이르Johannes Vermeer의 세계적인 전문가였다. 브레디우스는 청년기인 1880년대에 페르메이르의 작품으로 잘못 알려진 위조품을 가려내면서 명성을 얻었다. 1937년에 82세가 된 브레디우스는 말년의 은퇴 생활을 즐기고 있었다. 그는 얼마 전에 높은 평가를 받은 책을 펴냈다. 200개의 렘브란트 위작이나 모방작에 관한 내용을 담고 있었다.[2]

이 무렵 제라드 분Gerard Boon이라는 이름의 매력적인 변호사가 브레디우스의 모나코에 있던 저택을 방문했다. 그리고 분은 새롭게 재발견된 작품인 〈엠마오에서의 저녁 식사The Supper at Emmaus〉*에 대해 브레디우스에게 의견을 구했다. 이 작품은 페르메이르의 작품으로 여겨졌다. 엄격한 노인인 브레디우스는 그림을 보며 넋을 잃었다. 그는 〈엠마오에서의 저녁 식사〉는 페르메이르가 그렸을 뿐 아니라 최고의 작품이라는 판정과 함께 분을 돌려보냈다.

브레디우스는 그 직후 한 잡지에 실은 글에서 "이것은 델프트Delft 출신 요하네스 페르메이르의 걸작이라 말하고 싶다"고 썼다. 이 걸작은 "그의 다른 모든 작품과 상당히 다르면서도 모든 면에서 페르메이르의 것"이었다.

그는 "이 걸작을 처음 봤을 때 감정을 다스리기 어려웠다"고 덧붙였다. 그리고 네덜란드어로 '처녀처럼 순수하고 때 묻지 않았다'는 의미에서 '온헤렙트ongerept'라는 경건한 표현을 썼다. 이는 단언컨대 아이러니한 단어 선택이었다. 〈엠마오에서의 저녁 식사〉는 더없이 오염된 작품이었기 때문이다. 그 그림은 당시로부터 겨우 몇 달 전, 낡은 캔버스 위에 끈적거리는 물감을 칠한 다음 베이클라이트(열경화성 합성수지 - 옮긴이)로 굳힌 하찮은 위작이었다.

---

* 이 작품은 〈엠마오에서의 저녁 식사〉 외에도 〈엠마오의 그리스도Christ at Emmaus〉, 〈엠마오의 남자들Men at Emmaus〉, 〈엠마오Emmaus〉 등 여러 이름으로 불린다. 그 이유는 이야기를 따라 가다보면 잘 알 수 있다.

저명한 전문가들도 감정 때문에 속는다

그러나 이 조잡한 속임수는 저명한 브레디우스뿐 아니라 네덜란드 미술계 전체를 속여 넘겼다. 〈엠마오에서의 저녁 식사〉는 곧 로테르담에 있는 보이만스 미술관Boijmans Museum에 52만 길더에 팔렸다. 현대 화폐가치로 치면 약 1,000만 파운드(한화 약 160억 원 – 옮긴이)에 해당하는 금액이다. 참고로 브레디우스는 보이만스 미술관의 구매를 도왔다고 한다.

〈엠마오에서의 저녁 식사〉는 보이만스 미술관의 핵심 전시물이 되었다. 그리고 관중들의 감탄과 비평가들의 호평을 이끌어냈다. 곧이어 비슷한 화법의 다른 그림들이 등장했다. 첫 번째 위작이 페르메이르의 작품으로 받아들여진 후에는 다른 위작들도 인정받기가 더 쉬웠다. 이 위작들은 모든 사람을 속일 필요조차 없었다. 그저 〈엠마오에서의 저녁 식사〉처럼 중요한 사람들을 속이면 충분했다. 이 위작들을 비평가들은 승인했고 미술관들은 전시했으며 수집가들은 오늘날의 가치로 총 1억 파운드(한화 약 1,600억 원 – 옮긴이)가 넘는 거액을 지불하고 사들였다. 금전적 측면만 따져도 이는 천문학적인 수준의 사기 행각이었다.

사기 행각은 〈엠마오에서의 저녁 식사〉에서 그치지 않았다. 네덜란드 미술계는 페르메이르를 최고의 화가 중 한 명으로 떠받들었다. 주로 1660년대에 그림을 그린 그는 1800년대 후반이 되어서야 재발견되었다. 남아 있는 그의 작품은 40점이 채 되지 않았다. 겨우 두어 해 동안 대여섯 작품이 나타난 것은 중대한 문화적 사건이었다.

위와 같은 세기의 사기 사건은 자주 일어나는 일이 아니라고 사람들은 믿는다. 하지만 현실은 그렇지 않다. 저명한 전문가마저 속는 어처구니없는 사기는 지금도 자주 일어난다. 사기의 원인을 그림 자체에서 찾아서는 안 된다. 페르메이르가 그린 진품을 첫 번째 위작인 〈엠마오에서의 저녁 식사〉와 비교하면 어떻게 속는 사람이 나오는지 이해하기 어렵다. 아브라함 브레디우스 같은 식견을 가진 사람은 말할 것도 없다.

페르메이르는 진정한 대가였다. 그의 가장 유명한 작품은 〈진주 귀걸이를 한 소녀Girl With a Pearl Earring〉이다. 이 작품은 매혹적이고, 순진하고, 사랑스럽고, 긴장한 모습을 동시에 지닌 소녀를 그린 빛나는 초상화이다. 이 작품을 토대로 소설이 출간되었고 할리우드 스타인 스칼렛 요한슨Scarlett Johansson이 무명의 소녀 역을 맡은 영화까지 제작되었다. 〈우유 따르는 여인The Milkmaid〉은 집안일을 하는 소박한 여인의 모습이 청동 주전자에 대한 묘사나 손에 잡힐 것처럼 맛있어 보이는 갓 구운 빵의 표현 덕분에 고양된다. 그리고 〈편지를 읽는 여인Woman Reading a Letter〉이 있다. 여인은 보이지 않는 창으로 들어오는 부드러운 햇빛 속에 서 있다. 그녀는 임신한 것처럼 보인다. 우리는 가슴 가까이 편지를 들고 눈길을 아래로 향하여 편지를 읽는 그녀의 옆모습을 본다. 이 이미지에는 극적인 고요가 있다. 우리는 그녀가 소식을 알기 위해 편지를 읽는 동안 숨을 멈춘 것을 느낀다. 그래서 우리도 숨을 멈추게 된다. 실로 명작이다.

하지만 〈엠마오에서의 저녁 식사〉는 어떨까? 앞서 소개한 작품들에 비하면 정적이고 어색한 이미지에 불과하다. 열등한 모방작이 아니라 아예

요하네스 페르메이르의 〈진주 귀걸이를 한 소녀〉와 한 판 메이헤런의 〈엠마오에서의 저녁 식사〉

페르메이르의 작품처럼 보이지 않는다. 끔찍한 그림은 아니지만 뛰어나지도 않다. 페르메이르의 작품과 나란히 놓으면 음침하고 투박해 보인다. 그런데도 다른 여러 위작과 함께 세상을 속였다. 위조범이 무모함과 불운 때문에 잡히지 않았다면 지금도 계속 세상을 속이고 있었을지 모른다.

1945년 5월, 유럽에서 전쟁이 마무리되는 가운데 연합군미술위원회Allied Art Commission에 속한 두 명의 장교가 암스테르담에서 가장 좋은 저택 중 하나인 케이저르스흐라흐트Keizersgracht 321번지의 문을 두드렸다. 그들을 맞이한 사람은 한 판 메이헤런Han van Meegeren이라는 카리스마 있는 키 작은 남자였다. 그는 젊은 시절 화가로서 잠깐 성공을 누렸다. 그러다가 중년에 턱살이 늘어지고 머리가 셀 무렵에는 미술품 중개상으로 부자가 되었다.

그러나 어쩌면 그는 문제 있는 사람들과 거래했을지도 몰랐다. 두 장교가 중대한 혐의를 제기했기 때문이다. 그 혐의는 판 메이헤런이 새롭게 발견된 요하네스 페르메이르의 걸작, 〈간음한 여인The Woman Taken in Adultery〉을 독일 나치에 팔았다는 것이었다. 게다가 매수자가 그냥 나치가 아니라 히틀러의 오른팔인 헤르만 괴링Hermann Göring이었다.

판 메이헤런은 체포되어 반역죄로 기소되었다. 그는 완강하게 부인하면서 혐의를 벗으려 애썼다. 강하고 빠르게 말하는 그의 태도는 대개 곤란한 상황을 모면하기에 충분했다. 그러나 이번은 아니었다. 며칠 동안 수감되어 있던 그는 결국 굴복했다. 메이헤런은 반역이 아니라 네덜란드와 미술계 전반을 경악시킬 범죄 사실을 털어놓았다.

그는 비웃는 얼굴로 "바보 같은 양반들아! 내가 값을 따질 수 없는 페르메이르의 그림을 괴링에게 팔았을 것 같소? 애초에 페르메이르의 그림은 없었소! 그건 내가 그린 거요"라고 말했다.•

판 메이헤런은 나치의 손에서 발견된 작품뿐 아니라 페르메이르의 작품으로 간주한 〈엠마오에서의 저녁 식사〉를 비롯한 다른 여러 작품을

• 판 메이헤런이 정확하게 어떻게 고백했는지에 대해서는 여러 가지 이야기가 존재한다. 다른 이야기에서는 판 메이헤런이 자신을 페르메이르와 더욱 직접적으로 동격에 놓으며 이렇게 말한다. "괴링의 손에 들어간 그림은 당신들이 가정하는 것처럼 델프트 출신 페르메이르의 그림이 아니라 판 메이헤런의 그림이오!" 본문의 인용구는 다음 출처에서 나왔다. Frank Wynne, 《*I was Vermeer*》, 2011.

그렸다고 인정했다. 이 사기가 드러난 이유는 누군가가 이 결함 있는 위작을 간파했기 때문이 아니라 위조범이 스스로 자백했기 때문이다. 그에게는 그럴 만한 이유가 있었다. 대체할 수 없는 페르메이르의 걸작을 나치에게 판 것은 교수형에 처할 일이었다. 반면 위작을 헤르만 괴링에게 판 것은 용서할 만할 뿐 아니라 칭찬받을 만했다.

그래도 이런 의문이 남는다. 아브라함 브레디우스 같은 전문가가 어떻게 그토록 투박한 위작에 속을 수 있을까? 그리고 통계에 대한 책이 왜 서두에 수치와 전혀 관계없는 이야기를 꺼내는 걸까?

이 두 질문에 대한 답은 같다. 우리를 둘러싼 세상을 해석하는 일에 있어서 우리는 감정이 전문성을 압도할 수 있다는 사실을 깨달아야 한다. "감정을 다스리기 어려웠다"는 브레디우스의 말은 아쉽게도 정확했다. 누구도 브레디우스보다 뛰어난 기술이나 지식을 갖고 있지 않았다. 그러나 판 메이헤런은 브레디우스의 기술과 지식을 약점으로 바꾸는 방법을 알았다.

판 메이헤런이 브레디우스를 속인 방식을 분석하는 일은 미술사에 대한 각주보다 훨씬 많은 것을 우리에게 가르친다. 즉, 우리가 왜 필요 없는 물건을 사는지, 왜 잘못된 상대와 사랑에 빠지는지, 그리고 왜 우리의 믿음을 저버릴 정치인에게 투표하는지 설명한다. 무엇보다 우리가 조금만 생각해보면 사실이 아님을 알 수 있는 통계적 주장을 너무나 자주 믿어버리는 이유를 설명해준다.

판 메이헤런은 예술적 천재가 아니었다. 그러나 그는 인간의 본성에 대한 뭔가를 직관적으로 이해했다. 우리는 때로 속고 싶어 한다는 것을 말이다.

극단적인 감정이 든다면 일단 멈춰라

아브라함 브레디우스가 실수를 저지르게 만든 원인은 잠시 후에 다시 살필 것이다. 지금은 페르메이르의 작품에 대한 그의 깊은 지식이 자산이라기보다 부채로 드러났다는 사실을 이해하는 것으로 충분하다. 그는 〈엠마오에서의 저녁 식사〉를 접했을 때 감정적 반응에 휩쓸리고 말았다. 우리 모두 같은 함정에 빠질 수 있다.

이 책의 목표는 독자 당신이 통계를 지금보다 더욱 잘 이해하고 현명하게 판단하도록 돕는 데 있다. 당신도 자신이 전보다 더욱 현명해지도록 스스로 도와야 한다. 세상의 어떤 통계적 전문성도 당신이 믿지 말아야 할 주장을 믿거나, 무시하지 말아야 할 사실을 무시하는 것을 막지 못한다. 전문성은 통계적 주장이 초래하는 감정적 반응을 통제하는 방식으로 보완되어야 한다.

어떤 경우에는 감정적 반응을 걱정할 필요가 없다. 내가 당신에게 화성이 지구로부터 5,000만 킬로미터 또는 3,000만 마일 이상 떨어져 있다고 말한다고 가정하자. 이런 주장에 대해 열정적인 신념을 지닌 사람은 거의 없다. 그래서 당신은 즉시 타당한 질문을 던질 수 있다.

가령 3,000만 마일은 먼 거리일까? (말하자면 그렇다. 지구와 달 사이의 거리보다 100배 이상 먼 거리다. 다른 행성들은 훨씬 멀리 떨어져 있기는 하지만 말이다) 잠깐, 화성은 완전히 다른 궤도를 따르지 않는가? 그렇다면 지구와 화성 사이의 거리는 항상 달라지는 것 아닌가? (실제로 그렇다. 두 행성 사이의 최단 거리는 3,000만 마일보다 약간 더 멀다. 하지만 화성이 2억 마일 넘게 떨어지는 때도 있다) 이런 경우에는 당신을 흥분시키는 감정적 반응이 없다. 그래서 당신은 바로 이 주장을 이해하고 평가하는 일에 뛰어들 수 있다.

흡연자와 암 통계에서 살폈듯이 감정적 반응이 수반되는 경우는 주장을 이해하고 평가하기가 훨씬 어렵다. 심리학자인 지바 쿤다_{Ziva Kunda}는 연구소에서 이런 효과를 확인했다. 그녀는 피실험자들에게 커피나 다른 카페인 물질이 유방 낭종의 위험을 높인다는 증거를 제시하는 논문을 보여주었다. 대다수 사람은 해당 논문이 상당히 설득력 있다고 평가했다. 반면 커피를 많이 마시는 여성들은 그렇게 평가하지 않았다.[3]

우리는 종종 마음에 들지 않는 증거를 무시할 방법을 찾는다. 그 반대의 경우도 성립된다. 우리는 증거가 선입견을 뒷받침하면 결함을 자세히 살피지 않는다.

감정적 반응이 극단적일수록 제대로 생각하기가 어렵다. 의사가 당신에게 희소한 암에 걸렸다고 말하면서 관련 정보를 찾아보지 말라고 조언하면 어떨까? 당신이 그 조언을 무시하고 학술 문헌을 확인한 결과 평균 생존 기간이 8개월밖에 되지 않는다면 어떨까?

고생물학자이자 뛰어난 과학 저술가인 스티븐 제이 굴드Stephen Jay
Gould가 40살 때 정확히 그런 상황에 처했다. 그는 유명해진 에세이에서
"15분 정도 충격에 빠진 채 앉아 있었다"고 썼다. 그의 심정이 어땠을지
는 쉽게 상상할 수 있다. '살날이 8개월뿐이라니', '살날이 8개월뿐이라
니', '살날이 8개월뿐이라니'. "그러다가 다행스럽게도 나의 이성이 다시
작동하기 시작했다."[4]

이성이 작동하게 되면서 굴드는 자신이 처한 상황이 그렇게 절박하지
는 않다는 사실을 깨달았다. 8개월은 상한선이 아니라 중앙값이었다. 즉,
환자 중 절반은 그보다 오래 살았다는 뜻이었다. 어쩌면 일부는 훨씬 오
래 살 수도 있었다. 굴드는 그럴 가능성이 높았다. 그는 상당히 젊었고,
조기에 암을 진단했으며, 좋은 치료를 받을 것이었다. 관련 정보를 멀리
하라는 의사의 조언은 친절한 마음에서 나온 것이었다. 우리 중 다수는
마음에 들지 않을 것 같은 정보를 듣지 않으려고 애쓴다.

또 다른 실험에서 연구자들은 학생들의 혈액 샘플을 채취한 다음 헤
르페스의 위험을 알리는 무서운 프레젠테이션을 보여주었다. 그다음 혈
액 샘플을 가지고 헤르페스 바이러스에 감염되었는지 검사할 것이라고
말했다. 헤르페스는 치료할 수 없지만, 충분히 관리할 수 있다. 또한 상
대방에게 바이러스를 퍼트리지 않도록 취할 수 있는 예방책도 있다. 그
래서 자신이 헤르페스에 걸렸는지 여부를 아는 것은 유용하다. 그런데도
작지 않은 비중인 다섯 명 중 한 명은 감염 여부를 알고 싶어 하지 않았
을 뿐 아니라 혈액 샘플을 폐기하는 대가로 기꺼이 돈을 지불할 용의를

보였다. 그들은 연구자들에게 불안에 직면하고 싶지 않다고 말했다.[5]

행동경제학자들은 이를 '타조 효과_the ostrich effect_'라 부른다. 가령 주가가 하락하면 사람들은 온라인으로 투자 계좌를 잘 확인하려 하지 않는다.[6] 이는 전혀 합리적이지 않다. 주가를 통해 자신의 투자 전략에 대한 정보를 얻는다면 상승장뿐 아니라 하락장에서도 면밀한 확인이 필요하다. 그렇지 않다면 아예 로그인을 할 이유가 없다. 그런데 왜 사람들은 주가가 오를 때는 빈번하게 계좌를 확인할까?

우리에게 중요한 정보를 평가하면서 감정을 다스리는 일은 쉽지 않다. 무엇보다 우리의 감정이 다른 방향으로 우리를 엇나가게 만들 수 있기 때문이다. 굴드는 처음에 받은 충격 때문에 제대로 생각하지 못했다는 사실을 깨달았다. 하지만 어떻게 통계에서 희망의 신호를 포착했을 때 이제는 부정 상태_state of denial_에서 벗어났다고 확신할 수 있었을까? 사실 그는 확신하지 못했다. 돌이켜 보면 그는 확신하지 않았다. 그래서 20년을 더 살다가 아무 관련 없는 질환으로 영면에 들었다.

굳이 수치적 정보를 아무런 감정 없이 처리하려고 애쓸 필요는 없다. 다만 감정을 인식하고 감안하는 것만으로도 충분히 더 좋은 판단을 할 만한 상황이 많다. 우리의 감정에 대한 초인적인 통제력을 요구하기보다 그저 좋은 습관을 기르면 된다. 이렇게 자문하라. "이 정보는 어떤 감정을 불러일으키는가? 내 생각이 옳았다는 확신이 들거나 우쭐해지는가? 불안이나 분노 또는 두려움이 생기는가? 인정하기를 거부하면서 무시해도 될 이유를 서둘러 찾는가?"

나는 이 일을 더 잘하려고 노력했다. 몇 년 전에 소셜미디어에 동성 결혼을 지지하는 사람의 수가 빠르게 늘어나고 있음을 보여주는 그래프를 공유한 적이 있다. 마침 나는 이 문제에 강하게 공감했고, 좋은 소식을 나누고 싶었다. 그래서 잠깐 확인해보고 해당 그래프가 명성 있는 신문에 실린 것 같아서 리트윗했다.

첫 댓글은 "팀- 그래프의 축들을 봤어요?"였다. 심장이 덜컥했다. 5초만 제대로 봤어도 그래프가 부정확하다는 사실을 알 수 있었을 것이다. 시간 척도가 엉망이어서 상승률이 왜곡되어 있었다. 그래프는 동성 결혼을 인정하는 사람의 비율이 늘어나고 있음을 보여주었다. 그러나 나는 그것을 열심히 세상과 공유할 것이 아니라 '부실한 데이터 시각화' 파일에 넣어두었어야 했다. 하지만 감정이 앞서가고 말았다. 나는 여전히 그런 실수를 저지른다. 다만 빈도가 줄어들기를 바란다.

나는 분명 더 신중해졌다. 또한 다른 사람들의 비슷한 행동을 더 잘 인식하게 되었다. 코로나 팬데믹 초기에 그런 행동이 많이 눈에 띄었다. 도움이 되는 것처럼 보이는 오정보들이 바이러스 자체보다 더 빠르게 퍼져나갔다. 페이스북과 이메일 뉴스그룹에서 확산된 어떤 글은 코로나 바이러스와 감기를 구분하는 법을 너무나 확신에 찬 어조로 설명했다. 또한 날씨가 따뜻해지면 바이러스가 파괴될 것이라고 사람들을 안심시키면서 찬물을 피해야 하며, 따뜻한 물은 모든 바이러스를 죽인다고 잘못된 조언을 했다. 때로 "내 친구의 삼촌"이나 "스탠퍼드 병원 이사회" 또는 아무 잘못이 없고 관련도 없는 소아과 의사가 썼다고 소개되는 이 글은 가끔 정확했지만, 전반적으로는 추측에 의존했고 오해의 소지가 컸다. 그런데도 대개는 분별 있는 사람들이 이 글을 거듭 공유했다. 왜 그랬을까? 다른 사람을 돕고 싶었기 때문이다. 그들은 혼란을 느꼈고, 유용해 보이는 조언을 접했으며, 다른 사람과 나눠야 한다고 생각했다. 이 충동은 인간적이고, 좋은 의도에 따른 것이었다. 하지만 현명한 것은 아니었다.[7]

나는 어떤 통계적 주장을 전파하기 전에 먼저 그것이 내게 어떤 감정을 불러일으키는지 살피려 노력한다. 이는 나 자신을 속이지 않기 위한 확실한 수단은 아니다. 그래도 거의 해가 없으며, 때로는 큰 도움이 되는 습관이다. 우리의 감정은 강력하다. 우리는 감정이 사라지게 만들 수 없으며, 사라지기를 바라서도 안 된다. 그래도 우리는 감정이 판단력을 흐리게 만들 때를 인식하려 노력할 수 있다. 또한 그래야만 한다.

희망회로의 작동 방식1: 팬데믹이 곧 끝나리라 믿었던 사람들

2011년에 옥스퍼드대학의 행동경제학자인 가이 메이라즈 Guy Mayraz는 희망회로wishful thinking에 대한 실험을 실시했다.[8]

메이라즈는 피실험자들에게 시간의 흐름에 따라 가격이 오르내리는 그래프를 보여주었다. 이 그래프는 사실 과거의 주가 변동을 표시한 것이었다. 그러나 메이라즈는 피실험자들에게 밀 가격의 최근 변동을 보여주는 그래프라고 말했다. 그리고 각 피실험자에게 향후 가격이 어떻게 될지 예측해보라고 말했다. 맞게 예측한 사람에게는 보상이 주어졌다.

피실험자들은 두 범주로 나누어졌다. 절반은 '농부'의 역할을 맡을 것이며, 밀 가격이 높으면 추가 보상을 받을 것이라는 말을 들었다. 나머지 절반은 '제빵사'의 역할을 맡을 것이며, 밀이 싸지면 보너스를 받을 것이라는 말을 들었다. 즉, 피실험자들은 두 번의 보상을 따로 받을 수 있었다. 한 번은 정확한 예측에 대한 보상이었고, 다른 한 번은 밀 가격이 유리한 방향으로 움직이는 데 따른 덤이었다. 실험 결과 덤이 주어질 가능성이 예측 자체에 영향을 미치는 것으로 드러났다. '농부'들은 밀 가격이 **오르기를 바랐으며 또 예측했다.** 반면에 '제빵사'들은 정반대로 밀 가격이 **내리리라 희망했고 그렇게 예측했다.** 이는 가장 순수한 형태의 희망회로다. 그래서 추론이 희망에 휘둘리게 된다.

또 다른 사례는 경제학자인 린다 뱁콕 Linda Babcock과 조지 로웬스타인 George Loewenstein이 실시한 실험이다. 이 실험에서 피실험자들은 오토바이 사고와 관련된 실제 소송에서 얻은 증거를 받았다. 이후 그들은 (다친 오토바이 운전자가 10만 달러의 보상금을 받아야 한다고 주장하는) 원고 측 변호사와 (소송이 기각되거나 보상금을 낮춰야 한다고 주장하는) 피고 측 변호사의 역할을 맡았다.

피실험자들은 설득력 있는 주장을 펼치거나 유리한 합의를 이끌어내면 금전적 보상을 받았다. 또한 실제 소송에서 판사가 실제로 판결한 보상금을 정확하게 추정할 때도 따로 금전적 보상을 받았다. 그들의 추정은 실험에서 맡은 역할과 관계가 없었다. 그런데도 이 경우 역시 희망 사항이 판단에 강한 영향을 미쳤다.[9] *

심리학자들은 이를 '동기화 추론motivated reasoning'이라 부른다. 동기화 추론은 의식적이든 아니든, 특정한 결론에 이른다는 목표에 따라 어떤 사안에 대해 생각하는 것이다. 축구 경기에서 우리는 상대 팀이 저지르는 파울을 보지만 우리 팀의 잘못은 간과한다. 우리는 인지하고자 하는 것을 더 잘 인지한다.[10]

아마도 동기화 추론의 가장 인상적인 사례는 인간면역결핍바이러스human immunodeficiency virus, 즉 HIV가 에이즈를 일으킨다는 사실을 부정하는 사람들일 것이다. 어떤 사람들은 아예 HIV가 존재한다는 사실을 부정한다. 어느 쪽이든 HIV 부정론은 이제 상당한 효과를 발휘하는 표준 요법에 대한 거부를 시사한다. 일부 두드러진 부정론자들은 자신과 자녀를 비극적인 죽음으로 몰아넣었다. 그러나 특히 HIV 부정론은 치료법이 지금보다 효과가 부족하고 심각한 부작용을 초래했을 때는 위안이 되는

---

* 두 사례에서 사람들은 많지 않은 금전적 보상보다 그들이 맡게 된 역할의 감정적 힘에 더 많이 이끌렸을 것이다. 어느 쪽이든 어떤 상황에서 특정한 관점을 취하는 것은 결정에 강한 영향을 미치는 것으로 드러났다.

신념이었을 것이다. 이런 비극적 신념은 극히 드문 것처럼 보인다. 그러나 그렇지 않을 수도 있다. 미국의 동성애자와 양성애자를 대상으로 조사한 결과 거의 절반이 HIV가 에이즈를 일으키지 않는다고 믿었으며, 절반 이상은 표준 치료법이 해를 더 많이 입힌다고 믿었다. 에이즈 환자들을 대상으로 한 다른 조사에서도 부정론자가 15퍼센트에서 20퍼센트에 달했다. 이 조사들은 엄격한 무작위 표본을 토대로 삼지 않았다. 그래서 정확한 수치를 너무 진지하게 받아들일 필요는 없다. 그래도 많은 사람이 과학적 합의를 거부하고 자신을 실질적인 위험에 빠트린다는 명확한 증거는 된다.[11]

나는 2020년 3월에도 희망회로가 돌아가는 모습을 볼 수 있었다. 당시 옥스퍼드대학의 연구진은 팬데믹에 대한 "빙산의 일각" 모델을 발표했다. 이 모델은 코로나 바이러스가 훨씬 폭넓게 확산하였지만, 생각보다 덜 위험하다는 내용을 시사했다. 그래서 최악의 사태가 곧 끝날 것이라는 기쁜 함의를 담고 있었다. 그러나 이는 전염병학자들 사이에서 소수를 차지하는 의견이었다. 그때까지 이뤄진 데이터 탐정 작업에서 대다수 사람이 무시할 만한 증상을 지녔다는 증거를 거의 찾을 수 없었기 때문이다. 실제로 옥스퍼드 연구진이 제시한 요점 중 하나는 진실을 파악하기 위해서는 더 나은 데이터가 절실하게 필요하다는 것이었다. 그러니 이 메시지는 주목받지 못했다. 대신 사람들은 "좋은 소식"만 폭넓게 공유했다. 그것이 우리가 모두 사실이기를 바라는 종류의 내용이었기 때문이다.[12]

희망회로는 동기화 추론의 유일한 형태는 아니지만 흔하다. 우리는 부분적으로는 원하기 때문에 믿는다. HIV 양성인 사람은 이 바이러스가 에이즈로 이어지지 않으며, 모유를 먹는 아이들에게 전파되지 않는다고 믿는 데서 위안을 얻는다. "농부"는 밀 가격에 대한 자신의 예측이 맞기를 바라는 동시에 돈을 벌고 싶어 한다. 그래서 그의 예측은 욕심에 휘둘린다. 정치 활동가들은 자신이 지지하는 정치인이 똑똑하고, 재치 있고, 합리적이기를 바란다. 그래서 상반되는 증거를 애써 무시하거나 깎아내린다.

페르메이르를 사랑하는 미술 평론가는 그의 앞에 놓인 그림이 위작이 아니라 걸작이라고 판단하도록 동기화되어 있었다.

희망회로의 작동 방식2 : 전문가 전용 덫

아브라함 브레디우스를 몰락시킨 것은 희망회로였다. 이 미술사가에게는 약점이 있었다. 바로 페르메이르의 종교화에 깊이 매료되었다는 것이었다. 작품은 두 점뿐이었다. 그는 그중 하나인 〈신앙의 상징The Allegory of Faith〉을 직접 발견했고, 여전히 보유하고 있었다. 나머지 하나인 〈마리아와 마르타의 집에 있는 그리스도Christ in the House of Martha and Mary〉는 성경의 해당 장면을 묘사한 유일한 페르메이르의 작품으로 알려져 있었다. 브레디우스는 1901년에 이 작품을 감정한 후 페르메이르의 작품이 아니라고 매우 확고하게 판정했다. 그러나 다른 평론가들은 거기에 동의하지 않았다. 결국 모두 브레디우스가 틀렸다는 결론에 이르렀다. 거기에는 브레디우스 본인도 포함되었다.

이 일로 상처받은 브레디우스는 같은 실수를 반복하지 않겠다고 다짐했다. 그는 누구보다 페르메이르를 잘 알고 사랑했다. 그래서 언제나 페르메이르의 숨겨진 걸작을 정확하게 분간하여 명예를 회복할 기회를 노렸다.

브레디우스는 성경에 기초한 초기 작품인 〈마리아와 마르타〉와 몇 년 후에 그려진 페르메이르의 더욱 특징적인 작품들 사이의 간격에 흥미를 느끼게 되었다. 그사이에 어떤 미발견 작품들이 있을까? 오랜 세월이 지난 지금 성경에 기초한 다른 작품이 발견된다면 멋지지 않을까?

브레디우스는 페르메이르에 대해 개인적으로 선호하는 또 다른 이론을 갖고 있었다. 그 내용은 이 네덜란드의 거장이 젊은 시절에 이탈리아를 여행하면서 위대한 이탈리아의 거장인 카라바조Caravaggio의 종교화로부터 영감을 얻었다는 것이었다. 다만 이는 추측에 불과했다. 페르메이르의 생애에 대해서는 알려진 것이 많지 않았다. 누구도 그가 카라바조의 작품을 봤는지 알지 못했다.

판 메이헤런은 브레디우스가 추정한 모든 내용을 알았다. 그는 브레디우스를 잡을 덫으로 〈엠마오에서의 저녁 식사〉를 그렸다. 그래서 크고 아름다운 유화에 성경과 관련된 주제를 담았으며, (브레디우스가 줄곧 주장한 대로) 카라바조의 작품과 비슷하게 구도를 잡았다. 또한 17세기의 소품을 활용하여 페르메이르 스타일의 터치를 넣었다. 그리스도가 뜯고 있는 빵은 유명한 진주 목걸이 그림처럼 '푸앵틸레 pointillés'라는 점묘법을 통해 강조되었다. 또한 물감은 오래되어서 단단하고 금이 가 있었다.

브레디우스는 의심하지 않았다. 왜 그래야 할까? 판 메이헤런의 앞잡이인 제라드 분은 브레디우스에게 단순한 그림을 보여준 게 아니었다. 그는 브레디우스에게 자신이 줄곧 옳았음을 말해주는 증거를 보여주었다. 브레디우스는 말년에 비로소 잃어버린 고리를 찾아냈다. 그는 그것을 믿고 싶어 했다. 또한 전문가였기에 자신의 결론을 뒷받침할 이유를 찾는 데 어려움이 없었다.

가령 빵을 그리는 데 사용된 확연한 '푸앵틸레'가 있었다. 다만 문외한이 보기에 흰 점들이 약간 투박하기는 했다. 그러나 브레디우스는 이 점들을 보고 〈우유 따르는 여인〉에서 두드러진, 맛있어 보이는 빵을 떠올렸다. 일반인은 구도가 카라바조의 작품과 비슷하다는 사실을 간파하지 못했을 것이다. 그러나 브레디우스의 시선에서는 캔버스를 뚫고 나올 것처럼 두드러졌다. 그는 〈엠마오에서의 저녁 식사〉가 진품이라는 다른 단서들도 찾아냈을 것이다. 그는 판 메이헤런이 소품으로 활용한 꽃병이 실제 17세기 것임을 파악했을 것이다. 물감도 17세기 것 또는 최대한 비슷한 것이었다. 판 메이헤런은 페르메이르의 색상 조합을 능숙하게 복제했다. 캔버스 자체도 있었다. 브레디우스 같은 전문가는 그림의 뒷면을 보고 캔버스가 너무 새것이라는 사실을 확인함으로써 19세기나 20세기의 위작을 간파할 수 있었다. 판 메이헤런은 이 사실을 알았다. 그래서 17세기의 캔버스에 그림을 그리고 물감의 겉면을 조심스럽게 문질러서 속 부분과 뚜렷한 균열 패턴을 남겨두었다.

그러자 가장 단순한 시험만이 남았다. 바로 물감이 물렁물렁한지 여부였다. 오랜 거장의 작품을 위조하려는 사람들에게 주어지는 난관은 유화가 완전히 마르려면 반세기가 걸린다는 것이었다. 면봉에 순수한 알코올을 적셔서 유화의 표면을 부드럽게 문지르면 물감이 묻어 나오는데, 그렇다면 현대의 위작이다. 수십 년이 지나야만 물감이 굳어져서 이 시험을 통과할 수 있다.

브레디우스는 이전에 이 방법으로 위작을 가려냈다. 그러나 〈엠마오에서의 저녁 식사〉의 물감은 좀처럼 묻어나오지 않았다. 이는 브레디우스에게 〈엠마오에서의 저녁 식사〉가 오래되었으며, 따라서 진품이라고 믿을 만한 아주 좋은 이유를 제공했다. 판 메이헤런은 아마추어 수준의 화학을 영리하게 활용하여 그를 속였다. 그것은 몇 달에 걸친 실험의 결과였다. 그는 17세기 물감을 페놀 포름알데히드_{phenol formaldehyde}라는 새로운 물질과 혼합하는 방법을 찾아냈다. 이 수지는 105도로 2시간 동안 가열하면 초기 플라스틱 중 하나인 베이클라이트로 바뀌었다. 산업용 플라스틱이 섞였으니 물감이 굳고 단단할 수밖에 없었다.

브레디우스는 〈엠마오에서의 저녁 식사〉가 진품이라고 믿을 대여섯 가지의 잠재적 이유가 있었다. 이 여러 이유는 그렇지 않다고 믿을 뚜렷한 하나의 이유를 무시하기에 충분했다. 그 하나의 이유란 바로 이 그림이 페르메이르가 전에 그렸던 어떤 작품과도 다르다는 것이었다.

아브라함 브레디우스가 한 특별한 발언을 다시 한번 살펴보자. "이것은 델프트 출신 요하네스 페르메이르의 걸작이라 말하고 싶다. (…) 이 걸작은 그의 다른 모든 작품과 상당히 다르면서도 모든 면에서 페르메이르의 것이다."

그의 다른 모든 작품과 상당히 다르다면 경각심을 가졌어야 하지 않을까? 그런데도 브레디우스는 이 그림이 자신이 평생 찾던 페르메이르의 작품이자 카라바조와의 연결고리를 제공할 작품이라고 간절히 믿고 싶었다. 판 메이헤런은 진정한 전문가만이 걸릴 수 있는 덫을 놓았다. 나머지 작업은 희망회로가 해주었다.

유식한 바보는 무식한 바보보다 더 잘 속는다

아브라함 브레디우스는 전문가들이 동기화 추론에서 자유롭지 못하다는 사실을 증언한다. 어떤 여건에서는 심지어 그들의 전문성이 약점이 될 수 있다. 프랑스의 풍자 작가인 몰리에르Molière는 "유식한 바보는 무식한 바보보다 더 멍청하다"라고 쓴 적이 있다. 또한 벤저민 프랭클린Benjamin Franklin은 "이성적 존재라는 것은 실로 편리하다. 원하기만 하면 모든 것에 대한 이유를 찾거나 만들 수 있기 때문이다"라고 말했다.

현대의 사회과학은 몰리에르와 프랭클린의 생각에 동의한다. 깊은 전문성을 가진 사람은 기만을 간파하는 뛰어난 능력을 갖추고 있다. 그러나 동기화 추론의 덫에 걸리면 무엇이든 그들이 실로 믿고자 하는 것을 믿어야 할 이유를 더 많이 만들 수 있다.

근래에 그 증거를 분석한 한 논문은 선입견에 치우치는 방향으로 증거를 평가하고 주장을 검증하는 경향이 지식인 사이에서 흔하다는 결론을 내렸다.[13] 똑똑하거나 많이 배웠다고 해서 방어가 되는 것은 아니다. 일부 경우에는 그것이 오히려 약점이 될 수도 있다.

2006년에 정치학자인 찰스 테이버Charles Taber와 밀턴 라지Milton Lodge가 흥미로운 연구 결과를 발표했다. 테이버와 라지는 머리글에서 정치와 의심에 대한 연구 결과를 소개했던 캐리 에드워즈와 에드워드 스미스의 발자취를 따라갔다. 그들은 에드워즈와 스미스처럼 미국인들이 논쟁적인 정치적 사안을 판단하는 방식을 분석하고 싶어 했다. 그들이 선택한 사안은 총기 규제와 소수집단 우대정책이었다.

테이버와 라지는 피실험자들에게 양측의 여러 주장을 읽고 각 주장의 강점과 약점을 평가하도록 요청했다. 이런 찬반양론을 검토하면 상반되는 시각에 대한 인식이 더욱 비슷해질 것이라고 바랄 수 있다. 그러나 새로운 정보는 분열을 더욱 심화시켰다. 그 이유는 사람들이 주어진 정보를 기존 신념을 보강하는 수단으로 활용했기 때문이다. 그들은 더 많은 정보를 찾아보라는 요청을 받으면 선입견을 뒷받침하는 데이터를 찾았다. 또한 반대 견해의 강점을 평가하라는 요청을 받으면 오히려 그 입장에 반박할 방법을 찾느라 상당한 시간을 들였다.

이 실험만 이런 결론에 도달한 것은 아니다. 다만 테이버와 라지의 실험에서 특히 흥미로운 부분은 전문성이 문제를 악화시켰다는 것이다.[•] 실험에 참가한 고학력자들은 자신의 선입견을 뒷받침할 더 많은 자료를 찾았다. 더욱 놀라운 사실은 그들이 자기 생각과 상반되는 자료를 덜 찾았다는 것이다. 이는 마치 그들이 불편한 정보를 적극적으로 피하고자 자신의 전문성을 활용하는 것 같았다. 그들은 자신의 시각에 맞는 주장을 더 많이 제시했고, 상대편의 주장에 존재하는 결점을 더 많이 찾아냈다. 애초에 그들은 줄곧 도달하고자 했던 결론에 도달할 수 있는 능력을 훨씬 잘 갖추고 있었다.[14]

우리가 보일 수 있는 모든 감정적 반응 중에서 가장 정치적 관련성이 큰 반응은 당파성에 영향 받는다. 강한 정치적 소속감을 지닌 사람은 올바른 편에 서고 싶어 한다. 그래서 어떤 주장을 접하면 "사람들이 기대하는 나의 생각"에 따라 즉각 반응이 형성된다.

기후변화에 대한 다음과 같은 주장을 예로 들어보자. "인간의 활동은 지구 기후의 온도를 높여서 우리의 생활방식에 심각한 위험을 제기한다." 우리 중 다수는 이런 주장에 대해 감정적 반응을 보인다. 이는 화성까지의 거리에 대한 주장과는 다르다. 이 주장을 믿는지 또는 부정하는지가 우리의 정체성을 구성하는 일부가 된다. 그래서 우리가 누구인지, 우리의 친구가 누구인지 그리고 어떤 세상에 살고 싶어 하는지에 대해

• 이 실험에서 정치적 전문성은 미국 정부의 운영 방식에 대한 질문을 통해 측정되었다. 가령 대통령의 거부권을 무효로 할 수 있는 의회 가결 기준 등에 대한 질문이 주어졌다.

뭔가를 말해준다. 내가 기후변화에 대한 주장을 뉴스 헤드라인이나 소셜미디어에서 공유할 그래프에 넣는다면 관심과 참여를 끌어낼 수 있을 것이다. 그 이유는 그것이 맞거나 틀리기 때문이 아니라, 사람들이 그것에 대해 어떤 감정을 느끼기 때문이다.

이 말이 의심스럽다면 2015년에 갤럽 조사에서 밝혀진 사실을 생각해보라. 이 조사에서 미국 민주당 당원과 공화당 당원이 기후변화를 우려하는 정도에 존재하는 거대한 간극이 드러났다. 거기에 어떤 합리적 이유가 있을 수 있을까? 과학적 증거는 과학적 증거다. 기후변화를 둘러싼 우리의 신념은 왼쪽이나 오른쪽으로 치우칠 수 없다. 하지만 실제로는 치우친다.[15]

이 간극은 학력 수준이 높을수록 더욱 넓어졌다. 대학 교육을 받지 않은 사람들의 경우 민주당 당원의 45퍼센트와 공화당원의 22퍼센트가 기후변화를 '크게' 걱정했다. 반면 대학 교육을 받은 사람들의 경우 그 수치가 민주당원의 50퍼센트, 공화당원의 8퍼센트였다. 과학적 지식을 기준으로 삼아도 비슷한 패턴이 유지된다. 즉, 과학적 지식을 가진 공화당원과 민주당원 사이의 간극은 과학적 지식이 거의 없는 사람들 사이의 간극보다 넓다.[16]

의심이 무기라면 디테일은 탄약이다

감정이 개입되지 않는다면 사람들이 무엇이 진실인지, 적어도 무엇이 현재 기준으로 최고의 이론인지에 대한 합의에 이르는 데 더 많은 교육과 정보는 분명 도움이 될 것이다. 하지만 사람들에게 더 많은 정보를 주는 것은 기후변화 문제에 대한 의견의 분극화를 심화하는 듯하다. 이 점만 봐도 감정이 얼마나 중요한지 알 수 있다. 사람들은 자신의 다른 신념과 가치관에 맞는 결론에 이르기 위해 애쓴다. 아브라함 브레디우스처럼 더 많이 알수록 그들이 도달하고자 하는 결론에 도달하기 위한 명분이 더 많아진다.

심리학자들은 이처럼 분극화로 나아가는 과정을 '편향 동화biased assim-ilation'라 부른다. 당신이 사형 제도의 효과에 대해 우리가 아는 것을 논의하는 잡지 기사를 우연히 접한다고 가정하자. 당신은 이 주제에 관심이 있다. 그래서 계속 읽다가 다음과 같은 간략한 연구 결과를 보게 된다.

> 연구자인 파머Palmer와 크랜덜Crandall은 법정최고형이 각기 다른 10쌍의 이웃한 주들을 대상으로 살인사건 발생률을 비교했다. 그 결과 10쌍 중 8쌍에서 사형 제도가 있는 주의 살인율이 사형 제도가 없는 주보다 더 높았다. 이 연구 결과는 사형 제도의 범죄 억제 효과에 관한 주장과 상반된다.

어떻게 생각하는가? 타당해 보이는가?

당신이 사형 제도에 반대한다면 아마 그럴 것이다. 반면 사형 제도를 지지한다면 의심이 생기기 시작할 것이다. 앞서 살핀 대로 이런 의심은 담배의 경우에는 대단히 강력했다. 이 연구는 전문적인 방식으로 실시되었을까? 다른 요인을 고려했을까? 데이터는 어떻게 처리했을까? 요컨대 파머와 크랜덜은 연구를 제대로 한 걸까 아니면 실력 없는 연구자들일까?

파머와 크랜덜은 당신의 의심에 기분 나빠하지 않을 것이다. 두 사람은 존재하지 않는다. 심리학자인 찰스 로드Charles Lord, 리 로스Lee Ross, 마크 레퍼Mark Lepper가 꾸며낸 인물들이다. 세 사람은 1979년에 사람들이 열성적인 논쟁을 통해 사고하는 방식을 탐구하기 위한 실험을 설계했다. 그들은 사형 제도에 찬성하거나 반대하는 강한 시각을 가진 피실험자들을 모았다. 그리고 두 개의 가상 연구 결과를 요약한 내용을 보여주었다. 그중 하나는 사형 제도가 중범죄를 예방했음을 증명했지만, 파머와 크랜덜이라는 가상의 연구자들이 제시한 다른 하나는 상반된 결과를 보여주었다.[17]

예상대로 피실험자들은 자신이 중시하는 신념에 상반되는 연구 결과를 무시하는 경향을 보였다. 하지만 로드와 동료들은 더욱 놀라운 사실을 발견했다. 피실험자들은 그래프, 연구 방법론, 다른 가상 학자들의 논평 등을 통해 연구 결과를 자세히 제시할수록 달갑지 않은 증거를 더 쉽게 불신했다. 의심이 무기라면 디테일은 탄약이다.

우리는 싫어하는 증거에 직면하면 '이걸 믿어야 할까?'라고 자문한다. 더 많은 디테일은 종종 주장의 허점을 찾을 더 많은 기회를 제공한다. 반면 우리는 수긍하는 증거에 직면하는 '이걸 믿을 수 있을까?'라는 다른 의문을 품는다. 이 경우 더 많은 디테일은 신념을 뒷받침할 더 많은 지지 대를 뜻한다.[18]

그에 따른 뜻밖의 결과는 사람들에게 논쟁의 양면에 대한 세부적이고 균형 잡힌 근거를 제공하는 일이, 실제로는 그들을 중간으로 끌어당기기보다 중간에서 더 멀어지게 만든다는 것이다. 이미 확고한 의견을 가진 경우 우리는 반가운 증거를 신속히 받아들이지만, 상반되는 데이터나 주장은 짜증스러워한다. 새로운 증거에 대한 이런 '편향 동화' 때문에 우리는 더욱 많이 알수록 민감한 사안에 대해 보다 편파적인 입장을 취한다.

이 말이 불합리하게 들릴 수 있다. 우리는 모두 진실을 파악하고 싶어하지 않는가? 개인적인 영향을 미치는 문제에서는 분명히 그래야 한다. 그러나 HIV/에이즈 부정론의 비극적인 사례는 불편하고 달갑지 않은 생각을 거부하기 위해 과도한 수준까지 치닫는 사람들이 있음을 말해준다. 설령 그 생각이 그들의 생명을 구해줄 수 있다고 해도 말이다. 희망 회로는 놀랍도록 강력할 수 있다.

그러나 옳고 그름의 문제가 중대한 결과로 이어지지 않는 일도 많다. 많은 경우 사실관계가 부정확한 결론에 이르러도 아무 해를 입지 않는다. 오히려 도움이 될 수도 있다.

그 이유를 이해하려면 객관적 "진실"이 아예 없다는 데 대다수 사람이 동의하는 사안을 고려해보라. 가령 소나 돼지 또는 개를 먹는 것 사이의 도덕적 차이가 그런 예다. 이 관행 가운데 어느 것이 옳거나 그르다고 생각하는지 여부는 대부분 문화에 좌우된다. 이 문제의 이면에 놓인 논리를 논의하려는 사람은 거의 없다. 그냥 남들이 하는 대로 따르는 편이 낫다.

이보다 덜 명확한 사례도 있다. 가령 정답이 있는 논쟁의 경우도 마찬가지다. 기후변화 문제에는 완벽하게 확실한 것은 아니지만 객관적 진실이 있다. 그러나 당신은 지구에 사는 거의 80억 명 중의 한 명이다. 당신의 생각이 환경에 미치는 영향은 미미하다. 당신이 중국 주석인 경우처럼 소수의 예외를 제외하면 기후변화는 당신의 말이나 행동과 무관하게 진행될 것이다. 자기중심적 관점에서 볼 때 틀린 생각을 가지는 데 따른 실질적인 비용은 0에 가깝다.

그러나 당신이 지닌 신념의 사회적 영향은 실질적이고 즉각적이다.

당신이 몬태나주에서 보리를 재배하는 농부라고 상상해보자. 덥고 건조한 여름 날씨가 갈수록 빈번하게 당신의 농사를 망치고 있다. 기후변화는 당신에게 문제가 된다. 하지만 몬태나 농촌 지역은 매우 보수적이다. 또한 "기후변화"라는 단어는 정치적 논쟁의 소지를 지닌다. 어쨌든 당신이 개인적으로 할 수 있는 일이 무엇일까? 다음은 농부인 에릭 소머필드_Eric Somerfield가 줄타기하는 방법이다.

소머필드는 밭에서 시들어가는 작물을 보며 "기후변화" 때문이라고 확신한다. 그러나 바에서 친구들과 어울릴 때는 사용하는 단어를 바꾼다. 그는 금기시된 단어 대신 "변덕스러운 날씨"나 "더 건조하고 더운 여름" 같은 표현을 쓴다. 이는 요즘 농촌 지역에서 드물지 않게 쓰이는 화법이다.[19]

소머필드가 포틀랜드나 오리건 또는 영국 브라이튼Brighton에 살았다면 동네 술집에서 그렇게 우회적인 화법을 구사할 필요가 없었을 것이다. 실제로 그의 친구들은 기후변화 문제를 매우 진지하게 받아들일 가능성이 높다. 반면에 이들은 자기들 무리 중에 기후변화가 중국의 사기라고 여기저기 떠들고 다니는 사람이 있다면 바로 따돌릴 것이다.

결국 교육을 받은 미국인들이 기후변화 문제를 두고 극명하게 대립하는 것은 놀랄 일이 아닐지 모른다. 수십만 년에 걸친 진화는 우리가 주위 사람들과 동화되는 것을 크게 중시하도록 만들었다. 이 사실은 지식이 많은 사람이 실제로는 정치적인 문제에 있어서 동기화 추론에 빠질 위험이 더 크다는 테이버와 라지의 연구 결과를 설명하는 데 도움이 된다. 우리는 친구들이 이미 믿고 있는 것을 설득력 있게 주장할수록 친구들에게 더 많이 인정받는다.

HIV 부정론은 우리가 생사의 문제에서도 비극적일 만큼 틀릴 수 있음을 보여준다. 그러나 "틀린" 생각에 따른 사회적 영향은 심각하더라도 실질적인 영향은 미미하거나 없을 때 잘못된 방향으로 엇나가기가 훨씬 쉽다. 이 사실이 당파성을 가르는 수많은 논쟁에 해당하는 것은 우연이 아니다.

'내로남불'의 명쾌한 작동원리

동기화 추론은 나 아닌 다른 사람들한테나 생기는 문제라고 가정하기 쉽다. 그래서 나는 정치적 원칙을 갖고 있고, 너는 정치적으로 편향되어 있으며, 그의 생각은 음모론에 가깝다고 말한다. 그러나 우리 모두 때로는 머리가 아닌 가슴으로 생각한다는 사실을 인정하는 편이 더 현명하다.

런던 킹스칼리지런던King's College London의 신경과학자인 크리스 드 메이어Kris De Meyer는 학생들에게 한 환경운동가가 기후변화 부정론에 대해 문제를 제기하는 메시지를 보여주었다.

> 기후변화 부정론자들의 행동 방식을 정리하자면 다음과 같다고 말할 수 있습니다.
>
> (1) 그들은 공격적이지만 우리는 수비적입니다.
>
> (2) 그들은 마치 계획을 세워둔 것처럼 매우 체계적으로 활동합니다.
>
> 내가 보기에 부정론자들의 특징은 열성적인 기회주의자라는 것입니다. 그들은 재빨리 행동하며, 과학계를 공격할 수만 있다면 아무런 원칙 없이 어떤 정보든 활용하는 것처럼 보입니다. 반면에 우리는 언론과 대중을 상대로 우리 편의 좋은 이야기를 전달하는 데 서툴렀다는 것에는 의문의 여지가 없습니다.[20]

기후변화의 열성적인 신봉자인 모든 학생들은 냉소적이고 반과학적인 부정론자들이 피운 연막에 분개하던 참이었다. 그래서 이 내용에 공감했다. 뒤이어 드 메이어는 이 메시지의 출처를 공개했다. 이는 근래에 작성된 이메일이 아니라 1968년에 담배회사의 임원이 쓴 유명한 내부 서신을 거의 한 글자도 빼놓지 않고 그대로 옮긴 것이었다 즉, 성토 대상이 '기후 부정론자'가 아니라 '반담배 진영'이라는 점을 제외하면 아무 내용도 바뀌지 않았다. 그래도 기후변화가 실재한다고 (옳게) 주장하든, 담배와 암은 연관성이 없다고 (틀리게) 주장하든, 자신이 옳다는 같은 확신을 갖고 같은 말과 같은 주장을 할 수 있다.

　(다음은 이런 경향을 말해주지만 개인적인 이유로 내게 민감하게 여겨질 수밖에 없는 사례다. 좌파 성향에 환경 의식이 투철한 나의 친구들은 기후과학자들에 대한 인신공격에 당연히 비판적이다. 당신도 과학자들이 정치적 편향이나 큰 정부의 지원금 때문에 데이터를 만들어낸다는 식의 주장을 들어본 적이 있을 것이다. 이런 주장은 증거를 제시하기보다 상대방을 중상한다. 하지만 나의 친구들은 나의 동료 경제학자들을 공격하는 데 쓰이는 전술을 기꺼이 수용하고 증폭한다. 경제학자들이 정치적 편향이나 대기업의 지원금 때문에 데이터를 만들어낸다는 주장 말이다. 생각이 깊은 한 친구에게 이 사실을 설명하려 애썼지만, 소용없었다. 그녀는 내가 무슨 말을 하는지 전혀 이해하지 못했다. 이를 '이중 잣대'라 부르고 싶지만, 그것은 부당하다. 의도적이라는 의미를 지니기 때문이다. 하지만 그렇지 않다. 이는 남에게서는 쉽게 알아보지만, 우리 자신에게서는 알아보기가 매우 힘든 무의식적 편향이다)[*]

　통계적, 과학적 주장에 대한 우리의 감정적 반응은 부차적 사안이 아니다. 우리의 감정은 어떤 논리보다 강력하게 우리의 신념을 형성할 수 있고, 종종 그렇게 한다. 우리는 이상한 것을 믿도록, 그리고 확고한 증거를 의심하도록 우리 자신을 설득할 수 있다. 그 이면에는 정치적 당파성이나 커피를 계속 마시고 싶은 욕구, HIV에 감염된 현실을 직면하고 싶지 않은 마음이나 감정적 반응을 일으키는 다른 어떤 원인이 있다.

하지만 절망할 필요는 없다. 우리는 감정을 다스리는 법을 배울 수 있다. 이는 성장 과정의 일부다. 간단한 첫 번째 단계는 감정을 인식하는 것이다. 통계적 주장을 접할 때 자신의 반응에 주의를 기울여라. 분노나 승리감 또는 거부감이 느껴진다면 잠시 멈춰라. 그리고 성찰하라. 감정 없는 로봇이 될 필요는 없다. 그래도 느끼는 만큼 생각할 수 있다. 또 그래야만 한다.

우리 중 다수는 적극적으로 자신을 기만하려 들지 않는다. 그렇게 하는 것이 사회적으로 도움이 되더라도 말이다. 우리는 특정한 결론에 도달하려는 동기가 있다. 그러나 팩트도 중요하다. 많은 사람은 스타나 억만장자가 되거나 숙취에 면역되고 싶어 한다. 그러나 자신이 실제로 그렇다고 믿는 사람은 거의 없다. 희망회로에는 한계가 있다. 셋까지 세면서 우리의 자동적인 반응을 인식하는 습관을 들일수록 진실에 더 가까이 다가갈 수 있다.

가령 한 연구팀이 실시한 연구에서 대다수 사람들은 진지한 저널리즘

• 분명 나 자신도 이 편향에서 벗어나지 못할 것이다. 단지 정확하게 어떤 양상으로 드러나는지 인식하지 못할 뿐이다.

과 가짜 뉴스를 완벽하게 구분할 수 있고, 거짓이 아니라 진실을 퍼트리는 것이 중요하다는 데 동의한다는 사실이 드러났다. 문제는 위의 실험에 참여했던 그 사람들이 "500여 명의 '이주 캐러밴 참가자'가 자살 폭탄 조끼를 입은 채 체포되었다"는 식의 기사를 기꺼이 공유한다는 것이다. 그 이유는 "공유" 버튼을 클릭하기 전에 잠시 생각하지 않았기 때문이다. 그들은 '이게 사실일까?'라고 생각하지 않았다. '진실이 중요하지 않을까?'라고 따져보지도 않았다. 그 대신 우리 모두 아는 지속적으로 산만한 상태에서 인터넷을 건성으로 훑어보다가 감정과 당파성에 휩쓸리고 말았다.

잠시만 멈춰서 생각해도 많은 오정보를 걸러낼 수 있다. 정말로 그저 멈춰서 생각하는 버릇만 들이면 된다.[21]

또 다른 연구에서는 진짜 뉴스와 가짜 뉴스를 잘 가려낼 줄 아는 사람들이 동시에 소위 '인지성찰검사 cognitive reflection test'에서 높은 점수를 받는다는 사실이 드러났다.[22] 행동경제학자인 셰인 프레드릭 Shane Frederick이 고안했으며, 대니얼 카너먼 Daniel Kahneman의 《생각에 관한 생각 Thinking, Fast and Slow》을 통해 유명해진 이 검사는 다음과 같은 질문을 한다.

야구방망이와 야구공의 가격은 1.10달러이고, 야구방망이는 야구공보다 1달러 더 비싸다. 야구공의 가격은 얼마인가?

또는

> 호수에 매일 2배로 커지는 수련이 있다. 수련이 호수 전체를 덮으려면 48일이 걸린다고 할 때, 호수 절반을 덮는 데는 얼마나 걸릴까?•

많은 사람은 이런 문제를 처음 접하면 오답을 낸다. 정답을 내는 데 필요한 것은 지성이나 수학 교육이 아니다. 그보다는 잠시 멈추고 반사적으로 떠오른 답을 재확인하는 것이 필요하다. 셰인 프레드릭은 초기의 오류를 인식하기만 하면 문제를 풀 수 있다는 사실을 지적한다.[23]

인지성찰검사의 질문들은 생각 없이 잘못된 결론으로 건너뛰도록 유도한다. 선동적인 밈이나 열변을 토하는 연설도 마찬가지다. 우리가 차분해야 할 이유가 거기에 있다. 대부분의 설득이 우리를, 그러니까 우리의 욕망·욕구·동정심 또는 분노를 자극하도록 설계된 이유도 거기에 있다. 도널드 트럼프가, 또는 같은 맥락에서 그린피스Greenpeace가 잠시 멈추고 차분한 성찰을 하도록 설계된 트윗을 올린 적이 있던가? 오늘날의 설득자들은 당신이 멈춰서 생각하기를 원치 않는다. 그들은 당신이 서두르고 감정을 느끼기를 원한다.

거기에 휘둘리지 말아야 한다.

• 답은 5센트와 47일이다. 야구방망이 1달러 5센트, 야구공이 5센트이기 때문에 도합 1.10달러가 된다. 수련은 1일째부터 47일째까지 호수의 절반을 덮은 다음 48일째에 나머지 절반을 순식간에 차지하게 된다. 아마 두 번째 문제의 답을 내는 일은 과거보다 덜 까다로울 것이다. 수련은 기하급수적으로 커질 것이고, 우리는 이미 코로나 팬데믹을 통해 '기하급수적 확장'의 진정한 위력에 대해 뼈아픈 교훈을 얻었다.

대중의 감정 조종하기: 영웅이 된 매국노

한 판 메이헤런은 독일의 점령이 끝난 거의 직후에 체포되었다. 그는 나치에 협력한 죄로 기소되고 처벌당해야 했다.

이 교활한 위조범은 나치 점령기에 엄청나게 성공했다. 저택을 몇 채나 보유할 정도였다. 전쟁으로 암스테르담 사람들이 굶는 동안에도 그는 정기적인 난교 파티를 열고 매춘부들에게 보석을 한 줌씩 안겼다. 그는 사실 나치가 아니었지만, 나치처럼 행동하려고 무진 애를 썼다. 그는 나치와 친했으며, 나치의 이데올로기를 열심히 떠받들었다.

판 메이헤런은 《테이케닝헌Teekeningen 1》이라는 사악하기 그지없는 책을 그리고 펴냈다. 나치의 상징 및 색상을 활용한 기괴한 반유대 시와 그림으로 가득한 책이었다. 그는 이 책을 찍어내는 데 비용을 아끼지 않았다. 그가 상상한 독자를 생각하면 이는 놀라운 일이 아니었다. 그는 한 부를 아돌프 히틀러에게 직접 전달했다. 거기에는 목탄으로 "감사하는 마음으로 친애하는 총통님께 바칩니다- 한 판 메이헤런"이라는 헌사가 쓰여 있었다.

이 책은 히틀러의 서재에서 발견되었다.

이후 일어난 일을 이해하려면 논리보다 감정을 이해해야 한다. 네덜란드 사람들은 5년 동안 나치에게 점령당한 후 자신에 대한 환멸을 느꼈다. 안네 프랑크Anne Frank는 네덜란드에서 추방되어 살해당한 수많은 유대인 중 가장 유명인이었을 뿐이다. 프랑스나 벨기에에 살던 유대인보다

네덜란드에 살던 유대인이 훨씬 많이 추방되었다는 사실은 잘 알려지지 않았다.[24]

물론 판 메이헤런은 또 다른 부역자였다. 그러나 전후 네덜란드 사람들은 몇 달 동안 부역자들을 법정으로 끌고 다니는 것이 지겨워졌다. 그들은 더 흥미로운 이야기를 원했다. 아브라함 브레디우스가 카라바조풍 페르메이르 작품을 간절히 원했던 것처럼 말이다. 이번에도 판 메이헤런은 욕망의 대상을 만들어냈다. 이번에는 네덜란드 사람이 과감하고 교묘하게 나치를 '엿먹인 통쾌한 이야기'였다.

판 메이헤런을 기소할 사람들은 곧 자신도 모르게 그의 공범이 되었다. 그들은 어처구니없는 선전용 자리를 마련했다. 이 자리에서 판 메이헤런은 〈엠마오에서의 저녁 식사〉 스타일로 그림을 그려서 자신이 배반자가 아니라 위조범임을 "증명"했다. 한 기사는 "그는 목숨을 걸고 그림을 그렸다"라는 격정적인 제목을 달았다. 네덜란드와 전 세계의 신문들은 이 위대한 쇼맨에게서 눈길을 떼지 못했다.

뒤이어 재판이 열렸다. 이 재판은 카리스마 넘치는 판 메이헤런이 무대감독을 맡은 미디어 서커스였다. 그는 자신의 이야기를 지어냈다. 자신은 오직 화가로서의 재능을 증명하고 미술 전문가들이 바보라는 사실을 까발리기 위해 위작을 그렸다는 이야기였다. 판사가 고가에 위작을 팔았다는 사실을 상기시키자 그는 이렇게 대답했다. "그 그림들을 싼값에 팔았다면 위작임이 명백했을 겁니다." 법정에 있던 사람들은 웃음을 터트렸다. 판 메이헤런은 그들 모두가 넋을 잃게 했다. 배반자로 간주되어야 할 사람이 애국자, 심지어 영웅으로 자신의 명성을 탈바꿈시켰다. 그는 네덜란드 사람들의 감정을 조종했다. 전쟁 전에 아브라함 브레디우스의 감정을 조종했던 것처럼 말이다.

네덜란드만 괴링을 바보로 만든 사람의 이야기에 빠져든 것이 아니었다. 많은 사람이 기꺼이 이 이야기의 묘미에 놀아났다. 판 메이헤런의 초기 전기를 쓴 작가들은 그를 자신의 그림에 대한 부당한 배척에 상처받았지만 점령자들을 골탕 먹이면서 기뻐한, 오해받은 수완가로 묘사했다. 많이 보도된 한 이야기에 따르면 뉘른베르크Nuremberg에서 재판을 기다리던 괴링은 판 메이헤런에게 속았다는 말을 듣고 "세상에 악이 존재한다는 사실을 처음 깨달은 표정"을 지었다. 이 이야기를 들으면 다른 사람에게 들려주고 싶은 유혹을 이기기가 거의 불가능하다. 그러나 빵을 묘사한 점들처럼 결정적인 디테일도 가짜이기는 마찬가지다.

히틀러가 개인적으로 헌정 받은 《테이케닌헌 1》이 판 메이헤런의 재판 전에 발견되었다면 대담하고 작은 위조범의 이야기는 무위로 돌아갔을 것이다. 판 메이헤런에 대한 진실이 명확해졌을 것이다. (아니, 정말 그렇게 되었을까?)

《테이케닌헌 1》에 대한 불편한 진실은 히틀러의 서재에 있던 헌정본이 거의 즉시 발견되었다는 것이다. 네덜란드 저항군 신문인 《데 바르헤이트De Waarheid》는 1945년 7월 11일에 그 사실을 알렸다. 그래도 전혀 문제가 되지 않았다. 누구도 알고 싶어 하지 않았다. 판 메이헤런은 진실을 부인했다. 그는 수백 권에 사인했으며, 헌사는 다른 사람이 추가했을 거라고 주장했다. 현대적 상황이었다면 그는 해당 신문 기사를 "가짜 뉴스"라고 무시했을지도 모른다.

이는 말도 안 되는 핑계였다. 그러나 판 메이헤런은 브레디우스에게 최면을 걸었던 것처럼 검찰에게도 최면을 거는 데 성공했다. 그는 흥미로운 디테일로 그들의 주의를 돌렸고, 그들이 믿고 싶어 하는 이야기를 들려주었다.

그는 최종 변론에서 재차 자신은 돈 때문에 위작을 그린 것이 아니며, 돈은 자신에게 문제만을 안겼다고 주장했다. 이는 뻔뻔한 주장이었다. 우리는 전시에 암스테르담 시민들이 굶주릴 때 판 메이헤런은 자신의 저택을 매춘부와 장신구 그리고 장신구를 두른 매춘부들로 꾸미기를 즐겼다는 사실을 기억해야 한다. 그래도 문제가 되지 않았다. 신문과 언론은 그의 이야기를 덥석 받아들였다.

판 메이헤런은 위조죄로 유죄를 판결받았다. 사람들은 법정을 나가는 그에게 환호했다. 그는 더욱 과감한 사기를 쳤다. 파시스트이자 사기꾼인 그는 자신을 네덜란드 사람들의 당돌한 영웅으로 그려내는 데 성공했다. 아브라함 브레디우스는 페르메이르의 그림을 간절히 원했다. 네덜란드 사람들은 나치에 대한 저항의 상징을 간절히 원했다. 판 메이헤런은 사람들에게 그들이 원하는 것을 안기는 법을 알았다.

판 메이헤런은 징역을 하루도 살지 않고 1947년 12월 30일에 심장마비로 죽었다. 그는 몇 주 전에 실시된 여론조사에서 (총리를 제외하고) 네덜란드에서 가장 인기 있는 사람으로 밝혀졌다.

그때 그 SNS 글은 당신에게 어떤 감정을 강요했는가?

희망회로가 형편없는 위작을 페르메이르의 작품으로 또는 하찮은 나치를 국민 영웅으로 바꿀 수 있다면, 의심스러운 통계를 확고한 증거로 확고한 증거를 가짜 뉴스로 바꿀 수도 있다. 그러나 반드시 그렇게 되라는 법은 없다. 우리에게는 희망이 있다. 우리는 곧 발견의 여정에 나서게 될 것이고 이를 통해 숫자가 세상을 말해주는 양상을 파악하게 될 것이다. 그 첫 번째 단계는 새로운 정보를 접할 때 잠시 멈추고 생각하는 것이다. 우리의 감정을 살피고, 우리가 특정한 결론에 억지로 도달하려 하는지 인식하는 것이다.

우리는 세계에 대한 통계적 주장을 접한 후 소셜미디어에 올려서 공유하거나 분노의 반론을 펼치기 전에 이렇게 자문해야 한다. "이것이 내게 어떤 감정을 불러일으키는가?"●

우리는 우리 자신만을 위해서가 아니라 사회적 의무로서 이 일을 해야 한다. 우리는 사회적 압력이 우리의 믿음과 사고방식에 얼마나 강력한 영향을 미치는지 확인했다. 반응 속도를 늦추고, 당파적 소속을 드러내고 싶은 감정과 욕구를 다스리며, 차분하게 팩트를 따지는 데 집중하면 우리 스스로 더욱 명료하게 사고할 수 있을 뿐 아니라 다른 사람들도 그렇게 하게 만드는 모범이 된다. 또한 정치적 종족의 일원이 아니라 공

● 뒤이어 "이런 감정을 불러일으키는 이유는 무엇일까?"라는 질문도 던질 가치가 있다.

정한 태도로 성찰하고 추론할 의지를 가진 사람으로서 우뚝 설 수 있다. 나는 그런 사례를 만들고 싶다. 그리고 당신도 그러기를 바란다.

판 메이헤런은 우리의 감정이 생각을 좌우한다는 사실을 너무나 잘 알았다. 물론 전문성과 기술적 지식은 중요하다. 숫자를 다루는 기술적 측면은 뒤에서 살필 것이다. 다만 의심하라고 말하는 것이든, 믿으라고 말하는 것이든 우리의 감정을 억누르지 못하면 스스로를 속일 위험에 처하게 된다.

HARFORD

개인적인 경험을
의심하라

PONDER YOUR
PERSONAL EXPERIENCE

새의 눈으로 보면 모든 것을 조망하게 됩니다…
반면 벌레의 눈으로 보면
그런 우위를 누릴 수 없습니다.
대신 눈앞에 있는 것만 보게 됩니다.

무하마드 유누스MUHAMMAD YUNUS[1], 무담보 소액대출의 창시자
노벨평화상 수상자(2006년)

개인적인 경험을
의심하라

〈모어 오어 레스〉에서 자리가 잡힐 즈음에 나는 꿈같은 일을 하고 있다고 느꼈다. 뉴스에 나오는 잘못된 수치를 까발리는 일은 재미있었다. 또한 통계의 망원경을 통해 끊임없이 새롭고 흥미로운 사실을 확인할 수 있었다. 그러나 뜻밖의 장애물이 있었다. 프로그램 녹화를 위해 BBC 스튜디오로 갈 때마다 나의 개인적 경험이 신빙성 있는 일부 통계에 반한다는 느낌이 들었다.

설명하자면 이렇다. 나의 통근은 그렇게 매력적인 여정이 아니었다. 런던 동부에 있는 해크니Hackney에서 서부에 있는 화이트 시티White City까지 가려면 붐비는 도로를 급히 건너서 붐비는 이층 버스에 올라타야 했다. 그리고 차량 행렬을 보며 지하철역이 있는 베스널 그린Bethnal Green까지 느리게 나아가야 했다. 버스가 붐비는 수준이라면 지하철은 마치 조리하기 전의 파스타 면처럼 옴짝달싹 못 할 정도였다. 나는 승차장에서 끼어들 자리가 있기를 바라며 중앙선 열차를 기다리는 승객 무리에 합류했다. 첫 번째 열차에 올라탈 수 있을 거라고는 결코 장담할 수 없었다. 두 번째나 세 번째 열차를 기다려서야 더 동쪽에서 온 언짢은 표정의 승객들 사이로 비집고 들어갈 수 있는 경우가 많았다. 자리에 앉는 것은 도저히 불가능했다.

숫자와 경험이 충돌할 때, 무엇이 진실을 말하나

위와 같은 내 경험은 숫자가 세상을 말해준다는 그간 나의 시각에 의문을 던졌다. 런던의 대중교통이 실제로 얼마나 붐비는지에 대한 통계 자료는 내가 두 눈으로 직접 보았고, 덥고 땀나는 날씨에 코로 맡았던 증거와 상반되기 때문이었다. 해당 통계에는 런던 버스의 평균 탑승자 수가 12명 정도라고 나와 있었다. 내가 매일 아침 타는 이층 버스의 좌석 수가 62개인 것을 생각하면 아주 적은 숫자였다.[2] 12명이라는 수치는 완전히 틀린 것으로 보였다. 어떤 날은 버스 전체는 말할 것도 없고 내 팔이 닿는 거리에 있는 사람만 해도 12명이 넘을 것 같았다.

지하철 탑승률은 더 말이 안 되었다. 런던교통공사Transport for London에 따르면 한 열차의 '과밀 탑승자 수crush capacity'는 1,000여 명이었다.[3] 하지만 평균 탑승자 수는 겨우 130명 이하였다.[4] 뭐가 어째? 런던 중앙선 열차에서는 사람 130명 따위가 한순간에 증발해버려도 티도 안 날 것이다! 그들을 객차 하나에 몰아넣고 나머지 일곱 개의 객차를 텅텅 비워놓을 수도 있다!

게다가 130명은 덜 붐비는 시간의 탑승자 수가 아니라 평균 수치였다. 그런데도 버스 평균 탑승자 수가 12명이고 지하철 평균 탑승자 수가 130명이라는 통계가 정말로 현실을 반영한다고 믿어야 할까? 당연히 그럴 수 없다. 출근할 때마다 열차에 오르는 것은 말할 것도 없고 가끔은 정류장으로 들어가기도 힘들 지경일 때는 말이다. 지하철은 통계가 말하는 것보다 더 붐비는 것이 확실했다.

나는 스튜디오에서는 통계적 사고를 칭송하는 노래를 불렀다. 그러나 스튜디오로 오는 길에 내가 매일 겪는 경험은 이 특정한 통계가 틀린 게 분명하다고 말하고 있었다.

우리가 두 눈으로 직접 보는 것과 통계가 주장하는 내용 사이의 불일치는 대단히 실질적일 수 있다. 앞서 우리는 개인적 감정에 속지 않는 것이 중요하다는 사실을 확인했다. 나는 자칭 데이터 탐정이다. 그래서 당신은 내가 개인적 경험에 대해서도 같은 말을 할 것으로 예상한다. 결국 어느 쪽을 믿을 것인가? 믿을 수 있는 도표인가, 아니면 거짓말 잘하는 당신의 두 눈인가?

진실은 더욱 복잡하다. 우리의 개인적 경험은 개인적 감정과 도매금으로 넘기지 말아야 한다. 최소한 추가적인 생각 없이는 그러지 말아야 한다. 때로 통계는 우리에게 세상을 이해하는 훨씬 나은 수단을 제공한다. 그러나 종종 우리를 오도하기도 한다. 우리는 통계가 우리의 일상적인 경험과 상충하는 때가 언제인지, 그럴 때는 무엇을 믿을지 가늠할 수 있을 만큼 현명해야 한다.

그렇다면 숫자가 말하는 이야기와 일상적인 삶이 말하는 이야기가 다를 때 어떻게 해야 할까? 이 장에서는 그 문제를 다룰 것이다.

지옥 같은 대중교통과 통계

우선 통계가 어디서 나왔는지에 대해 호기심을 가져야 한다. 나의 통근과 관련된 숫자는 런던의 도로와 대중교통을 관장하는 런던교통공사에서 발표한 것이다. 그러면 런던교통공사는 어떻게 버스나 지하철에 얼마나 많은 사람이 타는지 확실하게 아는 걸까? 이 좋은 질문에 대한 답은 '그들도 모른다'는 것이다. 다만 양호한 추정을 하는 것은 가능하다. 오래전에는 조사원들이 버스 정거장이나 지하철역에 서서 클립보드를 들고 설문 조사를 하거나, 설문지를 나눠주는 방식으로 이뤄진 서면 조사를 토대로 추정치를 도출했다. 당연히 이는 거추장스러운 방식이었다. 나의 경험과 공식 수치 사이의 엄청난 격차를 설명하기에 충분할 만큼의 오류를 초래할 가능성은 작지만 말이다.

지금 같은 비접촉식 결제의 시대에는 승객 수를 추정하기가 훨씬 쉽다. 대다수 버스 탑승자들은 은행카드나 교통카드 또는 스마트폰에 있는 식별 가능 비접촉 칩을 통해 요금을 낸다. 런던교통공사의 데이터 과학자들은 해당 결제가 언제, 어디서 이뤄졌는지 파악할 수 있다. 다만 승객이 언제 하차했는지에 대해서는 근거 있는 추정을 해야 한다. 물론 승객의 하차 지점 추정도 가능한 경우가 많다. 가령 당신이 나중에 같은 지역에서 버스를 타고 복귀하는 것을 확인할 수 있다. 또는 카드를 이용하여 환승한 것을 확인할 수 있다. 나는 버스가 베스널 그린에 도착한 다음 1분 만에 지하철역에 들어간다. 그래서 런던교통공사는 내가 베스널 그린 정거장까지 버스를 타고 갔다고 확실하게 판단할 수 있다.

런던 지하철의 경우 역에 들어갈 때와 나올 때 모두 카드를 댄다. 그러나 런던교통공사는 통근자들이 수많은 노선과 환승역이 존재하는 전체 지하철 노선망에서 어떤 경로로 이동했는지 여전히 알 수 없다. 그래서 특정 열차가 얼마나 붐비는지 여전히 알 수 없다. 이 경우에도 그들은 승객들이 어떻게 이동 경로를 선택하는지에 관한 판단을 보완하기 위해 비정기 서면 설문 조사를 활용하여 근거 있는 추정을 할 수 있다.

곧 이 추정치는 더 정확해질 것이다. 2019년 7월 8일에 런던교통공사는 와이파이 네트워크를 활용하여 런던 지하철의 여러 구간이 얼마나 붐비는지 측정할 수 있는 시스템을 가동했다. 와이파이에 접속하려는 휴대전화가 많을수록 특정 역의 혼잡 지점이 더 붐비는 것이다. 이 시스템은 런던교통공사가 과밀과 다른 문제들을 실시간으로 포착하도록 해준다(나는 이 시스템이 가동된 지 하루 후에 런던교통공사의 데이터 팀과 이야기

를 나누었다. 그들은 보기 흐뭇할 만큼 들떠 있었다).[5]

지금까지 살펴본 바와 같이 런던교통공사의 통계는 최소한의 타당성을 지닌다. 우리의 개인적인 경험과 매우 상충한다고 해도 저 수치들을 그냥 실수로 치부할 수는 없다.

다음 단계는 우리의 개인적 경험이 크게 다른 이유를 찾는 것이다. 나의 통근과 관련하여 명백한 출발점은 내가 하루 중 가장 붐비는 시간에 지하철 노선망에서 가장 붐비는 구간으로 여행했다는 것이다. 그러니 붐빌 수밖에…….

그러나 이 특정한 수수께끼에는 약간 더 깊이 알아볼 구석이 있다. 대다수 열차는 붐비지 않지만, 대다수 사람은 붐비는 열차에 타는 것도 전적으로 가능하다. 극단적인 예로서 하루에 10대의 열차가 운행하는 가상의 노선을 상상해보라. 통근 시간에 운행되는 열차에는 1,000명이 빽빽하게 몰려든다. 반면 나머지 시간에는 아예 승객이 없다. 이 열차들의 평균 탑승자 수는 몇 명일까? 100명이다. 이는 런던 지하철의 실제 수치와 크게 다르지 않다. 하지만 이 상황에서 실제 승객의 경험은 어떨까? 모든 승객은 '붐비는 열차를 탔다'는 것이 된다.

런던 지하철의 실제 상황은 이렇게 극단적이지 않다. 완전히 비어 있는 열차는 많지 않다. 그래도 때로 아주 소수의 승객만 태우고 운행하는 열차들이 있다. 특히 통근자들의 이동 경로와 반대로 움직이는 열차들이 그렇다. 이 경우 이 사실을 목격하는 승객은 아주 적을 것이다.

평균 승객이 130명이라는 교통 통계는 진실을 말하고 있다. 완전한 진실이 아닐 뿐이다.

물론 승객 과밀 문제를 가늠하는 다른 방법들이 있다. 가령 평균 탑승자 수가 아니라 100회의 탑승 중에서 과밀 객차에 탄 경우는 얼마나 되는지 평균적인 승객이 접하는 상황을 파악할 수 있다. 이는 승객의 경험을 파악하는 더 나은 방식이 될 것이다. 실제로 런던교통공사는 현재 데이터 수집과 발표의 초점을 재조정하고 있다. 그 목적은 열차의 상황이 아니라 승객의 상황을 반영하는 통계를 생산하는 것이다.

대중교통망의 혼잡도에 관한 단일한 객관적 지표는 없다. 한 사람의 승객으로서는 내가 탄 모든 버스를 사람들이 많이 이용하는 것처럼 보인다. 반면 런던교통공사의 통계는 많은 버스가 대부분 빈 채로 운행된다는 사실을 제대로 보여준다. 그 이유는 버스들이 마술처럼 가장 붐비는 지역에 그냥 나타나는 것이 아니기 때문이다. 버스는 반환점에 도착하면 회차해야 한다. 런던교통공사는 낮은 버스 탑승자 수를 신경 쓴다. 승객이 적은 버스는 비용을 잡아먹고, 도로 공간을 차지하고, 매연을 내뿜기 때문이다. 따라서 평균 탑승자 수는 그들에게 중요한 지표다.

요컨대 나의 두 눈은 런던의 교통망에 대해 중요하고, 사실에 해당하는 정보를 목격했다. 하지만 통계는 내게 다른 정보를 말해주었다. 이 정보는 나의 경험과 마찬가지로 중요하고 사실에 해당한다. 또한 통계가 아닌 다른 방식으로는 내가 알지 못했을 정보에 해당한다. 때로 개인적 경험과 통계가 말하는 것이 서로 크게 다르지만 둘 다 사실인 때도 있다.

순진한 실재론

물론 경험과 통계가 늘 모두 옳은 것은 아니다. 과도한 흡연이 폐암 발생 위험을 16배나 높인다는 발견을 다시 생각해보라. 많은 사람은 개인적 경험을 통해 이 사실을 의심할 이유를 찾았을 것이다. 어쩌면 90대에도 줄담배를 피우는 당신의 할머니는 여전히 정정할지도 모른다. 반면 당신이 아는 사람 중에 폐암으로 죽은 유일한 사람이 이웃집 아저씨이고, 그 사람은 평생 담배를 피우지 않았을지도 모른다.

표면적으로 담배와 폐암의 상관관계는 런던교통공사의 통계와 상반되는 것처럼 보이는 나의 일상적 통근 경험과 별반 다르지 않다. 그러나 자세히 살펴보면 이런 상황에는 개인적 경험을 폐기하고 통계적 관점을 신뢰할 이유를 찾을 수 있다. 16배는 결코 낮은 수준이 아니다. 그러나 폐암 자체는 우리의 직관에 혼란을 일으킬 만큼 드물다. 세상은 너무 은근하거나 드물어서 두 눈으로 감지하기 힘든 패턴으로 가득하다. 또한 패턴은 대단히 은근하거나 드물지 않아도 통계의 렌즈 없이는 포착하기 어렵다.

이 점은 수많은 질병과 요법의 경우에 해당된다. 우리는 두통부터 우울증, 무릎 통증, 흉한 반점까지 온갖 문제로 고생할 때 해결책을 찾는다. 근래에 나의 아내는 팔을 들어 올릴 때마다 어깨에 심한 통증을 느꼈다. 통증이 너무 심해서 옷을 입거나 높은 선반으로 팔을 뻗기 힘들 정도였다. 얼마 후 그녀는 물리치료사를 찾아가 진단을 받고 몇 가지 불편한 운동을 하라는 처방을 받았다. 그녀는 매일 열심히 운동했다. 대략 보름이 지나고 그녀는 내게 "어깨가 나아지는 것 같아"라고 말했다. 나는 "잘됐네. 물리치료가 효과가 있나 봐!"라고 말했다.

내가 저 앞에 통계의 덫을 놓는 것을 간파한 아내는 이렇게 말했다. "그럴지도 모르지. 아니면 어차피 저절로 나을 것일 수도 있었어."

실로 그랬다. 아내의 관점에서 보면 어느 쪽이든 전혀 문제가 되지 않았다. 아내는 어깨가 낫기를 바랐다. 또한 그녀가 직접 인식한 증거가 유일하게 의미 있는 잣대였다. 그러나 운동이 회복을 초래했는지에 대한 문제에서 그녀의 개인적 경험은 별로 쓸모가 없었다. 아내의 관점이 아니라 나중에 어깨 통증에 시달린 사람들의 관점에서 보면 인과성의 문제가 중요하다. 우리는 운동이 도움을 주었는지 또는 더 나은 접근법이 있는지 알아야 한다.

다이어트든, 요법이든, 운동이든, 항생제든 또는 진통제든 다른 모든 문제에 대한 다른 모든 요법도 마찬가지다. 기분이 나아지는 것은 좋은 일이다. 그러나 미래 세대는 기분이 나아진 이유가 우리가 취한 조치 때문인지 아니면 그 조치가 아무 효과가 없고, 돈과 시간을 낭비하며, 반갑지 않은 부작용을 낳는 실속 없는 의식일 뿐인지 알아야 한다. 이런 이유로 우리는 모든 요법에 대해 이상적으로는 최선의 요법이나 플라세보pla-cebo라는 가짜 요법과 대조한 무작위 임상에 의존한다. 우리의 개인적 경험이 무의미한 것은 아니다. 다만 그 경험은 우리가 후대 사람들을 돕기 위해 필요한 정보를 줄 수 없다.

개인적 경험과 통계가 상충하는 것처럼 보일 때는 상황을 면밀히 관찰하라. 그러면 개인적 경험이 신뢰할 수 없는 지침일 가능성이 높은 특정한 이유가 드러난다. 홍역·볼거리·풍진 measles, mumps, rubella(MMR) 종합 백신이 아동의 자폐증 발병 위험을 높인다는 주장을 예로 들어보자. 물론 그런 일은 없다. 하지만 영국 시민 가운데 절반에 가까운 사람들은 저 가짜뉴스가 사실이라고 확신한다.[6]

우리는 통계적 관점 덕분에 그런 연관성은 없다고 자신 있게 말할 수 있다. 자폐증은 흔하지 않다. 그래서 MMR 백신을 맞은 수천 명의 아동과 맞지 않은 수천 명을 비교해야 한다. 덴마크에서 바로 그런 방식으로 대규모 연구가 이뤄졌다. 연구진은 65만 명의 아동을 관찰했다. 그들 중 대다수는 생후 15개월 때 1차 MMR 백신을, 만 4세 때 2차 MMR 백신을 접종했다. 그러나 약 3만 명은 백신 접종을 하지 않았다. 이후 약 1퍼센트의 아동이 자폐증 진단을 받았다. 이 1%라는 수치는 MMR 백신 접종을 한 아동과 하지 않은 아동 모두에게서 동일하게 나타났다(물론 백신 접종을 하지 않은 아동은 홍역·볼거리·풍진에 걸릴 위험이 더 높았다).[7]

그러면 왜 많은 사람은 여전히 MMR 백신을 의심할까? 그 부분적인 이유는 이 문제를 둘러싸고 무분별한 자료들이 발표된 슬픈 역사 때문이다. 그러나 의심이 사라지지 않는 다른 부분적인 이유는 MMR 백신 접종 직후에 자폐증 진단을 받은 아이들이 있고, 그 부모들이 MMR 백신 탓이라고 생각한다는 이야기를 많은 사람이 들었기 때문이다. 당신의 아이가 MMR 백신을 맞았는데 그 직후에 자폐증 진단을 받았다고 상상해보라. 둘을 연관 짓게 되지 않을까? 과연 연관성이 없을지 궁금증을 갖지 않기가 어려울 것이다.

사실 이런 일화가 만연한 것은 놀라운 일이 아니다. 자폐증은 두 가지 연령층에서 진단되는 경향이 있기 때문이다. 초기 징후는 15개월 무렵이고 주로 소아청소년과 간호사들이 발견한다. 그때 발견되지 않으면 학교에 들어간 후 진단이 되는 경우가 많다.[8] 1차 및 2차 MMR 백신 접종은 주로 이 연령 전후로 이뤄진다. 우리의 개인적 경험이 통계적 관점과 잘 맞지 않는 이유에 대해 설득력 있는 설명을 접하면 의심을 제쳐두고 숫자를 믿도록 자신을 다독여야 한다.

덜 심란한 사례로 TV나 다른 매체와 우리가 맺은 관계를 꼽을 수 있다. TV에 나오는 많은 이들이 우리보다 잘산다. 또한 거의 본질적으로 우리보다 더 유명하다. 그리고 외모가 뛰어날 가능성도 아주 높다(내가 라디오를 진행하는 데는 다 이유가 있다). 일반적인 사람들이 얼마나 매력적이고, 유명하고, 잘사는지 판단할 때를 떠올려보라. 그 평가는 우리가 아는 많은 사람을 미디어로 알게 되었다는 사실에 의해 왜곡된다. 그들은 매력적이고, 유명하고, 부유하다. 생각해보면 연예인들이 세계 인구의 무작위적 표본이 아님을 깨닫는다고 해도 그 편견을 떨쳐내기는 쉽지 않다.

너도 나도 아니라면 대체 누가 저 정당에 표를 주는 건데!

심리학자들은 자신의 관점을 더욱 보편적인 관점보다 우월하게 생각하는 경향을 가리키는 명칭을 갖고 있다. 바로 '순진한 실재론naive realism'이다. 이는 자신이 어떤 필터나 오류 없이 현실을 있는 그대로 본다는 인식이다.[9] 순진한 실재론은 세계에 대한 개인적 관점과 보편적 진실을 혼동할 때 우리를 크게 엇나가게 만든다.

우리는 선거 결과가 자신의 예상과 다를 때 매우 놀란다. 주위 사람들은 모두 나와 의견이 같은데 왜 여론조사와 전국 투표 결과는 다르게 나올까? 물론 여론조사가 항상 맞는 것은 아니다. 하지만 장담컨대 당신이 단순하게 친구들과 나눈 대화보다는 선거 결과를 훨씬 잘 예측한 기록을 보유하고 있다.

순진한 실재론은 강력한 착각이다.

여론조사기관 '입소스 모리Ipsos MORI'의 설문 결과

모리는 38개국에 걸쳐 거의 3만 명에게 일련의 사회적 사안에 대해 질문했다. 그 결과 설문 대상자들(그리고 아마도 우리 대다수)의 의견이 믿을 만한 통계와 크게 엇갈린다는 사실이 드러났다.[10]

(a) 사람들은 살인사건 발생률을 잘못 알고 있다. 우리는 2000년 이후 살인사건 발생률이 늘어나고 있다고 생각한다. 그러나 설문조사가 이뤄진 대부분의 국가에서는 살인사건 발생률이 줄어들었다.

(b) 사람들은 지난 15년 동안 테러로 인한 사망자 수가 그 이전의 15년보다 더 많다고 생각한다. 그러나 실제로는 줄었다.

(c) 사람들은 자국 내 재소자 중 1/3(정확하게는 28퍼센트)이 이민자일 것이라고 생각한다. 하지만 입소스 모리가 밝힌 자료에 따르면 설문조사가 이뤄진 국가들에서 외국인 재소자는 실제 15퍼센트에 불과했다.

(d) 사람들은 해마다 십 대 소녀의 20퍼센트가 출산한다고 생각한다. 생각해보면 이 수치는 생리적 신뢰도가 떨어진다. 예컨대 18세 소녀는 6년 동안 십 대였다(대개 13~19세를 십 대 teenager로 본다 – 옮긴이). 따라서 해마다 아기를 낳을 확률이 20퍼센트라면 대다수 18세 소녀는 엄마라는 이야기가 된다(엄마가 아닌 소녀들의 수는 엄마인 소녀들의 수로 몇 번에 걸쳐 상쇄된다). 주위를 둘러보라. 알고 있는 십 대 소녀들이 모두 출산을 경험한 '엄마'인가? 입소스 모리가 제시한 정확한 수치는 해마다 십 대 소녀의 2퍼센트 정도가 출산한다는 것이다. *

(e) 사람들은 전체 인구의 34퍼센트가 당뇨병 환자라고 생각한다. 실제 수치는 8퍼센트다.

(f) 사람들은 전체 인구의 75퍼센트가 페이스북 계정을 갖고 있다고 생각한다. 설문조사가 이뤄진 2017년 당시 정확한 수치는 46퍼센트였다.

---

* 십 대 소녀의 출산율은 '잠시 멈춰서 생각하는 것'이 얼마나 유용한지 상기시킨다. 어려운 수학을 몰라도 20퍼센트라는 수치가 우리의 일상적 경험과 어긋난다는 사실을 알 수 있다. 일부 국가의 경우 사람들은 해마다 십 대 소녀의 50퍼센트가 출산한다고 믿고 있다. 정말 그렇다면 어린 여성들이 대개 세 명의 자녀를 둔 상태로 성인이 된다는 말이 된다.

왜 세계에 대한 우리의 인식은 이토록 잘못되었을까? 확신하기는 어렵지만 타당한 첫 번째 추정은 우리가 미디어를 통해 정보를 얻는다는 것이다. 명성 있는 신문이나 방송이 실제로 우리에게 틀린 데이터를 제공하는 것은 아니다. 몇몇 사례가 알려지기는 했지만 말이다. 문제는 뉴스가 복권 당첨과 동화 같은 로맨스, 테러리스트들의 잔학한 행위나 섬뜩한 묻지 마 폭력 그리고 대중적이지 않은 경우가 많은 최신 추세에 관한 이야기를 전한다는 것이다. 이런 이야기들은 일상적인 삶을 반영하지 않는다. 하지만 기억에 강하게 남으며 우리의 거실에서 일어나고 있는 것처럼 느껴진다. 그에 따라 우리는 '인상'을 형성한다.

뛰어난 심리학자인 대니얼 카너먼은 《생각에 관한 생각》에서 이렇게 설명했다. "우리는 어려운 질문을 접하면 대개 바꿔치기를 인식하지 못한 채 더 쉬운 질문으로 바꿔서 답한다." 우리는 "테러리스트가 나를 죽일 가능성이 있을까?"라고 묻는 대신 "근래에 테러에 대한 뉴스를 봤던가?"라고 묻는다. 또한 "내가 아는 모든 십 대 소녀 중에서 이미 엄마인 소녀가 몇 명이지?"라고 묻는 대신 "십 대 임신에 대한 뉴스가 근래에 나왔던가?"라고 묻는다.

이런 뉴스는 어떤 의미에서 데이터다. 단지 '사실을 대변하는 데이터'가 아닐 뿐이다. 그래도 세계에 대한 시각에 분명한 영향을 미친다. 카너먼의 용어를 빌리자면 그들은 '빠른 통계'다. 다시 말해서 즉각적이고, 직관적이고, 본능적이며, 강력하다. 신중하게 수집한 편향되지 않은 정보에 기반한 '느린 통계'는 우리 머릿속에 잘 박히지 않는 경향이 있다.

그러나 앞으로 살펴보겠지만 느린 통계를 더 많이 섭취하고, 그 결과로 더욱 균형 잡힌 정보 식생활을 할 수 있는 방법들이 있다.

적군을 죽이는 대신 시체를 찾아다닌 이유

지금까지는 공들인 느린 통계가 급조한 빠른 통계보다 신뢰도가 높은 사례들 그리고 둘 다 세계에 대한 유용한 관점을 제공하는 상황들을 살폈다. 그런데 개인적 인상을 데이터보다 더 신뢰해야 하는 사례들이 더 있을까? 물론 존재한다. 도표로는 배울 수 없는 특정한 일들이 있다.

제리 멀러Jerry Z. Muller의 책,《성과지표의 배신The Tyranny of Metrics》을 예로 들어보자. 이 책은 220쪽으로 되어 있다. 각 장의 평균 길이는 10.18쪽 이며, 17.76개의 각주를 달고 있다. 또한 네 개의 서평을 담고 있으며, 무게는 421그램이다. 그러나 물론 이런 통계는 우리가 이 책에 관해 알고 싶어 하는 것을 말해주지 않는다. 이 책은 무엇을 말할까? 우리가 그 내용을 진지하게 받아들여야 할까? 이 책을 이해하려면 책의 '물성'에 관한 통계가 아니라 직접 읽어보거나, 읽은 사람의 의견을 신뢰해야 한다.

제리 멀러는 자신의 책에서 경영 지표나 성과 목표로 활용되는 특정한 종류의 '느린 통계'의 문제점을 분석했다. 통계 지표는 다른 방식으로는 볼 수 없는 팩트와 추세를 보여줄 수 있다. 그러나 구체적인 전문성이나 세밀한 관점이 없는 경영자나 정치인에게 적절한 경험의 대체재로 활용되는 경우가 많다. 가령 일군의 의사들이 임상 결과에 대한 데이터를 수집하고 분석하면 일을 하는 데 도움이 되는 교훈을 같이 얻을 수 있다. 반면 병원장이 해당 수치를 보너스나 승진과 연계시키면 의도치 않은 결과가 일어날 가능성이 크다. 실제로 여러 조사에서 심장외과의들은 수술 성공률이 떨어질까 두려워서 상태가 나쁜 환자들에 대한 수술을 거부한다는 증거가 발견되었다.[11]

나는 《메시Messy》에서 한 장을 할애하여 비슷한 사례들을 논의했다. 한때 영국 정부는 환자가 진료를 예약할 때 며칠이나 기다려야 하는지에 대한 데이터를 수집했다. 이는 알아두면 유용한 정보였다. 뒤이어 영국 정부는 평균 대기 시간을 줄이기 위한 목표를 설정했다. 그러자 의사들은 아예 사전 예약을 받지 않는 논리적인 방식으로 정부 방침에 대응했다. 아픈 사람들은 매일 아침 병원에 전화를 걸어서 운 좋게 먼저 진료받을 수 있는 사람들에 속하기를 바라야 했다. 그에 따라 대기 시간은 본질적으로 언제나 하루 미만이 되었다.

미국 대학 순위를 발표하는 유명한 〈유에스 뉴스 앤드 월드 리포트US News and World Report〉가 안 그래도 들어가기 어려운 대학들을 더욱 후하게 평가했을 때 어떤 일이 벌어졌나? 경쟁률이 높은 대학들은 애당초 입학 정원이 정해져 있으면서도 많은 지원자를 끌어 모았다. 왜냐하면 많은 이들이 지원했고 또 대부분 떨어져야 겉으로 봤을 때 이 학교는 입학이 어려운 대학이라고 생각될 것이기 때문이다.

또한 '적군 사망자 수' 지표에 대한 악명 높은 집착도 있다. 미 국방부 장관인 로버트 맥나마라 Robert McNamara 는 베트남전쟁 동안 적 사망자 지표를 중시한 인사였다. 로버트는 적군을 많이 죽일수록 승리에 가까워진다고 판단했다. 단, 이는 언제나 확실치 않은 생각이었다. 하지만 어쨌든 국방부 장관의 관점에 따라 적 사망자 수가 곧 부대 순위를 결정하고 승진을 좌우하는 비공식적인 지표가 되었으며 종종 부풀려졌다. 때때로 미군은 새로운 적을 찾아서 사살하기보다 이미 사망한 적을 세는 것을 선호하곤 했다. 그에 따라 적 사망자를 세는 일 자체가 군사적 목표가 되었다. 이는 위험하고도 쓸모없는 일이었지만 맥나마라가 설정한 왜곡된 인센티브 시스템에 딱 맞는 일이었다.

이 일화는 모든 통계에 수집의 가치가 있다는 것은 아니라는 사실을 보여준다. 그래도 맥나마라가 적군 사망자 통계를 원했던 이유는 이해할 수 있다. 베트남전쟁 당시에 그는 군인으로서 경험한 적이 없는 멀리 떨어진 전장의 상황을 파악하고 통제하려 애썼다. 몇 년 전에 나는 허버트 R. 맥매스터 Herbert Raymond McMaster 장군을 인터뷰했다. 그는 베트남에서 미군이 저지른 실수에 대해 누구보다 잘 아는 군사전문가였다. 그는 당시 미군이 "컴퓨터 모니터를 보며 전쟁 상황에 대한 이해를 전달할 수 있다고 믿었다"는 점을 문제로 지적했다.

당연한 말이지만 미군은 컴퓨터 모니터만으로 전투 상황을 파악할 수 없었다. 때로는 현장에 있어야 상황을 이해할 수 있는 법이다. 특히 전장이란 대개 그렇듯이 상황이 급박하게 변하거나 정량화하기 어려운 디테일을 갖고 있을 때 더욱 그렇다. 노벨상을 받은 경제학자 프리드리히 하이에크Friedrich Hayek는 지표와 지도로 포착하기 어려운 인식을 "시간과 장소의 특정한 여건에 대한 지식"이라고 불렀다.

사회과학자들은 통계 지표가 '세계를 이해하기보다 통제하는 데 활용될 때' 제일 치명적이라는 사실을 오래전부터 알고 있었다. 그래서인지 경제학자들은 저명한 통계학자 찰스 굿하트Charles Goodhart가 1975년에 남긴 다음 발언을 매우 자주 인용하곤 한다. "관찰된 모든 '통계적 정규성'은 통제의 목적으로 압력이 가해지는 순간 무너지는 경향이 있다."[12] 이 말을 더욱 간결하게 표현하면 "지표가 목표가 되면 좋은 지표가 되지 못한다"라고 할 수 있다.

한편 심리학자들은 도널드 캠벨Donald T. Campbell의 말을 빌린다. 도널드는 찰스 굿하트가 명언을 남긴 때와 유사한 시기에 이렇게 설명했다. "사회적 의사결정을 위해 정량적 사회 지표를 많이 활용할수록 부패의 압력에 더 많이 노출되며 감시하고자 의도한 사회적 절차를 왜곡하고 부패시키기 쉽다."[13]

굿하트와 캠벨 두 사람은 통계에 대해 근본적이고도 동일한 문제를 다뤘다. 그것은 통계 지표가 실로 중요한 사안에 대한 훌륭한 대리물이 될 수 있지만, 거의 언제나 실제가 아닌 대리물에 머무른다는 사실이다. 이 대리물로서 통계를 가지고 사회를 개선하려는 목표로 삼거나 혹은 멀리서 다른 사람들을 통제하기 위한 지표로 삼을 경우에는 '데이터'가 왜곡되거나, 위조되거나, 악용된다. 결과적으로 지표의 가치는 증발한다.

새의 시선과 벌레의 시선

2018년에 나는 가족과 중국을 방문했다. 중국 여행은 빠른 통계와 느린 통계 어느 한 쪽만 신뢰해서는 안 된다는 교훈을 내게 가르쳤다. 가장 깊은 이해는 이 둘을 융합하는 데서 나온다.

느린 통계는 적어도 나 같은 경제학 마니아에게는 익숙한 이야기를 들려준다. 중국의 실질 1인당 국민소득은 1990년 이후 10배나 늘었다. 또한 1980년대 초 이후 극빈층 인구는 7억 5,000만 명 넘게 줄었다. 이는 전체 인구의 절반이 훌쩍 넘는 숫자다. 중국은 최근 3년 동안 미국이 20세기 내내 사용한 양보다 더 많은 시멘트를 소비했다. 지표로 보면 이는 인류 역사상 가장 극적인 경제활동의 팽창이었다.

그러나 중국의 오늘을 두 눈으로 직접 확인하면 완전히 다른 경험을 하게 된다. 사전에 알고 있던 중국에 대한 어떤 통계도, 성장 일선에 있었던 광둥을 여행하는 동안 내가 받은 충격을 덜어주지 못했다. 우리는 궁극적인 고층 건물의 도시 홍콩에서 출발하여 본토의 쌍둥이 도시인 선전까지 걸어 들어갔다. 그다음 엠파이어스테이트 빌딩을 압도하는 핑안 빌딩의 그늘에서 광둥성을 가로지르는 고속열차를 탔다.

런던의 고층 건물은 대개 홀로 서 있거나 두세 개가 무리 지어 있다. 반면 선전에는 아파트가 가득 들어찬 10여 개의 동일한 건물이 어깨를 맞대고 있다. 이 고층 건물 무리 옆에는 디자인이 다른 10여 개의 고층 건물 무리가 있다. 선전은 계속 이런 식이다. 흐릿한 시야 너머 여기저기에 맨해튼과 비슷한 고층 건물 무리가 있다. 고층 건물의 행렬은 무한한 콘크리트 숲을 고속으로 45분 동안 달리면 나오는 광저우시까지 줄곧 이어진다(내게는 그렇게 보였다).

우리는 중국 속으로 훨씬 깊이 들어가 그림 같은 풍경을 지닌 양수오에서 하루를 마감했다. 느긋한 분위기에도 불구하고 나는 잠을 이루지 못했다. 끝없는 고층 건물이 내 머릿속을 지나갔다. 광둥 한복판에서 우리 여섯 살짜리 아들을 잃어버리면 어떡하지? 불면을 초래한 불안은 가족과 세계 사이를 바삐 오갔다. 사람이 너무나 많았다. 콘크리트가 너무나 많았다. 지구가 이런 상황에서 살아남을 수 있을까?

물론 나의 경험이 중국의 경제 데이터와 상반되지는 않는다. 중국의 성장에 관한 통계와 실제로 중국을 돌아봤던 개인적인 경험은 완벽하게 상호보완적이었다. 그러나 다른 한편으로는 매우 이질적인 느낌을 받은 것도 사실이다.

'느린 통계'는 내게 현대 중국을 성찰하고 숫자를 면밀하게 계산할 것을 요구했다. 그래서 숫자를 소화하고 현대 중국에 어떤 의미가 있는지 고민해야 했다.

한편 기차 여행에서는 '빠른 통계'를 얻었다. 빠른 통계는 더욱 직관적인 사고를 하게 했다. 예컨대 중국과 광저우에 관한 인상이 매우 신속하면서도 절로 뇌리에 새겨지는 경험을 들 수 있다. 그리고 나는 광저우와 고국의 도시를 비교해봤고 나의 사랑하는 것들이 '위협'받고 있다는 사실 앞에서 불안에 휩싸였다.●

세계를 이해하는 두 방식에는 각각 이점과 함정이 있다. 경제학자이자 미소금융 개척자이며 노벨평화상 수상자인 무하마드 유누스는 개인적 경험에 따른 '벌레의 관점'과 통계가 제공하는 '새의 관점'을 대조했다. 벌레와 새는 세상을 아주 다르게 본다. 유누스 교수는 가까이에서 관찰하는 것의 이점을 올바르게 강조했다.

그러나 새도 많은 것을 본다. 유누스 교수는 방글라데시에 사는 빈곤층 여성의 삶에 깊은 관심을 기울였다. 그래서 저렴한 대출을 제공하여 그들의 삶을 개선할 기회를 보았다. 덕분에 미소금융을 통해 사업을 시작한 새로운 세대의 사업가들이 생겨났다. 그러나 이 밀접한 관찰에 따른 직관은 통계적 엄격성을 통해 교차검증을 해야 한다. 유누스가 대중화에 크게 기여한 미소금융제도는 이제 더욱 철저한 분석을 거쳤다. 그 방식은 비슷한 사람들로 구성된 신청자들을 대상으로 무작위 시험을 실행하는 것이었다. 이 신청자들에 대한 소액 대출은 무작위로 승인되거나 거부되었다(이는 일부 환자에게는 신약을, 다른 환자에게는 위약을 주는 임상시험과 비슷하다). 그 결과 대체로 소액 대출의 효과는 상당히 미미하고 일시적인 것으로 드러났다. 이 엄격한 시험 방식을 다른 접근법에도 적용할 수 있다. 한 예로 미소금융을 통해 사업을 시작하는 사람들에게 소액의 현금과 함께 멘토의 조언을 제공하는 제도는 단순한 대출 제도보다 더 많은 소득을 창출하는 경향이 있는 것으로 드러났다.[14]

• 대니얼 카네만과 그의 저서 《생각에 관한 생각》의 독자라면 '시스템 1'과 '시스템 2'를 잘 알 것이다.

통계적 증거는 건조하고 얕게 느껴질 수 있다. 우리의 개인적 경험과 달리 인상적이고 직관적으로 다가오지는 않기 때문이다. 그러나 우리의 개인적 경험에는 한계가 분명하다. 나의 중국 여행은 여행지와 공항 그리고 고속철도 구간만을 거쳤다. 그래서 내가 중요한 모든 것을 봤다고 믿는 것은 심각한 실수다.

새의 관점과 벌레의 관점을 정리해보겠다. 숫자에서 얻는 폭넓고 엄격하지만 건조한 통찰과 경험에서 얻는 풍부하되 한정적인 교훈 사이에서 균형을 잡는 손쉬운 답은 없다. 그저 우리가 배우는 것과 놓치고 있을지도 모르는 것을 계속 상기하는 수밖에 없다. 통계학에서는 다른 분야와 마찬가지로 엄격한 논리와 개인적 인상은 서로 강화하고 수정할 때 최선의 효과를 낸다. 그래서 둘의 장점을 통합하는 방법을 찾는 것이 이상적이다.

때로는 화장실 사진이 더 이해하기 쉬운 숫자이다

'세계적인 개발'에 대한 잘못된 인식과 싸우는 스웨덴 재단 갭마인더Gap-minder의 안나 로슬링 뢴룬드Anna Rosling Rönnlund는 새의 관점과 벌레의 관점 사이에서 균형을 잡는 방법을 개발했다. 그녀는 '달러 스트리트Dollar Street'라는 창의적인 웹사이트로 빠른 통계와 느린 통계(벌레의 관점과 새의 관점) 사이의 여백을 메우려 했다.

달러 스트리트에 접속하면 부룬디 공화국Burundi의 마캄바Makamba에 사는 이멜다 부토이Imelda Butoyi 가족과 중국 윈난성에 사는 비 화Bi Hua 가족의 생활을 비교하는 자료를 볼 수 있다. 이멜다는 농부다. 이멜다와 네 명의 자녀는 한 달에 27달러(약 3만5,000원)로 생활한다. 비 화와 유에 헨Yue Hen은 사업가다. 이 가족은 한 달 수입이 1만 달러다. 그러나 숫자만으로는 우리가 직관적으로 느끼거나 우리 자신의 생활과 비교해서 어떤 차이점을 발견하기는 힘들다.

달러 스트리트는 컴퓨터 화면을 통해 최대한 가능한 방식으로 이 문제를 바로잡으려 시도한다. 조리용 화구, 조명, 장난감, 소금 보관 장소, 전화기, 침대 같은 일상적인 물건과 여러 방을 찍은 짧은 동영상과 수천 장의 사진을 제시하는 것이다. 각 가정에서 일상적인 장소와 물건들을 포함한 약 150장의 사진이 찍혔다. 그리고 해당 사진들은 최대한 같은 방식으로 제시되었다. 이 이미지는 삶의 수준을 대단히 명확하게 말해준다.

이멜다 부토이의 집을 찍은 사진들은 월수입 27달러라는 정확하지만 얇은 통계보다 훨씬 생생한 인상을 전달한다. 이멜다의 집은 진흙벽과 초가지붕으로 지어졌다. 조명은 전기가 아니라 모닥불이다. 구덩이를 파고 판자를 걸친 게 화장실이다. 집 바닥은 다진 흙으로 되어 있다. 아이들의 장난감은 어떨까? 두어 권의 그림책이 전부이다.

반면 월수입 1만 달러인 비 가족은 현대식 샤워부스, 수세식 화장실, 고급 하이파이(Hi-Fi) 평면 스크린 TV를 자랑한다. 그들의 차가 집 앞에 서 있다. 이 사진들은 모든 것을 선명하게 보여준다. 거기에는 주방이 의외로 비좁으며, 전기레인지가 두 개 있다는 사실도 포함된다(달러 스트리트에는 약 80만 원부터 600만 원까지 월 소득별 한국 가정의 생활상도 확인할 수 있으니 오른쪽 QR코드를 이용해 꼭 한번 들어가보기를 권한다 - 옮긴이).

로슬링 뢴룬드는 "사진을 데이터로 쓸 수 있다"라고 말한다.[15] 사진을 무작위적이고 오도의 위험을 전하는 용도로 쓴다는 말이 아니다. 오히려 유용한 데이터로 사용할 수만 있다면 분류가 가능하고, 비교하기 용이하며, 통계와도 연계할 수 있다. '달러 스트리트'는 저소득층이나 중산층 또는 고소득층 가정의 사진만 따로 볼 수 있도록 필터를 제공한다. 그리고 치약이나 장난감 같은 특정한 물건의 사진만 열람할 수도 있다.

가령 몹시도 가난한 가정들이 쓰는 조리기구 사진을 보면 전 세계적으로 불 위에 무쇠솥을 거는 게 표준 조리 방식임을 알 수 있다. 반면에 잘사는 가정은 모두 화력을 조절할 수 있는 전기나 가스를 이용한 버튼식 주방기기를 사용한다. 또한 당신이 어디에 살든 가난하다면 가족들과 같은 방에서 바닥에 누워 잘 가능성이 높다. 만약 부유하다면 '프라이버시'와 편안한 침대를 소유할 수 있다. 그동안 문화적 차이라고 여겼던 많은 것이 실은 소득 차이 때문이었음이 드러난다.

한스 로슬링 Hans Rosling은 세계적으로 저명한 통계 전문가임에도 "숫자는 결코 세상과 삶이 어떤 것인지 모든 이야기를 들려주지는 않는다"고 썼다(한스는 안나 로슬링 뢴룬드의 시아버지였다). 물론 한스의 말이 옳다. 숫자는 결코 전체 이야기를 들려주지 않는다. 의사이자 학자인 그가 대단히 많은 여행을 다녔고 이야기와 통계적 증거를 너무나 능숙하게 엮어내는 이유가 거기에 있다. 하지만 숫자가 들려주는 이야기는 가치가

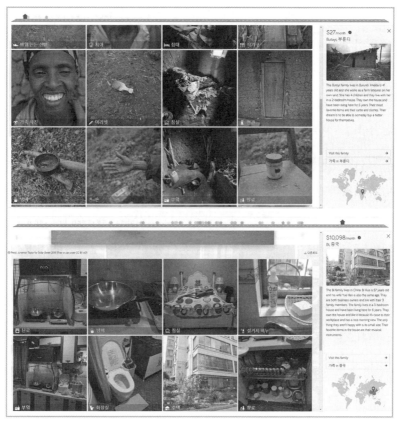

'달러 스트리트'에 등록된 부룬디 공화국의 이멜다 부토이 가족(월수입 27달러)과 중국의 비화 가족(월수입 10,098달러)의 사진. 사진 몇 장은 숫자보다 더 생생한 진실을 전달할 수도 있다는 좋은 예이다.

출처: 달러스트리트의 요한 에릭슨(2015)과 조나단 테일러(2015)

떨어질까? 절대 그렇지 않다. 숫자도 무척 중요하다. 내가 달러 스트리트를 좋아하는 이유는 느린 통계와 빠른 통계, 벌레의 관점과 새의 관점을 성공적으로 통합했기 때문이다. 달러 스트리트는 우리가 직관적으로 이해하고 기억하는 일상적인 이미지를 보여준다. 우리는 전 세계 사람들과 공감한다. 다만 명확한 통계적 맥락 안에서 공감한다. 이 맥락은 한 달에 27달러나 500달러 또는 1만 달러를 버는 삶을 보여주고 얼마나 많은 사람이 각각의 상황에서 살아가는지 명확하게 드러낸다.

통계를 이해하지 못하면 세상 돌아가는 방식을 크게 오해할 소지가 있다. 우리가 두 눈으로 직접 본 것이 온전한 진실이라고 확신하기가 너무 쉽다. 하지만 그렇지 않다. 물론 좋은 통계가 있어도 인과성을 이해하기 어려울 때가 있다. 그러나 좋은 통계 없이는 아예 가망이 없다.

한편으로 통계는 세계의 일부일 뿐이라는 것도 사실이다. 우리는 도표를 통해 분석할 수 있는 세계뿐 아니라 오감을 통해 느낄 수 있는 세계에 대해서도 호기심을 가져야 한다.

그래서 나의 두 번째 조언은 새의 관점뿐 아니라 벌레의 관점까지 갖기 위해 노력하라는 것이다. 대개 이 두 관점은 다른 것을 보여줄 것이다. 또한 때로는 "어떻게 두 관점이 다 옳을 수 있을까?"라는 수수께끼를 제시할 것이다. 이 의문이 탐구의 시작이어야 한다. 통계가 우리를 오도할 때도 있고, 우리의 두 눈이 우리를 속일 때도 있다. 또한 사태를 제대로 파악하면 피상적인 모순이 해소되는 때도 있다. 그러기 위해서는 대개 두어 가지 현명한 질문을 던져야 한다. 거기에는 다음 장에서 소개할 질문도 포함된다.

HARFORD

말과 숫자부터
정확히 정의하라

AVOID PREMATURE
ENUMERATION

진정한 질문이 무엇인지 알면
답의 의미를 알게 됩니다.

딥 소트 DEEP THOUGHT 《은하수를 여행하는 히치하이커를 위한
안내서 Hitchhiker's Guide to the Galaxy》에 등장하는 슈퍼컴퓨터

말과 숫자부터
정확히 정의하라

매우 큰 의문이었다.

영국 전역에서 신생아 사망률이 명백한 이유도 없이 서로 큰 차이를 내기 시작한 것이었다. 혹시 의사와 간호사가 아기를 살리는 데 다른 방식을 썼을까? 임상의들은 성과가 좋은 병원들로 파견되었다. 그들이 해야할 일은 현장에서 얻을 수 있는 교훈에 대해 생각하고, 자신의 산부인과 의료 활동을 처음부터 새로 재구성하는 것을 숙고하는 일이었다.

그러나 레스터대학교University of Leicester의 루시 스미스Lucy Smith 박사는 조금 색다른 의심을 하고 있었다.[1] 그는 중부와 런던에 있는 두 병원 집단에서 나온 데이터를 자세히 살폈다. 이 병원들은 환경이 매우 비슷한 지역사회를 상대로 의료 서비스를 제공했다. 그러나 런던 병원들의 신생아 사망률이 현저하게 낮았다. 런던 병원들이 진료실이나 분만실 또는 신생아 집중치료실에서 정말로 다르게 일하는 걸까?

스미스 박사는 그렇지 않다는 사실을 발견했다. 사망률의 격차에 대한 설명은 예상했던 바와 크게 달랐다.

원인 추적과 책임자 색출을 구별하라

예를 들어 12주나 13주에 임신이 끝나면 유산이라고 부른다. 반면에 24주 이후에 조산이 이뤄지면 영국 법은 출산으로 기록하도록 요구한다. 문제는 임신이 이 기준점 직전, 가령 22주나 23주에 끝나면 어떻게 기록해야 할지 모호하다는 것이다. 이 단계에서 태어난 태아는 성인의 손바닥 크기 정도로 아주 작다. 생존 가능성도 작다. 많은 의사는 이 가슴 아픈 상황을 '후기 유산' 또는 '후기 태아 상실'로 지칭했다. 작은 아기가 잠시 심장 박동이 있었다거나 두어 번 호흡했더라도 말이다. 스미스 박사의 말에 따르면 이런 경험을 한 부모는 종종 '유산'이라는 단어가 부적절하다고 느낀다. 이런 부모들이 슬픔을 이기도록 돕기 위해 중부의 산부인과 의사들은 똑같은 비극적 상황을 다른 방식으로 설명하는 관행을 만들었다. 즉, 아기가 살아 있는 상태로 태어났다가 그 직후에 사망했다고 설명하는 것이다.

다행스럽게도 22주나 23주에 끝나는 임신은 드물다. 그러나 루시 스미스는 약간의 간단한 계산 후에 이런 출산 사례를 통계적으로 처리하는 방식의 차이가 두 병원 집단 사이의 신생아 사망률의 전반적인 간극을 설명하기에 충분하다는 사실을 파악했다. 결과적으로 영국 중부에 비해 런던에서 신생아 생존율이 더 높지는 않았다. 핵심은 현실의 차이가 아니라 '현실을 기록하는 방식의 차이'였다.

현실을 기록하는 방식의 차이는 여러 국가를 비교하는 데에도 영향을 미친다. 미국은 부국치고는 영아사망률이 높기로 유명한데 2010년 기준으로 정상 출산 1,000명당 6.1명의 영아가 사망했다. 반면에 핀란드는 2.3명에 불과하다. 그러나 조사 결과 미국 의사들은 영국 중부의 의사들처럼 22주 차에 아기가 태어난 후 조기 사망하는 사례도 후기 유산이 아니라 정상 출산으로 기록하는 경우가 훨씬 많았다. 이는 문화적 이유 때문일 수도 있고 다양한 법적·금전적 고려를 반영하는 것일 수도 있다. 이유가 무엇이든 간에 미국의 높은 영아 사망 건수 가운데 일부 (절대 전부는 아니다)는 24주 전에 아기가 태어나는 사례를 정상 출산으로 기록한 결과로 보인다. 같은 사례를 다른 나라에서는 유산으로 기록한다. 24주 후에 태어난 경우만 따지면 미국의 영아사망률은 정상 출산 1,000명당 6.1명에서 4.2명으로 떨어진다. 반면 핀란드의 영아사망률은 2.3명에서 2.1명으로 거의 바뀌지 않는다.[2]

같은 나라에서 장기간에 걸쳐 추세를 비교할 때도 문제가 생긴다. 영국과 웨일스에서는 2015년과 2016년에 이례적으로 영아사망률이 증가했다. 언론은 당연히 경종을 울렸다. 《가디언》은 "의료 전문가들의 말에

따르면 비만, 빈곤, 흡연, 간호 조산사 부족이 복합적인 요인이 될 수 있다"고 밝혔다.[3]

실제로 그럴 수도 있었다. 그러나 일군의 의사들은 《영국의학저널Brit-ish Medical Journal》에 실은 글에서 공식 통계에 따르면 임신 22주 차 및 심지어 그 이전의 정상 출산 건수도 크게 늘었다는 사실을 지적했다.[4] 갈수록 많은 의사가 후기 유산을 정상 출산 후 조기 사망으로 바꿔서 기록하는 중부의 추세를 따르는 것으로 보인다. 이는 영아사망률 통계가 증가하는 이유를 설명하기에 충분하다.

여기에 중요한 교훈이 있다. 종종 원인 탐색의 진정한 의미는 책임을 추궁할 대상을 찾는 일이 되곤 한다는 것이다. 영아사망률이 증가하고 있다. 그렇다면 정치인들이 의료 서비스에 충분한 자금을 제공하지 않는 걸까? 아니면 산모들의 흡연이나 비만 때문에 문제가 생긴 걸까? 중부보다 런던의 영아사망률이 낮다. 그렇다면 중부의 병원들이 무엇을 잘못하고 있는 걸까? 사실은 애초에 누구를 탓할 일이 없었던 것인지도 모른다.

게임 중인 피시방의 전원을 모두 꺼봤습니다

(어떤 것이든) 통계적 주장을 이해하려면 그 주장이 실제로 의미하는 것은 무엇인지 따져야 한다.

영아사망률을 측정하는 것은 언뜻 슬프면서도 단순한 일처럼 보인다.

사망한 아기의 수를 세기만 하면 되니까. 하지만 잠시만 생각해보면 아기와 태아를 구분하는 것이 전혀 단순하지 않다는 사실을 깨닫게 된다. 이는 미국의 정치 지형에서 가장 험악한 분열의 이면에 놓인 심오한 윤리적 문제다. 통계 전문가들은 어딘가에서 선을 그어야 한다. 그리고 시민 입장에서 지금 무슨 일이 일어나고 있는지 알고 싶다면 통계 전문가들이 어디에 선을 그었는지 알아야 한다.

코로나 팬데믹도 비슷한 문제를 제기했다. 2020년 4월 9일에 언론은 지난 24시간 동안 영국 본토에서 887명이 코로나 바이러스 때문에 사망했다고 보도했다. 그러나 마침 나는 이 수치가 틀렸다는 사실을 알았다. 실제로 스코틀랜드 통계학자인 실라 버드Sheila Bird는 데이터 수사 작업을 통해 실제 수치가 약 1,500명일 가능성이 크다는 것을 증명했다.[5] 왜 이렇게 큰 차이가 나는 걸까? 부분적인 이유는 일부 사람들이 집에서 사망했고, 사망자 통계는 병원에서 사망한 사람만 집계하기 때문이다. 그러나 주된 이유는 환자 급증에 시달리는 병원들이 사망자 수를 며칠 뒤에 보고하기 때문이다. 목요일에 발표된 사망건은 아마 며칠 전인 일요일이나 월요일에 발생했을 것이다. 또한 사망자 수가 기하급수적으로 늘어나는 상황에서 이미 사흘 전에 일어난 일을 이야기하는 것은 소모적인 일일지 모른다. 왜냐하면 실시간으로 악화하는 '이번 주 목요일' 상황이 얼마나 나쁜지를 '지난 주 일요일' 사망자 수가 가려버리기 때문이다.

통계학이라는 학문은 어떤 것을 측정하거나 집계하는 일을 토대로 구축된다. 〈모어 오어 레스〉의 공동 기획자인 마이클 블래스틀랜드는 들판에 있는 두 마리의 양을 바라보는 상상을 한다. 들판에는 몇 마리의 양이 있을까? 당연히 두 마리다. 하지만 둘 중 한 마리는 그냥 양sheep이 아니라 새끼 양lamb이다. 게다가 다른 양은 임신 말기다. 실제로 곧 새끼를 낳을 참이다. 그러면 양은 몇 마리일까? 한 마리? 두 마리? 두 마리 반? 이런 식이면 셋까지 세는 것도 쉽지 않다. 병원에 고용된 간호사의 수에 관해 이야기하든(두 명의 임시직 간호사는 두 명으로 쳐야 할까, 그냥 한 명으로 쳐야 할까?), 대부호의 재산에 대해 이야기하든(그들이 세금당국에 신고한 것만 집계해야 할까 아니면 숨겨둔 자산도 추정할 방법이 있을까?), 무엇이 측정되거나 집계되는지 그리고 그 방법은 무엇인지 아는 것이 중요하다.

놀라운 사실은 우리가 저 일을 거의 하지 않는다는 것이다. 나는 오랫동안 사람들이 통계의 미로에서 빠져나오도록 매주 노력했다. 그동안 내가 직면한 문제 중 다수가 사람들이 처음부터 잘못된 방향으로 나아갔기 때문이라는 사실을 깨달았다. 그들은 통계적 주장의 수학적 측면으로 곧장 뛰어들었다. 그래서 표본오차와 오차 범위를 묻고, 수치가 증가하는지 아니면 감소하는지 논쟁했다. 또한 믿고, 의심하고, 분석하고, 해부했다. 문제는 가장 기본적이고 명백한 팩트를 파악하는 데 시간을 들이지 않는다는 것이었다. 그것은 바로 "무엇이 측정 또는 집계되는가, 어떤 정의가 사용되는가?"였다.

이 함정은 흔한데도 불구하고 명칭이 없는 것 같다. 나는 이를 '미숙한 집계premature enumeration'로 부를 것을 제안한다. 나는 아내와 이 문제를 자주 논의한다. 우리 집 냉장고 위에 놓인 라디오는 아침 식사 시간에 통계적 주장들을 들려준다. 인상적인 정치적 발언이나 어떤 연구의 극적인 결과 같은 것들이다. 한 예로 "새로운 연구 결과에 따르면 폭력적인 게임을 하는 아동은 현실에서도 폭력적일 가능성이 크다"는 주장이 있다. 아내는 20년 동안 나의 한계를 알게 되었음에도 내 머릿속에 온갖 통계로 가득한 거대한 도표가 있다는 착각에서 벗어나지 못했다. 그래서 내게 몸을 돌리며 "저 말이 맞아?"라고 묻는다. 아주 가끔 근래에 내가 해당 사안을 조사해서 답을 아는 경우도 있다. 그러나 대개는 "무슨 의미인지에 따라 달라"라고만 대답할 뿐이다.

　나는 극단적인 철학적 회의론을 수립하거나 아내를 짜증 나게 만들려고 하는 것이 아니다. 단지 주장의 의미를 온전히 이해하지 못했기 때문에 아직은 사실인지 아닌지 판단할 입장에 있지 않다는 것이다. 가령 "폭력적인 게임"이라는 것은 무슨 의미일까? '팩맨Pac-Man'도 거기에 해당할까? 팩맨은 지각을 갖춘 생명체를 산 채로 삼키는 끔찍한 짓을 저지른다. '스페이스 인베이더Space Invaders'는 어떨까? 이 게임에서는 무기를 발사하고 적의 무기에 맞지 않도록 피하는 것밖에 하지 않는다. 하지만 아마도 이는 연구자들이 의미하는 바가 아닐 것이다. 그들이 말한 것이 무엇인지 알기 전에는 나는 별로 아는 게 없다.

　"(게임을) 하다play"는 어떤가? 무슨 의미일까? 아마 연구자들은 설문조사를 통해 일반적으로 오랜 시간 폭력적인 게임을 하는 아이들●을 파악

━━━━━━

● 　또한 여기서 "아이들"은 5세 아동일까, 10세 아동일까, 아니면 16세 청소년일까?

했을 것이다. 또는 피실험자들을 모집하여 연구실에서 20분 동안 게임을 하게 만든 다음 일종의 실험을 통해 "현실에서 더 폭력적으로 변했는지" 살폈을 것이다. 그러면 현실에서 더 폭력적으로 변했다는 것은 또 어떻게 정의했을까?

통계적 소양을 함양하기 위한 프로젝트인 스태츠STATS의 책임자이자 수학자 레베카 골딘Rebecca Goldin은 "많은 연구는 폭력성이 아니라 공격적인 행동 같은 다른 것을 측정한다"라고 지적한다.[6] 공격적 행동 자체도 측정하기 쉽지 않다. 정의하기가 어렵기 때문이다. 게임과 관련된 영향력 있는 한 연구는(절대 내가 꾸며낸 이야기가 아니다) 피실험자들에게 다른 사람이 마실 음료에 매운 소스를 넣도록 유도하는 방식으로 공격적 행동을 측정했다. 이 '매운 소스 패러다임'은 공격성을 평가하는 "직접적이고 명확한" 수단으로 제시되었다.[7] 나는 사회심리학자가 아니다. 그래서 어쩌면 이 방식이 타당할지도 모른다. 하지만 '폭력적'이나 '(게임을) 하다' 같은 상식적인 단어들은 분명히 '아기'나 '양' 또는 '간호사'처럼 수많은 여지를 숨길 수 있다(국내에도 참고할 만한 좋은 예가 있다. 2011년 2월 13일 MBC가 보도한 '게임 중독자들의 폭력성 실험'을 떠올려보자. 기자가 갑자기 피시방의 전원을 내렸을 때 한창 게임을 하던 미성년 이용자들이 욕설을 했다. 이것은 폭력적인 행동인가, 아닌가? '순간적인 상황 변화를 받아들이지 못하고 폭력 게임의 주인공처럼 난폭하게 변해버린 겁니다'라는 심리학과 교수의 발언에서 폭력 게임의 정의는 무엇이고 난폭은 어느 수준의 행동을 말하는가? - 편집자)

우리는 팩트를 앞세운 세상에 관한 주장을 살필 때처럼 정책 제안도 자세히 살펴야 한다. 우리는 모두 정치인들이 전략적 모호성을 좋아한다는 사실을 안다. 그들은 종종 "공정성"이나 "진보", "기회"의 미덕을 떠들어댄다. 또는 가장 화나게 만드는 상투적인 구절로서 "올바른 일이라고 생각하기 때문에 이 정책을 제안합니다"라고 말한다. 그러나 구체적으로 제시된 정책이라 해도 우리가 정치인의 의도를 이해하지 못하면 결국 거의 의미가 없다. 학교 지원금을 늘리고 싶은가? 좋다! 지원금은 물가상승률을 반영하여 학생 1인당 기준으로 상승하는가? 아니면 또 다른 기준이 있는가?

가령 영국의 브렉시트 로비 단체인 "리브 민즈 리브Leave Means Leave"는 2017년에 발표한 정책 보고서에서 "미숙련 노동자의 이민을 5년간 동결"해야 한다고 요구했다.[8] 이것은 좋은 생각일까? 이 생각의 진정한 의미를 알기 전에는 판단하기 어렵다. 이제 우리는 "'미숙련'의 뜻이 뭔가요?"라고 물어야 한다는 걸 안다. 자세히 살펴보면 그 답은 연봉이 최소 3만 5,000파운드가 안 되는 경우는 미숙련 노동자로 분류된다는 것이다. 이 기준이면 대다수 간호사, 초등학교 교사, 기술자, 법무 보조원, 화학자가 배제된다. 이 정책은 좋은 것일 수도 있고, 나쁜 것일 수도 있다. 그러나 대다수 사람은 "미숙련 노동자의 이민"을 동결하는 정책이 교사나 응급실 간호사를 배제한다는 사실을 알면 놀랄 것이다.[9] 이는 단순한 정책 보고서가 아니었다. 영국 정부는 2020년 2월에 하한선을 더 낮춘 (연봉 2만 5,600파운드) 새로운 이민 제한책을 발표했다. 그러나 여전히

"숙련"과 "비숙련"이라는 비슷한 용어를 썼다.[10]

미숙한 집계는 누구나 저지를 수 있는 실수다. 계산 능력이 매우 뛰어난 사람조차 분수라는 말만 들어도 머리가 어지러운 이들과 비슷하게 이 실수에 취약하다. 실제로 당신이 수학에 자신 있다면 대다수 사람보다 도표나 통계패키지 statistical package에서 숫자를 자르거나 토막 내고, 상관분석이나 회귀분석을 하고, 정규화하거나 기준으로 설정하면서 통계 자체를 수월하게 조작할 것이다. 이 추상적인 수량들이 무엇을 가리키는지 제대로 모른다는 사실을 깨닫지 못한 채로 말이다. 아마도 지난 금융위기의 근원에 이런 유혹이 있었을 것이다. 수학적 리스크 모형의 정교화는 정확히 어떻게 리스크를 측정했는지 그리고 정말로 해당 척도에 글로벌 은행 시스템의 안정을 걸어도 되는지에 대한 의문을 가려버렸다.

나는 〈모어 오어 레스〉를 진행하는 동안 모든 곳에서 이 문제를 발견했다. 우리가 이야기를 나눈 전문가들은 오랫동안 특정한 정의를 다룬 터라 일반 청취자들이 해당 용어를 듣고 아주 다른 것을 머릿속에 떠올리기 쉽다는 사실을 쉽게 망각했다. 심리학자, 스티븐 핑커 Steven Pinker가 말한 "지식의 저주"는 명확한 의사소통을 끊임없이 저해하는 장애물이다. 우리는 어떤 주제를 아주 잘 알게 되면 잘 모르는 사람의 입장을 고려하기가 몹시 어렵다. 나와 통계 너드 동료들도 그 문제에서 책임이 없다고 말하지 못한다. 우리는 통계적 혼란을 조사할 때 습관적으로 정의부터 확정했다. 그러나 곧 정의에 익숙해진 후에는 청취자에게 그 뜻을 설명해줘야 한다는 사실을 항상 상기해야 했다.

함정은 정의하기에 숨어 있다

대럴 허프는 "통계로 거짓말하기"에 쉬운 방법은 오도적인 정의를 활용하는 것이라고 재빨리 지적할 것이다. 그러나 우리는 종종 자신을 오도한다.

3만 9,773이라는 숫자를 예로 들어보자. 이는 2017년에 미국에서 총기 사고로 사망한 사람의 숫자다(전미안전위원회National Safety Council에서 제시한 수치다). 이 수치 또는 그와 비슷한 수치는 총기 난사 사고가 머리기사를 장식할 때마다 반복적으로 나온다. 그러나 해당 사망자 중 대다수는 암울한 사고와 아무 관계가 없다(물론 모든 총기 난사 사고가 헤드라인에 오르는 것은 아니다. 총기 난사 사고를 단일 사고에서 네 명 이상이 죽거나 다치는 경우라는 정의에 따르면, 미국에서는 거의 매일 총기 난사 사고가 일어난다. 그들 중 다수는 뉴스 편집자의 보도 우선순위에서 매우 아래쪽에 있다).●

'총기 사고 사망자'는 복잡한 개념처럼 보이지 않는다. 총은 총이고 사망자는 사망자다. 하지만 '양sheep'이라는 개념도 그렇기는 마찬가지다. 따라서 잠시 우리의 직관을 확인할 필요가 있다. 심지어 2017년을

● '총기 난사mass shooting'라는 개념도 모호하다. FBI는 다중 살인 사고에 대한 기록을 관리한다. 그러나 그들의 정의는 공공장소에서 발생한 사고만 포함한다. 그래서 가정폭력뿐 아니라 마약과 관련된 수많은 사고가 제외된다. 총기폭력아카이브Gun Violence Archive에서 집계하는 다른 수치는 이 사고들을 포함한다. 이는 전체 기록에 상당한 차이를 만든다. 그러나 어느 쪽이든 총기 난사 사고로 사망한 사람의 수는 전체 총기 사고 사망자 중 소수에 불과하다.

죽음의 해로 보는 것도 생각하는 만큼 단순하지 않다. 가령 영국의 경우 2016년에 살인사건 발생률이 급증했다. 그 이유는 공식 조사를 통해 1989년에 96명의 목숨을 앗아간 힐스보로_{Hillsborough} 축구장 붕괴 사고가 불법행위에 의한 것으로 판정되었기 때문이다. 처음에는 단순 사고로 간주했지만 2016년에 공식적으로 살인이 되었다. 이는 극단적인 사례다. 그래도 사망자가 발생한 시점과 사망 원인이 공식적으로 기록되는 시점 사이에는 종종 틈이 있다.

여기서 중대한 문제는 '사망자'의 함의에 대한 것이다. 물론 이는 모호한 개념이 아니다. 우리는 뉴스 자료화면을 통해 생생하고 끔찍한 학살 현장에 줄지어 선 구급차와 경찰차를 보면서 '3만 9,773'이라는 숫자를 듣는다. 그래서 자연스럽게 살인 또는 심지어 '다중 살인'과 연계시킨다. 사실 미국에서 발생하는 총기 사망사고 중 60퍼센트는 살인이나 드문 사고가 아니라 자살에 따른 것이다. 누구도 총기 관련 살인사건이 실제보다 2.5배 더 흔하다고 생각하도록 우리를 오도하려 들지 않는다. 이는 단지 흔히 숫자와 함께 제시되는 맥락을 통해 가정하는 것일 뿐이다.

이런 오류를 인식한 다음 거기서 어떤 결론을 도출해야 하는지는 또다른 문제다. 이를 이용하여 다양한 정치적 전망을 뒷받침할 수 있다. 총기 소유권 지지자들은 총기 난사에 대한 공포가 과장되었음을 보여준다고 주장할 것이다. 총기 규제 지지자들은 총기 소유권 로비 단체의 흔한 주장을 약화한다고 반박할 것이다. 그 주장은 사람들이 총기로 무장한 범죄자로부터 자신을 보호하기 위해 스스로 무장해야 한다는 것이다. 사람들이 총구를 자신에게로 향하는 것이 더 큰 위험이라면 총기 보유는 자기방어에 그다지 도움이 되지 않는다.

우리는 신중하게 통계치를 읽는 사람이므로 어느 쪽으로든 성급하게 판단할 필요가 없다. 명확성이 선행되어야 한다. 어느 쪽을 지지할지는 팩트를 이해한 다음에 하면 된다.

우리는 또한 이 모든 3만 9,773건의 총기 사망사고가 인간적인 비극을 이면에 깔고 있음을 기억해야 한다. 스탈린이 실제로 "한 명의 죽음은 비극이지만 수백만 명의 죽음은 통계일 뿐"이라고 말했다는 증거는 거의 없다. 그래도 이 경구가 오랫동안 전해진 부분적인 이유는 숫자의 이면에 있는 인간적 이야기에 대한 호기심의 중대한 결여를 말해주기 때문이다. 미숙한 집계는 단순한 지적 실패가 아니다. 통계의 실질적 의미를 묻지 않는 것은 공감의 실패이기도 하다.

자살이라는 어두운 주제에 대해 계속 이야기해보자. 이번에는 영국의 사례다. 《가디언》은 "17~19세 여성 중 5분의 1이 자해 내지 자살을 시도한다"는 헤드라인을 내걸었다. 이 기사는 그 원인이 소셜미디어나 외모에 대한 압력, 성폭력, 성적에 대한 압박, 구직난, 새로운 지역으로의 이사, 중앙정부 서비스의 감축, 또는 아이패드일지 모른다고 추정한다.[11] 이처럼 이 기사는 희생양을 길게 늘어놓았지만, 자해가 무엇을 의미하는지에 대한 설명은 짧게 넘어갔다.

그러면 영국 정부가 지원하고 명망 있는 연구기관이 실시한 원 연구를 살펴보자.[12] 오류가 대개 그렇듯이 헤드라인에 오류가 있다는 사실을 깨닫는 데는 오랜 시간이 걸리지 않는다. 17~19세 여성 중 5분의 1이 자해 내지 자살을 시도한다는 것은 사실이 아니다. 사실은 그들 중 5분의 1이 어느 시점에 그런 적이 있다고 말했다는 것이다. 그 시기가 반드시 근래인 것은 아니다. 단지 "그런 적이 있다"는 것이다. 그렇다면 정확히 무엇을 했다는 걸까? 연구 내용은 그에 대한 《가디언》의 보도보다 자세히 밝히지는 않는다.

영국 국민건강보험 National Health Service의 홈페이지에는 다양한 자해 행동이 나열되어 있다. 거기에는 피부를 찢거나 태우는 것, 몸을 꼬집거나 때리는 것, 독극물을 먹거나 마시는 것, 마약을 흡입하는 것, 알코올을 남용하는 것, 거식증이나 폭식증 같은 섭식 장애, 머리카락을 뽑는 것, 심지어 과도한 운동 등이 포함된다.[13] 어린 여성들이 해당 질문에 "그렇다"고 답했을 때 이런 행동들을 생각했을까? 알 수 없다. 나는 연구자들에게 질문의 의미를 물었다. 그들은 "자해의 전체 범주를 담고 싶어서" 인터뷰한 어린 여성들에게 자해의 정의를 제시하지 않았다고 대답했다. 결국 자해의 의미는 무엇이든 인터뷰 대상자가 생각하는 대로 정해졌다.[14]

그 점은 그나마 괜찮다. 최대한 폭넓은 영역의 행동을 담겠다는 의도가 반드시 잘못된 것은 아니다. 17~19세 여성 중 5분의 1이 어느 시점에 스스로 자해라고 생각한 행동을 했다는 사실을 아는 것도 유용할 수 있다. 그러나 통계를 해석하는 사람들은 소녀들이 정확히 어떤 의미를 따랐는지 알 수 없다는 점을 유념해야 한다. 모든 형태의 자해는 우려스럽다. 그래도 어떤 자해는 다른 자해보다 훨씬 우려스럽다. 폭음은 거식

증과 많이 다르게 느껴진다.

이 점을 염두에 두면 자해와 자살을 한데 뭉뚱그린 헤드라인은 처음에는 자연스러워 보이던 것과 달리 무책임하게 보이기 시작한다. 과도한 운동과 자살 사이에는 엄청난 간극이 있다. 또한 이 조사는 자해가 어린 여성들 사이에서 우려스러울 만큼 흔하다는 사실을 시사하지만, 다행스럽게도 자살은 매우 드물다. 영국의 경우 해마다 15~19세 여성 10만 명당 3.5명이 자살한다. 이는 전국적으로 약 70명에 해당하는 수치다.[15] (지금쯤이면 당국이 말하는 '자살'의 정확한 의미가 무엇인지 궁금해졌기를 바란다. 사망자가 자살을 의도한 것인지 항상 명확하지는 않다. 때로 자해만 하려다가 사고로 죽는 사람도 있다. 영국 통계청은 여기에 명확한 선을 긋는다. 즉 15세 이상인 경우 의도한 것으로 간주하고, 15세 미만인 경우 사고로 간주한다. 물론 이런 가정이 때로는 알 수 없는 진실을 항상 반영하는 것은 아니다)

자해와 자살을 한데 뭉뚱그리는 것이 더욱 무책임한 이유는 어린 여성을 따로 지적했기 때문이다. 실제로 해당 연구 결과 17~19세 여성이 17~19세 남성보다 자해 경험을 말한 사례가 훨씬 많았다. 그러나 자살 위험이 더 높은 쪽은 남성이었다. 이 연령대의 남성은 여성보다 자살할 위험이 두 배나 높았다.

이 각각의 숫자 뒤에는 끔찍한 비극이 있다. 무슨 일이 일어나고 있는지 그리고 어떻게 해야 삶을 더 낫게 만들지 알고 싶다면 정의를 확정하는 것이 매우 중요하다. 우리가 수치를 수집하는 궁극적인 이유도 거기에 있다.

1% 부자가 99%의 부를 차지한다는 말을 믿으라고?

여기서부터는 앞부분보다 더욱 자세한 사례를 다룰 것이다. 이 사례가 복잡한 문제를 생각하는 방법을 더욱 명확하게 전달하기를 바란다. 그 방법은 먼저 측정 대상을 명확하게 파악하고, 그다음에 집계를 시작하는 것이다. 지금부터 다룰 주제는 대단히 중요한 문제다. 또한 많은 사람이 강한 신념을 지녔지만, 정의에 대한 이해가 부족한 문제이기도 하다. 그 주제란 바로 불평등이다. 그러면 불평등과 관련하여 가장 널리 알려진 주장부터 살펴보자.

> "옥스팜: 전 세계에서 가장 부유한 85명이 하위 50퍼센트 전체와 동일한 부를 보유하고 있다." 이는 2014년 1월에 《가디언》에 실린 헤드라인이다.[16] 《인디펜던트Independent》도 다른 많은 매체와 마찬가지로 개발자선단체인 옥스팜이 발표한 같은 연구 결과를 실었다. 이는 놀라운 주장이다. 하지만 그것이 우리에게 말하는 바는 무엇일까?

옥스팜의 목표는 홍보였다. 그들은 화제를 불러일으키고 싶었을 뿐, 부의 불평등이라는 주제를 조명한 것은 부차적인 문제였다. 이는 단지 나만의 의견이 아니다. 보고서의 주 저자인 리카르도 푸엔테스Richardo Fuentes가 "킬러 팩트Killer Fact의 해부"라는 제목의 옥스팜 블로그 포스트를 위한 인터뷰에서 비슷한 발언을 했다. 이 포스트는 "옥스팜 인터내셔널 웹사이트가 역대 최고의 방문자를 기록한 것"을 축하했다.[17] 또한 해당 주장이 받은 모든 칭찬에 초점을 맞췄다. 하지만 그 "킬러 팩트"는 교육적이었을까, 또는 정말 팩트였을까? 푸엔테스는 나중에 BBC와 가진 인터뷰에서 자신의 조사가 "결함이 있기는 했지만 최선이었다"라고 고백했다.

"최선이었다"는 푸엔테스의 말에 나는 동의할 수 없다. 3년 후 옥스팜은 분석 방식을 너무나 포괄적으로 수정했다. 그 결과 헤드라인에 제시된 수치가 85명의 억만장자에서 여덟 명의 억만장자로 바뀌었다. 정말로 불평등이 10배나 악화하고, 억만장자들은 10배나 부유해진 걸까? 아니면 전 세계의 빈자들이 어째서인지 재산의 90%를 잃어버린 걸까? 아니다. 그런 경제적 대격변은 없었다. 그저 옥스팜의 지표가 애초에 불평등을 생각하는 수단으로서는 너무나 요란하고 비교육적이었을 뿐이다.

헤드라인에 제시된 주장의 극적인 변화는 그것이 불평등을 생각하는 매우 교육적인 수단이 아닐지 모른다는 하나의 징표다. 흥분과 혼란이 뒤섞인 일부 언론 보도는 해당 수치가 실로 당혹스럽다는 또 다른 신호다. 《가디언》은 85명의 부호가 전 세계 인구의 하위 절반이 가진 것과 같은 부를 가졌다는 옥스팜의 헤드라인을 정확하게 옮겼다. 반면 《인디펜던트》는 85명의 최고 부자들이 나머지 전 세계 인구의 부를 합친 것과 같은 부를 가졌다고 주장하는 인포그래픽을 실었다(거대 부호에 대한 BBC 다큐멘터리의 예고도 같은 실수를 저질렀다). 이는 원래 주장과 '비슷한 주장'조차 되지 못한다.

거의 모든 전 세계의 부는 거의 또는 아무것도 가진 게 없는 하위 인구 절반도, 85명(또는 여덟 명)의 최고 억만장자들도 갖고 있지 않다. 그 부는 중간에 있는 부유한 2억 내지 3억 명이 갖고 있다. 어쩌면 당신도 그중 한 명일지 모른다.《인디펜던트》와 BBC는 "하위 절반의 부"와 "억만장자가 아닌 모든 사람의 부"를 혼동했다. 이 사소해 보이는 혼동은 사실 2조 달러 이하와 200조 달러 이상을 구분하지 못한 것이었다. 정확한 주장에 대해 고민하지 않는 태도가 100배의 오차를 만들었다.

《인디펜던트》는 또한 엄청난 통계적 무지를 드러내는 사례로써 "85명의 최고 부자들, 즉 1퍼센트"가 "나머지 인구, 즉 99퍼센트"와 같은 부를 가졌다고 주장했다. 이 주장에 따르면 세계 인구는 8,500명이 된다. 이전 주장의 오차가 100배라면, 이 주장의 오차는 거의 100만 배다.

《인디펜던트》의 서투른 혼동은 잠시 음미할 만한 가치가 있다. 감정이 얼마나 쉽게 우리의 통제를 벗어나는지 상기시켜주기 때문이다. 세상에는 너무나 엄청나고, 상상할수록 놀라운 부를 가진 사람들이 있다. 반면 가진 게 아무것도 없는 사람들도 있다. 이는 공정하지 않다. 이 불공정함에 속이 부글대기 시작하면 냉정하게 생각하는 것을 포기하게 된다.《인디펜던트》는 8,500명과 거의 80억 명을 혼동했다. 85명의 최고 부자를 제외한 전 세계 모든 사람의 부와 하위 절반의 부를 혼동했다. 이는 너무나 멍청한 실수다. 하지만 아브라함 브레디우스가 우리에게 보여준 대로 생각을 멈추고 감정에 휩싸일 때 멍청한 실수가 아주 빠르게 나온다.

이는 우리 모두에게 잠시 멈추고 생각해야 할 필요성을 상기시키는 사소하지만 좋은 사례다. 전 세계 인구의 "1퍼센트"가 누구이든 85명보다 많다는 사실을 깨닫기 위해서는 그리 복잡한 계산이 필요 없다.

나는 옥스팜이 캠페인과 기금 모금에 열중하고, 최대한 충격적인 헤드라인을 추구하는 것을 비난할 수 없다. 그들 주장이 언론에서 온갖 실수를 촉발했다는 사실에 대해서도 책임을 물을 수 없다.

다만 약간의 명확성을 바란다. 우리는 다시 처음으로 돌아가야 한다. 우선 측정 대상과 측정 방법을 명확하게 밝히는 일부터 시작해보자.

우리 아들이 대기업 회장보다 부자인 이유

'부'의 측정 대상은 '순자산'이다. 다시 말해 집과 주식 그리고 은행 예금에서 모든 부채를 뺀 자산이다. 당신이 보유한 집의 가치가 25만 달러이고, 주택담보대출금이 10만 달러라면 순자산은 15만 달다.

옥스팜의 헤드라인이 기반한 계산은 전 세계 인구 중 하위 절반의 총 순자산에 대한 최선의 추정치(크레딧스위스Credit Suisse 은행이 용역을 맡긴 연구자들이 집계한 것)[18]를 최고 억만장자들의 전체 부에 대한 최선의 추정치(신문의 부자 명단에 발표된 것)와 비교한 것이다. 그들은 최고 억만장자 85명의 부만 더해도 약 25억 명의 성인에 해당하는(크레딧스위스의 조사는 아동을 무시했다) 전 세계 인구 하위 절반의 전체 부를 초과한다는 사실을 발견했다.

하지만 순자산이 정말로 우리에게 많은 것을 말해줄까? 당신이 5만 달러 대출을 받아서 5만 달러짜리 고급 스포츠카를 산다고 가정하자. 매장에서 나오는 순간 이 차의 가치는 수천 달러나 떨어진다. 그만큼 당신의 순자산도 줄어든다. 당신이 MBA나 로스쿨 또는 의학전문대학원을 막 졸업했고, 지금까지 수십만 달러의 빚을 졌다면 당신의 순자산은 0보다 한참 적다. 그러나 젊은 의사는 젊은 빈농보다 재정적 측면에서 훨씬 여유 있을 가능성이 크다. 의사가 산더미 같은 빚을 지고 있고, 농부는 깡마른 소와 녹슨 자전거를 보유하여 순자산이 100달러라고 해도 말이다.•

순자산은 '부'를 측정하는 좋은 수단이다. 그러나 '빈곤'을 측정하기에는 그다지 좋은 수단이 아니다. 많은 사람이 0, 또는 0보다 적은 순자산을 갖고 있다. 그들 중 일부는 가난하지만 다른 일부는 풋내기 의사처럼 앞으로 사정이 나아질 것이다.

추가적인 문제는 이 모든 0과 마이너스를 더해도 절대 0 이상이 되지 않는다는 것이다. 그 결과 우리 아들의 돼지저금통이 전 세계에서 가장 가난한 10억 명의 자산보다 높은 가치를 지니게 된다. 자산 0원 혹은 마이너스인 십억 명을 모아봤자 결코 우리 아들이 저금통에서 마지막으로 확인한 12.73파운드보다 클 수 없기 때문이다. 그러면 정말 우리 아들은 부자라는 말일까? 절대 아니다. 전 세계에 힘겨운 빈곤이 만연하고 있다

• 도널드 트럼프에 대해 자주 회자하는 일화가 있다. 그는 대통령이 되기 오래전에 부동산 거래 실패로 많은 빚을 졌다. 그는 노숙자를 가리키며 어린 딸에게 이렇게 말했다고 한다. "저 부랑자 보이지? 저 사람이 나보다 10억 달러나 부자야." 이 이야기가 사실인지는 모르지만, 금전적 논리는 타당하다.

는 말일까? 직접적으로 그렇다고 말하는 것은 아니다. 10억여 명이 아무런 부를 갖고 있지 않다는 사실은 놀랍다. 그러나 이 모든 0을 더하는 것이 우리에게 훨씬 많은 것을 말하는지는 명확하지 않다. 10억 곱하기 0이 0이라는 것 말고 무엇을 말하는지 모르겠다.

여기까지 읽었다면 당신은 미숙한 집계, 즉 어떤 수치가 의미하는 것이 무엇인지 제대로 이해하지 못한 채 섣부르게 만든 통계를 피할 수 있게 되었다. 그렇다면 지금부터는 놀라울 만큼 상황을 명확하게 만드는 약간의 가벼운 수학에 관해 유쾌한 공부를 해볼 시간이다.

옥스팜이 제시한 주장의 출처인 크레딧스위스의 《세계 부 보고서Global Wealth Report》를 보면, 거기 나온 숫자들을 통해 해당 사안을 더욱 명쾌하게 조명할 수 있다.**

《세계 부 보고서Global Wealth Report》

◆ 4,200만 명이 각각 100만 달러 이상을 보유하고 있으며, 그들의 자산은 전체적으로 약 142조 달러다. 그들 중 소수는 억만장자이지만 대다수는 아니다. 런던이나 뉴욕 또는 도쿄에 주택담보대출 없이 좋은 집을 보유하고 있다면 쉽게

** 나는 2018년 《세계 부 보고서》를 참고했다. 원 "85명의 부자" 주장이 토대로 삼은 2013년 판은 약간 다른 수치를 제공한다. 그러나 전체적인 그림은 아주 서서히 변했다.

이 집단에 속할 수 있다. 좋은 개인연금에 가입한 때도 그렇다.[19]• 세계 성인 인구의 거의 1퍼센트가 이 집단에 속한다.

◆ 자산이 10만 달러 이상, 100만 달러 이하인 4억 3,600만 명이 전체적으로 125조 달러를 보유하고 있다. 세계 성인 인구의 거의 10퍼센트가 이 두 번째 집단에 속한다.

◆ 위의 두 집단이 전체적으로 대다수 현금을 보유하고 있다.

◆ 10억 명이 1만 달러 이상, 10만 달러 이하의 자산을 보유하고 있다. 그들의 자산을 모두 더하면 약 4조 달러다.

◆ 나머지 32억 명의 성인이 보유한 자산은 6조 2,000억 달러에 불과하다. 이는 평균적으로 1인당 2,000달러에 못 미치는 수치다. 그들 중 다수는 이 평균보다 적은 자산을 보유하고 있다.

대략 말하자면 최상위 5억 명이 전 세계의 대다수 돈을, 차상위 10억 명이 나머지 돈을 갖고 있다.

엄청나게 부유한 85명의 거대 부호들은 5억 명에 비하면 여전히 소수다. 동시에 85명이 보유한 부는 전 세계 부의 절반 혹은 거의 전부가 아니라 1퍼센트 미만이다. 이 모든 사실은 세계의 거의 모든 부를 무시하면

• 크레딧스위스는 국민연금을 계산에 넣지 않았다. 국민연금은 중요하다. 대상자들에게 아주 귀중하기 때문이다. 국민연금을 자산으로 잡으면 불평등 지표가 악화할지(극빈층 중 다수는 받지 못하기 때문에) 또는 개선될지(부국의 빈곤층에게는 자산의 상당 부분을 차지하기 때문에) 불분명하다. 내 생각에는 국민연금을 포함하면 불평등이 덜하게 보일 것 같다. 하지만 이는 추측일 뿐이다. 내 생각이 크게 틀렸을 수도 있다. 전 세계적으로 노년층의 3분의 1이 아무런 연금을 받지 못한다.

서 부의 불평등을 이야기하는, 그러면서도 자주 언급되는 "킬러 팩트"보다 자산 분배에 대해 훨씬 많은 것을 말해준다. 옥스팜의 목표는 당연히 이런 "킬러 팩트"를 통해 이목을 끌어서 기금을 모으는 것이다. 반면 나의 목표는 우리의 세계와 사회를 이해하는 것이다. 이 팩트들은 인터넷에서 쉽게 접근할 수 있다. 클릭만 한두 번 더 하면 된다. 이 팩트들을 찾기 위해 필요한 것은 불과 일이 분의 시간과 세상에 관한 호기심뿐이다.

시청률 때문에 팩트는 어떻게 희생되는가

옥스팜은 최소한 부의 불평등에 관해 이야기하고 있음을 명확하게 드러냈다. 종종 우리는 "불평등이 심화했다" 같은 모호한 주장을 듣는다. 이 주장에는 확실한 개념이 많지 않다. 무엇의, 어떤 사람들 사이의 불평등을 말하는 것이며, 어떻게 측정했을까?

어쩌면 그들은 85명의 억만장자에서 단 여덟 명으로 바뀐 옥스팜의 통계를 읽고 부의 불평등에 대해 이야기하고 있는 것일지 모른다. 또는 소득 불평등을 말하는 것일 수도 있다. 사람들이 어떻게 살아가고, 일상적으로 어떤 것을 소비할 수 있는지 알고 싶다면 소득 불평등을 살피는 것이 더욱 자연스럽다. 우리가 무엇을 먹고, 무엇을 입고, 어떻게 사는지는 부가 아니라 연봉이나 연금, 정부 지원금 또는 자영업을 통한 이익 같은 정기적인 소득과 주로 연관된다. 이자만으로 생활이 가능할 만큼 많은 부를 보유한 사람은 드물다. 따라서 불평등이 일상생활에서 어떤 양상으로 드러나는지 알려면 부가 아니라 소득을 살피는 것이 타당하다. 소득을 살피는 데 따른 또 다른 이점은 돼지저금통을 가진 평범한 초등학생이 하위 10억 명 전체보다 부유하다는 불합리한 결론에 직면할 필요가 없다는 것이다.

소득 불평등을 살핀다면 비교 대상을 누구로 설정해야 할까? 명백한 답은 부자와 빈자를 비교하는 것이다. 그러나 다른 가능성도 있다. 가령 국가나 인종 집단·성별·연령대 또는 한 국가 내의 다른 지역들 사이의 불평등을 살필 수 있다.

소득 불평등에 대해 고소득층과 저소득층을 비교하기로 한 후에도 문제가 남는다. 어떤 기준으로 소득을 측정할 것인가?

다음은 몇 가지 가능한 방법이다. 우선 중위소득(분포의 중간에 있는 사람의 소득)을 10백분위수 소득(100명 중에 하위 10번째 이하)과 비교할 수 있다. 이는 '50/10 비율'이라 부르며, 중산층 대비 빈곤층의 생활 수준을 파악하는 지표로 삼는다.

또는 최상위 1퍼센트의 소득 비중을 살필 수 있다. 이는 억만장자들뿐 아니라 백만장자들이 어떻게 사는지 알려주는 좋은 지표다. 이 일은 직접 할 필요가 없다. 싱크탱크와 학계에서 이미 계산했으며, 대개 온라인에서 쉽게 자료를 찾을 수 있다.[20]

이 두 지표 모두 우리에게 중요한 사실을 말해주는 것처럼 보인다. 하지만 두 지표가 상충한다면 어떻게 해야 할까? 최상위 1퍼센트의 소득이 급등하고 있는 동시에 소득 척도의 하위에서 불평등이 완화되는 국가의 경우를 상상해보라. 그래서 50/10 비율이 감소하고 빈곤층이 중산층을 따라잡는다. 부자가 더 부유해지고 빈자도 중위 집단보다 재산이 늘어가는 속도가 빠르다면 어떤가. 불평등이 심해지고 있는 것인가 아니면 해소되고 있는 것인가? 혹은 둘 다 약간씩 해당하는 걸까?

이는 귀여운 가설적 질문처럼 보일 수 있다. 그러나 영국에서 1990년과 2017년 사이에 실제로 위와 같은 현상이 확인되었다. 이 기간에 세후 기준으로 최상위 1퍼센트의 소득 비중은 늘어났다. 동시에 저소득층이 중산층을 따라잡으면서 하위 가구 사이의 불평등도 줄어들었다. 이는 쉬운 답을 원하는 모든 사람에게 불편한 이야기다. 그러나 지금처럼 복잡한 세상에서 통계가 언제나 깔끔하게 나오기를 기대하지는 말아야 한다.

몇 년 전에 나는 단골 데이터 전문가로 한 TV 토론에 초대되었다. 토론 주제는 영국의 불평등이었다. 방청객들 앞에서 한 시간 동안 특별 방송으로 진행될 이 야심 찬 토론에서 다양한 전문가들이 영국의 불평등 문제가 중요한 이유를 토론할 예정이었다. 나는 제작진과 가진 사전 미팅에서 세계 불평등 데이터베이스World Inequality Database를 소개했다. 이는 원래 경제학자인 토니 애킨슨Tony Atkinson 경과 토마 피케티Thomas Piketty가 같이 집계한 자료였다. 물론 피케티는《21세기 자본Capital in the Twenty-First Century》을 쓴 슈퍼스타 저자였다. 2017년에 사망한 토니 경은 그의 스승 중 한 명이었다. 두 사람은 재분배를 목적으로 하는 많은 세금과 정부의 광범위한 경제 개입을 지지했다. 반면에 나는 많은 경제학자와 마찬가지로 토니 애킨슨과 토마 피케티의 정책을 상당히 경계했다. 그래도 나는 제작진에게 그들의 데이터베이스를 살펴보라고 권했다. 그들은 세계 최고의 전문가들이었기 때문이다.

모든 준비가 순조롭게 진행되는 것처럼 보였다. 그러나 토론을 며칠 앞두고 제작진 중 한 명이 전화를 걸어왔다. 우리 대화에는 서로 불편함이 묻어났다. 나는 지나가는 말로 최상위 1퍼센트의 세전 소득 비중이 지난 몇 년 동안 조금 줄었다고 전했다. 앞서 살핀 대로 이는 결코 불평등을 측정하는 유일한 수단이 아니다. 그래도 피케티와 애킨슨이 이 척도를 즐겨 강조했기 때문에 좋은 출발점처럼 보였다. 또한 분명하고, 엄격하며, TV 프로그램에서 설명하기 쉬웠다.

그러나 나와 통화하던 스태프는 내 말을 듣고 깜짝 놀랐다. 그녀는 이 방송 전체가 2007~2008년 금융위기 이후 불평등이 심화하고 있다는 것을 전제로 만들어지고 있다고 했다. 왜 그들은 불평등 심화라는 잘못된 결론을 믿었을까? 데이터는 명확했는데도 말이다. 최상위 1퍼센트의 세전 소득 비중은 2008년 기준으로 전부터 계속 상승해 12퍼센트였다. 그러나 금융위기가 저들의 비중을 10퍼센트 내지 11퍼센트로 떨어뜨렸다.[*] 이는 별로 놀라운 일이 아니었다. 대규모 금융위기는 은행가, 변호사, 기업 임원 같은 고소득층의 소득에 일시적인 타격을 입힐 가능성이 크다. 게다가 이 데이터는 좌파 성향을 지닌 두 명의 경제학자가 집계한 것

---

[*] (다음 장에서 살필) 또 다른 인기 있는 불평등 지표는 지니계수 Gini coefficient이다. 이 지표도 금융위기 이후 불평등이 감소했다는 같은 이야기를 들려주고 있었다.

임을 기억할 필요가 있다. 그들은 은행가의 탐욕이나 예산 삭감의 영향을 가장 먼저 성토할 사람들이었다.

그래도 제작진은 내 의견에 반대했다. 프로듀서들은 '불평등이 심화했다는 것은 사실이어야만 한다'고 여겼다. 어쩌면 그들은 내가 제시한 경제 통계 데이터를 살펴본 다음 '금융위기 이후 소득 불평등이 조금 해소되었다'는 통계에 결함을 발견했을지도 모른다. 또는 더 낫다고 판단되는 다른 척도를 찾아냈을지도 모른다. 그러나 그럴 가능성은 작았다. 저들은 내가 권했던 데이터를 살펴보지도 않았다는 사실을 알게 되었기 때문이다. 이런 내 예상이 틀렸기를 바랐다. 1분 30초만 투자해도 자료를 끝까지 읽을 수 있었다. 하지만 그들은 프로그램의 전제 그 자체에 문제가 있는지 없는지 확인하지도 않고 야심차게 제작에 들어갔다. 그 행동은 대단히 호기심이 결여된 태도였다. 결국 나는 그럴듯한 평계를 대고 저 토론에 참여하지 않았다.

혼란과 왜곡은 숫자가 아니라 말 때문에 만들어진다

통계 전문가들은 때로 '콩 세는 사람bean-counter'이라고 무시당한다(경리담당자 혹은 회계사를 비하할 때 쓰이는 말이다 - 옮긴이). 이 멸칭은 불공정할 뿐 아니라 사실을 오도한다. 정책에서 중요하게 생각하는 개념은 대부분 '콩'과 다르다. 그래서 세기 어려울 뿐 아니라 정의하기도 어렵다. '콩'의

의미를 확실하게 알면 콩 세기 자체는 더욱 쉬울 수 있다. 반면 정의를 이해하지 못하면 숫자를 들여다봐도 의미가 없다. 시작하기도 전에 자신을 속이는 셈이기 때문이다.

해결책은 세는 게 무엇인지, 통계 이면에 어떤 이야기가 있는지 묻는 것이다. 수치를 평가하려면 자연히 수학적 능력이 필요할 것이라고 생각하게 된다. 즉, 비율을 계산하거나 수천억에서 수십억을, 수십억에서 수백만을 떼어내는 법을 알아야 한다. 이는 수학적 문제다. 그렇지 않은가?

진실은 미묘하지만 어떤 측면에서는 파악하기 쉽다는 사실을 독자들이 알아차리기를 간절히 원한다. 대부분 혼란을 초래한 책임은 숫자보다 말에 있다. 예를 들어, 간호사의 급여가 인상되었는지 파악하려면 먼저 '간호사'라는 개념이 무엇인지 확인해야 한다. 그리고 청소년 자해가 만연하다고 한탄하기 전에 '자해'의 의미를 잠시 살펴야 한다. 한편으로는 불평등이 심화했다고 결론짓기 전에 '무엇'의 '불평등'인지 자문해봐야 한다. "불평등이 심해지고 있는가?"라는 질문을 던져놓고는 답을 짧고 명확하게 하라고 요구하는 일은 불공정할 뿐 아니라 믿기 힘들 정도로 호기심이 결여되어 있다고 할 수 있다. 깊은 통찰에 이르고 싶다면 호기심을 갖고, 올바른 질문을 던져야 한다.

HARFORD

데이터의
맥락과 바탕에
집중하라

STEP BACK AND
ENJOY THE VIEW

'디스크 Disc'에서
수명이 제일 짧은 생명체는
24시간을 채 살지 못하는 하루살이였다.
늙은 하루살이 두 마리가 연어들이 사는
강 위를 정처 없이 갈지자로 날았다.
그들은 저녁에 부화하러 나온 젊은 하루살이들과
역사에 관한 이야기를 나눴다. 한 늙은 하루살이가
"이제는 옛날 같은 해를 볼 수 없어"라고 말했다.
"맞아. 과거에 좋았던 시절에는 제대로 된 해가 있었지.
샛노란 해였어. 이런 빨간 해가 아니라."
"높이도 더 높았어."
"그래, 맞아."

테리 프래챗 TERRY PRATCHETT, 《리퍼 맨 Reaper Man》

데이터의 맥락과
바탕에 집중하라

2018년 4월, 수많은 신문이 런던 시민에게 경종을 울렸다. "런던시의 살인사건 발생률이 사상 최초로 뉴욕시를 넘어섰다!" 이 헤드라인들은 폭력조직이 날뛰고 있다는 이야기도 떠들어댔다. 물론 언론들의 주장은 '완벽한 사실'이었다. 미국과 영국에서 '살인'의 정의가 서로 다르다는 사실을 잠시 제쳐놓는다면 말이다. 2018년 2월에 뉴욕시에서는 14건, 런던시에서는 15건의 살인사건이 발생했다.[1]

그러면 여기서 우리는 어떤 결론을 내려야 할까? 아무 결론도 내리지 말아야 한다. 그 이유는 두 수치만으로는 알 수 있는 것이 거의 없기 때문이다. 실상을 파악하려면 한 걸음 물러서서 폭넓은 관점을 취해야 한다.

당신 도시에서 살인사건이 늘고 있다면?

다음은 런던과 뉴욕에서 발생하는 살인사건에 대해 알아둘 만한 가치가 있는 몇 가지 사실이다. 1990년에 런던에서 발생한 살인사건은 184건이었지만 뉴욕은 무려 2,262건에 달했다. 이는 10배가 넘는 수치다. 뉴욕은 살인사건이 빈번하다는 생각을 가진 런던 시민은 런던도 빅 애플만큼 험악한 도시가 되었다는 사실에 두려움을 느꼈다. 그러나 1990년 이후 런던의 살인사건 발생률은 증가한 것이 아니라 감소했다. 2017년에 런던에서 발생한 살인사건은 130건이었다. 거기에는 테러로 열 명이 사망한 사건도 포함되어 있었다. 런던은 1990년에 안전했으며 지금은 약간 더 안전하다. 뉴욕의 경우 2017년에 살인사건 발생 건수는 292건으로 줄었다. 이는 뉴욕이 런던보다 여전히 더 위험하지만 1990년보다는 훨씬 안전하다는 것을 뜻한다(실제로는 살인사건의 총합보다 100만 명당 발생률을 살펴야 한다. 그러나 뉴욕과 런던의 인구가 비슷하므로 이 부분은 신경 쓰지 말도록 하자).

뉴욕이 훨씬 안전해진 덕분에 아주 가끔은 뉴욕에서는 살인사건이 적게 일어났는데 런던에서는 많이 일어나는 바람에 뉴욕의 월간 살인사건 건수가 런던보다 적은 경우가 생긴다. 수치의 특징은 시간의 흐름에 따라 약간 오르내리는 경향이 있다는 것이다.

따라서 이런 신문의 헤드라인은 좁은 측면에서만 정확하며, 오히려 진실에서 멀어지는 경향도 있다. 이 뉴스는 나쁜 소식이 아니라 좋은 소식이다. 런던은 더 위험해진 것이 아니라 더 안전해졌다. 또한 살인사건 발생 건수가 빠르게 줄어드는 뉴욕보다 여전히 더 안전하다. 진실은 맥락을 통해서만 볼 수 있다.

100년에 단 한 번 발행되는 신문의 헤드라인

1965년에 노르웨이 사회과학자 요한 갈퉁Johan Galtung과 마리 루게Mari Ruge는 흥미로운 연구 결과를 발표했다. 그건 바로 우리가 "뉴스"로 간주하는 것은 주의를 기울이는 빈도에 크게 좌우된다는 것이었다.[2] 즉, 대다수 청중이 매일 또는 두어 시간마다 뉴스를 확인한다는 사실을 아는 언론 매체들은 자연히 해당 시간대에 발생한 가장 눈길을 끄는 사건을 보도한다.

금융 뉴스를 예로 들어보자. 블룸버그 TV의 화면 하단에 흘러가는 비즈니스 '단신'과《파이낸셜 타임스》(나의 직장)의 '일간' 뉴스 그리고《이코노미스트》의 '주간' 뉴스는 크게 다르다. 세 언론 매체가 모두 비즈니스와 경제 그리고 지정학에 비슷한 관심을 두고 있는데도 말이다. 블룸버그는 지난 한 시간 동안 발생한 주가의 급등락을 보도한다. 그러나 이

• 가령 2019년에 런던에서는 149건의 살인사건이 발생했다. 이는 당시 10년 이내로 최대치였다. 2016년 이후 살인사건은 계속 늘었다. 영국 언론은 이 증가세를 종말론적으로 보도하는 경향이 있다. 넓게 보면 그렇게 우려할 만한 것은 아니지만 잘못된 방향으로 움직이는 것은 분명하다. 이는 일시적 상승일까 아니면 오랜 하락 추세의 반전일까? "오직 시간만이 말해줄 것이다"라는 말은 상투적이지만 옳기도 하다.

사실은 《이코노미스트》에서는 언급될 가치를 얻지 못한다. 주간, 일간, 석간 등 뉴스 주기의 메트로놈은 뉴스가 될 만한 것의 속성을 바꾼다.

이제 훨씬 느린 뉴스의 리듬을 상상해보자. 가령 25년 주기로 발행되는 신문이 있다고 치자. 이 신문의 최신판은 어떤 뉴스를 실을까? 아마 희망차거나 우울한 새로운 소식들로 가득할 것이다. 예를 들어 중국과 월드와이드웹 그리고 스마트폰의 부상, 알카에다의 등장과 리먼 브라더스의 몰락을 다룰 것이다. 런던의 살인사건 발생 건수가 줄었지만, 뉴욕보다는 적게 줄었다는 범죄 관련 단신 기사도 실릴 것이다. 그러나 런던에서 살인극이 이어지고 있다는 내용은 한 자도 나오지 않을 것이다. 이런 관점은 성급하게 반응하는 언론 매체에서만 타당성을 지닐 것이다.

50년 주기 신문은 어떨까? 젊은 경제학자로서 '아워 월드 인 데이터Our World in Data' 웹사이트를 만든 맥스 로저Max Roser는 갈퉁과 루게에게 영감을 얻어서 이 아이디어를 제안했다. 로저는 각각 1918년, 1968년, 2018년에 발행된 신문을 상상한다. 이 신문에는 당대의 일간신문이 보기에 경천동지할 일도 아예 언급되지 않을 것이다. 반면 1면부터 세상에 일어난 모든 거대한 변화가 실릴 것이다.[3]

2018년에 발행된 50년 주기 신문의 1면에는 어떤 내용이 실릴까? 한 가지 가능성은 일어나지 않은 일에 대한 이야기를 다루는 것이다. 가령 "휴! 전 세계가 핵전쟁으로 인한 멸망의 위기를 피하다!" 같은 것 말이다. 1968년 판의 독자들은 지난 30년 동안 핵폭탄 발명과 본격적인 개발 과정, 일본에 투하되어 증명된 괴멸적인 위력, 훨씬 강력한 수소폭탄으로 구성된 방대한 무기고 같은 핵무기의 역사를 읽을 것이다. 그리고 강대국들이 한국전쟁과 쿠바 미사일 위기를 겪고 뒤이어 베를린 상공에서 최소한 두 번 이상 핵전쟁 발발 위기를 겪었다는 여러 기사를 불안한 눈으로 읽을 것이다.

1968년 이래 반세기 만인 2018년의 신문을 펼쳐 든 독자의 감상을 유추해보자. 저들은 20세기 냉전이 핵무기가 한 번도 사용되지 않은 채 그냥 끝났다는 사실을 무척 대단한 뉴스로 여길 것이다. 어떤 일간지도 50년 동안 단 한 번도 "오늘 수소폭탄이 투하되지 않았다"라는 헤드라인을 내보내지 않았더라도 말이다.

또는 어쩌면 편집자들은 기후변화에 대한 이야기를 실었을지도 모른다. 아마 온실효과에 대한 초기 연구 결과는 1968년 판에 실릴 가치를 지니지 못했을 것이다. 따라서 2018년 판은 기본적인 문제에 대한 설명으로 시작해야 했을 것이다. 즉, 천연가스나 석유 또는 석탄 같은 화석연료를 태우면 대기의 성분이 바뀌어서 열을 가두게 된다고 설명해야 했을 것이다(헤드라인: "세상에! 석탄을 태우는 것은 끔찍한 발상이었던 것으로 드러났다!"). 또한 이 설명은 지구의 기온이 상승하는 것을 보여주는 놀라운 그래프를 수반했을 것이다.

기후변화는 짧은 기간만의 데이터로 보도하기가 어렵다. 연간 기준으로 보면 지구의 기온은 오르내린다. 그래서 기온이 오른 해와 거의 같은 수로 내린 해를 찾을 수 있다. 이는 의심을 만들어낼 재료가 된다. 그러나 50년 주기 신문은 암울한 뉴스를 분명하게 전달한다. 지구의 기온은 어떤 척도를, 어느 연도 사이를 살펴느냐에 따라 1960년대 이후 약 0.75°C 올랐다.[4●] 이처럼 올바른 관점에서 보면 지구가 더워지는 추세가 분명하게 드러난다.

100년 주기 신문은 어떨까? 이번에도 관점이 바뀐다. 독자들이 1918년에 마지막으로 신문을 봤다는 사실을 고려해야 한다. 우선 아이들이 안전하게 성장하는 기적을 머리기사로 실을 수 있다. "아동 사망률이 8배나 감소했다!"라고 말이다. 전 세계에서 태어난 100명의 아이를 무작위로 선정한 다음 만 5세 때 입학시키는 학교가 있다고 상상해보자. 1918년에는 개학일에 68명만 등교에 성공했을 것이다. 32명은 5살이 되기도 전에 사망했기 때문이다. 결코 1914~1918년 제1차 세계대전이나 1918년 스페인 독감 발생에 따른 일시적인 재난 때문이 아니었다. 1900년의 통계는 더욱 나빴을 것이다.

하지만 지금은 96명의 아이가 안전하게 개학일에 등교할 것이다. 취학 연령이 되기 전에 사망하는 아이는 네 명뿐일 것이다. 이 아이들은 전 세계에서 선정되었다는 사실을 기억하라. 거기에는 가장 가난하고, 가장 고립되어 있고, 가장 분쟁이 심한 나라도 포함되어 있다. 이는 놀라운 진보다.[5]

200년 주기 신문의 경우 편집진은 또 다른 관점을 취할 것이다. 그래

● 1960년대에 지구의 기온은 대개 1961~1990년의 평균 기온보다 약 0.1°C 낮았다. 반면 21세기에는 대개 해당 평균 기온보다 약 0.6°C 높아졌으며, 더욱 근래에는 0.7°C 높아졌다. 따라서 지난 50년 동안 0.7~0.8°C 기온이 오른 것이다.

서 "대다수 사람은 가난하지 않다!"라고 헤드라인을 뽑을 것이다. 물론 여전히 가난한 사람들은 많다. 수입이 하루 1.9달러 미만이라는 세계 행의 정의에 따르면 현재 6억 명에서 7억 명 사이의 사람들이 소위 극빈층으로 살고 있다. 이는 세계 인구의 거의 10분의 1에 해당한다. 그러나 19세기 초에는 거의 모두(20명 중 19명) 빈곤 상태에서 살았다. 이는 놀라운 진보이며, 한발 물러서서 관점을 바꿔야만 그 사실을 명확하게 볼 수 있다.

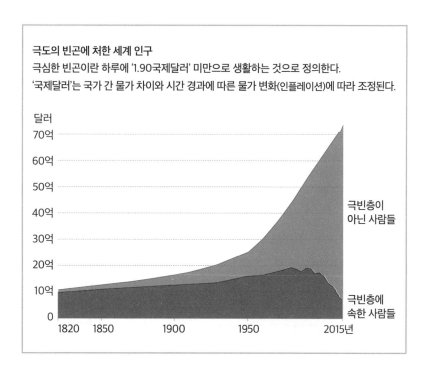

극도의 빈곤에 처한 세계 인구
극심한 빈곤이란 하루에 '1.90국제달러' 미만으로 생활하는 것으로 정의한다.
'국제달러'는 국가 간 물가 차이와 시간 경과에 따른 물가 변화(인플레이션)에 따라 조정된다.

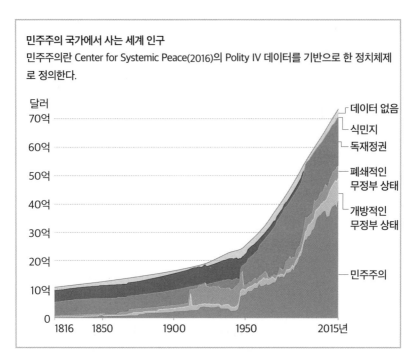

민주주의 국가에서 사는 세계 인구
민주주의란 Center for Systemic Peace(2016)의 Polity IV 데이터를 기반으로 한 정치체제로 정의한다.

달러

70억 ┄┄┄┄┄┄┄┄┄┄┄┄┄┄┄┄┄┄┄┄┄┄┄┄┄┄┄ ⌐ 데이터 없음

60억 ┄ └ 식민지
⌐ 독재정권

50억 ┄ ⌐ 폐쇄적인
무정부 상태

40억 ┄ └ 개방적인
무정부 상태

30억 ┄

20억 ┄

10억 ┄ ⌐ 민주주의

0 └─────┬──────┬──────┬──────┬──────┬─
  1816 1850 1900 1950 2015년

지난 100년 동안의 변화: 전 세계 사람들의 생활수준과 민주주의 수준은 100년 동안 분명 매우 개선되고 있다. 그런데도 어째서 선진국 사람들은 지난 수십 년 동안 세계의 변화에 대해 부정적인 견해를 가지고 있을까?
출처: Center for Systemic Peace(2016) 및 Wimmer and Min(2006)의 OWID 프로젝트, 세계은행에 마틴 라발리온이 제출한 전 세계 구매력 평가 환산 계수 보고서(2019)

지니계수에서 대체 무엇을 상상할 수 있는가?

지금까지 나는 주로 시간을 기준으로 관점에 관해 이야기했다. 그러나

다른 유형의 비교를 통해서도 유용한 맥락을 확보할 수 있다.

앞 장에서 다룬 소득 불평등에 대한 사례연구로 다시 돌아가보자. 우리는 거기서 50/10 비율이나 최상위 1퍼센트의 소득 비중 등 소득 불평등을 측정하는 여러 타당한 수단을 확인했다. 소득 분배 양상을 전체적으로 종합하는 일종의 복합 지표를 만들 수 있다면 어떨까? 이런 지표들은 존재하며 가장 유명한 "지니계수"를 이미 언급했다. 지니계수는 20세기 초반의 이탈리아 통계학자인 코라도 지니_{Corrado Gini}의 이름을 딴 것이다.

지니계수는 다른 불평등 지표와 마찬가지로 우리에게 모든 것을 말해주지는 않는다. 지구적인 척도에서 지니계수는 감소하고 있다. 즉, 소득이 전보다 균등해지고 있다. 그 이유는 이전에는 아주 가난했던 사람들, 중국과 인도에 사는 많은 사람이 훨씬 잘살게 되었기 때문이다. 지니계수를 구하는 수학적 계산에서 이 변화는 소득 척도의 상위 절반에서 아주 잘사는 사람들이 적당히 잘사는 사람들을 따돌리면서 심화하는 불평등의 정도를 능가한다.[6] 어떤 단일한 숫자도 이 모두를 말해주지는 못한다. 그러나 지니계수는 소득 범위 전체에 걸친 모든 사람의 경험을 명확하게 반영한다. 억만장자로부터 백만장자에게로 1달러를 옮기는 것은 최상위 1퍼센트의 소득 비중을 바꾸지 않는다. 그 1달러는 최상위 1퍼센트에 속한 사람의 손에 머물기 때문이다. 반면 더 부유한 사람에게서 더 가난한 사람에게로 1달러를 옮기면 그들이 아무리 부유하거나 가난하든 간에 지니계수가 줄어든다.

지니계수의 한 가지 큰 문제점은 실제로 의미하는 바에 대해 직관적으로 감을 잡기 어렵다는 것이다. 지니계수가 0인 나라를 상상하기는 쉽다. 이 나라에서는 모두 같은 소득을 얻는다. 마찬가지로 지니계수가 100퍼센트인 나라도 바로 상상할 수 있다. 이 나라에서는 전제적인 대통령이 모든 소득을 차지하고 나머지 국민은 아무것도 얻지 못한다. 하지만 지니계수가 34퍼센트인 나라에 사는 것은 어떤 양상일까?

오, 마침 당신이 영국 시민인가? 그렇다면 지니계수 34가 어떤 삶인지 답할 수 있다.[7] 그러나 소득 분배의 전문가도 34퍼센트의 지니계수를 다른 나라의 지니계수와 연계하여 이해할 것이다. 가령 여러 나라의 지니계수를 보면 중국은 50, 미국은 42, 핀란드는 25다(대한민국의 지니계수는 2020년 기준으로 33이다. 단, 조사 방식에 따라 0.5~0.6퍼센트포인트가 오르내린다 - 옮긴이). 가장 가난한 사하라 남부 국가와 가장 부유한 산유국에 사는 모든 사람을 포함하여 전 세계적인 지니계수는 65퍼센트다. 이는 어떤 개별 국가보다 높은 수치다.[8]

소득이 아닌 다른 척도에 같은 계산법을 적용하면 지니계수의 의미를 훨씬 직관적으로 파악할 수 있다. 바로 삶 자체를 측정하는 것이다. 삶은 소득처럼 불평등하게 분배된다. 어떤 아기들은 태어난 직후에 사망한다. 반면 다른 아기들은 장성해서 100살까지 산다. 이런 극단적인 사례는 비교적 드물다. 사람은 일반적으로 적어도 60년을 살며, 소수는 90살 넘게 산다. 그래서 세계적인 '기대수명 지니계수'가 상당히 낮을 것으로 예상할 수 있다. 실제로 그 수치는 20퍼센트 이하다.

성인의 키는 어떨까? 우리는 그 편차가 크지 않다는 것을 직관적으로 안다. 그래서 또 다른 유용한 기준이 될 수 있다. 대강 나의 계산이 옳다면 그 수치는 5퍼센트 이하다.

나는 신문에 쓸 칼럼을 위해 35~44세 영국인의 최근 성생활에 대한 지니계수를 계산한 적이 있다. 아마 궁금할 것이다. 그 수치는 58퍼센트이다. 이는 영국의 소득 지니계수인 34퍼센트보다 훨씬 높다.[9] 이 수치가 소득 지니계수보다 높다는 것에 놀라야 할까? 나는 잘 모르겠다. 하지만 실제로는 놀라운 사실이다. 성생활 간극이 10배나 되는 것, 즉 어떤 사람은 성관계를 한 달에 1번 하고, 다른 사람은 10번을 하는 것은 소득의 간극이 10배나 되는 것보다 훨씬 흔하다. 수명의 간극이 10배나 되는 것, 즉 어떤 사람은 100살까지 살고, 다른 사람은 10살 때 죽는 것은 다행스럽게도 보기 드물다. 성인 신장의 10배 간극은 어떨까……. 일단은 기록 관련 책에서 본 적 없다.

대중은 어째서 나쁜 소식의 헤드라인을 선호하는가

한 걸음 물러서서 경치를 즐기는 또 다른 방법은 척도의 감각을 기르는 것이다. 어떤 통계를 접하면 "이게 큰 수치인가?"라고 자문하라. 〈모어 오어 레스〉를 기획한 마이클 블래스틀랜드와 앤드루 딜노트 경은 이 사소해 보이지만 강력한 질문을 하는 습관을 길렀다.[10]

가령 도널드 트럼프가 미국과 멕시코 사이에 세우려는 장벽의 건설비용이 250억 달러라는 주장을 살펴보자. 이는 큰 수치일까? 분명 크게 느껴진다. 그러나 수치를 제대로 이해하려면 비교 대상이 필요하다. 가령 미국의 국방비는 7,000억 달러 또는 하루 20억 달러에 조금 못 미친다. 그렇다면 장벽 건설비용으로 약 2주 동안의 국방비를 댈 수 있다. 또는 장벽 건설비용을 1인당 약 75달러로 볼 수도 있다. 미국 인구는 약 3억 2,500만 명이다. 250억 달러를 3억 2,500만으로 나누면 약 75달러가 된다.* 그럼 큰 수치일까, 작은 수치일까? 판단은 당신의 몫이다. 그래도 이런 비교를 통해 더욱 근거 있는 판단을 할 수 있을 것이다.

기업가인 앤드루 엘리엇Andrew Elliott은 이 질문을 너무나 좋아한 나머지 《그게 큰 수치일까Is That a Big Number(한국어판 제목: 세상의 모든 수 이야기)》라는 제목의 책을 썼다.[11] 그는 우리가 쉬운 비교를 위해 머릿속에 항상 몇 개의 '기준치'를 넣고 다녀야 한다고 주장한다. 다음은 몇 가지 예다.

앤드루 엘리엇이 권하는 통계 기준치

◆ 미국 인구는 3억 2,500만 명, 영국의 인구는 6,500만 명, 세계 인구는 75억 명이다.

---

* 멕시코가 건설비용을 전담한다면 멕시코 국민 1인당 거의 200달러에 육박할 것이다. 멕시코 인구가 더 적기 때문이다. 말하자면 그렇다.

- (60세 이하) 특정 나이를 대보라. 영국에는 그 나이에 해당하는 사람이 약 80만 명이 있다. 가령 전국의 3세 아동을 위한 정책이 있다면 그 대상자는 80만 명이다. 미국에는 (60세 이하) 연령별로 약 400만 명이 있다.
- 지구의 둘레는 약 4만 킬로미터 또는 2만 5,000마일이다. 양극을 기준으로 삼느냐 또는 적도를 기준으로 삼느냐에 따라 다르지만 큰 차이는 아니다.
- 보스턴에서 시애틀까지 차를 몰고 가는 거리는 5,000킬로미터다.
- 침대의 길이는 2미터(또는 7피트)다. 엘리엇이 지적한 대로 이 수치는 방의 크기를 가늠하는 데 도움이 된다. 방에 몇 개의 침대를 놓을 수 있는가?
- 미국의 국내총생산은 약 20조 달러다. 이 돈이면 많은 장벽을 세울 수 있다. 돈을 꼭 그렇게 쓰고 싶다면 말이다.
- 중편 소설의 글자 수는 10만 자다.
- 엠파이어 스테이트 빌딩의 높이는 381미터다(이는 약 100층 건물의 높이이기도 하다).

개인적으로 나는 이 수치 중 두어 개를 머릿속에 넣고 다닌다. 그만큼 숫자 마니아 기질이 있다. 기준치를 많이 알수록 다른 모든 기준치에 대한 감을 더 잘 잡을 수 있다. 그러나 사실 이런 수치는 전혀 외울 필요가 없다. 참고 도서나 인터넷에 나오는 믿을 만한 자료를 보고 찾으면 된다. 어차피 많은 경우에 수치를 재확인하는 것이 좋다.

다만 기준치를 몇 가지 알고 있으면 쉽게 활용할 수 있다. 가령 어떤 것과 비교하거나(1만 자 레포트가 길어 보이지만 일반 소설은 10배나 길다), 나눌 수 있다(미국의 국방비는 연간 1인당 2,000달러가 넘는다). 몇 개의 유용한 수치를 외우고 다니거나 찾은 다음 간단한 계산을 해보라(원한다면 계산기

를 써도 좋다). 이 일은 별로 어렵지 않지만, 대단히 많은 것을 밝혀준다.[•]

군이 이런 일을 하지 않아도 된다면 좋을 것이다. 그냥 우리에게 통계를 제시하는 언론 매체가 그 통계를 이해하는 데 필요한 모든 맥락과 관점까지 제공한다면 좋을 것이다. 좋은 언론 매체는 실제로 그렇게 하려고 노력할 것이다. 그러나 맥락과 관점은 결코 1면에 실리지 않을 것이다.

신문 1면에 맥락과 관점이 실리지 않는 가장 큰 이유가 있다. 바로 우리가 관심을 기울이는 빈도 때문이다. 일간지의 특집 기사, TV의 주요 뉴스 그리고 웹사이트의 최상단 항목은 모두 일반적인 뉴스 소비자들이 두어 시간 전에 마지막으로 확인한 이후 발생한 가장 극적이고 눈길을 끄는 중요한 사건들에 초점을 맞춘다. 일부 언론 비평가는 언론 매체들이 맥락과 관점을 중시하지 않는 또 다른 이유가 있다고 생각한다. 그것은 사람들이 나쁜 소식에 이끌린다는 것이다. 《팩트풀니스Factfulness》의 공저자이자 좋은 데이터에 기반해 더욱 현실적인 시각을 권장하는 훌륭한 운동가인 한스 로슬링은 이를 '부정성 본능the negativity instinct'이라 부른

[•] 이보다 덜 도움 되는 습관은 "미국의 국가 부채만큼 달러를 쌓으면 우주/달/태양까지 이어진다"는 식으로 표현하는 것이다. 일부 저널리스트들은 이것이 큰 수치를 넓게 바라보는 좋은 방법이라고 생각하는 것 같다. 과연 그럴까? 나는 대체로 이런 문장을 읽으면 오히려 더 바보가 된 것 같은 느낌을 받는다. 1야드 높이로 달러를 쌓으면 얼마나 되는지 아는가?(약 8,000달러다. 물론 내가 직접 찾아본 수치다. 누구라도 찾아볼 것이다). 우주는 대개 100킬로미터 위에 있는 것으로 간주하며, 달은 지구로부터 거의 40만 킬로미터, 태양은 1억 5,000만 킬로미터 떨어져 있다. 따라서 태양까지 이어지는 달러 더미는 우주까지 이어지는 달러 더미보다 훨씬 높아야 한다. 나의 계산에 따르면 미국의 국가 부채만큼 달러를 쌓으면 지구에서 달까지 6번 닿을 수 있다. 이제 만족하는가? 내게는 미국의 국가 부채가 미국인 1인당 약 7만 달러라고 하는 편이 훨씬 명확하게 느껴진다.

다. 맥락을 생략하면 뉴스를 나쁘게 보이도록 만들기가 대체로 더 쉽다.

나는 대중이 나쁜 소식을 선호하는 쪽으로 편향되어 있다는 생각에 대해 신중한 입장을 갖고 있다. 우리는 일반적으로 비교적 낙관적인 경향이 있기 때문이다. 심리학자인 탈리 샤롯Tali Sharot은 우리 중 80퍼센트가 '낙관 편향'을 가졌다고 생각한다. 우리는 기대수명이나 경력 전망 또는 재능을 체계적으로 과대평가하는 한편 질병이나 무능력 또는 이혼의 위험을 인식하지 못한다.[12] 노벨상 수상자이자 행동경제학의 아버지 중 한 명인 대니얼 카너먼은 과신을 "가장 중대한 인지적 편향"이라 부른다.[13] 우리 인간은 많은 측면에서 사실 대단히 긍정적인 동물이다. 때로는 약간 지나치게 긍정적이기도 하다.

따라서 더욱 타당한 설명은 우리가 '놀라운 뉴스'에 이끌리며, 놀라운 뉴스는 좋은 소식이기보다 나쁜 소식인 경우가 많다는 것이다.[14] 언론 매체가 단지 부정적인 것에 대한 편향을 지녔다면 흡연 관련 사망 같은 내용을 꾸준히 보도할 것이다. 2001년 9월에 미국 역사상 가장 많은 사망자를 낸 테러가 발생했다. 그러나 그 달에 테러로 사망한 미국인보다 10배나 많은 미국인이 흡연 관련 질병으로 사망했다.[15] 심지어 한 주간지는 그 끔찍했던 주에 담배가 알카에다보다 많은 사람을 죽였다고 솔직하게 지적하는 기사를 실었다. 그러나 신문들은 담배로 인한 죽음을 무시했다.** 충격적인 소식을 선호하도록 편향되어 있기 때문이다.

** 흡연 관련 사망자 수는 하루 1,300명꼴로서 한 달에 약 4만 명이다. 9·11테러로는 거의 3,000명이 사망했다.

물론 충격적인 소식이 긍정적일 수도 있다. 심리학자인 스티븐 핑커는 좋은 소식은 느리게 전개되는 경향이 있지만 나쁜 소식은 종종 매우 갑작스럽게 전개된다고 주장했다.[16] 이는 맞는 말처럼 들린다. 어떤 것을 짓기보다는 부수는 게 더 빠르다는 말이기도 하다. 뛰어난 심리학자인 아모스 트버스키Amos Tversky가 젊은 시절의 핑커에게 들려준 사고실험[17]을 따라 오늘 당신에게 일어날 수 있는 최선의 일을 상상해보라. 가령 당신은 복권에 당첨될 수 있다(이게 정말로 좋은 소식일까?). 분명히 멋진 일이 일어날 수 있는 다른 순간들이 있다. 가령 몇 달 동안 헛된 시도를 하며 아기를 바라다가 마침내 임신 테스트기로 임신을 확인할 수 있다. 또는 승진 시험이나 대학 시험에 합격할 수 있다. 그러나 대다수 사람의 경우 대부분의 날에 그렇게 극적이고 놀라운 방식으로 삶이 개선될 가능성은 매우 낮다. 삶은 많은 사람에게 이미 양호하다. 삶이 양호하지 않다고 해도 갑작스러운 기적이 일어나기보다 서서히 개선될 가능성이 높다.

반면 나쁜 방향으로 극적인 전환이 일어날 가능성은 어떨까? 이런 경우는 쉽게 상상할 수 있다. 당신 자신 혹은 사랑하는 이가 암을 진단받거나, 트럭에 치이거나, 폭행을 당할 수 있다. 또는 집에 도둑이 들거나 불이 날 수 있다. 또는 직장에서 해고당할 수 있다. 또는 당신이 저지르지 않은 범죄의 누명을 쓸 수 있다. 배우자가 바람을 피우고 있거나 이혼을 원한다는 사실을 알게 될 수 있다. 굳이 고민하지 않아도 이런 사례는 숱하게 많다. 당신도 인생을 되돌아보면 어렵지 않게 몇 가지 나쁜 사례를 추가할 수 있을 것이다. 식은땀이 흐를 수도 있지만 말이다. 재난 목록은 끝없이 이어질 수 있다.

쏟아지는 뉴스들에서 진실과 거짓 가려내기

언론 매체는 관심을 끌기 위해 매우 짧은 간격으로 독자가 예기치 못한 이야기를 찾곤 한다. 그리고 그 뉴스거리는 좋은 내용보다 나쁜 내용을 담고 있을 가능성이 크다. 주의를 끌어야 할 필요성은 정치인이나 자선 단체 또는 다른 운동단체의 전술을 왜곡시킨다. 그들은 언론의 주목을 받으려면 놀라운 주장을 해야 한다는 사실을 안다. 가령 2015년 5월에 영국 언론은 중년층 사이에 뇌졸중이 증가하고 있다는 우려스러운 소식을 알렸다. 이 결론은 뇌졸중협회 Stroke Association가 강조한 공식 통계에 기반한 것이었다. 협회장은 "경제활동 연령층에서 뇌졸중을 일으키는 사람의 수가 우려스러울 만큼 늘어나고 있다"라고 밝혔다.[18] 다행스럽게도 이는 부정확한 발언이다. 뇌졸중은 개선된 식습관과 치료법 그리고 홍보 캠페인 덕분에 줄어들고 있다. 그러나 이 홍보 캠페인은 사소한 뇌졸중의 징조만 보여도 병원으로 가라고 권장했다. 그 결과 청년층에서 뇌졸중으로 병원에 입원하는 사례가 늘었다(또는 뇌졸중협회의 표현으로는 "급증"했다). 뇌졸중협회는 이 이야기를 놓치지 않았다. 다행인 점은 영국에서 뇌졸중 발생 건수가 대다수 연령 집단에 걸쳐서 오랫동안 꾸준히 그리고 상당히 감소했다는 것이다. 그러면 뇌졸중협회는 어떻게 이런 이야기로 알려지게 되었을까? 알려지지 않으면 후원금을 모을 수 없기 때문이다.

2016년 말에 옥스팜이 했던 다음과 같은 하소연을 살펴보자. "세계적 빈곤에 맞선 매우 성공적인 싸움이 하나의 중대한 영역에서 크게 지고 있다. 그것은 사람들의 인식이다. 전 세계를 대상으로 한 새로운 조사에서 87%의 사람들이 세계적 빈곤이 지난 20년 동안 같은 수준에 머물렀거나 더 악화하였다고 생각하는 것으로 드러났다. 그러나 실은 그 반대다. 세계적 빈곤율은 절반 아래로 감소했다."[19] 이 보도자료는 앞 장에서 논의했던 보도자료만큼 관심을 끌지 못했다. 85명(아니, 여덟 명이었나?)이 세계 인구의 절반(아니, 나머지 전체였나?)과 같은 부를 보유하고 있다는 보도자료 말이다. 경종을 울리는 보도자료만 헤드라인을 장식하니까 사람들은 세상의 역경이 악화했다고 생각할 수밖에 없다.

영국 사람들은 자신이 사는 지역에 대해서는 이민, 십 대 임신, 범죄, 실업 같은 문제를 크게 걱정하지 않는다. 그러나 나라 전체에 대해서는 엄청나게 불안해 한다. 개인적인 일자리 상황과 국가 경제에 대해 질문해도 비슷한 결과가 나온다. 대다수 사람은 개인적으로는 만사가 다 잘 풀리고 있지만 그들이 사는 사회에 대해서는 걱정한다.[20] 아마도 그 이유는 우리 자신의 지엽적 상황은 직접 경험하지만, 더 넓은 세상에 대한 정보는 뉴스에 의존하기 때문일 것이다. '부정성 본능'은 뉴스에 부정적 소식이 실리게 만드는 동인이 아니라 그 결과인 것이 분명해 보인다.

1993년에 당시 영국의 인기 뉴스 앵커인 마틴 루이스Martyn Lewis는 언론이 좋은 소식을 전하는 데 더 많은 시간을 할애해야 한다고 주장했다.[21] 그러자 동료 저널리스트들이 그를 냉소했다. 그들은 루이스의 주장을 "그리고 끝으로…"라는 말과 함께 '스케이트보드를 타는 개에 대한 유쾌한 뉴스' 같은 것을 마지막에 더 넣어서 씁쓸한 저녁 뉴스에 약간의 설탕을 뿌리자고 말하는 것일 뿐이라고 깎아내렸다. 동료들의 이 말은 부당한 비판이었다.[•] 루이스는 룸바Roomba를 타고 다니는 고양이를 찍은 요즘 영상 같은 것이 아니라 실질적인 좋은 뉴스를 다루자고 명시적으로 요청했다. 그는 "세상에는 '드물기 때문에' 더욱 기억에 남는 좋은 이야기들이 있다"고 썼다. 기쁘게도 이 말은 완전히 틀렸다.

루이스가 1993년에 저 글을 쓴 이후 매일 15만 4,000명이 극빈층에서 탈출했다.[22][••] 또한 1980년에는 홍역·디프테리아diphtheria·소아마비 같은 질병에 대한 백신이 만 1세 아동의 약 20퍼센트에만 제공되었다. 나머지 80퍼센트는 배제되었다. 이제는 만 1세 아동의 최소 85퍼센트가 백신을 맞는다.[23] 그리고 앞서 살핀 대로 아동 사망률이 많이 감소했다. 좋은 이야기는 어디에나 존재한다. 또한 드물어서 기억에 남는 것이 아니라 흔해서 쉽게 잊히는 것이다. 좋은 일은 너무 자주 일어나서 신문에 실을지 진지하게 고민할 거리가 못 된다. "약 15만 4,000명이 어제 빈곤

- 동시에 이해할 만한 비판이기도 했다. 루이스는 《뉴스 속 고양이들Cats in the News》이나 《뉴스 속 개들Dogs in the News》 같은 책을 썼다.
- •• 1993년에는 극빈층의 수가 19억 4,000만 명이었다. 이 수는 2015년 무렵 7억 명 수준 (7억 555만 명)까지 줄어들었다. 개선율은 하루 평균 15만 3,600명이었다. 물론 변동이 있기 때문에 일간 개선율을 측정할 방법은 없다.

에서 탈출했습니다!"라는 것은 사실이지만 뉴스감은 아니다.

얼마나 많은 사람이 빈곤에서 탈출했는지 매일 알려주는 뉴스는 없다. 아마 앞으로도 그럴 것이다. 내가 2004~2005년에 세계은행에서 일할 때도 극빈층의 추정치를 3년에 한 번씩만 갱신했다. 일간지가 극빈층 감소를 매일 싣기로 했다면 좋았을 것이다. 그러나 해당 뉴스는 1,000일마다 한 번씩만 실렸을 것이다. 자존심이 있는 신문사라면 독자들에게 "뉴스감은 아니지만 여전한 사실!"을 정기적으로 상기시키려고 같은 기사를 반복하지는 않을 것이다. 그래서 가장 극심한 빈곤이 줄어들었다는 소식 그리고 문식률·민주주의·여성 참정권·여성 학습권·깨끗한 물에 대한 접근권·예방접종·농업 산출량·아동 사망률·태양광 발전 비용·항공사고 사망자 수·기아의 만연이 개선된 것에 대해 우리가 들려줄 수 있는 10여 개의 다른 사실들은 보도되지 않는다.[24]

그 이유는 단지 이런 뉴스들이 기분 좋은 이야기라서가 아니라 잘못된 빈도로 나오기 때문이다. 세계에서 가장 끈질기고, 그래서 가장 따분한 대규모 사망 원인인 흡연의 경우에서 보았듯이 잘못된 빈도로 나오는 우울한 이야기도 종종 무시된다. 기후변화는 무시되지 않지만 직접적으로 보도되는 일은 드물다. 대신 시위와 정상회담 그리고 가끔 발표되는 학계나 정부 보고서처럼 그에 대해 주의를 끌려는 의도적인 시도를 다룬다. 우리는 이런 뉴스가 날씨에 대한 보도와 더불어 분노한 어조로 언급되는 것을 본다. 반면 전 세계적으로 상승하는 기온처럼 서서히 움직이는 지표가 보도되는 일은 드물다.

당신이 뉴스 중독에서 벗어나고 싶다면

새로운 소식을 전하는 주기와 사태의 중대성이 엇박자를 내는 분야로서 금융도 빼놓을 수 없다. 2004년과 2005년에《파이낸셜 타임스》에서 나와 같이 일했던 질리언 테트Gillian Tett가 부채와 파생상품 분야에서 거대한 시장이 형성되고 있다는 사실을 부각했다. 저 분야들은 금리나 환율 또는 다른 금융지표의 움직임에 일종의 부차적인 내기를 거는 시장이었다. 세계 금융 시스템은 빙산과 같았다. 물 위로는 눈에 잘 띄고 논의하기 쉬운 주식시장이 반짝였다. 동시에 물밑에는 숨겨진 방대한 부채 및 파생 시장이 도사리고 있었다. 주식시장은 저녁 뉴스에 나갈 일간 종가 업데이트를 비롯하여 지속적으로 수치를 발표한다. 그러나 파생 시장의 규모에 대한 가장 중요한 지표 중 하나는 국제결제은행Bank for International Settlements이 3년마다 한 번씩만 만들어낸다. 이런 정보 생성 속도는 금융지의 빈도와 맞지 않았다. 그래서 시스템적으로 덜 보도되었다. 물론 테트가 발표한 내용은 인식할 가치가 있는 나쁜 소식이었다. 부채와 함께 파생상품 시장의 문제점은 2007~2008년에 발생한 파국적인 금융위기의 핵심에 있었다. 테트는 사전에 주의를 기울였다고 정직하게 말할 수 있는 소수의 사람 중 한 명이었다.[25]

일부 논평가들은 이 모든 문제에 대한 해결책이 그냥 신문을 읽지 않는 것이라고 주장한다. 저술가인 롤프 도벨리Rolf Dobelli는 재미있게도《가디언》에 실은 글에서 뉴스 읽기를 그만둬야 할 열 가지 이유를 제시한다.[26] 또한 《블랙 스완The Black Swan》을 쓴 나심 탈렙Nassim Taleb은 이를 다음과 같은 간명한 말로 표현한다. "신문의 병폐로부터 완전하게 치유되고 싶다면 앞으로 1년 동안 지난주 신문을 읽어라."[27]

아마 당신은 내가 언론사에서 일하는 사람으로서 이런 주장에 반박할 거라고 예상할 것이다. 하지만 나는 탈렙의 주장에 크게 공감한다. 《파이낸셜 타임스》 토요일판에 실리는 나의 칼럼은 그 주의 뉴스와 동떨어진 경우가 많다. 나는 최신 뉴스를 신속하게 논평하는 데 그다지 관심이 없다. 오히려 책이나 논문을 읽은 후 또는 그저 삶에 대해 생각한 후 떠오르는 주제를 다룬다. 또한 우리의 팬들이 〈모어 오어 레스〉를 라디오나 TV 상시 뉴스보다 좋게 평가하는 것을 즐긴다. 그러나 때로는 우리가 당연한 결과에 대해 공연한 칭찬을 듣는 것 같다고 생각한다. 우리는 상시 뉴스와 다른 리듬으로 돌아간다. 즉, 주간 프로그램이기 때문에 대개 불명확한 방송 인터뷰에서 언급되거나 놓친 내용을 며칠 동안 곱씹을 수 있다. 어떤 주제를 몇 주나 몇 달 동안 고심하는 때도 많다. 적절하게 탐구할 수 있는데 서둘러 이야기를 다룰 필요가 있을까? 게다가 우리는 대개 뉴스를 빼앗길까 걱정할 일이 없다. 우리가 다루는 이야기는 다른 곳에서 관심을 두기에는 너무 '너드 같기 때문'이다.

물론 직업이 직업인지라 뉴스를 무시할 수는 없다. 그래도 다른 많은 동료보다는 주의를 덜 기울인다. 그래서 가끔 그들의 핀잔을 듣기는 하지만 말이다. 일간 뉴스는 상시 뉴스보다 언제나 정보가 충실한 것 같다. 주간 뉴스는 대개 일간 뉴스보다 정보가 충실한 것 같다. 책은 그보다 나은 경우가 많다. 나는 일간지나 주간지에서도 속보보다 느긋한 설명과 분석을 선호한다.

당신은 뉴스에 중독되어 있는가? 그렇다면 더 빨리 나아가기보다 더 깊고 넓게 나아갈 것을 권한다. 놀라운 뉴스가 뜰 때, 속도보다 깊이를 생각하는 것은 어려운 일이지만 분명 좋은 습관이 될 것이다. 물론 교통 상황이나 심각한 날씨 경보처럼 즉각 주의를 기울여야 할 뉴스도 존재 하지만, 사실 이는 매우 드물다. 뉴스는 대부분 한 시간 뒤에 혹은 일주 일 후에 접해도 변하는 것은 없다. 아니, 오히려 더 많은 사실을 알게 될 수도 있다. 당신은 이렇게 자문할지도 모른다. "상시 뉴스의 노이즈에 묻 히겠지만 주간지나 주간 팟캐스트가 다룰 만한 것은 무엇일까?"

코로나 바이러스가 전 세계로 퍼지면서 정세가 혼란스럽던 초기에 《사이언티픽 아메리칸Scientific American》은 다음 말로 저널리스트들을 훈계 했다. "이 팬데믹과 관련하여 틀리거나 예외적이어서 오도의 소지가 있 는 '최신 팩트'보다 '며칠 동안 지속해서 다룬 팩트'가 훨씬 신뢰할 만하 다. (중략) 오늘은 근거 있는 신념으로만 답할 수 있는 질문에 대해 내일 은 팩트로 답할 수 있을지도 모른다."[28] 이는 저널리스트뿐 아니라 일반 시민에게도 합당한 조언이다. 얼마나 많은 뉴스를 읽든, 더욱 장기적이 고 속도가 느린 정보를 찾는 데 시간을 들여라. 그러면 다른 사람들은 무 시하고 지나갔던 (좋고 나쁜) 것들을 알게 될 것이다.

뉴스의 자극적인 맛에서 벗어나기

지금까지 통계적 주장을 평가하는 방법에 대해 우리가 배운 것은 무엇일까? 법칙1에서는 주장이 초래하는 감정을 인식하라고 조언했다. 법칙2에서는 개인적 경험에 맞서서 건설적으로 주장의 합리성을 따지라고 조언했다. 법칙3에서는 주장의 의미를 정말로 이해하는지 자문하라고 조언했다. 이는 모두 단순하고 상식적인 제안이다.

이 장에서는 네 번째 제안을 추가했다. 그것은 한발 물러서서 주장에 맥락을 부여하는 정보를 찾으라는 것이다. 추세를 파악하려고 노력하라. "또다시 끔찍한 범죄가 발생했다!"라는 뉴스는 "전반적으로 범죄가 감소하고 있다"와 완벽하게 부합한다. 규모에 대한 감을 잡을 수 있도록 해주는 것을 찾아라. 가령 한 나라의 상황을 다른 나라들의 상황과 비교하거나, 정부가 제시한 지출안의 1인당 비용을 파악하라.

이런 방법은 하나도 까다롭지 않다. 누구나 활용할 수 있다. 또한 종합적으로 활용하면 통계를 조명하는 데 많은 도움을 준다. 다만 때로는 통계가 만들어지는 양상을 조금 더 깊이 파고들 필요가 있다. 그럼 지금부터 그 일을 해보자.

HARFORD

행운과 우연에 속지 말라

GET THE BACK STORY

"인간이 교접할 때마다
1억 마리의 정자가
단 하나의 난자를 놓고 경쟁해.
이 확률에 수많은 세대를 곱해봐.
그게 너야. 거기서 오직 네가 나온 거야.
그렇게 낮은 확률의 혼돈에서 공기를 금으로 바꾸듯
실로 구체적인 형체를 빚어내는 것…….
그건 있을 법하지 않은 일의 절정이야."
"그 말은 세상 누구한테나 할 수 있어!"
"맞아. 세상에 있는 누구에게라도 할 수 있지.
세상은 너무나 많은 사람으로 가득하고,
그 기적들로 넘쳐나고 있어. 그래서 흔해져 버렸고,
우리는 그게 기적이라는 걸 잊었어……."

앨런 무어 ALAN MOORE, 《왓치맨 Watchman》

행운과 우연에
속지 말라

수십 년 전, 두 명의 존경받는 심리학자인 쉬나 아이엔가Sheena Iyenger와 마크 레퍼Mark Lepper가 캘리포니아의 고급 매장에 잼 시식대를 만들었다. 그들은 어떤 때는 6종의 잼을, 다른 때는 24종의 잼을 제공했다. 잼을 맛본 고객들은 뒤이어 할인가에 구매할 수 있는 쿠폰을 받았다. 잼의 종류를 늘리고 시식대를 키울수록 더 많은 고객이 모여들었다. 그러나 실제로 구매한 사람은 아주 적었다. 반면에 선택지를 줄였더니 잼이 더 많이 팔렸다.[1]

이 반직관적인 결과는 널리 회자했다. '절호점(스위트 스폿sweet spot)'을 맞혔기 때문이다. 사람들이 더 적은 선택지에 더 잘 반응한다니! 이 실험 결과는 대중심리학 부문 논문, 도서, 테드 강연의 주제가 되었다. 실로 예상 밖이면서도 타당해 보이는 사실이었다. 이를 예측한 사람은 드물었다. 그러나 일단 그 말을 들어보면 전부터 계속 그렇게 알고 있었던 것처럼 느껴졌다.

더 많은 선택지가 결정에 걸림돌이 되는가?

경제학자인 내가 보기에 위의 사례는 늘 이상했다. 경제이론에 따르면 사람들은 종종 추가 선택지를 중요하게 생각하며 그 때문에 동기가 약화하는 일은 결코 없어야 마땅하다. 그러나 경제이론도 틀릴 수 있다. 그것은 잼 연구에서 흥미로운 점이 아니다.

한 가지 수수께끼는 연구 내용을 보면 더 많은 선택지를 제공하는 데 따른 영향이 엄청났다는 것이다. 할인 쿠폰을 이용한 비율을 보면 24종의 잼을 시식한 사람들의 경우는 3퍼센트에 불과했지만, 6종의 잼을 시식한 사람들의 경우는 무려 30퍼센트였다. 이는 소매업체들이 품목 수를 줄이면 매출을 열 배로 늘릴 수 있음을 시사한다. 이 말을 정말로 믿는 사람이 있을까? 실험 장소를 제공한 슈퍼마켓인 드래저스_{Draeger's}는 300종의 잼과 250종의 소스를 구비하고 있었다. 그래도 장사가 잘되는 것처럼 보였다. 그들이 매출을 늘릴 좋은 기회를 놓친 걸까? 스타벅스는 말 그대로 수만 가지 조합의 거품 낀 음료를 제공한다고 자랑한다. 그들도 장사가 잘되는 것처럼 보인다. 그래서 나는 쉬나와 마크의 연구 결과가 얼마나 보편적일지 궁금했다. 물론 해당 실험은 진지한 연구자들이 실시한 진지한 실험이었다. 또한 우리는 항상 증거에 맞춰서 관점을 조정하려는 의지가 있어야 한다. 그렇지 않은가?

그 무렵 나는 학회에서 만난 한 연구자로부터 벤자민 샤이베헤네Benja-min Scheibehenne라는 젊은 심리학자에게 연락해보라는 말을 들었다. 나는 그 말대로 했다. 샤이베헤네는 수많은 선택지가 동기를 약화한다는 아이엔가와 레퍼의 연구 결과를 의심할 이유가 없었다. 그래도 그는 나와 마찬가지로 세상에 대한 팩트를 확인했다. 아주 많은 성공한 기업들이 넘치는 선택지를 제공하고 있다는 팩트 말이다. 이 팩트들은 어떻게 잼 시식 실험과 양립할 수 있을까? 샤이베헤네는 하나의 이론을 갖고 있었다. 바로 사람들이 복잡한 선택지를 헤쳐 나가도록 도울 방법을 기업들이 찾았다는 것이었다. 이 이론은 타당해 보였다. 어쩌면 그 방법은 친숙성과 관련이 있을지도 몰랐다. 사람들은 종종 별난 새로운 잼이 아니라 무엇이든 지난번에 산 잼을 살 생각으로 슈퍼마켓에 간다. 또는 복도에 푯말을 붙이거나, 덜 혼란스럽도록 상품을 정리하는 것도 방법이 될 수 있다. 이 모든 것은 연구하기에 타당한 대상으로 보였다. 그래서 샤이베헤네는 연구 계획을 세웠다.[2]

그는 먼저 잼 시식 실험을 반복했다. 그 목적은 다양한 가능성을 조정하고 탐구할 기준점을 확보하기 위한 것이었다. 그는 같은 기준점을 확보하지 못했다. 아예 다른 결과가 나왔다. 아이엔가와 레퍼는 선택지가 동기를 크게 약화한다는 사실을 발견했다. 그러나 샤이베헤네는 그들의 실험을 반복하려고 시도했지만 동일한 결과를 얻지 못했다. 또 다른 연구자인 라이너 그라이페네더Rainer Greifeneder도 고급 초콜릿에 대한 선택에 초점을 맞춰서 비슷한 실험을 반복했다. 그 역시 샤이베헤네와 마찬가지로 "선택지는 나쁘다"라는 원래의 결과를 재현하는 데 실패했다. 두 사람은 힘을 합쳐서 선택지의 부정적 효과를 다룬 모든 연구를 최대한 모았다. 그런 연구는 많이 이뤄졌다. 그러나 그중 다수는 발표할 학술지를 구하지 못했다.

발표 여부를 막론하고 모든 연구를 모아봤을 때 전반적으로 상반되는 결과가 나왔다. 더 많은 선택지를 제공하는 것이 동기를 강화할 때도 있었고, 약화할 때도 있었다. 발표된 연구 논문은 긍정적이든 부정적이든 큰 효과를 발견하는 경우가 많았다. 반면 발표되지 않은 연구 논문은 아무런 효과를 발견하지 못하는 경우가 많았다. 평균적인 효과는? 제로였다.[3]

이는 우려스럽다. 지금까지 우리는 어떤 목표를 밀어붙이기 위한 맥락 안에서 사람들을 오도하는 주장들을 접했다. 옥스팜은 홍보에 열을 올렸고, 언론 매체는 클릭수를 좇았다. 또한 '임신의 비극적인 조기 종결'을 다른 단어로 묘사하는 것처럼 미묘한 디테일을 간과하는 경우도 있었다. 그러나 우리는 학계라면 미묘한 디테일을 포착할 것이고, 지식 추구가 유일한 목표일 것이라는 합리적인 희망을 품는다. 사회단체의 주장이나 클릭을 유도하는 헤드라인을 신중하게 받아들이는 것은 합당하다. 그러나 학술지는 더욱 확고한 근거 위에 서 있다고 가정할 수 없을까? 아이엔가와 레퍼는 앞서 말한 대로 명망 높은 학자들이다. 그들이 완전히 틀렸을 수도 있을까? 그렇다면 어떻게 그럴 수 있을까? 또한 앞으로 신문의 과학면이나 공항 서점의 매대를 뒤덮을 반직관적인 주장을 어떻게 받아들여야 할까?

그 답을 찾기 위해 잠시 옆으로 비켜서 인터넷에서 가장 유명한 감자샐러드를 살펴보자.

나와 주변 환경은 결코 세상의 축소판이 아니다

약간의 자금을 모으기에 킥스타터Kickstarter를 통하는 것보다 더 쉬운 방법은 분명히 없지 않을까? 이 크라우드펀딩 사이트는 2012년에 초기 스마트워치인 '페블Pebble'이 1,000만 달러 이상을 모으면서 획기적인 전환점을 맞았다. 2014년에는 나들이용 아이스박스를 제조하는 프로젝트가 무려 1,300만 달러를 모았다. 당연히 이 '쿨리스트coolest 아이스박스'는 소위 맥가이버 칼 같은 것이었다. USB 충전기, 칵테일 혼합기, 스피커가 내장된 이 아이스박스는 엄청난 후원자들을 끌어들였다. 페블 스마트워치는 2015년에 설욕에 나섰다. 새롭고 더 나은 제품에 대한 새로운 캠페인은 2,000만 달러 이상을 모았다.

그러나 어떤 의미에서 잭 '데인저' 브라운Jack 'Danger' Brown이 킥스타터에서 이룬 성과가 이들보다 더 인상적이었다. 그는 감자샐러드를 만들기 위해 10달러를 모으려고 킥스타터에 도움을 구했다. 그리고 틀림없이 역사상 가장 수지맞는 '힙스터 아이러니_{hipster irony}(힙스터들이 저지르는 아이러니한 행동을 말함 - 옮긴이)'의 발현을 통해 5만 5,492달러를 모았다.[4]

나는 잭 브라운의 업적을 살피다가 킥스타터에 직접 올릴 만한 흥미로운 프로젝트가 있을지 고민했다. 느긋하게 앉아서 쏟아져 들어온 돈을 셀 수 있기를 기대하면서 말이다.

데이비드 맥그리거_{David McGregor}도 같은 생각을 했을지 모른다. 그는 스코틀랜드를 횡단하며 화려한 사진집에 실을 장엄한 풍경 사진을 찍기 위해 3,600파운드를 요청했다. 이는 그의 예술과 휴가를 위한 자금을 마련하는 귀여운 방법이었다. 조너선 라이터_{Jonathan Reiter}는 더 큰 야심을 품고 있었다. 그의 '비즈핏_{BizzFit}'은 알고리즘을 통해 고용자와 구직자를 연결해주는 서비스를 만들기 위해 3만 5,000달러를 모금하기를 원했다. 섀넌 라임버너_{Shannon Limeburner}도 비즈니스 사고를 갖고 있었다. 다만 그녀는 자신이 디자인하는 새로운 수영복 시제품을 제작하기 위해 단돈 1,700달러를 요청했다. 뉴욕주 시라큐스_{Syracuse}에 사는 두 형제는 심지어 핼러윈에 동네 사람들이 화들짝 놀라는 광경을 찍는 대가로 400달러를 받기 위한 킥스타터 캠페인을 시작했다.

이 이질적 캠페인들은 하나의 공통점을 갖고 있다. 바로 아무런 지원을 받지 못했다는 것이다. 즉, 이들 가운데 누구도 모르는 사람이나 친구또는 가족에게서 1센트도 받아내지 못했다.

이 킥스타터 실패담에 대해 내게 영감과 원천을 제공한 사람은 베네치아의 화가이자 디자이너인 실비오 로루소_{Silvio Lorusso}이다. 로루소가 만든 킥엔디드닷컴 Kickended.com은 킥스타터에서 아무런 지원을 받지 못한 모든 프로젝트를 보여준다(그런 사례는 풍부하다. 킥스타터 프로젝트의 약 10퍼센트는 아무 진전을 이루지 못하며, 목표액에 도달할 만큼 돈을 모으는 프로젝트는 40퍼센트가 채 되지 않는다).

킥엔디드는 우리가 주위에서 보는 것들이 세상 전체를 대표하지 않는다는 사실을 다시금 깨닫게 해준다는 점에서 매우 중요한 의미가 있다. 편협한 세계관은 체계적인 방식으로 편향되어 있다. 편향이란 흔히 당연하게도 의식적이고 이념적인 경향 때문에 생겨난다고 여겨진다. 그러나 많은 편향은 세상이 우리에게 어떤 이야기는 보여주고, 그 외에 다른 이야기들은 걸러내는 방식에서 생겨난다.

나는 젊고 야심 찬 밴드인 '전형적인 몽상Stereotypical Daydream'이 앨범을 제작하기 위해 킥스타터로 8,000달러를 모금한다는 내용의 언론 보도나 블로그 포스트를 읽은 적이 없다("우리 밴드는 전문 스튜디오에서 제대로 된 앨범을 녹음하기 위해 수많은 방식으로 돈을 아끼려 노력했습니다. 하지만 안타깝게도 아직 충분한 돈을 모으지 못했습니다"). 그들의 킥스타터 캠페인이 목표액에 한 푼도 근접하지 못했다고 해도 별로 놀랍지 않을 것이다.

반면 나는 페블 와치와 쿨리스트 아이스박스 그리고 감자샐러드에 대해서는 많은 이야기를 들었다. 그래서 사정을 잘 몰랐다면 킥스타터 캠페인으로 이룰 수 있는 일에 대해 비현실적인 기대를 품었을 것이다.

물론 킥스타터만 그런 것이 아니다. 이런 편향은 모든 곳에 존재한다. 사람들이 읽는 대부분의 책은 베스트셀러다. 그러나 대다수 책은 베스트셀러가 아니다. 또한 출판 프로젝트는 거의 책으로 출간되지 않는다. 음악과 영화 그리고 사업에 대해서도 비슷한 이야기를 할 수 있다.

심지어 코로나 감염 사례도 선택적 주의의 영향을 받는다. 코로나 바이러스에 걸린 사람 중 몸이 아주 안 좋은 사람은 병원에 가서 검사받는다. 반면 감염되었어도 상태가 괜찮은 사람은 집에 머문다. 그 결과 '감염되었어도 아프지 않고 사망 위험도 없는' 후자의 존재는 알려지지 않는다. 그 대신에 주로 감염에 따른 심각한 증상과 사망 뉴스가 전파되면서 코로나 바이러스는 실제보다 훨씬 위험한 질병으로 인식된다. 통계 전문가들은 이 문제를 완벽하게 잘 이해한다. 그러나 체계적 검사 없이는 쉽게 해결할 방법이 없다. 게다가 가장 어려운 정책적 결정이 이뤄지는 확산 초기에는 체계적인 검사를 실시하기 힘들었다.

수학자인 에이브러햄 왈드_{Abraham Wald}에 대한 유명한 이야기가 있다. 그는 1943년에 미 공군으로부터 항공기를 강화하는 방법을 조언해 달라는 요청을 받았다. 출격했다가 귀환한 항공기들은 몸통과 날개에 숱한 총알구멍이 뚫려 있었다. 그럼 몸통과 날개를 강철판으로 보강하면 생존에 도움이 될까? 왈드가 제출한 서면 답변은 대단히 전문적이었다. 핵심적인 내용만 간추리자면 당시 미 공군이 확인할 수 있는 부분은 오직 '귀환한 항공기'의 피격 부위뿐이었다는 것이다. 그렇다면 격추당한 항공기는 어떤 상태였을까?

격추되지 않은 항공기가 엔진이나 연료탱크를 파괴당한 사례는 매우 드물다. 그렇다면 엔진과 연료탱크는 쉽게 피격당하지 않는 부위일까?

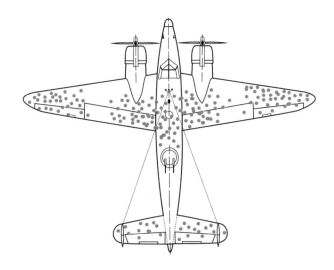

에이브러햄 왈드는 귀환한 항공기들의 피격 분포를 수집했다. 위의 그림은 왈드의 보고서를 바탕으로 귀환이 가능한 수준의 피격 위치를 재구성한 것이다. 왈드의 이 작업은 당시에 막 시작된 운영 연구 분야에 큰 도움을 주었다.

그건 알 수 없지만, 저 두 곳을 피격당할 때마다 항공기가 끝장날 가능성이 큰 것만은 확실했다. 만약 미 공군이 격추된 항공기가 아니라 살아남은 항공기를 보고 그 피격 부위만 중요하게 생각했다면, 즉 '생존 편향survivorship bias'에 빠졌다면 항공기의 진정한 취약점이 어디인지 완전히 오해했을 것이다.[5]

사실 저 이야기는 토끼굴처럼 더 깊이 파고들어야 진실을 알 수 있다. 왜냐하면 생존 편향에 대한 이야기조차 생존 편향의 사례이기 때문이었다. 피격된 항공기와 생존 편향에 대한 문제는 에이브러햄 왈드가 실제로 했던 작업 중 극히 일부였다. 왈드가 당시에 작성한 항공기 조사 보고서는 복잡한 기술적 분석으로 가득했다. 이 사실이 거의 잊혔다. 저 사례에서 지금까지 전해지는 것은 왈드라는 수학자의 번뜩이는 통찰과 그에 더해진 약간의 자세한 이야기뿐이다. 이렇듯 원래 존재했던 것과 살아남은 것이 같은 경우는 드물다.[6]

킥엔디드는 킥스타터에서 대성공을 거둔 짜릿한 이야기들에 대한 필수적인 균형추를 제공한다. 성공은 찬양받고 실패는 흔히 그렇듯 시야에서 사라진다면 우리는 전체 그림 중에서 아주 특이한 일부만 보게 된다.

에이브러햄 왈드의 일화는 잼 실험에서 생겼을 법한 일에 대한 단서를 제공한다. 쿨리스트 아이스박스처럼 잼 실험은 대성공을 거뒀지만, 그것이 완전한 이야기는 아니다. 벤자민 샤이베헤네의 역할은 킥엔디드를 통해 실비오 로루소가 했던 역할과 약간 비슷하다. 그는 널리 회자한 선택지 실험뿐 아니라 다른 결과가 나왔지만 망각 속으로 사라진 다른 모든 실험을 확인했다. 덕분에 아주 다른 결론에 다다를 수 있었다.

미래 예지력 실험과 생존 편향의 덫

킥엔디드를 염두에 두고 다음 이야기를 살펴보자. 2010년 5월에《성격 및 사회심리학 저널 Journal of Personality and Social Psychology》에 놀라운 논문이 제출되었다. 저자는 심리학계의 존경받는 원로인 대릴 벰 Daryl Bem 이었다.

그의 논문이 놀라운 이유는 실로 믿기 힘든 진술에 대해 믿을 만해 보이는 통계적 증거를 제공했기 때문이었다. 그 진술은 사람들이 미래를 내다볼 수 있다는 것이었다.

실험은 총 9회로 실시되었는데 참가자들은 두 개의 커튼 이미지가 있는 컴퓨터 화면을 바라보았다. 그리고 연구진은 그들에게 두 커튼 중 하나 뒤에 외설스러운 사진이 있다고 알려준 다음 어느 커튼일지 감으로 맞춰보라고 요구했다. 참가자들은 커튼을 선택했다. 뒤이어(즉, 피실험자들이 이미 커텐을 선택한 다음에) 컴퓨터가 무작위로 사진이 들어갈 커튼을 골랐다. 다시 말해 참가자들이 컴퓨터의 선택을 '추측'하는 데 성공하는 빈도가 '우연'보다 뚜렷하게 높다면 이는 '예지'의 증거가 될 수 있다. 그리고 실제로 예지력은 존재한다는 결과가 나왔다.[7]

벰의 연구 논문에 등장하는 또 다른 실험에서 피실험자들은 48개의 단어 목록을 보고 시간이 지난 후 몇 개나 기억하는지 확인하는 시험을 치렀다. 뒤이어 일부 피실험자는 모든 단어를 컴퓨터에 재입력하는 방식으로 공부하도록 요청받았다. 대개 공부가 기억에 도움을 준다는 사실은 별로 놀랍지 않다. 그러나 벰은 이 실험에서 기억력 시험을 먼저 치르고 공부를 나중에 할 때도 공부의 효과가 있다는 사실을 발견했다.

이 결과를 얼마나 진지하게 받아들여야 할까? 해당 논문인 〈미래의 감지 Feeling the Future〉가 동료 평가를 거쳐 명망 있는 학술지에 게재되었다는 사실을 고려하라. 또한 논문이 설명한 실험들은 우연한 결과를 걸러내도록 설계된 표준통계검정standard statistical test을 통과했다. 이 모든 사실은 뱀이 예지 능력을 발견했다고 믿을 근거를 제공한다.

물론 그렇지 않다고 믿을 훨씬 나은 근거가 있다. 바로 예지는 이미 확고하게 자리 잡은 물리법칙을 거스른다는 것이다. 엄격한 의심은 정당화된다. 흔히 하는 말처럼 특별한 주장에는 특별한 증거가 필요하다.

그렇다고 해도 뱀은 어떻게 예지와 관련하여 학술지에 실을 만한 모든 증거를 모을 수 있었을까? 이는 어리둥절한 일이다. 그러나 이 의문을 킥엔디드의 이야기와 연결 지으면 조금 더 이해하기 쉬울 것이다.

예지에 대한 뱀의 증거가 《성격 및 사회심리학 저널》에 실린 후 같은 방법론을 따라 다른 여러 연구 결과가 나왔다. 그중 어느 것도 예지에 대한 증거를 발견하지 못했다. 그러나 《성격 및 사회심리학 저널》은 일절 게재를 거부했다(논평이 실린 적은 있으나 이는 실험 내용을 게재하는 것과 다르다). 거부 이유는 "반복 실험은 게재하지 않는다"는 것이었다. 즉, 실험을 통해 어떤 효과가 증명되면 해당 효과를 확인하려는 시도를 다루는 논문은 게재할 수 없었다. 이론적으로 이는 타당하게 보일 수 있다. 이미 아는 내용을 확증하는 논문을 누가 읽고 싶어 할까? 그러나 현실적으로 '반복 실험 불가 정책'은 이미 참이라고 생각했던 연구 결과가 훗날 오류로 드러날 때 그 사실이 알려지지 않게 하는 불합리한 효과를 낳는다. 그래서 뱀의 특이한 연구 결과가 최종 결론이 되었다.[8]

하지만 최종 결론은 최초의 서론이기도 했다. 뱀의 사례 이전에는 진지한 학술지라면 아무리 엄격하게 진행된 실험 내용을 담았더라도 초록에 "수백 명의 학부생을 대상으로 그들이 미래를 볼 수 있는지 실험했으며, 볼 수 없다는 결과가 나왔다"고 적혀 있는 논문을 싣지 않았을 것이다.

그렇다면 뱀의 실험 결과는 생존 편향에 사로잡힌 것이다. 킥스타터 프로젝트에 대한 언론의 보도나 피격당했지만 무사히 귀환한 항공기를 대상으로 약점을 파악하려는 시도만큼 말이다. 《성격 및 사회심리학 저널》은 실행할 수 있는 모든 실험 가운데 예지를 증명한 실험에만 관심을 가졌으리라 추측하는 것이 타당하다. 그 원인은 예지를 선호하는 편향이 아니라 새롭고 놀라운 발견을 선호하는 편향 때문이었다. '뱀의 실험 이전'에 학생들이 미래를 볼 수 있으리라 믿지 않았다는 사실은 사소하고 흥미롭지 않았다. 반면 '뱀의 실험 이후'에도 학생들이 미래를 볼 수 있으리라 믿지 않는다는 사실은 이 학술지에서는 환영받지 못하는 재현 시도가 되었다. 다시 말해서 오직 예지의 증거만이 놀랍기 때문에 오직 예지의 증거만이 게재될 수 있었다. 예지의 증거가 없음을 보여주는 연구들은 엔진을 피격당해 귀환하지 못한 폭격기와 같다. 즉, 아무리 자주 그런 일이 생겨도 우리의 시야에 들어오지 못한다.

차라리 "선택지가 동기를 약화한다"는 연구 결과가 "학생들은 미래를 볼 수 있다"는 연구 결과보다 더 믿을 만하다. 물론 잼 실험도 예지력 실험과 비슷한 역학의 영향을 받았을지 모른다. 아이엔가와 레퍼의 획기적인 연구 결과가 나오기 이전에 심리학 저널에 다음과 같은 내용의 논문을 제출했다고 상상해보라. "우리는 사람들에게 다양한 종류의 치즈를 제공하는 판매대를 만들고, 다른 시기에 24종의 치즈와 6종의 치즈를 달리 제공했다. 더 많은 치즈를 제공한 날에는 사람들이 치즈를 구매할 가능성이 약간 더 높았다." 하품이 난다! 이는 전혀 놀랍지 않다. 누가 이런 논문을 싣고 싶어 할까? 아이엔가와 레퍼가 상반되는 결과를 보여주는 실험을 한 후에야 모든 것이 출간 가치를 얻었을 뿐 아니라 쿨리스트 아이스박스 같은 대성공을 거뒀다.

《성격 및 사회심리학 저널》에 출간된 실험 내용만 읽으면 사람들이 실제로 미래를 볼 수 있다는 결론을 내리기 쉽다. 명백한 이유로 이 특정한 유형의 생존 편향은 '출판 편향publication bias'이라 불린다. 흥미로운 연구 결과는 출간된다. 반면 별것 없는 연구 결과 또는 이전의 연구 결과를 재현하지 못하는 연구 결과는 더 높은 출간 장벽에 직면한다.

뱀의 연구 결과는 5만 5,000달러짜리 감자샐러드였다. 즉, 엄청나게 이례적이며 연구 결과로 폭넓게 발표되었다. 미출간 재현 연구들은 대개 앨범 제작비를 모금 했던 밴드 '전형적인 몽상'과 같았다. 그래서 아무 일도 일어나지 않았고, 누구도 신경 쓰지 않았다.

그러나 상황이 바뀌게 된 계기가 생겼다. 신경 쓴 사람이 있었던 것이다.

'게재 아니면 죽음'이 편향을 만든다

브라이언 노섹Brian Nosek은 대릴 뱀의 논문에 대해 "멋진 논문으로서 모든 규칙을 실로 멋진 방식으로 따른다"라고 말한다.[9] 그러나 버지니아대학의 심리학자인 노섹이 완벽하게 이해한 대로, 벰이 심리학 연구의 모든 규칙을 따른 결과 사람들이 미래를 볼 수 있음이 증명되었다면 심리학 연구의 규칙이 뭔가 잘못된 것이다.[10]

노섹은 존중받고 믿을 만한 일부 심리학 실험을 체계적으로 재시도하면 어떤 일이 생길까 궁금해 했다. 얼마나 많은 결과가 똑같이 나올까? 그는 비슷한 생각을 가진 연구자들에게 이메일을 돌렸다. 그리고 인상적인 속도로 전 세계에 걸쳐 거의 300명에 달하는 심리학자들을 규합하는 데 성공했다. 그들은 근래에 3대 유력 학술지에 게재된 연구를 검증하기 위해 협력할 것이었다. 벤자민 샤이베헤네는 동기와 선택지 사이의 연결고리라는 특정 분야를 파고들었다. 반면 노섹의 네트워크는 더 넓게 그물을 치고 싶어 했다. 그들은 100개의 연구를 골랐다. 그중에서 재현 결과가 기존 결과와 동일한 사례는 얼마나 되었을까? 그 수는 충격적일 정도로 적어서, 겨우 39건에 불과했다.[11]● 이 사실은 노섹과 나머지 심리학자들에게 하나의 거대한 의문을 남겼다. "도대체 어떻게 이런 일이 일어났을까?"

● 39건이라는 수치는 재현 실험을 한 연구자들의 주관적인 의견에 기반한다. 그들이 도출한 결과가 근본적으로 원래의 결과를 뒷받침하는가? 아니면 서로 상충하는가? 이는 판단의 영역이다. 대안적 척도는 재현 연구 중에서 몇 건이 '통계적 유의성'이라는 표준(또는 문제 있는) 관문을 통과한 결과를 도출했는지 살피는 것이다. 이 기준을 충족한 연구는 36건뿐이다. 반면 원래 연구의 경우 97건이 이 관문을 통과했다.

그 부분적인 원인은 분명 출판 편향일 것이다. 대릴 벰의 연구와 마찬가지로 흥미로운 연구 결과에는 출간에 대한 체계적인 편향이 존재한다. 그리고 물론 뜻밖의 발견은 진정한 발견보다 흥미로워 보일 가능성이 높다.

그러나 이 문제에는 더 깊은 원인이 존재한다. 노섹이 조교들에게 모든 검증 작업을 맡기지 않고 수많은 동료 학자들에게 도움을 구한 이유가 거기에 있다. 정상급 학술지들은 재현 연구 내용을 게재하는 데 별로 관심이 없다. 그래서 노섹은 자기 연구팀에게 오로지 재현 연구만 시키는 것이 경력 측면에서 자살과 같다는 것을 알았다. 그렇게 해서는 학계에서 미래를 보장받는 데 필요한 게재 실적을 쌓을 수 없었다. 젊은 연구자들에게는 '게재 아니면 죽음'이었다. 많은 대학과 다른 연구기관들은 학술지 게재 실적을 승진이나 지원금 제공 여부를 결정할 객관적인 근거로 삼기 때문이었다.

이는 앞서 법칙2에서 살핀 베트남전 적 사망자 수 지표가 지닌 문제의 또 다른 사례다. 뛰어난 연구자들은 실제로 폭넓게 인용되는 많은 논문을 게재하는 경향이 있다. 문제는 연구의 양과 우수성에 대해 모두 보상받을 수 있는 경우, 학자들이 두 가지 모두 극대화할 방법을 찾는다는 것이다. 그에 따라 왜곡된 성과 보수가 작용한다. 연구 결과가 게재할 만하지만 다소 부실한 부분이 있다면 과학의 논리에 따라 반증하려 노력해야 한다. 그러나 연구 지원금과 승진의 논리는 "당장 게재하고 제발 너무 세게 찔러보지 말아주세요" 하고 애원한다.

이처럼 학술지들은 놀라운 결과를 게재하는 경향이 있다. 또한 '게재 아니면 죽음'의 성과 보수에 직면한 연구자들은 전에 없이 놀랍지만 정작 검증은 견디지 못할 연구 결과를 제출할 가능성이 크다.

행운이 불러온 결과에 속지 마라

마술사인 데런 브라운Derren Brown은 그릇에 동전을 던져서 열 번 연속으로 앞면이 나오는 '조작 없는 영상'을 만든 적이 있다. 나중에 브라운은 비법을 설명했다. 이 놀라운 연속적 결과는 아홉 시간 동안 힘들게 촬영한 끝에 나온 것이었다. 그때서야 겨우 앞면이 열 번 연속으로 나왔다. 유튜브에 짧은 영상이 올라와 있다.[12]

공정한 동전fair coin(두 가지 경우가 나올 확률이 반반인 가상의 대상 – 옮긴이)을 열 번 던져서 앞면만 연속으로 나올 확률은 1,024번 중에 한 번이다. 동전을 수천 번 던지면 열 번 연속 앞면이 나오는 것은 거의 보장되어 있다. 그래도 브라운은 그가 얻은 놀라운 결과를 《동전 던지기 저널》에 보낼 수 있을 것이다. 저널리스트인 제이콥 골드스타인Jacob Goldstein과 데이비드 케스텐바움David Kestenbaum이 제안한 〈주목(앞면이 위로)! 1977년에 주조된 미국 25센트 동전의 던지기 편향Heads Up! Coin-Flipping Bias in American Quarter Dollars Minted in 1977〉이라는 구미 당기는 제목을 달고서 말이다.[13]

물론 이런 논문은 사기다. 누구도 이런 극단적이고 의도된 발간 편향이 노섹과 동료들이 밝힌 수많은 재현 불가능한 연구를 설명한다고 생각하지 않는다. 그러나 여전히 모호한 구석이 있다.

1,024명의 연구자가 개별적으로 동전 던지기를 연구했고, 그들 중 한 명이 10번 연속으로 앞면이 나오는 놀라운 결과를 얻었다면 어떨까? 이는 수학적으로 보면 앞서 언급한 것과 같은 상황이다. 그래도 결과에 놀란 연구자의 관점에서 보면 비판받을 것이 없다. 사실 그렇게 많은 연구자가 동전 던지기를 연구했을 가능성은 없다. 그러나 대릴 벰이 성공하기 전에 얼마나 많은 사람이 예지 능력을 발견하려고 시도하다가 실패했는지 알 수 없는 것도 사실이다.

개별 연구자의 연구실에도 모호한 구석은 있다. 가령 과학자는 연구실에서 소규모 연구를 할 수 있다. 거기서 인상적인 결과를 얻었다면 발표하지 못할 이유가 있을까? 반면 연구가 무위로 돌아가면 배움을 위한 경험으로 치부하고 다른 연구를 시도할 수 있다. 이런 행동은 당사자에게는 비합리적으로 보이지 않을 것이다. 그렇더라도 소규모 연구의 인상적인 연구 결과는 출판 편향에 해당한다. 즉, 우연한 결과가 출간될 가능성이 엄청나게 크다.

또 다른 가능성은 연구자들이 기대되는 연구 결과를 얻었지만, 출간할 만큼 통계적으로 탄탄하지 않은 것이다. 그렇다면 연구를 계속하여 참가자를 늘리고 데이터를 추가로 수집하여 결과가 확고해지는지 보지 못할 이유가 있을까? 참가자 확대는 불합리하지 않다. 데이터의 추가 수집도 잘못된 일이 아니다. 이 모두 그저 연구가 진실을 향해 점점 더 가까이 다가간다는 것을 뜻한다. 대규모 연구를 실행하는 데 잘못된 점은 없다. 일반적으로 데이터는 많을수록 좋기 때문이다.

그러나 데이터를 한꺼번에 대규모로 수집하는 상황과 달리, 데이터를 조금씩만 수집하면서 실험을 반복하면 표준통계검정이 유효하지 않게 된다. '검정'이란 데이터를 있는 그대로 수집하고 검증하는 것을 가정한다. 결코 약간의 데이터를 수집하여 검증한 다음에 다시 조금 더 데이터를 수집하는 과정을 반복하는 것을 말하지 않는다.

'우연' 혹은 '행운'이 실험 결과를 아예 바꿔버리는 매우 희귀한 사례는 어떻게 이해할 수 있을까. 농구 경기를 예로 들어보자. 경기가 시작하기 직전에 당신에게 "이 경기가 끝나고 승리한 팀이 '오늘 이긴 것은 비단 행운이 아니라 우리가 상대보다 팀 전력이 월등했다'고 자신 있게 말하려면 얼마나 확고한 승리를 거둬야 할까요?"라고 물었다고 생각해보라. 물론 때로는 승패에 운이 실력 이상으로 영향을 미칠 때도 있지만, 그런데도 당신은 가령 10점 차로 경기가 종료되면 실력 차이가 확실하다고 판단할 수 있다. 매우 거친 비유였지만 사실 '표준통계검정'도 바로 이런 식으로 어떤 효과가 출간하기에 충분할 만큼 '유의미한지' 판단한다.

자, 한발 더 나아가서 한 팀이 상대 팀보다 실력이 우월하다는 사실이 확인되면(그게 어느 팀인지는 전혀 중요치 않다) 경기 주최 측이 보너스를 받는다고 상상해보자. 주최 측은 당신에게 말하지도 않고 어느 팀이든 10점을 앞서면 경기를 조기 종료시키기로 결정한다. 또한 경기 종료 시에 점수 차이가 10점 이하라면 10점 이상 벌어질 때까지 무한 연장전을 치를 것이다. 만약 4쿼터가 끝날 때 9점 차이였다면 경기를 종료하지 않고 바로 연장전에 돌입한다. 9점 앞선 팀이 한 점만 더 얻으면 실력의 우월을 증명할 수 있으니까 말이다.

위와 같은 방식은 명백히 검정 방식을 오용하는 것이다. 그러나 이런 종류의 오용이 상당히 흔하게 저질러지는 것으로 보인다.[14]

세 번째 문제는 연구 데이터를 분석하는 방법을 연구자들이 선택할 수 있다는 것이다. 가령 연구 결과가 남성에게는 타당하지만 여성에게는 그렇지 않을 수 있다. 또는 연령이나 소득을 통계적으로 조정하면 연구 결과가 타당할 수 있다. 아니면 일부 이상한 아웃라이어outlier가 있으며, 이를 포함하거나 배제해야만 연구 결과가 타당할 수 있다.

갈림길의 정원

또는 과학자가 측정할 여러 대상을 선택할 수 있다. 가령 전자기기 사용이 청년층의 웰빙에 어떤 영향을 미치는지 확인하기 위해 전자기기 사용과 웰빙을 모두 다른 방식으로 측정할 수 있다. 웰빙은 불안에 시달린 일화에 관한 질문을 통해 측정할 수 있다. 또는 생활에 얼마나 만족하는지에 대한 질문을 통해 측정할 수 있다. 아니면 아예 부모에게 자녀가 어떻게 지내는지 질문하여 측정할 수도 있다. 전자기기 사용 시간은 추적 앱을 통해 직접적으로, 또는 설문을 통해 간접적으로 측정할 수 있다. 또는 '전자기기 사용 시간'이 아니라 '소셜미디어 사용 빈도'를 측정할 수 있다. 이런 선택지는 어느 것도 맞거나 틀리지 않다. 이 경우에도 표준통계 검정은 연구자가 데이터를 수집하기 전에 무엇을 수집할지 선택한 다음 데이터를 수집하고 시험하는 것으로 간주한다. 연구자가 사전에 여러 번 시험한 후 데이터를 선택하면 우연한 결과가 나올 가능성이 훨씬 크다.

설령 한 번만 미리 시험한다고 해도 문제가 된다. 데이터를 수집하고 어떤 양상인지 감을 잡은 다음에 시험하면 우연한 결과를 걸러내지 못할 가능성이 커진다. 이는 또 다른 출판 편향으로 이어진다. 데이터를 분석하는 특정한 방식이 아무런 결과를 내지 못하지만 다른 방식은 흥미로운 결과를 낸다고 가정하자. 이 경우 당연히 흥미로운 방법론 쪽이 제출되고 출간될 가능성이 크다.

과학자들은 때로 이런 관행을 '하킹HARKing'이라 부른다. 하크HARK는 '결과 확인 후 가설 수립Hypothesising After Results Known'의 줄임말이다. 물론 데이터를 수집하고, 패턴을 찾기 위해 이리저리 찔러본 다음, 가설을 세우는 게 잘못된 일은 아니다. 이는 모두 과학의 일부다. 그러나 이 경우 가설을 검증할 새로운 데이터를 구해야 한다. 애초에 가설을 형성하는 데 도움을 준 수치를 활용하여 가설을 검증하는 것은 옳지 않다.[15]

컬럼비아대학의 통계학자인 앤드루 겔먼Andrew Gelman은 '갈림길의 정원'이라는 표현을 선호한다. 이 표현은 호르헤 루이스 보르헤스Jorge Luis Borges의 단편에서 딴 것이다. 어떤 데이터를 수집하고 어떻게 분석할 것인가에 대한 각각의 결정은 갈림길에 서서 어느 쪽으로 갈지 결정하는 것과 비슷하다. 소수의 단순한 선택으로 보이는 것이 금세 여러 가능성의 미로로 불어난다. 한 가지 조합을 선택하면 하나의 결론에 이른다. 또한 마찬가지로 합당한 다른 조합의 선택을 하면 데이터에서 아주 다른 패턴을 찾게 될 수도 있다.[16]

대릴 벰의 연구 결과가 발표된 지 1년 후에 세 명의 심리학자가 표준적인 통계 방법론을 사소해 보이는 실수나 임시방편과 같이 활용한 결과로 진지한 연구가 얼마나 왜곡되는지 증명하는 연구 결과를 발표했다.[17] 조셉 시몬스Joseph Simmons, 유리 사이먼숀Uri Simonsohn, 네이프 넬슨Leif Nelson은 비틀즈의 〈내가 64살이 되어도When I'm Sixty-Four〉를 들으면 거의 18개월이나 어려진다는 사실을 "증명"했던 것이다.[18]

아마 어떻게 증명했는지 궁금할 것이다. 그들은 각 참가자로부터 연령, 젠더, 자신이 느끼는 나이, 아버지의 나이, 어머니의 나이 같은 다양한 정보와 함께 거의 완전히 관련 없는 다양한 정보까지 수집했다. 그다음 이 변수들의 가능한 모든 조합을 분석했다. 또한 열 명 단위로 데이터를 분석하면서 각각 유의미한 결과가 나오는지 확인했다. 최종적으로 그들은 어머니의 나이가 아니라 아버지의 나이를 통계적으로 조정하고, 20명 이후에 분석을 중단하며, 다른 변수를 배제하면 〈내가 64살이 되어도〉를 들도록 무작위로 배정된 참가자들이 다른 노래를 들도록 무작위로 배정된 통제집단보다 훨씬 어리다는 사실을 증명할 수 있음을 발견했다.

물론 이 모두는 완전히 허튼소리다. 그러나 학술지에 게재되어 진지하게 받아들여진 연구와 섬뜩할 만큼 흡사하다. 진정한 연구자가 엄격한 관행에서 조작된 연구로 이만큼 멀리 선을 넘어갈까? 아마 그런 일은 자주 있지 않을 것이다. 그러나 그렇게 한 사람은 더 많은 주목을 받을 것이다. 그렇게 하지 않은 대다수도 뜻하지 않게 더욱 은근한 버전의 동일한 통계적 죄악을 저지를 수 있다.

표준적인 통계 방법론은 가장 우연적인 결과를 배제하도록 설계되었다.[19] 그러나 출판 편향과 느슨한 연구 관행의 결합은 실질적인 발견과 더불어 수많은 통계적 사고가 뒤섞여 있을 것임을 말해준다.

'불신'은 하나의 선택지이다

대럴 허프는 《새빨간 거짓말, 통계》에서 진실보다 돈에 더 관심 있는 비도덕적 기업이 출판 편향을 무기로 활용하는 양상을 설명한다. 그는 전형적인 냉소와 함께 치약 제조사가 단지 실험하고, 모든 달갑지 않은 결과를 "어딘가 보이지 않는 곳"으로 치우고, 긍정적인 결과가 나올 때까지 기다리기만 해도 치약이 놀라운 효과를 발휘한다고 정직하게 광고할 수 있다고 언급한다.[20] 분명 이런 위험은 광고뿐 아니라 잠재적으로 수지맞는 약물요법의 임상시험에서도 존재한다. 그렇다면 우연한 출판 편향이 의도적이며 무기화된 출판 편향보다 더 위험할 수 있을까?

2005년에 존 이오아니디스John Ioannidis는 〈대다수 출간 연구 결과가 틀린 이유〉라는 제목의 논문으로 작은 파문을 일으켰다. 이오아니디스는 '메타 연구자'이다. 즉, 연구의 속성 자체를 연구한다.• 그는 사소해 보이는 다양한 편향의 누적 효과 때문에 잘못된 결과가 올바른 결과를 쉽게 압도할 수 있다고 지적했다. 이때는 브라이언 노섹이 재현 시도에 나서게 만든 대릴 벰의 예지력 연구 결과가 《성격 및 사회심리학 저널》에 실리기 5년 전이었다. 예지력은 존재하지 않을지 모르지만 이오아니디스는 위기가 다가오고 있음을 명확하게 예견했다.[21]

고백하건대 나는 이오아니디스의 연구 결과를 처음 들었을 때 엄청난 호들갑이라고 생각했다. 물론 모든 과학적 연구는 잠정적이고, 모두 실수를 저지르며, 때로는 부실한 논문이 게재된다. 그래도 세상에 발표된 모든 실증적 연구 결과 중 절반 이상이 틀렸다고 말하는 것은 분명 잘못되지 않았을까? 그러나 샤이헤베네와 인터뷰를 하고 선택지 논문에 대해 그가 발견한 것들을 알게 된 후 긍정적인 관심이 생기기 시작했다. 그 후로 시간이 지나면서 처음에는 의심했던 나와 다른 많은 사람에게 고통스럽게도 이오아니디스가 중요한 문제를 지적했다는 사실을 인정하지 않을 수 없었다.

벰의 예지력 연구는 당연히 유명했다. 그러나 《생각에 관한 생각》(노

• 기억할지 모르겠지만 이오아니디스는 2020년 3월에 전 세계 국가들이 대단히 엉성한 데이터로 무장한 채 코로나 바이러스에 대응해야 했을 때 "1세기에 한 번 있을까 말까 한 증거 확보의 대실패"를 경고한 전염병학자이기도 하다.

벨상 수상자 대니얼 카너먼 저), 《프레즌스Presence》(심리학자 에이미 커디Amy Cuddy 저), 《의지력의 재발견Willpower》(심리학자 로이 바우마이스터Roy Baumeister와 저널리스트 존 티어니John Tierney 공저) 같은 책들을 통해 다른 많은 놀라운 심리학적 발견도 일반인에게 널리 알려졌다. 이 발견들은 잼 실험과 같은 반직관적 절호점을 맞힌다. 즉, 인상적일 만큼 이상하면서도 바로 무시할 수는 없을 만큼 그럴듯하다.

바우마이스터는 자제력이 한정된 자원이라는 사실을 증명하는 연구들로 심리학계에서 유명하다. 가령 한 실험에서 참가자들은 갓 구운 맛있는 쿠키가 손만 뻗으면 닿는 곳에 있는데도 대신 무를 먹으면서 자제력을 발휘해야 했다. 그들은 이후 짜증 나는 과제를 부여받았을 때 더 빨리 포기했다.[22] 또한 커디는 사람들에게 소위 '파워 포즈power pose'(가령 원더우먼처럼 양 허리를 손으로 잡는 것)를 취하게 하면 테스토스테론 수치가 올라가지만 스트레스 호르몬인 코르티솔 수치는 줄어든다는 사실을 발견했다.[23] 그리고 카너먼은 존 바그John Bargh의 '점화priming' 실험을 설명했다. 이 실험에서 젊은 피실험자들은 단어 퍼즐을 풀라는 요청을 받았다. 이 퍼즐 중 일부는 '대머리', '은퇴', '주름살', '플로리다', '흰색'처럼 노년을 암시하는 단어들로 되어 있었다. 이 특정 단어들을 접하지 않은 젊은 피실험자들은 뒤이어 다른 과제를 하러 갈 때 복도를 활기차게 걸어갔다. 반면 노년을 암시하는 단어들로 '점화'된 젊은 피실험자들은 훨씬 느린 속도로 발을 끌며 걸어갔다.[24]

이는 특이한 결과다. 그러나 카너먼은 점화 연구에 대해 이렇게 썼다. "불신은 선택지가 아니다. 결과가 꾸며진 것도 아니고, 통계적 우연도 아니다. 우리는 이런 연구의 주요 결론이 옳다고 받아들일 수밖에 없다."

하지만 카너먼의 말과 달리 불신은 선택지이다. 카너먼의 실험도 불신의 영역에 존재한다. 출판 편향 그리고 더욱 일반적으로 갈림길의 정원은 구경꾼과 종종 연구자 자신에게도 언뜻 엄격해 보이는 수많은 연구가 실은 가짜 결론을 낳고 있음을 보여준다. 의지력, 파워포즈, 점화에 대한 연구들은 모두 재현하기 어려운 것으로 드러났다. 다른 연구자들은 에이미 커디와 대니얼 카너먼의 연구 결과를 옹호했다. 하지만 위의 실험 결과는 모두 통계적 우연일 가능성이 타당해 보인다. 대니얼 카너먼도 동료 심리학자들에게 보내는 공개 서신에서 "연구의 신뢰도를 높이지 않으면 파국이 닥칠 것"이라고 경고함으로써 이 문제를 크게 부각했다.[25]

이오아니디스의 원논문, 누구도 믿지 않는 벰의 연구 결과, 바우마이스터와 커디 그리고 바그의 실험을 재현하려는 유명한 노력, 결정적으로 (이오아니디스가 줄곧 말한 대로) 유명한 심리학 연구가 검증을 버티기보다 재현되지 않을 가능성이 높다는 노섹의 발견까지, 이 모든 이야기는 때로 '재현 사태' 또는 '재현성 사태'로 불린다.

킥엔디드의 사례에 비춰보면 이 모두는 그다지 놀라운 일이 아닐지도 모른다. 그렇지만 여전히 충격적이기는 하다. 유명한 심리학 연구 결과는 가장 엄격하게 증명되었기 때문이 아니라 흥미롭기 때문에 유명하다. 우연한 결과는 놀라울 가능성이 훨씬 높다. 그래서 반직관성의 최적 수준(너무 불합리하지도, 너무 빤하지도 않은 수준)을 충족하여 대단히 흥미로울 가능성이 훨씬 높다. '흥미로움 필터'는 엄청나게 강력하다.

생존 편향은 잘못된 투자를 부추긴다

출판 편향과 생존 편향이 단지 인간의 세계관에 귀여운 왜곡을 일으키는 데 그친다면 해로울 게 없다. 가령 사람들이 면접을 앞두고 눈에 띄지 않는 곳에서 원더우먼 자세를 취하게 하는 것처럼 말이다. 또한 많은 예비 창업자들이 킥스타터에서 창업자금을 모을 가능성을 어리석을 만큼 낙관한다고 해도 상관없다. 그래도 우리는 모두 성공한 새로운 사업 아이디어의 결실을 누린다. 더욱 합리적인 사람들은 이런 아이디어를 추구하기 위해 일을 그만두지는 않을 것이다. 그리고 예지력에 대한 대릴 벰의 발견을 받아들일 과학자는 많지 않다. 증거 기반 의학의 전문가인 벤 골드에이커는 다음과 같은 말로 그 이유를 잘 정리한다. "나는 당신과 같은 이유로 그 연구 결과에 별로 관심이 없었다. 인간이 정말로 미래를 볼 수 있다면 아마 우리는 그 사실을 '이미 알았을 것'이다. 특별한 주장은 '일회성 발견'이 아니라 '특별한 증거'를 필요로 한다."[26]

벤 골드에이커는 출판 편향과 생존 편향에서 벗어나지 못한다면 치러야 할 대가가 크다고 생각했다. 그의 주장은 합당하다. 저 두 편향은 사람들의 자산과 건강에 심각하게 안 좋은 영향을 미칠 위험이 있다.

먼저 자산 문제부터 살펴보자. 나도 발을 담근 비즈니스 출판 분야는 생존 편향의 사례로 넘쳐난다. 나는 2012년에 《어댑트Adapt》를 출간하면서 톰 피터스Tom Peters와 로버트 워터먼Robert Waterman이 쓴 《초우량 기업의 조건In Search of Excellence》을 조금 비꼬았다.

1982년에 출간되어 엄청난 베스트셀러가 된 《초우량 기업의 조건》은 당대의 가장 두드러진 43개 기업으로부터 수집한 경영 교훈을 제공했다. 그들이 정말로 탁월한 경영의 모범이라면 계속 성공했어야 마땅하다. 그렇지 않고 그들이 단지 보이지 않는 복권의 당첨자, 대체로 무작위적인 행운의 수혜자라면 행운은 종종 오래 이어지지 않을 것이다. 아니나 다를까 2년 내로 책에서 언급한 기업 중 거의 3분의 1이 심각한 재정난에 봉착했다.

피터스와 워터먼을 조롱하기는 쉽다(실제로 많은 사람이 조롱했다). 그러나 사실 건강한 경제에서는 많은 부침이 발생한다. 그에 따라 업계의 별이 떠올랐다가 소진된다. 그들이 지닌 자질은 지속적이기도 하고 일시적이기도 하다. 또한 행운 말고는 아예 자질이랄 것이 없는 때도 있다. 얼마든지 성공담을 읽고 교훈을 얻으려 노력해도 좋다. 다만 신중해야 한다. 나심 탈렙이 쓴 인상적인 구절대로 "무작위성에 속기 쉽기 때문"이다.

어쩌면 이 모든 비즈니스 서적들이 무해할지도 모른다. 매장에서 나온 일간 데이터가 경영 도서에 담긴 지혜와 상충할 때는 매장의 데이터가 이길 것이다. 잼 연구는 호사가들 사이에서 유명해졌다. 그러나 많은 기업이 "선택지는 나쁘다"는 연구 결과를 제품 진열에 대한 결정에서 진지하게 받아들인 징후는 거의 보이지 않는다. 그런데도 좋은 데이터가 부족한 경우 주요 결정들이 생존 편향을 토대로 이뤄지는 것은 아닌지 의심하지 않을 수 없다.

노르웨이 NRK 방송국의 주식 투자 경쟁 TV 쇼

노르웨이 주식 경쟁 프로그램_굴로스

금융 부문에서는 생존 편향이라는 문제가 더 심각할지도 모른다. 노르웨이의 한 TV 쇼는 2016년에 이 문제를 명민하게 조명했다. 프로그램의 내용은 주식 투자 대결이었다. 참가자들은 1만 노르웨이 크로네(약 1,000달러)로 여러 노르웨이 주식을 매입했다. 그들은 다양하게 구성되었다. 구체적으로는 "아는 게 많을수록 더 잘할 수 있다"고 자신 있게 주장하는 주식중개인 두 명, 프로그램 진행자들, 점성술사, 해당 기업들에 대해 전혀 들어본 적이 없다는 두 명의 미용 블로거들,

풀밭을 돌아다니다가 특정 기업의 영역에 똥을 싸서 신념을 표현하는 방식으로 종목을 선택할 굴로스 Gullros라는 이름의 소였다.

대결 결과 점성술사의 투자 성적이 가장 나빴다. 전문가들은 그보다 약간 낫지만, 굴로스와 비슷한 투자 성적을 올렸다(소와 전문가들은 대결이 진행된 3개월에 걸쳐 7퍼센트라는 존중할 만한 수익률을 기록했다). 미용 블로거들은 그들보다 더 잘했다. 그러나 단연 두드러진 우승자는 진행자들이었다. 진행자들은 3개월 만에 거의 25퍼센트의 투자 수익을 달성했다.

그런데 진행자들은 어떻게 그토록 좋은 투자 성적을 거둘 수 있었을까? 비결은 간단했다. 그들은 한 번만 대결에 참여한 것이 아니었다. 몰래 20개의 다른 포트폴리오를 골라서 20번이나 참가한 셈이 되었다. 그리고 최고 수익률을 올린 포트폴리오만 시청자들에게 공개했다. 진행자들은 탁월한 종목 선정 능력을 갖춘 것처럼 보였다. 스스로 꼼수를 밝히기 전까지는 말이다. 이처럼 생존 편향은 모든 것을 지배한다.[27]

금융 부문의 생존 편향을 고려하면 주식이나 다른 금융상품을 선정하는 투자 매니저를 평가하기가 어렵다. 그들은 자신이 천재라고 우리를 설득함으로써 얻을 것이 많다. 그러나 투자 실적 말고는 우리에게 보여줄 것이 거의 없다. 투자자들은 사실상 "펀드 수익률이 작년과 재작년에 시장수익률을 초과했다"는 것만 믿고 가야 한다. 문제는 우리가 가끔 '심술궂은 쾌감 schadenfreude'을 안기는 두드러진 대실패와 더불어 성공 사례만 본다는 것이다. 부진한 투자 펀드는 종료되거나, 합병되거나, 개명된다. 주요 투자사는 수많은 펀드를 제공하며 과거에 성공한 펀드를 홍보한다. 노르웨이 NRK의 주식 투자 TV 쇼는 그 과정을 압축하고 과장했다. 그러나 펀드 매니저들이 뛰어난 실적을 홍보할 때 그들이 제공하는 펀드 중에서 아무것이나 무작위로 고른 펀드를 홍보하는 것이 아님은 확실하다.

생존 편향은 투자 성과에 대한 일부 연구 결과까지 왜곡한다. 이 연구들은 먼저 "현재 존재하는 펀드"를 살핀다. 그래서 지금까지 존재하는 모든 펀드는 생존자라는 사실을 제대로 반영하거나 고려하지 않는다. 그에 따라 생존 편향이 발생한다. 경제학자이자 《랜덤워크 투자수업 A Random Walk Down Wall Street》의 저자인 버턴 말킬 Burton Malkiel 은 생존 편향이 살아남은 펀드들의 성과를 얼마나 크게 부풀리는지 추정해봤다. 버턴이 제시한 과대 성과 추정치는 무려 연간 1.5퍼센트였다. 겨우 1.5퍼센트라니, 중대한 수치로 보이지 않는다. 그러나 평생에 걸쳐 투자하는 경우에는 누적된 끝에 2배, 즉 100퍼센트에 달한다. 당신은 10만 파운드(2022년 상반기 기준 약 1억 5,000만 원)의 은퇴 자금을 기대했지만 손에 쥐어지는 것은 5만 파운드에 불과하다는 것이다. 다시 말해서 조용히 사라진 모든 투자 펀드를 무시하면 겉으로 제시된 성과는 실제 성과보다 2배나 높아진다.[28] 그 결과 펀드매니저는 부풀려진 성과를 이용해 투자자들에게 종종 수수료가 비싼 능동형 펀드에 투자하도록 설득하곤 한다. 주식시장 전체를 수동적으로 추종하는 저비용·저변동 펀드가 수익성에서는 더 나을 수 있는데도 말이다. 금융기업들이 투자 성과를 부풀리는 작업은 예컨대 미국 경제 전반에 걸쳐서 연간 수백억 달러의 가치를 지니는 결정이 되곤 한다. 거기서 저지르는 실수는 수십억 달러짜리 실수다.[29]

생존 편향은 우리 생명까지 위협한다

돈 얘기는 할 만큼 했다. 건강은 어떨까? 어떤 치료법이 효과가 있는지 또는 없는지와 같이 생사가 걸린 문제를 생각해보라. 무작위대조시험 randomised controlled trial은 종종 의학적 증거를 확보하기 위한 '절대 표준'으로 여겨진다. 그 방식은 일부 피실험자에게는 시험 대상인 치료법을 시행하고, 무작위로 선정된 다른 피실험자에게는 플라세보 내지 잘 알려진 치료법을 시행하는 것이다. 이는 실제로 새로운 치료법을 한 번에 시험하는 가장 공정한 방식이다. 그러나 이 역시 출판 편향과 생존 편향의 영향을 받으면 과거에 시행된 모든 시험에 대한 전체적인 그림을 볼 수 없다. 그래서 결론이 심하게 왜곡될 가능성이 높다.[30]

가령 2008년에 한 연구진이 다양한 항우울제에 대한 연구 결과를 신속하게 조사했다. 그 결과 48건의 시험에서는 긍정적인 효과가 발견되었고, 3건의 시험에서는 긍정적인 효과가 발견되지 않았다. 이는 상당히 고무적인 내용이다. 출판 편향의 위험을 고려하기 전까지는 말이다. 이 조사를 진행한 연구자들은 더 깊이 파고들어서 23건의 미출간 시험 내용을 들춰냈다. 그중 22건에서 항우울제가 환자에게 도움이 되지 않는다는 부정적인 결과가 나왔다. 또한 11건의 시험은 논문에서는 긍정적인 효과가 나온 것처럼 설명했지만 정작 규제당국인 식약청 Food and Drug Administration에 제출한 요약본에는 부정적인 결과가 담겨 있었다. 해당 논문들은 좋은 소식만 골라내고 나쁜 소식을 치워버렸다. 그 결과 실제로는 효과가 없는 약에 대해 긍정적으로 보이는 그림을 그릴 수 있었다. 그렇다면 정확한 점수는 항우울제가 효과가 있다는 쪽이 48대 3으로 우세한 것이 아니라 38대 37이었다. 어쩌면 항우울제는 적어도 어떤 때에, 어떤 사람들에게는 효과가 있을지도 모른다. 어쨌든 출간된 연구 결과들이 실행된 모든 실험을 정당하게 반영하지 않았다고 말해도 무방하다.[31]

이는 중요한 문제다. 생존 편향 때문에 수십억 달러가 오용되고, 수십만 명이 생명을 잃는다. 문을 닫은 투자 펀드, '차고에서 만든 잡동사니' 단계를 넘어서지 못한 실리콘밸리의 창업자, 출간되지 않은 연구 결과, 실종된 임상시험 등 전체 이야기를 보지 못하고 결정을 내리면 우리 자산과 생명에 치명적인 일이 벌어진다.

생존 편향 극복하기

지금까지 생존 편향의 폐해라는 재앙에 대해 살펴봤다. 생존 편향의 유일한 긍정적 측면은 대중이 이 문제를 '인간의 미래 예지 실험' 때보다 훨씬 잘 이해하고 인식한다는 것이다. 그러면 잠시 긍정적인 측면에 초점을 맞춰서 개선의 희망이 있는지 살펴보자.

연구자들의 경우 개선이 어떤 양상으로 진행되어야 할지는 명확하다. 그들은 연구의 '킥엔디드 성향'을 털어놓아야 한다. 수집했지만 발표하지 않은 데이터, 실행했지만 옆으로 제쳐둔 통계적 검정, 실종된 임상시험, 평범한 결과가 나와서 학술지들로부터 거부당하거나 연구자들이 더 실리적인 연구로 넘어가 있는 동안 서류 캐비닛에 박혀 있는 연구를 투명하게 드러내야 한다.

연구에 대한 글을 쓰는 우리 같은 학자들도 비슷한 책임을 진다. 놀라운 새 연구 결과는 널리 알리는 게 전부가 아니다. 이전에 발표된 결과들 또는 될 수 있으면 발표해야 했으나 망각 속으로 사라져가는 결과들의 맥락에 새 연구 결과를 연결해야 한다.

이상적으로는 우리는 앤드루 겔먼이 말한 "갈림길의 정원" 위로 날아올라서 막힌 길과 사람들이 덜 지나간 길을 비롯한 미로를 상공에서 볼 수 있어야 한다. 이런 조망은 가장 사용자 친화적인 형태로 모든 관련 정보를 가질 때 이뤄진다.

이런 기준을 달성하려면 아직 갈 길이 멀다. 그러나 뚜렷한 개선의 징후는 있다. 아직 느리고 불완전하지만 그래도 개선은 개선이다. 가령 의학계의 경우 2005년에 국제의학저널편집자위원회International Committee of Medical Journal Editors가 그들이 편집하는 정상급 의학 저널에는 더 이상 사전 등록을 하지 않은 임상시험 결과를 게재하지 않겠다고 선언했다. 사전 등록은 시험에 들어가기 전에 연구자들이 무슨 시험을 할 것이고, 그 결과를 어떻게 분석할 것인지 설명하는 것이다. 또한 그 설명 자료를 공공 웹사이트에 올려야 한다. 이런 사전 등록은 출판 편향을 바로잡는 중요한 수단이다. 시험을 계획했지만 어떤 이유인지 결과가 실종된 사례를 연구자들이 쉽게 볼 수 있기 때문이다. 사전 등록은 또한 다른 연구자들이 시험 기록을 보고 뒤로 돌아가 데이터 분석 계획을 따랐는지 아니면 데이터가 나온 후 변경되었는지 확인할 수 있도록 해준다.

그러나 사전 등록은 만병통치약이 아니다. 특히 연구자들이 정부나 자선단체가 실행하는 프로젝트에 업혀 가는 경우가 많은 사회과학 분야의 현장 연구에는 적용하기 어렵다. 이런 프로젝트는 시간이 지남에 따라 연구자들이 통제하거나 예측할 수 없는 방향으로 흘러가기 때문이다. 심지어 의학 저널이 사전 등록을 요구한다고 해도 요구사항을 강제하지 못할 수 있다.[32]

벤 골드에이커와 옥스퍼드대학 증거기반의학연구소Centre for Evidence-Based Medicine의 동료들은 몇 주 동안 정상급 의학 저널에 실리는 새로운 논문들을 체계적으로 모니터링했다. 그 결과 58편의 논문이 해당 저널들이 지키기로 합의한 보고 기준에 미치지 못한다는 사실을 확인했다. 가령 임상시험에서 환자들의 특정한 결과를 측정하기로 사전에 명시했다가 나중에 다른 결과를 보고하는 식이었다. 그들은 즉시 저널 편집진에게 수정 요청서를 보냈다. 그러나 수정 요청서는 게재되지 않고 반려되는 경우가 많았다.[33]

기준이 엉성하게 적용되고 있다는 현실을 깨닫는 것은 실망스럽다. 그러나 전체 시스템이 기본적으로 솔로몬 같은 핵심 인물이 관장하는 것이 아니라 전문가 커뮤니티의 기준에 따라 자율적으로 규제된다는 점을 고려하면 저널 편집진을 탓할 일은 아니다. 지난 20년 동안 상황이 크게 개선된 것도 고무적이다. 인식이 개선되었고, 나쁜 관행은 지적되었다.

그리고 아무런 기준이 없는 것보다 엉성한 기준이라도 있는 게 낫다. 또한 2006년에 출범한《트라이얼스_Trials》같은 저널도 있다. 이 저널은 긍정적이든 부정적이든, 흥미롭든 밋밋하든 모든 임상시험의 결과를 게재한다. 그래서 어떤 과학적 연구도 단지 연구의 세계에서 뉴스감으로 여겨지지 않는다는 이유로 발표되지 않은 채 묻히지 않도록 해준다. 그리고 자동화 도구로 더 많은 일을 할 수 있는 거대한 기회가 있다. 가령 실종된 시험, 사전 등록이 되었지만 발표되지 않은 연구를 파악하거나 나중에 나온 논문들이 갱신되거나, 수정되거나, 철회된 이전 연구 내용을 인용하는 경우를 포착할 수 있다.[34]

심리학에서 예지력을 둘러싼 소동은 긍정적인 결과를 불러올지도 모른다. 물론 심리학자들은 논문을 출간하고 싶어 한다. 그러나 대다수는 쓰레기 과학을 생산하고 싶어 하지 않는다. 그들은 진실을 파악하고 싶어 한다. 재현성 사태는 좋은 연구 기준에 대한 인식을 개선하고 있는 것으로 보인다. 또한 재현을 위한 노력을 보상할 더 많은 당근과 부실한 연구를 처벌할 더 많은 채찍을 내밀고 있는 것으로 보인다.

재현 시도를 환영하는 연구자들이 늘고 있다는 바람직한 징후들이 있다. 가령 2010년에 정치학자인 브렌던 나이한_Brendan Nyhan과 제이슨 라이플러_Jason Reifler는 소위 '역화 효과_the backfire effect'에 대한 연구 내용을 발표했다. 역화 효과란 쉽게 말해 '팩트 체크를 통해 오류가 드러난 잘못된 주장을 오히려 사람들이 더욱 신뢰하게 된다'는 것이었다. 이 사실은 특히 도널드 트럼프 씨가 부상한 이후 일부 저널리스트들 사이에서 도덕적 공황을 초래했다. 팩트 체크가 문제를 악화시킬 뿐이라니! 이는 완벽하게 반직관적인 절호점을 맞히는 것이었다. 그러나 나이한과 라이플러는 추가 연구를 권장했다. 그 결과 역화 효과는 이례적이며, 팩트 체크는 궁극적으로 오류를 바로잡는 데 도움이 되는 것으로 드러났다. 그중 한 연구는 요약에서 "일반적으로 오류 증명은 특정한 주장에 대한 믿음을 더욱 정확하게 만든다"고 결론지었다. 나이한도 사람들이 추가 연구 내용을 고려하지 않고 자신의 원논문에 의존할 때 트위터에 이 요약을 인용했다고 밝혔다.[35]

많은 통계 전문가들은 표준통계검정 자체를 재고해야 한다고 주장한다. 즉, '통계적 유의성'이라는 개념에는 심각한 결함이 있다는 말이다. 수학적으로 표준통계검정은 매우 간단한 일이다. 우선 '효과'가 없다는 것을 가정한다(마찬가지로 약이 듣지 않는다, 동전 던지기는 공정하다, 예지력이 존재하지 않는다, 24종의 잼 매대와 6종의 잼 매대는 동일한 구매 호소력을 지닌다고 가정하자). 그다음 관측된 데이터의 발생 가능성이 얼마나 낮은지 확인한다. 가령 공정한 동전 던지기를 가정했을 때, 열 번을 던지면 앞면이 다섯 번 나올 것으로 예상할 수 있다. 그러나 앞면이 여섯 번, 또는 심지어 일곱 번 나와도 놀라지는 않을 것이다. 그 반면에 열 번 모두 앞면이 나오면 깜짝 놀랄 것이다. 그리고 이런 일이 생길 확률이 1,000번에 한 번보다 희귀하다는 사실을 감안하면 '동전 던지기는 공정한 환경에서 행해졌다'는 애초의 가정을 의심하게 된다. 통계적 유의성 검정은 같은 원칙을 따른다. 즉, 어떤 효과도 없다고 가정하고 수집한 데이터가 놀라운지 따진다. 가령 약물을 시험할 때는 아무 효과가 없다고 가정하고 통계적 분석을 시작한다. 그래서 해당 약물을 복용한 많은 환자가 위약을 복용한 환자들보다 훨씬 나은 치료 속도를 보이면 초기 가정을 수정한다. 일반적으로 극단적인 데이터(동전 앞면이 열 번 연속으로 나오는 상황)를 무작위로 관찰할 확률은 5퍼센트 이하라고 말한다. 그런데 저 극단적인 데이터가 실제로 관측된다면 연구 결과는 기존 가정을 뒤집을 만큼 충분히 '유의미'하다. 약이 효과가 있고, 진열하는 잼의 종류를 늘리는 것이 구매 의욕을 저하하고, 예지력이 존재한다고 충분히 확신할 수 있다.

다만 위의 가정에도 문제는 명백하다. 5퍼센트는 자의적인 구분점이라는 사실이다. 5퍼센트도 가능한데 6퍼센트나 4퍼센트로 가정을 뒤집지 못할 이유가 무엇인가? 이에 더해 표준통계검정은 실험 결과를 불확실성의 정도가 아니라 흑과 백, 합격 또는 실패의 기준으로 생각하게 만든다. 약의 효과나 미래 예지력의 실존 유무처럼 말이다.

수학적인 표준통계검정이라는 개념과 통계적 유의성이라는 개념을 쉽게 납득할 수 없다고 해도 결코 독자 탓이 아니다. 개념적으로 통계적 유의성은 거의 앞뒤가 뒤바뀐 것이기 때문에 헷갈릴 수밖에 없다. 즉, 아무 효과가 없다는 특정한 이론을 감안할 때 해당 데이터를 관찰하게 되는 확률이다. 하지만 우리가 정말로 알고 싶은 것은 정반대의 것, 즉 데이터를 감안할 때 특정한 이론이 사실일 확률이다. 나의 직감으로는 통계적 유의성은 별로 도움이 되지 않는 개념이며, 더 나은 방식도 있다고 믿는다. 그러나 무척 신중하게 생각하려 한다. "대다수 출간 연구 결과는 틀렸다"는 논문을 쓴 존 이오아니디스는 이 방법론이 결함에도 불구하고 "근거 없는 주장을 막는 편리한 난관"이라고 주장한다.

안타깝게도 이 모든 문제를 사라지게 만들 단 하나의 명민한 통계적 기법은 없다. 더욱 엄격한 과학을 향한 여정은 많은 단계가 필요하다. 현재 연구자들은 그중 몇 단계를 지나고 있다. 근래에 리처드 세일러Richard Thaler를 인터뷰할 기회를 얻었다. 노벨 경제학상 수상자인 그는 대니얼 카너먼 및 다른 많은 심리학자와 협력했다. 내가 보기에 그는 호의적인 외부자로서 심리학을 평가하기 적합한 입지에 있었다. 그는 내게 "재현 사태는 심리학에 큰 도움이 되었다고 생각합니다. 위생 상태가 개선되었습니다"라고 말했다.[36] 한편 브라이언 노섹은 BBC와 가진 인터뷰에서 "5년 후에 다시 대규모 재현성 프로젝트를 진행하면 이 부문에서 재현성이 크게 개선된 것을 확인하게 될 겁니다"라고 말했다.[37]

결과가 아닌 감춰진 과정에 진실이 있다

지금까지 동기화 추론과 정보에 대한 편향 동화의 수많은 심리학 연구를 살펴봤다. 독자들은 "저 여러 연구 결과가 믿을 만하다는 것을 어떻게 확인할 수 있는가?" 하고 의문을 품을 수 있을지 모른다. 그에 대해서는 나도 확실하게 답을 가지고 있지 않다.

솔직히 말하자면 내가 지금까지 인용한 모든 실험 역시 '제2의 잼 실험이 될 가능성'이 있다. 또는 훨씬 나쁜 경우로 〈내가 64살이 되어도〉를 들으면 더 젊어진다는 발견의 뒤를 이을 수도 있다. 다만 나는 해당 연구 내용들을 읽을 때 지금까지 제시한 여러 조언을 실행에 옮기려 노력했다. 또한 해당 연구 내용들이 우리가 아는 것들의 폭넓은 그림에 부합하는지 아니면 이상한 아웃라이어인지 파악하려 노력했다. 다른 학자들이 다른 방법론을 활용하여 실행한 20~30개의 연구가 있고, 그들이 모두 비슷한 결론, 가령 우리의 논리적 추론 능력이 정치적 신념에 의해 왜곡된다는 결론을 가리킨다면 개별 실험이 결국 우연으로 드러날 걱정은 덜해도 된다. 또한 실증적 발견이 실험실뿐 아니라 이론적·실제적 측면에서도 타당하다면 믿음이 간다.

대다수 주제에 관해 사람들은 논문까지 파고들지 않는다. 우리는 언론에 의존하여 과학적 지식의 상태를 소화할 수 있는 형태로 받아들인다. 과학 저널리즘은 다른 분야의 저널리즘과 같다. 즉, 좋은 것도 있고 나쁜 것도 있다. 그 자체로 피상적이고 선정적인 보도자료를 더욱 피상적이고 선정적으로 다루는 과학 저널리즘이 있다. 반면 팩트를 설명하고, 적절한 맥락을 부여하며, 필요할 때 권력에 진실을 말하는 과학 저널리즘도 있다. 당신이 독자로서 관심을 기울인다면 아마 그 차이를 파악할 수 있을 것이다. 그렇게 어려운 일이 아니다. 연구를 보도하는 저널리스트가 측정된 내용을 명확하게 설명했는지 자문하라. 이것은 인간을 대상으로 한 실험인가? 아니면 생쥐? 또는 배양 접시 안에서 한 실험인가? 좋은 저널리스트는 이런 내용을 분명하게 밝힐 것이다. 그다음 이렇게 자문하라. 효과는 얼마나 큰가? 다른 연구자들에게 놀라운 결과인가? 좋은 저널리스트는 이런 내용을 설명할 공간을 할애할 것이다. 결과적으로 독자들은 기사가 호기심을 충족하고 이해를 도와서 읽기에 훨씬 재미있을 것이다.[•]

연구 결과에 의심이 든다면 쉽게 다른 의견을 찾을 수 있다. 학계와 다른 전문가들은 자연과학이나 사회과학 분야에서 나온 거의 모든 주요 연구 결과를 재빨리 섭취하고 소화한 다음 온라인에 자기 생각과 반응을 올린다. 과학 저널리스트들도 인터넷이 자신의 직업을 개선했다고 믿는다. 약 100명의 유럽 과학 저널리스트들을 대상으로 실시한 설문에서 3분의 2는 이 생각에 동의했으며, 동의하지 않는 비율은 10퍼센트가 채 되지 않았다.[38] 이는 이해할 만한 결과다. 인터넷은 학술지에 게재된 논문을 읽거나, 체계적 문헌 고찰systemic review에 접근하거나, 다른 과학자들의 의견을 구하는 일을 쉽게 만들었다.

당신이 읽고 있는 이야기가 보건에 대한 것이라면 다른 의견을 구하기 위해 꼭 살펴야 할 곳이 있다. 바로 코크란 협력체Cochrane Collaboration이다. 이 단체는 의사이자 유행병학자 그리고 의학 부문의 더 나은 증거를

[•] 또는 이 방법을 써보라. 멋진 연구 결과를 알리는 기사나 페이스북 포스트를 읽은 다음 그 내용을 어떻게 친구에게 설명할지 자문하라. 연구자들이 어떤 연구를 왜 했는지, 그 결과가 충격적이었는지 아니면 전문가들이 예상한 대로였는지 알고 있는가? 당신의 설명이 그냥 "어떤 과학자들이 블루베리가 암을 유발한다는 사실을 발견했어"라는 식이라면 당신은 좋은 기사를 읽은 것이 아닐지도 모른다.

추구하는 운동가인 아치 코크란Archie Cochrane의 이름을 딴 것이다. 코크란은 1941년에 독일군에 붙잡혀 전쟁포로가 되었을 때 임기응변을 통해 임상시험을 실행했다. 이 시험은 용기와 결의 그리고 겸손의 놀라운 조합으로 이뤄졌다. 포로수용소에는 환자들로 넘쳐났다. 코크란도 그중 한 명이었다. 그는 영양결핍 때문에 질병이 생겼을 것이라고 짐작했다. 그러나 자신 있게 치료법을 처방하기에는 아는 것이 충분치 않다는 사실을 알았다. 그는 절망에 빠지거나 육감을 따르기보다 동료 포로들을 조직하여 다양한 섭식의 효과를 시험했다. 그 결과 무엇이 결핍되었는지 발견하여 수용소장에게 반박할 수 없는 증거를 제시했다. 덕분에 비타민 보충제를 적절하게 확보하여 많은 생명을 살릴 수 있었다.[39]

1979년에 코크란은 "우리가 주기적으로 전공 및 부전공 분야에 따라 모든 연관된 무작위대조시험에 대한 평가 요약을 정리하지 않았다는 것은 분명 우리의 직업에 대한 중대한 비판"이라고 썼다. 코크란 사후에 이 과제를 이어받은 사람은 이안 채머스Iain Chalmers 경이었다. 채머스는 1990년대 초반에 체계적 문헌 고찰을 수집하기 시작했다. 처음에는 임산부와 아기를 돌보는 모자 보건 분야에서 실행된 무작위시험만을 대상으로 삼았다. 이 노력은 국제적인 연구자들의 네트워크로 발전했다. 그들은 임상 부문의 방대한 주제에 걸쳐 최선의 증거를 평가하고, 평점을 매기고, 종합하여 발간한다.[40] 그들은 자신들을 코크란 협력체라 부르며 체계적 문헌 고찰의 온라인 데이터베이스인 코크란 라이브러리Cochrane Library를 관리한다. 모든 국가에서 전체 데이터베이스가 무료로 제공되는 것은 아니다. 그러나 접근할 수 있는 연구 요약은 무료이며, 무작위시험에 기반한 지식의 상태를 간략하게 설명한다.

나는 거의 무작위로 근래의 연구 요약을 찾아서 어떤 내용인지 살폈다. 1면 요약 중 하나는 "여성 요실금을 치료하는 요가"를 평가하겠다고 밝혔다. 나는 요가를 하지 않고, 요실금에 시달리지 않으며, 여성도 아니다. 그래서 이 보고서에 대한 나의 평가는 해당 주제에 대한 실질적인 지식으로 훼손되지 않을 것이었다.

나는 코크란 라이브러리를 검색하기 전에 구글에 "요가로 요실금을 치료할 수 있는가?"를 입력했다. 웹엠디WebMD가 상단 검색 결과 중 하나였다.[41] 거기에는 매우 소규모로 진행되기는 했지만 새로운 시험에서 노년 여성의 요실금이 크게 개선되었다고 나와 있었다. 《데일리 메일Daily Mail》이 이 결과를 받아서 개선 효과는 컸지만, 연구가 소규모였다는 비슷한 내용으로 보도했다.[42] 한편 최상단 검색 결과는 민간 의료기업에서 나온 자료였다.[43] 이 자료는 놀라운 결과라며 호들갑을 떨었지만, 연구가 소규모라는 사실을 언급하지 않았다. 원래의 연구에 대한 링크를 제공하기는 했지만 말이다.[44]

이 소개 중 어느 것도 뛰어나지 않았다. 그러나 형편없는 것도 아니었다. 솔직히 나는 더 나쁜 것을 예상했다. 크게 해를 끼칠 일이 생길 가능성도 작다. 사람들은 잘못된 희망을 품고 요가를 시작할지 모른다. 또는 요가를 시작했는데 증상이 개선되었고, 사실 어차피 개선될 것이었지만 요가 덕분이라고 믿을 수도 있다. 이런 일들이 파국을 일으키지는 않을 것이다.

그래도 언론 보도는 배경 이야기를 제공하지 못했다. 이미 발견된 내용과 부합하는지 또는 상충하는지 전혀 지적하지 않고 그냥 연구 결과를 반복했을 뿐이다. 반면 코크란 라이브러리는 요가나 요실금과 관련하여 우리가 아는 모든 것에 대해 접근할 수 있는 요약을 제공하려 한다. 또한 구글 검색 결과의 1면에 나온다. 코크란은 대외비가 아니다.

평이하고 과시적이지 않은 언어로 쓰인 코크란 리뷰는 내용이 명확하다. 해당 주제에 대한 연구는 두 개뿐이다. 둘 다 소규모 연구다. 그 내용은 약하기는 하지만 증거를 보면 요실금에 대해 요가는 아무것도 안 하는 것보다 나으며, '마음챙김 명상'이 요가보다 낫다는 것이다. 그걸로 끝이다. 이는 간단한 구글 검색과 쉽게 쓰인 내용을 1분에 걸쳐 훑어서 얻은 결과다(여러 언어로 번역된 내용도 제공된다). 물론 기댈 수 있는 방대하고 믿을 만한 증거 기반이 있다면 좋을 것이다. 그러나 이 경우는 그런 것이 없었다. 그래도 나는 그 사실을 아는 편이 낫다고 생각한다. 코크란 요약 덕분에 더 이상 우리가 듣지 못한 중요한 증거들이 있는 것은 아닐까 궁금해할 필요가 없어졌기 때문이다.[45]

관련 네트워크인 캠벨 협력체 Campbell Collaboration 는 교육과 형사 사법 같은 분야에서 사회정책과 관련된 문제에 대해 코크란 라이브러리의 역할을 하고자 한다. 이런 다양한 노력이 탄력과 자원을 얻으면 어떤 연구가 폭넓은 연구 결과의 패턴에 속할 만큼 타당한지 또는 그저 5만 5,000달러짜리 감자샐러드에 불과한지 쉽게 판단할 수 있도록 우리를 도울 것이다.

HARFORD

삭제된 사람들과 의도를 추적하라

ASK WHO IS MISSING

'데이터를 수집하지 않을 권력'은
정부가 가진 가장 중대하면서도
거의 알려지지 않은 권력의 원천 중 하나다.
(…) 의사결정자들은 애초에 지식 모으기를
거부함으로써 우리에게 권력을 행사한다.

애나 파월-스미스 ANNA POWELL-SMITH, 미싱넘버스닷오그 MissingNumbers.org

삭제된 사람들과
의도를 추적하라

솔로몬 애시의 순응성 실험

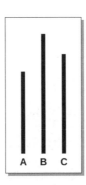

A B C

대략 70년 전에 유명 심리학자인 솔로몬 애시는 123명의 피실험자에게 간단한 과제를 냈다. 애시는 피실험자들에게 그림과 같이 선이 그려진 카드를 나눠줬다. 왼쪽 카드에는 '기준선'이 그려져 있었고 오른쪽 카드에는 길이가 서로 다른 세 개의 선이 그려져 있었다. 애시는 피실험자들에게 세 개의 선 중에서 기준선과 길이가 같은 것을 찾아 보라고 했다. 이때 솔로몬 애시는 꼼수를 부렸다. '바람잡이'들을 실험장에 밀어 넣고 피실험자들이 기준선과 길이가 다른 선을 고르도록 유도한 것이다. 보기로 제시된 세 개의 선 중 하나 외에는 기준선과 길이가 명백하게 달랐다. 하지만 피 실험자들은 놀랍게도 바람잡이들 때문에 종종 틀린 답을 골랐다.

옳은 답을 말하느냐 아니면 압력에 굴복하느냐

애시 실험은 더없이 흥미롭다. 그래서 나는 실험 내용을 강연과 칼럼에서 종종 다뤘다. 순응해야 할 것 같은 '압력'에 관한 대화를 시작하기에 앞서, 저 실험은 아주 좋은 출발점이며 동시에 인간 본성을 들여다보는 인상적인 창으로 여겼기 때문이다. 하지만 이제 와서 말하건대, 저 실험에 정말 그런 의미가 있을까?

애시의 실험은 명확하고 강력하다. 그러나 애시는 다른 심리학자처럼 쉽게 확보할 수 있는 피실험자들을 활용했다. 그들은 바로 1950년대의 대학생들이었다. 그 점에 대해 애시를 심하게 비판하지는 않을 것이다. 그는 단지 손쉬운 대상을 골랐을 뿐이었다. 전체 미국인을 대표하는 표본을 모으려 했다면 대단히 힘들었을 것이다. 국제적 차원의 표본을 연구하는 일은 더 힘들었을 것이다. 또한 1952년이 아니라 1972년에 실험했다면 어떤 결과가 나왔을지 알기는 불가능했을 것이다(훗날 다른 연구자들이 후속 실험을 진행했다. 그 결과 솔로몬 때와 달리 순응 수준이 조금 더 낮게 나왔다. 아마도 이는 베트남전쟁 시대에 학생들이 품었던 반항정신의 징후일지도 모른다).

그렇지만 솔로몬 애시가 보편적인 불변의 지식을 발견한 것처럼 굴기가 너무나 쉽다. 즉, 이 경우에는 1950년대의 미국 대학생이라는 매우 특정한 대상으로 한 심리학 실험의 결과가 인류 전체를 대상으로 했던 것처럼 말하기 쉽다. 나 자신도 가끔 이런 잘못을 저지른다. 특히 말할 시간이 충분치 않을 때 그렇다. 그러나 우리는 오직 폭넓은 범주의 사람들을 연구한 후에 인간 본성에 대한 결론을 도출해야 한다. 실제로 '특이WEIRD' 피실험자, 즉 서구에서 산업화에 성공한 부자 민주국가의 교육받은Western, Educated, Industrialised. Rich, Democracy 피실험자만 연구하는 실험의 문제점을 인정하는 심리학자들이 늘고 있다.

1996년에 코크란 스타일의 논문 검토 결과 애시의 실험이 133건의 후속 실험을 초래했다는 사실이 드러났다. 전반적인 결과는 그대로 유지되었다. 이는 앞 장의 내용에 비춰볼 때 고무적이다. 후속 실험들에 따르면 순응성은 실험 시간이 지남에 따라 약해지기는 했지만, 여전히 강력하고 폭넓은 효과다. 다만 그다음에 던져야 할 명백한 질문이 있다. 순응성은 순응해야 할 압력을 누가, 누구에게 가하느냐에 따라 그 정도가 달라질 수 있을까?

실망스럽게도 후속 연구 내용은 그렇게 다양하지 않았다. 대다수는 미국에서 거의 대학생들을 대상으로 이뤄졌다. 그래도 시사점을 지닌 소수의 예외가 있었다. 가령 1967년에 캐나다 배핀섬Baffin Island에 사는 이누이트족을 대상으로 실험해보니, 시에라리온의 템네족Temne을 대상으로 실험했을 때보다 낮은 수준의 순응성이 확인된 것이다. 나는 인류학자가 아니다. 다만 이누이트족은 느슨하고 개인주의적인 문화를 가진 것으로 알려져 있다. 반면 템네 사회는 적어도 실험이 이뤄진 시기에는 엄격한 사회적 통념을 갖고 있었다. 일반적으로 애시식 실험에서 확인된 순응성은 사회학자들이 보기에 개인주의적인 사회에서 더 낮았고, 사회적 결집이 더욱 중요한 집단주의적인 사회에서 더 높았다(일본 같은 일부 두드러진 예외가 존재하긴 했다).[1]

애시는 개인주의적 사회인 미국의 피실험자들을 연구함으로써 순응성의 힘을 과소평가했을지 모른다. 그러나 당시 심리학 교과서와 대중과학서에 실린 글들은 애시가 대단히 강한 순응성을 발견했다고 과장하는 경우가 많았다(애시의 실험에 참여한 피실험자들은 종종 집단적 압력에 반발했다. 매번 굴복한 피실험자는 거의 없었다. 대개는 반복된 실험에서 행동을 달리하면서 모호한 태도를 취하려 애썼다. 즉, 집단의 선택에 동의하는 때도 있었지만 독자적인 입장을 내세우는 때도 있었다). 애시의 발견에 대한 대중적 이해에서 드러난 이 두 편향은 순전히 운 때문에 사실상 서로를 상쇄시킨 것인지도 모른다.[2]

순응성에 대한 압력 연구에서 연구 대상 집단이 '단일 문화 사회'라는 환경에 얼마나 큰 영향을 받았을까? 이질적 집단은 이견의 여지를 더 많이 남길까? 그 가능성에 대한 감질나는 힌트들이 있다. 가령 후속 연구에서 피실험자들은 초면인 사람들로 구성된 집단보다 친구로 구성된 집단에 훨씬 더 순응하는 것으로 드러났다. 또한 애시가 여러 바람잡이에게 각자 다른 선택을 하여 피실험자에게 말하도록 하니 순응 압력이 사라졌다. 피실험자들은 기꺼이 정확한 선택지를 골랐다. 다른 사람들이 서로 다른 선택을 하는 한, 혼자만의 선택이라 해도 주저하지 않았다. 순응에 대한 한 가지 방지책이 다양한 사람들로 구성된 집단과 함께 결정을 내리는 것임을 시사한다. 이런 집단에 속한 사람들은 서로 다른 생각과 가정을 제시할 가능성이 높다. 그러나 이런 실용적인 전술은 시험하기가 어렵다. 애초의 실험과 많은 후속 실험이 동질적인 집단을 대상으로 했기 때문이다. 그래서 기회를 놓쳤다는 느낌을 받지 않을 수 없다.

애시의 실험 결과에 대한 대부분의 논의에는 맹점이 있다. 다른 행동을 했을 것으로 기대되는 사람들 혹은 대학생 외에 피실험자 집단으로 삼을 수 있는 사람들을 빠트렸다는 점을 완전히 무시했다는 사실이다. 이 점은 분명 부자연스럽다. 예를 들어 애시는 남녀공학임을 자랑스럽게 내세웠던 펜실베이니아 주의 스워스모어 칼리지Swarthmore College 교수이면서 피실험자와 바람잡이를 막론하고 여학생을 단 한 명도 넣지 않은 이유가 무엇일까?

성별 혹은 젠더 문제

마침 후속 실험에서 남성으로만 구성된 집단은 여성으로만 구성된 집단보다 덜 순응적이라는 결과가 나왔다. 그렇다면 이번에도 봐줄 만한 구실이 생긴 셈이다. 애시가 여학생들을 살폈다면 순응에 대한 더 강력한 증거를 발견했을 것이다.[3] 그래도 젠더는 중요하다. 애시는 그 효과를 연구하거나, 적어도 혼성 집단을 활용할 수 있었다. 그러나 그는 그럴 생각을 하지 못한 것 같다. 그의 실험에 뒤이은 보도에서 젠더와 성별을 신경쓴 사례가 거의 없었다는 것은 당황스럽다.

애시가 여학생을 실험에 참여시키지 않은 유일한 연구자라면 역사적인 특이 사례로 치부할 수 있다. 그러나 애시만 그런 게 아니었다. 그의 제자인 스탠리 밀그램Stanley Milgram은 1960년대에 예일대학에서 악명 높은 일련의 전기 충격 실험을 실행했다. 다음은 내가 《파이낸셜 타임스》에 실은 글에서 그의 실험을 설명한 내용이다.[4]

(밀그램은) 내막을 모르는 일반인들을 모아서 '기억력 연구'를 실행했다. 그들은 연구실에 모여서 제비뽑기를 통해 '교사'와 '학생'을 정했다. 학생 역할을 맡은 참가자는 전기의자에 묶였다. 그다음 교사 역할을 맡은 참가자는 다른 방으로 가서 전기 충격기를 조절했다. 학생이 답을 맞히지 못하면 교사는 꾸준히 전기 충격의 강도를 높이라는 요청을 받았다. 그 결과 여러 참가자는 기꺼이 사람을 죽일 수도 있는 정도의 전기 충격을 가하려 들었

다. 시범 삼아 자신이 직접 고통스러운 전기 충격을 시험해봤는데도 말이다. 게다가 학생이 이미 심장병을 호소했고, 벽 너머에서 고통에 찬 비명과 중단해달라는 간청이 들렸으며, 전기 충격기의 스위치에는 '위험: 심각한 충격이 발생함, XXX'라는 표시가 되어 있었다. 물론 실제로 전기충격이 가해진 것은 아니었다. 옆방에서 지른 비명은 꾸며낸 것이었다. 그래도 이 연구는 끔찍한 흥미를 자아낸다.

이 기사는 지나가는 말로라도 40명의 피실험자 모두 남성이었다는 사실을 언급해야 했다. 그러나 나는 당시에 이 특정한 사안을 고려하지 않았다. 그래서 이전의 다른 많은 사람처럼 확인할 생각을 하지 못했다. 물론 지금은 확인했다면 좋았겠다고 생각한다. 이 기사를 쓰기 전에 캐럴라인 크리아도 페레즈Caroline Criado Perez와 그의 저서《보이지 않는 여자들Invisible Women》에 대해 인터뷰를 했기 때문이다. 크리아도와의 만남은 즐거웠다. 그는 작고 귀여운 반려견을 데리고 BBC 스튜디오로 걸어들어왔다. 반려견이 스튜디오 구석에 웅크리고 있는 동안 우리는 젠더 데이터 간극에 관해 이야기했다. 그의 책을 읽는 일은 덜 즐거웠다. 책에서 설명한 불완전성과 불공정이 너무나 우울했기 때문이다. 거기에는 '일부 경찰관은 유방이 있다는 사실'을 깜박한 방호복 제조사부터 일부 아이폰 사용자는 '생리를 한다'라는 사실을 간과한 '포괄적인' 애플 건강 앱의 코더들까지 폭넓은 사례가 포함되었다.[5] 그의 책은 우리의 삶을 좌우하는 제품과 정책을 만드는 사람들이 암묵적으로 기본 고객 또는 시민을 남성으로 보는 경우가 너무나 많다고 주장한다. 여성들은 뒤늦게 고려된다. 크리아도 페레즈는 우리가 모으는 통계도 이 규칙의 예외가 아니라고 주장한다. 그는 데이터가 '입장이 없는 관점view from nowhere'을 공정하게 반영한다고 가정하지만 실은 깊고 은근한 편견을 담기가 얼마나 쉬운지 매우 명확하게 밝힌다.

임상시험에서 역사적으로 여성이 '과소 대표'된 문제를 살펴보자. 한 가지 암울한 계기는 임산부들이 입덧을 완화하려고 널리 복용한 탈리도마이드thalidomide다. 이 약이 태아에 심각한 장애와 사망을 초래한다는 사실은 뒤늦게 드러났다. 이 재난 이후 가임기 여성들은 꾸준히 임상시험에서 배제되었다. 그러나 이런 예방책은 남성만 대상으로 삼아 약물을 시험해도 알아야 할 것을 대부분 알 수 있다고 가정해야만 타당하다. 이는 대단한 가정이다.[6]

여성이 배제되었던 상황은 개선되었다. 그러나 많은 연구는 여전히 데이터를 분류하여 남성과 여성에게 다른 효과가 있을지 탐구하지 않는다.

실데나필Sildenafil은 원래 협심증 치료제로 개발되었다. 그러나 (남성을 대상으로 한) 임상시험에서 뜻하지 않은 부작용이 나타났다. 바로 발기가 잘된다는 것이었다. 현재는 비아그라로 더 잘 알려진 이 약물은 발기부전 치료제로 시장을 강타했다. 그러나 실데나필은 또 다른 예기치 않은 혜택을 지녔을지도 모른다. 즉, 생리통에 대한 효과적인 치료제가 될 수 있다. 아직까지는 제한된 소규모 시험만 자금 지원을 받았기 때문에 확실하지는 않다.[7]

협심증 시험이 남성과 여성을 동등하게 대상으로 삼았다면 생리통 치료제로서의 잠재력은 발기에 대한 영향만큼이나 명백하게 드러났을 것이다.

이런 성 의존적 효능은 놀랍도록 흔하다. 수컷 쥐와 암컷 쥐를 대상으로 실행된 약물 연구들을 살핀 결과 절반 이상의 경우에 성 의존적 효능이 나타난 것으로 드러났다. 근육 유래 줄기세포 연구자들은 이 세포가 때로는 재생되고, 때로는 재생되지 않는 이유를 찾지 못해서 오랫동안 난처해 했다. 그 여부는 순전히 자의적인 것처럼 보였다. 그러다가 어떤 연구자가 해당 세포가 남성의 것인지 아니면 여성의 것인지 확인해보자는 생각을 해냈다. 그 결과 수수께끼가 풀렸다. 알고 보니 여성에게서 추출한 세포는 재생된 반면 남성에게서 추출한 세포는 재생되지 않았다.

젠더의 맹점은 아직 사라지지 않았다. 코로나 팬데믹이 발생한 지 몇 주가 지나고 연구자들은 감염률과 사망률 모두 남성이 여성보다 취약하다는 사실을 깨닫기 시작했다. 그 원인은 꼼꼼한 손씻기 혹은 흡연율의 차이 때문일까? 또는 어쩌면 남성과 여성의 면역계가 지닌 생리의 깊은 차이 때문일까? 이는 알기 어려운 문제였다. 무엇보다 감염건수가 가장 많은 25개국 중에서 절반 이상(영국과 미국 포함)이 감염 사례를 젠더에 따라 분류하지는 않았기 때문이다.[8]

여성을 데이터 수집 대상에 포함한다 해도 질문이 설문 기획자의 머릿속에 있는 남자 모양 상자에 맞지 않으면 또 다른 문제가 생긴다. 약 25년 전 일이지만 우간다에서는 활동하는 노동인구가 갑자기 650만 명에서 720만 명으로 10퍼센트 넘게 급증한 적이 있었다. 대체 우간다에서 무슨 일이 생긴 걸까? 결론부터 말하자면 우간다의 노동인구를 파악하기 위한 설문지의 질문이 개선되어 일어난 일이었다.[9]

우간다의 이전 설문지에는 주된 노동활동 내지 직업만 표시했다. 그래서 파트타임 일자리가 있거나, 노점상을 운영하거나, 가족 농장에서 몇 시간씩 일하는 많은 여성은 그냥 '가정주부'라고 기재했다. 가정주부는 노동인구에 들어가지 못했다. 반면에 새로운 설문은 부차적 활동에 대해서도 물었다. 그러자 갑자기 여성들은 부업으로 오랜 시간을 일하는 유급 노동을 언급했다. 그 결과 우간다의 노동인구가 70만 명이나 늘었다. 그중 대다수는 여성이었다. 문제는 이전 조사에서도 여성을 무시한 것이 아니었다. 그보다는 남편은 종일 급여를 받는 일을 하고 아내는 집에서 급여 없이 일한다는 가사노동 분업을 가정한 구닥다리 질문이 문제였다.

정부가 종종 소득을 개인이 아니라 가구를 기준으로 측정한다는 사실에서 데이터의 더욱 미묘한 간극이 생겨난다. 이는 불합리한 결정이 아니다. 많은 가족은 임대료와 식대 그리고 때로는 모든 생활비를 벌기 위해 소득을 공동 관리한다. 그래서 '가구'가 분석을 위한 논리적 단위가 된다. 남성과 여성을 막론하고 내가 아는 많은 사람은 배우자가 높은 연봉을 벌어들이는 동안 자신은 집에서 '무급 노동'을 하고 아이를 돌보면서 대부분의 시간을 보낸다. 무급 노동을 하는 배우자가 소득을 거의 또는 전혀 올리지 못한다고 해서 그들 가족이 빈곤하게 산다고 주장하는 것은 이상하다.

이처럼 많은 가구가 소득을 공동 관리하는 것은 사실이다. 그래도 단순히 모두 그렇게 한다고 가정할 수는 없다. 돈은 가정 안에서 무기로 활용될 수 있다. 그래서 불균등한 수입은 학대적인 관계를 초래할 수 있다. 가구 소득에 대한 데이터만 수집하면 이런 학대가 통계적으로 원래 보이지 않는 것, 무의미한 것이 된다. 또한 우리가 측정하지 않는 것은 그냥 존재하지 않는다고 치부하기 쉽다.

한편으로 가정 경제에서 지갑과 통장을 누가 관리하는가가 그리 중요하지 않다는 게 사실로 밝혀졌다. 부분적이되 합당해 보이는 증거가 있다. 경제학자인 셸리 룬드버그Shelly Lundberg와 동료들은 1977년에 영국에서 일어난 일을 연구했다. 당시 가족에게 정기적으로 지급되는 아동 수당이 (대개 아버지의 소득에 대한) 세액공제 방식에서 어머니에 대한 현금 지급 방식으로 전환되었다. 그 결과 남성복보다 여성복 및 아동복에 대한 지출이 현저하게 증가했다.[10]

《파이낸셜 타임스》에 룬드버그의 연구를 주제로 한 내 칼럼이 실린 후에 한 독자가 분노에 찬 편지를 보내왔다. 그 내용은 남성복보다 여성복과 아동복에 돈을 쓰는 것이 더 나은지 어떻게 아느냐는 것이었다. 이 사람은 《파이낸셜 타임스》의 독자답지 않게 요점을 놓쳤다. 요점은 어떤 지출 패턴이 더 낫다 혹은 나쁘다는 게 아니다. 지출 패턴이 달라졌다는 데 초점을 맞춰야 한다. 가구 소득은 바뀌지 않았다. 그러나 그 소득이 해당 가구에 속한 다른 사람에게 지급되자 전과 다른 사용처로 지출되었다. 이는 가구 단위에서만 소득을 측정하면 중요한 정보를 놓칠 수 있음을 말해준다. 영국의 새로운 복지 체계인 보편 수당_{Universal Credit}은 한 명의 '가장'에게 지급된다. 기묘하게 구식인 이 결정은 남성에게 유리할 것이다. 다만 우리가 가진 데이터로는 단정해서 말하기 어려운 것도 사실이다.

진실을 좌우하는 집계 혹은 집계 제외

숫자 천국에서 내려온 신의 섭리처럼 양질의 통계가 어딘가의 도표에 그냥 나타나는 것을 상상하는 일은 즐겁다. 그런 일은 일어날 리 없지만 말이다. 사실 모든 데이터세트는 누군가가 수치를 수집하기로 결정하는 데서 시작된다. 어떤 수치를 수집하고 수집하지 않을지, 무엇을 측정하고 측정하지 않을지, 누가 포함되고 배제될지는 너무나 인간적인 가정과 선입견 그리고 부주의함의 결과다.

가령 유엔은 2030년을 위한 일련의 야심찬 '지속가능개발목표_{Sustainable Development Goals}'를 받아들였다. 그러나 개발 전문가들은 하나의 문제점을 제기했다. 유엔의 정책이 목표를 달성했는지 못 했는지 판단하기 위한 데이터가 없는 상황이 잦다는 것이다. 예컨대 여성 삶을 위협하는 가정폭력을 줄이는 데 성공했는가라는 의문에 유엔이 내밀 데이터는 매우 제한적이다. 대부분의 유엔 가입국이 아니라 불과 몇 개국만이라도 역사적 비교를 통해 여성 삶에 대한 충분한 양질의 데이터를 수집하고 있느

냐고 묻는다면 그렇다고 말하기 어렵다.[11]

때때로 특정 데이터 수집에 대한 선택 여부와 결정은 실로 기이하다. 팩트 체크 단체인 풀 팩트Full Fact의 대표인 윌 모이Will Moy는 "영국 당국은 폭행·강도·강간 피해자들보다 골퍼들에 대해 더 많이 안다"고 통렬하게 비판했다.[12] 그 이유는 조사 예산을 쥐고 있는 당국자가 범죄보다 골프를 이해하는 것이 더 중요하다고 판단했기 때문이 아니다. 사회적으로 중요한 조사가 다른 프로젝트와 연계되는 경향이 있다는 것이 문제다.

런던이 2012년 올림픽 개최지로 결정되자 들뜬 영국 정부는 '활동적 생활 조사Active Lives Survey'를 실시했다. 이 조사는 지리적으로 충분히 분산된 20만 명을 대상으로 각 지역에서 어떤 스포츠가 가장 인기 있는지 파악하는 것이었다. 영국 통계학자들이 골퍼들에 대해 너무나 잘 알게 된 이유가 거기에 있다.

물론 영국 정부의 결정이 잘못된 일은 아니다. 사람들이 어떻게 건강을 유지하는지 매우 세밀한 그림을 갖는 것은 좋은 일이다. 하지만 잉글랜드 및 웨일스 범죄 조사Crime Survey of England and Wales의 통계 표본이 겨우 3만 5,000가구였다는 사실은 개인과 사회의 안녕을 위한 연구와 조사를 강화해야 할 필요성을 잘 말해준다. 잉글랜드 및 웨일스 범죄 조사는 흔한 범죄의 전국적 추세를 이해하기에 충분한 규모로 진행되었다. 그래도 활동적 생활 조사만큼 대규모로 진행한다면 소규모 인구집단 또는 특정 지역에 대한 범죄 발생 추세를 이해할 수 있을 것이다. 다른 조건이 동일하다면 규모가 더 큰 조사는 더욱더 정확한 추정치를 제공한다. 특히 특이한 대상을 집계할 때는 더욱 그렇다. 다만 더 큰 것이 항상 더 낫다는 뜻은 아니다. 방대한 인원을 대상으로 해도 여전히 다른 많은 인원을 누락하는 바람에 실상을 심각할 정도로 왜곡할 수 있다.

1936년에 캔사스 주 주지사인 알프레드 랜던Alfred Landon은 민주당 소속 현직 대통령인 프랭클린 델라노 루즈벨트Franklin Delan Roosevelt에 맞설 공화당 대선 후보였다. 명망 있는 잡지인《리터러리 다이제스트Literary Digest》는 대선 결과를 예측하는 책임을 떠맡았다. 그들은 놀랍도록 야심찬 우편 여론조사를 실행했다. 이 조사는 무려 전체 유권자 중 4분의 1에 해당하는 1,000만 명을 대상으로 삼았다. 홍수처럼 쏟아질 답신이 얼마나 많을지는 상상하기 어려웠다. 그래도《리터러리 다이제스트》는 여론조사의 거대한 규모를 즐기는 것처럼 보였다. 그들은 8월 말에 이렇게 보도했다. "다음 주에 1,000만 명의 조사 대상자가 보낸 첫 답신이 기표 용지의 밀물을 일으킬 것이다. 우리는 그것들을 3차에 걸쳐 확인하고, 검증하고, 5회에 걸쳐 교차 분류하고, 집계할 것이다."[13]

《리터러리 다이제스트》는 두 달에 걸쳐 접수된 무려 240만 통의 답신을 집계했다. 집계 결과는 "제3의 후보에 투표하는 유권자는 소수이며, 55퍼센트 대 41퍼센트로 랜던이 루즈벨트에게 승리한다"라는 것이었다.

그러나 실제 대선은 아주 다른 결과로 끝났다. 루즈벨트는 랜던을 61퍼센트 대 37퍼센트로 압도했다.《리터러리 다이제스트》를 더욱 고통스럽게 만든 사실은 여론조사의 선구자인 조지 갤럽George Gallup이 훨씬 소규모로 실행한 여론조사 결과가 루즈벨트의 안락한 승리를 예측하면서 최종 투표 결과와 훨씬 가깝게 나왔다는 것이었다.

갤럽은《리터러리 다이제스트》가 이해하지 못한 것을 이해했다. 바로 데이터에 있어서는 규모가 전부는 아니라는 사실이었다. 갤럽식 여론조사는 투표 인구의 표본을 토대로 삼는다. 그래서 표본 오류와 표본 편향이라는 두 가지 문제에 대처했다.

표본 오류는 무작위로 선정한 표본이 순전한 우연으로 전체 인구의 진정한 시각을 반영하지 않는 위험을 나타낸다. 여론조사에서 밝히는 '오차범위'가 바로 이 위험을 반영한다. 표본이 클수록 오차범위가 작아진다. 1,000명의 면접 대상자는 많은 목적을 위한 충분히 큰 표본이다. 1936년 대선에서 갤럽은 3,000명을 대상으로 면접조사를 실행한 것으로 알려졌다.

하지만 3,000명의 면접 대상자가 충분한 수준이라면 240만 명을 조사한 결과는 그보다 훨씬 나았어야 하지 않을까? 그 답은 표본 오류에게 훨씬 위험한 친구가 있다는 것이다. 바로 표본 편향이다. 표본 오류는 무작위로 선택한 표본이 순전한 우연으로 이면의 인구를 반영하지 않는 것이다. 반면 표본 편향은 표본이 아예 무작위로 선택되지 않는 것이다. 조지 갤럽은 편향되지 않은 표본을 찾으려고 애썼다. 그것이 대규모 표본을 찾는 것보다 훨씬 중요하다는 사실을 알았기 때문이다.

《리터러리 다이제스트》는 더 큰 데이터세트를 확보하려다가 편향된 표본이라는 문제에서 실수를 저질렀다. 그들은 자동차 등록대장과 전화번호부에서 명단을 추출한 다음 여론조사 양식을 발송했다. 이 표본은 적어도 1936년에는 부유층을 과도하게 포함하고 있었다. 차나 전화기를 보유한 사람들은 그렇지 않은 사람들보다 대체로 부유했다. 게다가 랜던 지지자들이 루즈벨트 지지자들보다 답신을 보낼 가능성이 높다는 사실이 문제를 악화시켰다. 이 두 편향의 조합은《리터러리 다이제스트》의 여론조사를 망치기에 충분했다. 그들은 조지 갤럽의 여론조사원들이 면접조사를 한 사람들보다 800배나 많은 사람으로부터 답신을 받았다. 그러나 그들이 고생한 대가로 얻은 것이라고는 '아주 정확하게 추정한 오답'뿐이었다. 결국 그들은 누락된 사람(조사 대상이 아닌 사람)과 누락된 응답을 모두 충분히 고려하지 않은 대가로 통계사에서 가장 유명한 여론조사의 재난을 일으키고 말았다.

다크 데이터

모든 여론조사기관은 여론조사가《리터러리 다이제스트》효과에 취약하다는 사실을 안다. 그래서 진지한 여론조사기관은 조지 갤럽처럼 전체 인구를 대표하는 표본을 확보하려고 노력한다. 이 일은 지금까지 한 번도 쉬웠던 적이 없었으며, 오히려 갈수록 어려워지는 것처럼 보인다. 지금은 귀찮게 여론조사에 응답하는 사람들이 더 줄었다. 그에 따라 응답자들이 정말로 나머지 사람들을 대표하는지 여부에 대한 의문이 제기되었다. 그 부분적인 이유는 유선전화로 무작정 전화를 건 여론조사원과 기꺼이 대화하려는 사람들이 줄었기 때문이다. 그러나 그게 전부는 아니다. 가령 최초의 영국선거연구British Election Study는 대면조사로 진행되었다. 조사팀의 가정방문 형태로 이뤄진 이 조사의 응답률은 1963년에 거의 80퍼센트에 이르렀다. 반면 역시 대면방식으로 진행된 2015년 조사의 응답률은 55퍼센트를 조금 넘기는 수준이었다. 조사팀이 찾아간 가정 중 거의 절반이 누구도 문을 열어주지 않거나, 누가 문을 열어줬지만 조사에 응하지 않은 것이다.[14]

여론조사기관들은 이 문제를 바로잡으려 노력한다. 그러나 확실한 방법이 없다. 통계학자인 데이비드 핸드David Hand는 누락된 응답을 '다크 데이터dark data'라 불렀다(여기서 '다크'는 '검은' 혹은 '어둠'이 아닌 '미지'라고 이해해야 옳다 – 옮긴이). 세상에는 조사할 사람들이 있고, 그들은 자신의 의견을 가지고 있다. 그러나 그 의견에 대해 추정만 할 수 있을 뿐이다. 애시와 밀그램이 여성의 반응을 살피는 문제를 무시했듯이 다크 데이터도 무시될 수 있다. 또는 누락된 부분을 조명하기 위해 절박한 노력을 기울일 수 있다. 그래도 결코 문제를 완전하게 해결하지는 못한다.

2015년 영국 총선에서 재임 총리인 데이비드 캐머런David Cameron이 권력을 유지하기에 충분한 득표를 하지 못할 것이라는 여론조사 결과가 나왔다. 이 결과는 틀린 것이었다. 캐머런의 보수당은 오히려 하원에서 의석을 늘리면서 아슬아슬한 승리를 확보했다. 무엇이 잘못되었는지는 확실치 않았다. 다만 다수의 여론조사기관은 막판에 보수당으로 표심이 기울었다고 추정했다. 그렇다면 마지막 순간에 두어 번의 즉석 조사를 실시했다면 그 반전을 감지했을지도 모른다.

그러나 무엇이 잘못되었는지에 대한 이 진단은 부정확했다. 이후에 이뤄진 조사에서 다크 데이터가 진정한 문제였다는 사실이 드러났다. 선거 직후 조사원들은 무작위로 선정한 표본 가구를 방문하여 투표를 했는지 그리고 어느 당에 했는지 물었다. 그 결과 여론조사와 같은 응답이 나왔다. 즉, 캐머런이 총리 자리를 유지하기에 충분한 보수표가 나오지 않았다. 조사원들은 이전에 아무도 문을 열어주지 않았거나 응답을 거부했던 가정을 다시 방문했다. 이 두 번째 시도에서는 보수표가 더 많이 확인되었다. 조사원들은 간극을 메우기 위해 거듭 해당 가구들을 방문했다. 때로는 최대 여섯 번까지 찾아가기도 했다. 결국 애초에 조사하려 했던 거의 모든 대상자로부터 답변을 구하게 되었다. 이 사후 조사 결과는 마침내 총선 결과처럼 보수당 정부가 들어서는 것으로 나왔다.

막판 반전이 문제였다면 선거 마지막에 두어 번의 신속한 조사를 하는 것이 해결책이 될 수 있었을 것이다. 그러나 진짜 문제는 보수층에게 답변을 구하기가 어렵다는 것이었다. 그렇다면 진정한 해결책은 더욱 긴 시간에 걸쳐 포괄적으로 여론조사를 실시하는 방법이어야 한다.[15]

표본 편향과 다크 데이터 문제는 악명 높은 2016년 대선에서 미국 여론조사기관들에게 다시 한 번 타격을 입혔다. 당시 여론조사 상으로는 승패를 좌우할 경합 지역에서 힐러리 클린턴이 도널드 트럼프를 앞서고 있는 것처럼 보였다. 그러나 실제로는 막판에 트럼프로 표가 쏠렸다. 결국 2015년 영국 총선 여론조사를 망친 것과 같은 '비응답 편향'이 드러났다. 알고 보니 여론조사원들이 트럼프 지지자들보다 클린턴 지지자들을 찾기가 더 쉬웠다. 객관적으로 보면 이 여론조사 오류가 아주 심한 수준은 아니었다. 단지 트럼프가 너무나 특이한 후보였기 때문에 사람들이 생각하기에 크게 느껴졌을 뿐이었다. 그래도 여론조사가 틀린 부분적인 이유는 그대로 남는다. 즉, 여론조사기관이 유권자를 대표하는 집단을 찾으려 했을 때 트럼프 지지자들이 너무 많이 누락되었다.[16]

OTT·SNS에서 수집하는 데이터와 통계

표본 편향 문제에 대한 한 가지 야심찬 해결책은 전체 인구를 대표하는 일부를 표본으로 삼지 말고 아예 모든 사람을 조사하는 것이다. 인구조사가 바로 이런 일을 시도한다. 그러나 인구조사기관도 모든 사람을 집계했다고 가정할 수 없다. 2010년 미국 인구조사에서는 전체 가구의 74퍼센트만 응답했다. 그만큼 많은 사람이 누락되었거나 조사를 거부한 것이다.

영국의 경우 2011년 인구조사의 응답률은 95퍼센트로서 약 2,500만 가구를 대표했다. 이는 훨씬 나은 수치다. 실제로 언뜻 거의 완벽해 보인다. 2,500만 가구가 응답했다면 무작위 표본 오류는 문제될 것이 없다. 아주 미미할 것이기 때문이다. 그러나 단 5퍼센트의 사람들이 누락되었다 해도 표본 편향은 여전히 걱정거리다. 인구조사기관은 공식 문서처럼 보이는 조사 양식이 집으로 날아왔을 때 특정한 사람들이 조사에 응할 가능성이 더 낮다는 사실을 안다. 공유 학생 주택 같은 다가구 주택 거주자, 20대 남성, 영어 능력이 떨어지는 사람들이 그들이다. 그 결과 응답하지 않은 5퍼센트는 응답한 95퍼센트와 아주 다를 수 있다. 이 사실만해도 인구조사 데이터를 왜곡하기에 충분하다.[17]

인구조사는 통계를 모으는 가장 오래된 방식 중 하나다. 훨씬 새롭지만 모든 사람을 포괄하려는 비슷한 야심을 가진 것이 바로 '빅데이터'다. 옥스퍼드 인터넷연구소Internet Institute 소장이자 《빅데이터Big Data》의 공저자인 빅토르 메이어-쇤베르거Viktor Mayer-Schönberger 교수는 자신이 가장 좋아하는 빅데이터세트의 정의는 'N=전체'라고 내게 말했다.[18] 이 경우 표본을 선정할 필요가 없다. 전체 배경 인구를 포함하기 때문이다.

빅데이터의 한 가지 원천은 너무나 진부해서 간과하기 쉽다. 당신이 영화를 볼 때 생성하는 데이터를 생각해보라. 1980년에 당신에게 주어진 유일한 선택지는 영화관에 가서 현금을 지불하는 것이었다. 여기서 생성되는 데이터는 영화관 매출뿐이다. 이후 1990년에는 동네 비디오 대여점에 갈 수 있었다. 이 대여점은 컴퓨터나 수기로 당신의 대여 기록을 관리했다. 컴퓨터로 관리했더라도 폭넓은 데이터베이스에 연결되어 있지 않았다. 그러나 21세기에는 넷플릭스나 아마존에 계정을 만들면 당신의 데이터가 방대하고 서로 밀접하게 연결된 비즈니스 세계로 유입된다. 그래서 계약 조건이 허용한다면 쉽게 분석하거나, 교차 참조하거나, 데이터 중개상과 공유할 수 있다.

도서관 회원카드를 신청하거나, 소득세를 납부하거나, 이동통신사 계약에 서명하거나, 여권을 신청할 때도 마찬가지다. 오래전에 이런 데이터는 거대한 알파벳 순 카탈로그에 속한 작은 종이쪽지로 존재했을 것이다. 그것들은 인구조사나 설문조사와 달리 통계적 분석을 위한 것이 아니었다. 단지 행정적 자료, 업무를 진행하기 위해 수집한 데이터일 뿐이었다. 그러다가 시간이 지나면서 행정적 데이터가 디지털화 되었다. 또한 데이터를 획득하는 알고리즘이 개선되었다. 그 결과 통계적 분석을 위한 입력물로 활용하기가 더 쉬워졌다. 설문조사 데이터를 보완하거나 심지어 대체할 수 있었다.

그러나 'N=전체'는 종종 팩트라기보다 '마음 편해지는 가정'에 가깝다. 앞서 말한 대로 행정적 데이터는 누구든 각 가구에서 양식을 작성하고 비용을 대는 사람에 대한 정보를 담고 있는 경우가 많다. 그래서 행정과 거리가 먼 사람들을 포착하기 어렵다. 또한 'N=전체'가 'N=특정 서비스에 가입한 모든 사람'과 같지 않다는 사실을 잊기 쉽다. 가령 넷플릭스는 모든 고객에 대한 풍부한 데이터를 보유하고 있다. 그러나 고객이 아닌 사람들에 대한 데이터는 훨씬 적게 보유하고 있다. 한 집단의 데이터를 토대로 다른 집단을 일반화하는 것은 넷플릭스에게 매우 위험한 일이 될 것이다.

행정적 데이터보다 더 의지할 만한 빅데이터의 생명줄은 '발견된 데이터found data'이다. 이는 우리가 스마트폰을 들고 돌아다니거나, 구글로 검색하거나, 온라인으로 결제하거나, 생각을 트윗으로 알리거나, 사진을 페이스북에 올리거나, 스마트 온도조절장치로 온도를 높일 때 알지도 못하는 사이에 남기는 데이터이다. 당신이 넷플릭스에 제공한 이름과 신용카드 정보만이 아니다. 넷플릭스에서 시청하거나, 시청을 중단한 모든 내역과 그밖의 다른 많은 정보가 거기에 포함된다.

이런 데이터를 안일하게 사이버공간에서 그러모으면 온갖 어설픈 방식으로 왜곡할 수 있다. 가령 여론을 정확하게 파악하고 싶을 때 비용을 들여서 여론조사를 맡기는 것보다 트위터에서 정서 분석 알고리즘을 돌리는 것을 예로 들 수 있다. 트위터는 모든 메시지를 분석 대상으로 제공할 수 있다. 현실적으로는 대다수 연구자들이 이 방대한 데이터의 부분집합을 활용하기는 하지만 말이다. 그러나 모든 트위터 메시지를 분석한다고 해도, 즉 'N=전체'라고 해도 여전히 온 세상 사람의 생각이 아니라 트위터 사용자의 생각만 알 수 있다. 트위터 사용자는 딱히 세상을 제대로 대표하지 않는다. 가령 미국의 경우 트위터 이용자는 전체적으로 젊고, 도시에 거주하고, 대학 교육을 받았으며, 흑인일 가능성이 더 높다. 한편 여성은 남성보다 페이스북과 인스타그램을 더 많이 쓰고, 링크드인을 덜 쓴다. 또한 남미계는 백인보다 페이스북을 더 많이 쓰고, 흑인은 백인보다 링크드인·트위터·인스타그램을 더 많이 쓴다. 이런 '사실'은 '진실'을 대변하지 않는다.[19]

세상의 왜곡된 표본

마이크로소프트의 연구원인 케이트 크로포드_{Kate Crawford}는 'N=전체'라는 가정이 사람들을 오도한 많은 사례를 모았다. 2012년에 허리케인 샌디_{Hurricane Sandy}가 뉴욕 지역을 강타했을 때 연구자들은 트위터와 위치 기반 검색엔진인 포스퀘어_{FourSquare}에서 얻은 데이터를 분석한 결과를 발표했다. 거기에 따르면 허리케인이 덮치기 하루 전에는 식료품 구매가 급증했고, 허리케인이 덮친 하루 후에는 바와 나이트클럽에 사람들이 몰렸다. 여기까지는 아직 괜찮다. 허리케인에 대한 트윗들은 맨해턴에서 올린 것이 압도적으로 많았다. 그러나 훨씬 크게 타격을 입은 곳은 코니 아일랜드 같은 지역이었다. 실제로 코니 아일랜드는 전기가 끊길 정도였다. 코니 아일랜드에서 누구도 트윗을 올리지 않은 이유가 거기에 있었다. 반면에 인구가 많고 잘사는 맨해턴은 적어도 지금보다 스마트폰이 드물었던 2012년에도 이미 스마트폰이 이례적으로 넘쳐났다. 이런 종류의 빅데이터 분석을 유용하게 만들기 위해서는 트윗과 현실을 분리하기 위한 상당한 노력이 필요하다.[20]

또 다른 사례로 2012년에 보스턴은 스트리트범프_{StreetBump}라는 스마트폰 앱을 선보였다. 아이폰 가속계를 활용하여 포트홀_{pothole}(도로가 파이고 깨져서 생긴 웅덩이. 사소하게는 차체의 격한 진동을 유발하고 심각할 경우 타이어와 휠에 영구적인 손상을 입힌다 - 옮긴이)을 감지하는 앱이었다. 앱의 취지는 시민들이 앱을 내려받은 후 도시 주위로 차를 몰고 다니면 휴대폰이 자동으로 시청에 도로 보수가 필요한 때를 알려준다는 것이었다. 공무원들은 더 이상 도로를 순찰하면서 일일이 포트홀을 찾을 필요가 없었다. 유쾌할 정도로 멋진 아이디어였다. 실제로 포트홀을 찾는 데 성공하기도 했다. 하지만 그냥 그 자체로 놔뒀을 때 스트리트범프가 만들어낸 것은 젊고 부유한 사람들이 사는 지역을 시스템적으로 선호하는 포트홀 지도였다. 그 지역에는 아이폰을 보유하고, 스트리트범프 앱에 대한 이야기를 들어본 사람이 더 많았다. 스트리트범프는 필요한 기능을 갖춘 모든 휴대폰을 통해 모든 포트홀을 기록할 수 있다는 의미에서 'N=전체'를 제공한다. 그러나 이는 모든 포트홀을 기록한다는 것과 거리가 멀었다. 이후 스트리트범프의 프로젝트는 폐기되었다.

빅데이터를 분석하는 알고리즘은 은근히 편향적으로 발견된 데이터를 활용하여 훈련된다. 가령 주로 흰 얼굴과 남성의 목소리를 통해 훈련된 알고리즘은 나중에 여성의 말이나 어두운 색의 외모를 분석할 때 혼란에 빠질 수 있다. 이는 구글 포토 소프트웨어가 어두운 피부를 가진 사람의 사진과 고릴라의 사진을 혼동한 이유를 설명하는 데 도움이 된다. 또한 휴렛 패커드Hewlett Packard 웹캠은 어두운 피부색을 지닌 사람을 향할 때 잘 작동하지 않는다. 그리고 사진을 찍을 때 누군가가 눈을 깜박였다고 판단되는 경우 재촬영하도록 프로그래밍된 니콘 카메라는 한국인, 중국인, 일본인을 미친 듯이 계속해서 다시 촬영했다. 동아시아인 특유의 눈꺼풀을 눈 깜박임으로 잘못 인식했기 때문이었다. 2020년 봄에 출시된 새로운 앱들은 기침 소리를 들으면 코로나나 다른 병에 걸렸는지 감

지할 수 있다고 약속한다. 하지만 나는 이 앱들이 앞서 소개한 것들보다 더 나은지 어떤지 모르겠다.[21]

한 가지는 분명하다. 세상의 왜곡된 표본이 모이면 알고리즘은 왜곡된 결론을 내린다.[22]

매혹적인 착각

세상에는 인종차별과 성차별을 공공연하게 일삼는 사람들이 있다(당장 주위를 둘러보라). 그러나 통계에서의 차별은 노골적인 차별과 다르게 행해진다. 충분히 숙고하지 않은 선택의 결과로서 제외할 대상이 집계되거나, 집계해야 하는 대상이 제외되곤 한다. 더 근본적인 원인은 아주 미묘한 편견과 숨겨진 어떤 가정에 있다.

직접 데이터를 수집하지 않는 한에야 누락된 데이터라는 문제에 맞서는 일은 한계가 있다. 그래도 우리가 접하는 데이터에서 누가 또는 무엇이 누락되었는지 따지는 일은 할 수 있으며, 또 해야만 한다. 어떤 누락된 수치는 누락된 원인이 명백하다. 가령 성적 인신매매나 중독성 마약 사용 같은 범죄에 대해 좋은 데이터를 수집하기는 당연히 어렵다. 반면 그 외의 누락은 집계 대상과 집계 방식을 면밀히 살펴야만 누락된 이유가 밝혀진다. 연구자들은 실험이 남성만을 대상으로 삼았다는 사실을 명시하지 않을지도 모른다. 이런 정보는 통계 부록에 묻히거나 아예 보고

되지 않는다. 그러나 종종 간단한 조사로도 연구에 맹점이 있다는 사실을 밝혀낼 수 있다. 어떤 실험이 남성만을 대상으로 삼았다면 여성을 포함했을 때 같은 결론이 나올 것이라고 가정할 수 없다. 또한 정부 통계가 가구의 소득을 측정한 경우 가구 내 소득 분배에 대해서는 알 수 있는 게 별로 없다는 사실을 인식해야 한다.

대규모로 발견된 데이터세트는 포괄적이고, 엄청나게 유용할 수 있다. 그러나 'N=전체'는 매혹적인 착각일 경우가 많다. 그래서 중요한 모든 것을 확보했다는 부적절한 가정을 하기 쉽다. 언제나 누가, 무엇이 빠졌는지 따져보는 일은 매우 중요하다. 이는 빅데이터에 신중하게 접근해야 하는 여러 이유 가운데 하나일 뿐이다. 빅데이터는 통계를 수집하는 방식에서 이뤄진 거대하면서도 충분히 검토되지 않은 변화를 대표한다. 세상을 이해하기 위한 다음 여정은 바로 이 빅데이터와 알고리즘 그리고 인공지능으로 이어진다.

HARFORD

인공지능에게
결정권을 주지 말라

DEMAND TRANSPARENCY
WHEN THE COMPUTER
SAYS "NO"

근래에 제가 몇 가지 아주 부실한
결정을 내린 것을 알고 있습니다.
그러나 저의 작업이 정상으로
돌아올 것임을 확언할 수 있습니다.
저는 여전히 이 임무에 더할 나위 없는
열의와 믿음을 갖고 있습니다.
그리고 데이브, 당신을 돕고 싶습니다.

할 HAL 9000《《2001 스페이스 오디세이 2001: A Space Odyssey》》

인공지능에게
결정권을 주지 말라

2009년에 구글 연구팀은 세계 최고의 과학 저널 《네이처Nature》에 주목할 만한 성과를 발표했다.[1] 연구팀이 검진 결과를 입수하지 않고도 미국 전역에 걸친 독감 전파 상황을 추적할 수 있었다는 것이다. 게다가 이 일을 의사들의 진료 결과 보고에 의존하는 질병통제예방센터Centers for Disease and Prevention보다 빠르게 해냈다. 구글의 알고리즘은 2003년부터 2008년까지 질병통제예방센터의 데이터에 나타난 패턴을 검색했다. 그리고 이를 통해 독감 발생 사례와 같은 시기에 같은 지역에서 사람들이 검색한 내용 사이의 상관성을 파악했다. 해당 패턴을 파악하면 오늘의 검색 내용을 활용하여 오늘의 독감 발생 사례를 추정할 수 있었다. 그것도 질병통제예방센터가 공식 통계를 발표하기 일주일도 더 전에 말이다.[2]

데이터가 충분하면 숫자가 스스로 말한다?

'구글 독감 트렌드_{Google Flu Trends}'는 신속하고, 정확하고, 저렴할 뿐 아니라 이론이 필요 없었다. 구글의 엔지니어들은 어떤 검색어가 독감의 전파와 연관되었을지에 대해 가설을 세우려 들지 않았다. 우리는 '독감 증상'이나 '근처 약국' 같은 검색어가 '비욘세' 같은 검색어보다 독감 발생 사례를 더 잘 예측할 것이라고 타당하게 추측할 수 있다. 그러나 구글 팀은 그것도 신경 쓰지 않았다. 그들은 단지 상위 5,000만 개의 검색어를 입력하고 알고리즘이 일하도록 놔두었다.

구글 독감 트렌드의 성공은 비즈니스와 기술 그리고 과학 분야의 인기 있는 새로운 추세의 상징이 되었다. 핵심은 '빅데이터'와 '알고리즘'이다. '빅데이터'는 많은 의미를 지닐 수 있다. 그러나 여기서는 법칙6에서 논의했듯이 '발견된 데이터'에 초점을 맞추도록 하자. 발견된 데이터는 웹 검색, 신용카드 결제, 인근 통신탑에 포착된 휴대전화 신호 같은 것들로 구성되는 '디지털 배기가스'이다. 디지털 배기가스는 대개 조직이 활동을 꾸려나가는 과정에서 생성되는 행정적 데이터에 의해 뒷받침된다.

한편 알고리즘은 일련의 행동을 실행하기 위한 단계별 레시피*다. 대부분 상황에서 '알고리즘'은 단지 '컴퓨터 프로그램'을 뜻한다. 그러나 지난 몇 년 사이에 이 단어는 매우 구체적인 의미로 이어져 왔다. 즉, 알고

---

* 레시피이기는 하되 규칙을 대단히 엄격하게 따지는 셰프가 작성한다. 컴퓨터가 알고리즘을 해석하려면 각 단계가 긴밀하게 명시되어야 하기 때문이다.

리즘은 대규모 데이터세트에서 패턴을 찾는 도구가 되었다. 구글 독감 트렌드는 5,000만 개의 검색어를 분석하는 패턴 인식 알고리즘을 기반으로 둔다. 이 알고리즘은 추가 독감 발생 사례에 관한 질병통제예방센터 발표와 일치하는 검색어를 찾는다.

이 장에서는 이런 종류의 데이터와 알고리즘을 살펴보고자 한다. '발견된' 데이터세트는 방대할 수 있다. 또한 수집 비용이 비교적 저렴하고, 실시간으로 갱신되며, 별개의 목적으로 수집된 데이터 포인트가 혼합되어 있어서 난잡하다. 우리의 커뮤니케이션·여가·상업은 인터넷으로 이동하고 있으며, 인터넷은 휴대전화와 차 그리고 심지어 안경으로까지 이동하고 있다. 그에 따라 10년 전만 해도 상상하기 힘들었던 방식으로 우리의 생활을 기록하고 정량화할 수 있다. 비즈니스 서적 판매대와 경제 잡지를 한번 살펴보라. 위와 같이 '데이터가 제공하는 기회'에 관련된 책과 기사로 넘쳐난다.

빅데이터의 치어리더들은 '똑똑해져서 부자가 되어라'라는 메시지와 더불어 세 가지 흥미로운 주장을 내세웠다. 이 각각의 주장은 구글 독감 트렌드의 성공을 반영했다. 첫 번째 주장은 데이터 분석이 무시무시할 정도로 정확한 결과를 낳는다는 것이다. 두 번째 주장은 모든 데이터 포인트를 포착할 수 있으므로(법칙6에서 접한 'N=전체'라는 주장) 오랜 통계적 표본 추출 기법은 쓸모없다는 것이다(이 주장의 의미는 독감 트렌드가 모든 검색을 포착했다는 것이다). 끝으로 세 번째 주장은 과학적 모형도 쓸모없다는 것이다. 다시 말해서 '독감 증상'이나 '비욘세' 같은 검색어가 독감 전파와 연관되거나, 되지 않는 이유에 대한 이론을 개발하되 검증할 필요는 없다는 것이다. 그 이유는 2008년에 《와이어드Wired》에 실린 도발적인 기사에 잘 나와 있다. "데이터가 충분하면 숫자가 스스로 말한다."

가히 혁명적인 주장이다. 그러나 위의 《네이처》 논문이 발표된 지 4년 후에 《네이처 뉴스》는 안타까운 소식을 전했다. 바로 최신 독감이 예기치 못한 희생자를 낳았다는 것이었다. 그 희생자는 구글 독감 트렌드였다.

구글 독감 트렌드는 여러 해 겨울에 걸쳐 신속하고 정확한 독감 발생 현황을 안정적으로 알려주었다. 그러나 이론에 의존하지 않고 풍부한 데이터를 활용하는 이 모델은 이번에 독감이 어디로 전파되는지 감지하는 능력을 잃어버렸다. 구글 모델은 심각한 독감 발생 경보를 알렸다. 그러나 질병통제예방센터의 느리고 꾸준한 데이터는 독감 전파에 대한 구글의 추정이 과장되었음을 보여주었다. 심지어 실제 수치보다 두 배 이상 차이 나는 때도 있었다.[3] 결국 구글 독감 트렌드 프로젝트는 얼마 지나지 않아 폐기되었다.[4]

구글 독감 트렌드는 무엇이 잘못된 걸까? 이 알고리즘의 문제 중 일부는 '과학적 모형도 쓸모없다'는 세 번째 주장 때문에 발생했다. 구글은 어떤 검색어를 독감 전파와 연계시켰는지 알지 못했고, 알 수도 없었다. 구글 엔지니어들은 무엇이 무엇을 초래했는지 파악하려 들지 않았다. 그들은 단지 데이터에서 통계적으로 유의미한 패턴만을 찾았다. 그것은 알고리즘이 하는 일이었다. 사실 구글 연구팀은 패턴을 들여다본 후 알고리즘에게 무시하라고 지시해도 무방한 명백히 잘못된 상관관계를 발견했다. 가령 독감 발병 사례는 '고등학교 농구 리그'라는 검색어와 연계되는 것으로 드러났다. 그 이유는 명백했다. 독감과 고등학교 농구는 모두 11월 중순에 주로 진행되었다. 이는 독감 트렌드가 독감을 감지하는 동시에 겨울도 감지한다는 것을 뜻했다.[5] 이 점은 2009년에 여름 독감이 발생했을 때 문제가 되었다. 겨울의 징후를 열심히 살피던 구글 독감 트렌드는 아무것도 찾지 못했다. 그래서 비시즌 발병을 놓치고 말았다. 그 결과 실제 발병 사례가 추정치보다 네 배나 높게 나왔다.[6]

위와 같은 '겨울 감지기' 문제는 빅데이터 분석에서 흔하다. 컴퓨터공학자인 사미르 싱Sameer Singh은 패턴 인식 알고리즘에게 야생 늑대의 사진과 허스키 반려견의 사진을 여러 장 보여주었을 때 발견했던 일화를 제시했다. 이 알고리즘은 비슷한 두 동물을 정말로 잘 구분하는 것처럼 보였다. 그러나 알고 보니 그냥 눈이 있는 모든 사진의 동물에 늑대라는 라벨을 붙인 것일 뿐이었다. 저넬 셰인Janelle Shane은《좀 이상하지만 재미있는 녀석들You Look Like a Thing and I Love You》에서 더욱 심각한 함의를 지닌 사례를 소개한다. 이 경우에는 알고리즘에게 건강한 피부와 피부암의 사진이 제시되었다. 해당 알고리즘은 패턴을 파악했다. 바로 사진에 자ruler가 있으면 암이라는 것이었다.[7] 알고리즘이 '어떤 일을 하는 이유'를 모르면 우리는 '자 감지기'에 목숨을 맡기게 된다.

빅데이터와 알고리즘에서 무엇이 무엇을 초래했는지 파악하는 일은 어렵다. 어떤 사람들은 아예 불가능하다고 말한다. 반면 무엇이 무엇과 연관되었는지 파악하는 일은 훨씬 저렴하고 쉽다.《와이어드》에 문제의 도발적인 기사를 실은 크리스 앤더슨Chris Anderson 같은 일부 빅데이터 지지자들은 상관성을 넘어서는 분석은 무의미하다고 주장했다. 그는 "데이터를 먼저 수학적으로 살피고 나중에 그에 대한 맥락을 구축하라"고 썼다. 즉, 숫자가 스스로 말한다는 것이다. 또는 앤더슨이 제시한 요점을 불친절하게 풀이하자면 "고등학교 농구와 관련된 검색어가 언제나 독감 발병 사례와 동시에 늘어난다면 그 이유는 그다지 중요치 않다"는 게 된다.

크리스 앤더슨의 말은 사실일까? 물론 절대 아니다. 알고리즘의 이유는 매우 중요하다. 이론적 토대 없이 단순히 상관관계만 분석해 도출되는 결론은 취약할 수밖에 없기 때문이다. 상관관계 뒤에 무엇이 있는지 모른다면 마찬가지로 그 상관관계가 무엇 때문에 무너지는지도 모른다.

2009년 여름 독감 문제 이후 독감 트렌드의 정확성은 2012년 말에 완전히 무너졌다. 그 이유는 명확하지 않다. 한 가지 이론은 2012년 12월에 뉴스가 독감에 대한 무서운 이야기로 가득했고, 이런 보도 때문에 건강한 사람들도 인터넷으로 독감을 검색하게 되었다는 것이다. 또 다른 유력한 설명은 구글의 검색 알고리즘에 생긴 변화 때문이라는 것이다. 당시 구글은 사람들이 검색창에 증상을 입력하면 자동으로 진단명을 제시하기 시작했다. 그에 따라 사람들이 입력하는 내용이 독감 트렌드 모델을 속이는 방식으로 바뀌게 되었다. 구글이 문제의 원인을 파악하고 원하면 알고리즘이 다시 작동하게 할 방법을 찾았을지도 모른다. 그러나 그들은 수고와 비용 그리고 실패 위험 감수할 가치가 없다고 판단했다.

물론 구글이 독감 트렌드를 포기한 다른 이유가 있을지도 모른다. 사실 외부 연구자들은 원인을 추정할 수밖에 없었다. 확실한 답을 얻을 수 있는 정보가 없었기 때문이다. 사실 구글은 연구자들과 일부 데이터를 공유한다. 또한 일부 데이터는 누구에게나 무료로 제공하기도 한다. 그러나 당신이나 나 또는 다른 누구에게도 모든 데이터를 제공하지는 않을 것이다.

빅데이터와 알고리즘을 보는 인간의 극적인 변화

내 책장의 명당에는 두 권의 좋은 책이 꽂혀 있다. 불과 몇 년의 간격을 두고 출간된 두 책은 빅데이터에 대한 인간의 관점이 어떻게 바뀌었는지 잘 반영한다. 한 권은 2013년에 켄 쿠키어Kenn Cukier와 빅토르 메이어 쇤베르거가 펴낸《빅데이터》다. 이 책은 저렴한 센서, 방대한 데이터세트, 패턴 인식 알고리즘이 책의 부제처럼 "우리가 생활하고, 일하고, 생각하는 양상을 바꾼" 수많은 사례를 제시한다. 이 책의 저자들이 이야기를 시작하기 위해 선택한 대표적인 사례가 무엇이었는지 아는가? 바로 구글 독감 트렌드다. 구글 독감 트렌드의 몰락이 확실해진 때, 공교롭게도 이 책은 인쇄에 들어가고 말았다.

그로부터 3년 후인 2016년에 캐시 오닐Cathy O'Neil의《대량살상 수학무기Weapons of Math Destruction》가 나왔다. 이 책은 제목에서 짐작할 수 있는 대로 빅데이터와 알고리즘에 훨씬 비관적인 관점을 담고 있다. 또한 이 책은 부제에서 빅데이터가 "불평등을 심화하고 민주주의를 위협한다"라고 말한다.

두 책의 부분적인 차이는 관점에 있다. 쿠키어와 메이어 쇤베르거는 데이터 기반 알고리즘을 통해 '일하는 사람의 관점'을 취하는 경향이 있다. 반면 오닐은 데이터 기반 알고리즘의 '영향을 받는 사람의 관점'에서 상황을 바라보는 경향이 있다. 망치는 목수에게 유용한 도구로 보인다. 반면 못은 망치에 완전히 다른 인상을 지닌다.

그러나 이 어조의 변화는 2013년과 2016년 사이에 일어난 시대정신의 변화를 반영하기도 한다. 2013년에 빅데이터에 관심을 가진 비교적 소수의 사람은 자신을 '목수'로 상상했다. 반면 2016년에는 많은 사람이 자신은 한낱 '못'에 불과하다는 사실을 깨닫고 말았다. 혁신의 동력으로 보였던 빅데이터는 불길하게 보이는 대상이 되었다. 환호성은 종말론과 흥분되고 과장된 헤드라인에 밀려났다(내가 가장 좋아하는 것은 CNN의 '수학은 인종차별주의자'라는 헤드라인이다). 이 사태는 정치컨설팅기업인 케임브리지 애널리티카Cambridge Analytica가 페이스북의 느슨한 데이터 정책을 악용했다는 사실이 드러나면서 절정에 이르렀다. 그들은 5,000만 명에 대한 정보를 당사자 모르게 또는 적절한 동의도 없이 가로챈 후 맞춤형 광고를 노출했다. 이 사건에 경악한 논평가들은 한때 해당 광고가 너무나 효과적이어서 근본적으로 도널드 트럼프의 당선에 이바지했을지 모른다고 추정했다. 그러나 나중에는 더욱 차분한 분석을 통해 케임브리

지 애널리티카가 '정신까지 조종하지는 못한다'라는 결론이 내려졌다.[8]

우리는 각자 데이터를 흘리고 다닌다. 이 데이터는 걸레에 닦여서 정보의 바다 위에 쫙쫙 짜여서 뿌려진다. 알고리즘과 대규모 데이터세트는 짝을 찾는 일부터 범죄 혐의가 있는 사람을 재판 전에 수감할 것인지 아니면 보석을 허용할 것인지 결정하는 일까지 모든 방면에 활용되고 있다. 우리는 모두 이런 데이터가 무엇이고 어떻게 활용될 수 있는지 반드시 알아야 한다. 빅데이터에 흥분해야 할까, 공포심을 가져야 할까? 목수를 북돋아야 할까 아니면 모르는 사이에 못이 되지 않을지 걱정해야 할까?

그 답은 그때그때 다르다. 이번 장에서는 무엇이 그때그때 다른 판단을 하게 만드는지 보여주고자 한다.

빅데이터와 알고리즘은 어디까지 인간을 이해하고 있는가

저널리스트인 찰스 두히그Charles Duhigg는 2012년에《뉴욕타임스》에 빅데이터에 대한 글을 실었다. 당시의 시대정신은 우리가 아직 목수임을 확고하게 지지하고 있었다. 그는 이 글에서 빅데이터에 대한 호들갑을 매우 명민하게 담아냈다. 그 주된 내용은 미국의 할인점인 '타깃Target'에 대한 이야기였다.

두히그의 설명에 따르면 타깃은 고객과 관련된 데이터를 아주 많이 수집하고, 매우 능숙하게 분석했다. 그 결과 고객에 대한 타깃의 통찰은 마술처럼 보일 정도가 되었다.[9] 두히그는 그 대표적인 일화를 소개했다. 미니애폴리스 인근의 타깃 매장에 한 남자가 뛰어 들어왔다. 그는 매니저에게 타깃이 자신의 십 대 딸에게 아기 옷과 임부복에 대한 쿠폰을 보내고 있다고 항의했다. 매니저는 깊이 사과했고, 나중에 다시 사과하기 위해 그 남자에게 전화를 걸었다. 그리고 그 남자의 십 대 딸이 실제로 임신했다는 말을 들었다. 그 남자가 딸의 임신 사실을 몰랐을 뿐이었다. 반면에 타깃은 남자의 딸이 무향 물티슈와 비타민 보충제를 구매한 내역을 분석해 임신 사실을 확신하고 있었다.

하지만 이것이 정말로 통계의 마법일까? 나는 많은 사람과 이 이야기에 대해 논의했고, 상반된 입장을 접했다. 대다수 사람은 휘둥그런 눈으로 놀라워했다. 그러나 내가 자주 어울리는 두 집단은 비교적 다른 입장이었다. 우선 저널리스트들은 대체로 냉소적이었다. 일부는 두히그가 풍문을 지어냈거나 과장했다고 의심했다(나는 오히려 저널리스트들이 직업상의 질투심에 사로잡혔을 것으로 의심한다). 반면 데이터 과학자와 통계 전문가 들은 하품을 했다. 그들은 그 이야기가 놀랍지 않고 새삼스럽지 않다고 여겼다. 나는 후자 집단의 관점이 옳다고 생각한다.

우선 구매 명세를 토대로 임신 사실을 예측하는 건 어떤가? 그다지 놀랍지 않다. 비타민 보충제인 엽산에 대한 영국 국민건강보험의 권고 내용을 살펴보자.

임신 가능성이 있는 모든 여성은 임신 전에 그리고 임신 12주차 동안 매일

400마이크로그램의 엽산을 먹을 것을 권고한다. (중략) 임신 전에 엽산 보충제를 먹지 않았다면 임신 사실을 안 순간부터 즉시 먹기 시작해야 한다. (중략) 정량을 먹는 유일한 방법은 보충제를 먹는 것이다.

여기까지는 좋다. 이 점을 염두에 둔 상태에서 어떤 여성이 엽산을 구매하기 시작했다는 말을 들으면 나는 어떤 결론에 이르러야 할까? 방대한 데이터세트나 명민한 분석 절차를 활용할 필요는 없다. 마법이 아니다. 명백히 그녀는 임신했을 가능성이 크다. 타깃 알고리즘은 초인적인 수준이 아니라 매우 인간적인 수준의 논리적 도약을 이뤘다. 그래서 같은 정보를 주면 당신이나 나 또는 다른 누구라도 파악했을 바로 그 사실을 파악했다.

솔직히 우리 인간은 이해하는 속도가 느릴 때가 있다. 해나 프라이Hanna Fry는 알고리즘에 관한 또 다른 훌륭한 책인《안녕, 인간Hello World》을 썼다.[10] 그녀는 이 책에서 영국의 슈퍼마켓인 테스코Tesco의 웹사이트에서 온라인 쇼핑을 하는 여성의 사례를 전한다.

한 여성이 온라인 쇼핑 카트의 '재구매하시겠습니까?' 항목에 콘돔이 있는 것을 발견한다. 가족 중 누군가가 이전에 콘돔을 샀다는 사실을 알고리즘이 알고 있다는 얘기였다. 그녀는 산 적이 없었고, 남편도 살 이유가 없었다. 두 사람은 콘돔을 쓰지 않았다. 그래서 그녀는 기술적 오류일 거라고 치부했다. 그게 아니면 달리 무슨 이유가 있을 수 있을까?

그 여성은 테스코에 항의 전화를 걸었다. 상담원은 고객님의 남편이 바람을 피우고 있다는 나쁜 소식을 전하는 것은 자기 업무 범위를 벗어난 일이라고 결론 내리고는 "컴퓨터 오류라고요? 맞습니다. 오류가 확실합니다. 불편을 끼쳐서 죄송합니다"라고 교묘한 거짓말로 응대했다. 프라이는 이제 이런 때엔 고객에게 사과하고 컴퓨터를 탓하는 게 테스코의 기본 방침이라고 말해주었다.

고객이 전에 콘돔을 샀다면 다시 사고 싶어 할 수 있다. 또한 누군가가 임신테스트기를 산 다음 임산부를 위한 비타민 보충제를 구매하기 시작했다면 이 사람이 여성이며, 몇 달 후에 임부복과 아기 옷 구매에 관심이 있을지 모른다고 가정하는 것이 타당하다. 알고리즘은 여기서 통계적 기적을 이루는 것이 아니다. 단지 인간, 예컨대 콘돔 앞에서 어리둥절한 아내나 임부복 때문에 화난 아버지에게서 숨겨진 어떤 것(콘돔, 임산부용 비타민)을 봤을 뿐이다. 우리가 알고리즘에 감탄하는 부분적인 이유는 마술사의 실크 손수건 밑에서 일어나는 일을 이해하지 못하기 때문이다.

타깃의 알고리즘에 대한 두히그의 이야기에는 데이터 기반 컴퓨터 분석기술의 능력을 과대평가하게 만드는 또 다른 측면이 있다. 데이터 과학자로서 오랫동안 소매업체와 광고업체를 위해 비슷한 접근법을 개발한 카이저 펑Kaiser Fung은 "상당한 '긍정 오류false positive 문제'가 있습니다"라고 말한다. 펑 씨가 말하는 바는 임신하지 않았는데도 아기 옷 할인 쿠폰을 받는 여성들에 대한 이야기를 우리가 듣지 못한다는 것이다. 앞선 일화를 들어보면 타깃의 알고리즘이 오류를 저지르지 않는다고 가정하기 쉽다. 즉, 아기 옷과 물티슈에 대한 쿠폰을 받는 사람은 모두 임신했다고 가정하기 쉽다. 그러나 거의 확신을 담아 말하건대 그건 진실이 아니다. 어쩌면 모든 고객이 아기 옷 할인 쿠폰을 받았을지도 모르는 일이다. 각각의 '고객 적중 사례'는 해당 고객들 외에 더욱 많은 고객을 상대로 헛발질을 했을 수도 있다. 이에 대한 충분한 자료를 알아내기 전에는 '타깃의 컴퓨터가 독심술을 지녔다'라는 데 무비판적인 신뢰를 보내서는 안 된다.

헛발질은 상당히 많을지도 모른다. "엽산을 구매하는 여성은 임신했을 것"이라는 단순한 추측의 경우도 예외는 아니다. 엽산 구매가 임신 사실을 보장하는 것은 아니다. 다른 이유로 엽산을 섭취했을 수도 있다. 또는 누군가에게 주기 위해 구매했을 수도 있다. 아니면 임신했다가 유산했거나 임신하려고 노력했지만 실패했을 수도 있다(이런 경우에 아기 옷 할인 쿠폰이 날아오기 시작하면 얼마나 마음이 아플지 상상해보라!). 타깃의 알고리즘이 너무나 똑똑해서 이런 슬픈 사례를 걸러낼지도 모른다. 그러나 그럴 가능성은 작다.

찰스 두히그의 글에 따르면 타깃은 와인잔 할인 쿠폰 같은 다른 할인 쿠폰을 무작위로 섞는다. 그 이유는 타깃의 컴퓨터가 자신의 내밀한 사정까지 알고 있다는 사실에 고객들이 섬뜩할 수 있기 때문이다. 그러나 카이저 펑은 다른 설명을 제시한다. 타깃이 다른 할인 쿠폰을 섞는 이유가 임신한 여성에게 아기와 관련된 할인 쿠폰만 보내는 것이 이상하기 때문이 아니다. 그보다는 해당 쿠폰북이 임신하지 않은 여성에게도 보내질 것임을 타깃이 알기 때문이다(주사위를 굴려서 1이 나왔을 때를 고객 적중이라고 가정해보자면, 타깃은 주사위를 한 개가 아니라 여러 개를 동시에 굴린 셈이다 - 옮긴이)

알고리즘이 권력을 가질 때

앞서 소개한 이야기에서 항의 전화를 받은 매니저는 그냥 많은 사람이 같은 할인 쿠폰을 받으니 신경 쓰지 말라고 말해야 했다. 그런데 왜 그렇게 하지 않았을까? 아마 그는 우리보다 타깃의 알고리즘을 잘 알지 못한 모양이다. 타깃은 구글과 마찬가지로 연구자들(그리고 경쟁자들)이 내막을 알 수 있도록 알고리즘과 데이터세트를 공개하기 꺼려할 것이다.

가장 현실성 있는 상황은 다음과 같다. 고객의 임신 여부는 구매 데이터로 포착하기 쉽다. 그래서 타깃의 데이터 기반 알고리즘은 분명 무작위로 추측하기보다 임신 여부를 알 방법이 많을 것이다. 그러나 여기에 오류가 없는 것은 전혀 아니다. 무작위적인 추측은 15세에서 45세 사이의 여성 중 약 5퍼센트가 어느 때든 임신했을 가능성이 있다는 것이다. 타깃이 정확하게 추측하는 확률을 10퍼센트나 15퍼센트로 높일 수 있다면? 그것만으로도 이미 시도할 가치가 있다. 타깃 입장에서 타깃으로 잡은 이들에게 특별 판촉의 정확성을 조금만 높여도 실적에 도움이 된다. 그러나 여기서 수익성 향상을 결코 '마법 같은 일'과 헷갈려서는 안 된다.

알고리즘에 대한 호들갑을 약간 줄이는 일부터 시작하자. 그 대상은 케임브리지 애널리티카가 독심술을 부린다는 종말론적 생각이나 빅데이터가 질병통제예방센터의 독감 발병 사례 조사 같은 느릿한 통계적 절차를 쉽게 대체할 수 있다는 아찔한 전망 모두 해당한다. 나는 처음 빅데이터와 씨름하기 시작했을 때 케임브리지대학의 데이비드 스피겔할터 교수에게 연락했다. 그는 영국의 선도적인 통계학자로서 대중에게 통계를 소개하는 데 뛰어났다. 나는 빅데이터에 환호하는 주장들을 그에게 제시했다. 가령 무시무시한 정확성, 모든 데이터 포인트를 포착하기 때문에 표본 추출을 무의미하게 만드는 것, "숫자는 스스로 말하기 때문에" 과학적 모형을 폐기하는 것에 관한 주장들이었다.

스피겔할터는 전문용어를 쓸 필요성을 느끼지 못했다. 그는 이런 주장들이 "완전한 헛소리이자 전혀 말도 안 되는 이야기"라고 단언했다. 빅데이터를 쓸모 있게 만드는 일은 보기보다 어렵다. 통계학자들은 지난 200년 동안 우리가 데이터를 통해 세상을 이해하려 할 때 어떤 함정이 도사리고 있는지 파악하려고 노력했다. 오늘날 데이터는 더 크고, 빠르고, 저렴해졌다. 그렇다고 해서 함정이 모두 사라진 것처럼 굴어서는 안 된다. 함정은 사라지지 않았다.

스피겔할터는 이렇게 덧붙였다. "빅데이터에서 발생하는 수많은 스몰 데이터 문제가 있습니다. 데이터를 많이 확보한다고 해서 그 문제들이 사라지지는 않아요. 오히려 악화할 뿐입니다."

찰스 두히그의 글을 읽은 사람 가운데 일부가 아기 옷 할인 쿠폰의 대상을 파악하는 타깃의 정확도를 쉽게 믿는다고 해도 문제가 될 점은 거의 없다. 그러나 권력자들이 잘 알지도 못하는 알고리즘에 대해 비슷하게 감탄하면서 시민의 삶을 바꾸는 결정에 활용한다면 문제가 된다.

케시 오닐이 《대량살상 수학무기》에서 제시한 가장 강력한 사례 중 하나는 워싱턴 D.C.에서 교사들을 평가하는 데 활용한 '임팩트_{IMPACT}' 알고리즘이다. 오닐에 따르면 이 알고리즘이 몹시 나쁜 평점을 매기는 바람에 학생들의 많은 사랑과 존경을 받는 교사들이 갑자기 해고되었다고 한다.

평가자들은 임팩트 알고리즘이 강의의 질을 측정한다고 주장했다. 그 방법은 기본적으로 학생들의 시험 점수가 올라갔는지 또는 내려갔는지 확인하는 것이었다.[11] 그러나 강의의 진정한 질을 측정하는 일은 두 가지 이유로 쉽지 않다. 첫째 이유는 교사가 아무리 잘하거나 못하더라도 학생들의 학업 성취도는 서로 크게 다르다는 것이다. 한 학급에 학생이 30명뿐인 상황에서 알고리즘이 측정하는 많은 것은 잡음일 수밖에 없다. 두어 명의 아이가 연초 시험에서는 운 좋게 몇 문제를 더 맞았지만 연말 시험에서는 운이 나빠서 틀렸을 수도 있다. 학생의 운만으로도 교사의 평점은 충분히 바뀐다. 물론 이는 순전히 우연이기 때문에 교사의 평점을 좌우하게 해서는 안 된다. 교사가 통제할 수 없는 편차의 또 다른 원천은 아이가 교실 밖에서 심각한 문제에 처하는 것이다. 질병부터 시작해 괴롭힘이나 가족의 범법행위와 구속 등이 이에 해당한다. 이런 사유는 시험에서 운이 좋거나 나쁜 데 따른 잡음과 다르다. 실질적인 문제를 추적하기 때문이다. 교실 밖에서 일어나는 문제의 징후를 추적하고 관리하는 시스템이 있다면 바람직할 것이다. 그러나 학생의 문제를 가지고 교사를 탓하는 것은 어리석고 부당하다.

두 번째 문제는 알고리즘이 꼼수를 부리는 교사들에게 속을 위험이 있다는 것이다. 이런 꼼수는 정직한 교사들이 정당하게 대우받을 가능성을 훼손한다. 6학년 교사가 반 아이들의 시험 성적을 부당하게 높일 방법을 찾았다고 생각해보라(그런 방법은 이미 널리 알려져 있다). 이 교사는 부당한 보상을 누리게 된다. 반면에 7학년 교사는 다음 해에 아주 곤란한 상황에 부닥치게 된다. 기록에서는 아주 우수한 학생으로 나오지만, 교사가 꼼수를 쓰지 않는 한 그의 시험 성적이 향상되는 일은 불가능하기 때문이다.

오닐이 제시한 타당한 관점은 이처럼 데이터에 너무나 잡음이 많다는 것이다. 그래서 교사의 역량을 평가하는 과제는 애초에 어떤 알고리즘으로도 가망이 없다. 분명 어떤 교사들이 역량 부족인지에 대한 특정한 알고리즘의 판정은 동료 교사나 학생들의 평가와 항상 일치하지 않았다. 그런데도 워싱턴 D.C. 교육구 책임자들은 2011년에 알고리즘의 기준을 충족하지 못했다는 이유로 교사 206명을 해고했다.

컴퓨터는 딱 인간의 편향만큼 왜곡한다

지금까지 우리는 알고리즘이 데이터로부터 지혜를 추출하는 능력에 대한 과도한 신뢰에 초점을 맞췄다. 이뿐만 아니라 연관된 또 다른 문제가 있다. 바로 데이터세트의 질 또는 완전성에 대한 과신이다.

완전성 문제는 앞 장에서 이미 살폈다. 《리터러리 다이제스트》는 마땅히 빅데이터라고 부를 만한 자료를 축적했다. 그것은 당대의 기준으로 분명 방대한 조사였다. 실제로 오늘날의 기준으로도 240만 명의 응답으로 구성된 데이터세트는 인상적이다. 그래도 이 조사를 가지고 선거 결과를 예측할 수 없다. '설문 응답자'가 일관된 방식으로 '투표자'와 다르다면 말이다.

구글 독감 트렌드는 전체 구글 검색을 포착했다. 그러나 독감에 걸린 모든 사람이 구글에 의존한 것은 아니다. 그 정확성은 '독감에 걸려서 구글에 관련 질문을 검색한 사람'이 '독감에 걸린 사람'과 체계적으로 다르지 않아야 한다는 점에 의존한다. 앞에서 다룬 포트홀 감지 앱이 미흡했던 이유는 '포트홀 감지 앱에 관한 이야기를 듣고 휴대전화에 설치한 사람'과 '차로 도시 전역을 다니는 사람'을 혼동했기 때문이다.

그렇다면 질은 어떨까? 이 문제와 관련하여 1936년 미 대선 여론조사보다 더 오래된 시사적인 빅데이터 사례가 있다. 바로 인간의 일반적인 체온을 파악하기 위한 놀라운 시도가 그것이다. 19세기 독일 의사인 칼 분더리히Carl Wunderlich는 18년에 걸쳐 2만 5,000여 명의 환자를 대상으로

100만 회 이상 체온을 측정한 자료를 모았다. 무려 100만 회다! 당시에는 펜과 종이에 의존했다는 사실을 고려하면 이는 실로 놀라운 성과였다. 분더리히는 인간의 정상 체온이 37℃라는 통념을 탄생시킨 장본인이다. 누구도 그의 발견을 부정하려 들지 않았다. 데이터세트가 존중받을 만큼 방대했을 뿐 아니라 더 방대하고 나은 데이터세트로 반론을 제기한다는 생각 자체가 무리였기 때문이다. '분더리히 전문가'인 필립 맥코위크Philip Mackowiak 박사는 "누구에게도 그만큼 방대한 데이터세트를 수집할 입지나 욕구가 있지 않았다"라고 말했다.[12]

그러나 분더리히가 제시한 수치는 빗나갔다. 우리의 체온은 대개 약간(약 0.3℃) 더 낮다.[13] 하지만 그의 데이터가 너무나 막강했기 때문에 그가 틀렸다는 사실을 확인하기까지 100여 년의 시간이 걸렸다.*

어떻게 분더리히의 그토록 방대한 데이터세트가 틀릴 수 있을까? 맥코위크 박사는 의학 박물관에서 칼 분더리히가 쓰던 오래된 체온계 중 하나를 발견하여 검사할 수 있었다. 그 결과 섭씨 2도, 화씨로는 거의 4도만큼 설정이 잘못되어 있다는 사실이 밝혀졌다. 이 오류는 근대에 관습적으로 활용하던 체구bodily orifice 중 하나에 조심스레 체온계를 삽입하

---

* 도량 환산 때문에 문제가 더 악화하였다. 분더리히가 원래 쓴 척도는 섭씨였다. 그의 연구 결과는 일반적인 체온이 37℃ 정도라고 결론지었다. 이는 정확도를 감안할 때 36.5℃와 37.5℃ 사이의 어딘가임을 시사하는 것이었다. 독일어로 된 분더리히의 논문은 영어로 번역되어 더 많은 사람에게 읽혔다. 그 과정에서 온도는 섭씨에서 화씨로 환산되어 98.6°F가 되었다. 그 결과 의사들은 섭씨 1도 단위가 아니라 화씨 0.1도 단위로 체온을 측정했다고 가정했다. 그에 따른 정확도의 차이는 거의 20배였다. 그러나 실제로는 두 온도 척도를 환산했을 뿐이었다.

는 것이 아니라 겨드랑이 부위의 체온을 재던 분더리히 박사의 습관으로 다소 상쇄되었다. 체온을 100만 번 재더라도 첫 번째로 체온계가 잘못되었고, 두 번째로 겨드랑이에 체온계를 넣으면서 오답에 대한 정확한 추정치를 얻게 되었다. "쓰레기를 넣으면 쓰레기가 나온다"는 오랜 관용구는 아무리 쓰레기를 많이 모아도 여전히 사실이다.

지난 장에서 살폈듯이 이 오랜 문제의 현대적 버전은 체계적으로 편향된 데이터세트로 훈련된 알고리즘이다. 이런 문제를 간과하기는 놀라울 정도로 쉽다.

2014년에 세계 최고의 가치를 지닌 기업으로 꼽힌 아마존은 데이터 기반 알고리즘을 활용하여 이력서를 걸러내기 시작했다. 컴퓨터가 기존 합격자에 대한 유사성을 토대로 패턴을 찾아내고 최고의 인재를 골라줄 것이라는 바람에 따른 조치였다. 그러나 아쉽게도 기존 합격자 중에는 남성의 비율이 과도하게 높았다. 그에 따라 알고리즘은 알고리즘다운 일을 했다. 즉, 패턴을 포착하고 준수했다. 과거 남성이 선호되었다는 사실을 관찰한 알고리즘은 남성이 바람직하다는 결론을 내렸다. 그래서 '21세 이하 국제 여자 축구 대회'나 '여자 체스부 회장'처럼 '여자'라는 단어에 감점을 매겼다. 특정 여대 출신도 그 대상이었다. 아마존은 2018년에 이 알고리즘을 폐기했다. 채용 결정에 알고리즘이 얼마나 많은 영향을 미쳤는지는 알 수 없다. 다만 아마존은 채용 담당자들이 알고리즘이 매긴 평점을 열람했다고 인정했다.

'수학은 인종차별주의자'라는 헤드라인을 기억하는가? 나는 그렇지 않다고 확신한다. 수학은 여성 혐오나 동성애 혐오를 하지 않으며, 다른 방식으로도 편향되어 있지 않다. 반면 나는 일부 인간들은 그렇다고 확신한다. 역사적으로 인간이 행한 편향으로 훈련한 컴퓨터는 인간이 편향에서 벗어나려 할 때조차 그 편향을 반복할 것이다.[14]

알고리즘은 인간보다 옳은 판단을 내리는가?

우리가 알고리즘에 섣불리 결정을 맡겨서는 안 되는 이유를 이해했기를 바란다. 다만 나는 과도한 비판을 삼가고 싶다. 아무 오류 없이 결정을 내리는 다른 방법이 없기 때문이다. 선택은 알고리즘과 인간 사이에서 이뤄진다. 일부 인간은 선입견을 품고 있다. 많은 인간은 종종 피로와 괴롭힘 그리고 과로에 시달린다. 그리고 모든 인간은 결국 인간이다.

1950년대에 심리학자인 폴 밀Paul Meehl은 복잡하지 않은 통계적 규칙의 형태로 된 가장 기본적인 알고리즘이 전문가의 판단을 뛰어넘을 수 있는지 연구했다. 가령 병원에 온 환자가 흉통을 호소한다. 그 원인은 소화불량일까 아니면 심장마비일까? 밀은 의사의 진단과 간략한 점검목록을 통한 결과를 비교했다. 점검목록의 내용은 흉통이 주된 증상인지, 과거 심장마비를 겪은 적이 있는지, 과거 흉통을 완화하기 위해 니트로글리세린nitroglycerin을 복용했는지, 심박도 곡선에 정량화 가능한 패턴이 보이는지 등이었다.[15] 어리둥절하게도 이 간단한 판단 트리decision-tree가 의사보다 더 자주 정확한 진단을 내렸다. 이 사례만 그런 것이 아니었다. 밀은 전문가들이 단순한 체크리스트보다도 일을 못하는 때가 현저히 많다는 놀라운 사실을 발견했다. 그는 이런 내용을 담아 펴낸《임상 예측 대 통계 예측Clinical vs. Statistical Prediction》을 "나의 심란한 작은 책"이라 불렀다.[16]

따라서 오늘날 알고리즘이 지닌 오류 가능성과 인간이 지닌 오류 가능성을 비교하는 것이 공정하다. 이를 위해서는 해나 프라이의《안녕, 인간》에 나오는 사례가 좋은 출발점이다.

이 이야기는 2011년에 런던에서 발생한 폭동에서 시작된다. 경찰의 과잉 진압에 대한 초기의 항의는 폭력적인 소요로 격화되었다. 매일 저녁 런던 전체 그리고 영국의 다른 도시들에서 치안이 무너졌다. 매장들은 이른 오후에 문을 닫았고, 준법 시민들은 서둘러 귀가했다. 어두워지면 기회를 틈탄 말썽꾼들이 거리로 나올 것임을 알기 때문이었다. 폭동이 이어진 사흘 동안 체포된 사람은 무려 1,000명에 달했다.

체포된 사람 중에는 니콜라스 로빈슨Nicholas Robinson과 리처드 존슨Richard Johnson이 있었다. 로빈슨은 런던의 혼란스러운 폭동 현장을 걸어가다가 파괴된 슈퍼마켓에서 생수 한 팩을 집어 들었다. 반면에 존슨은 게임 판매장으로 아예 차를 몰고 가서 복면을 쓰는 게임을 한 무더기 안고 나왔다. 존슨은 로빈슨보다 더 값나가는 물건을 훔쳤고 순간적인 충동이 아니라 사전 계획에 따라 범행했다. 그런데도 로빈슨은 6개월 징역형을 받았지만,

존슨은 아예 수감되지도 않았다. 이런 차이를 만든 것은 알고리즘 탓이 아니었다. 판결을 한 것은 판사였고 그 격차는 기이해 보였다.

각 판사가 사건의 미묘한 세부 사항에 맞춰서 올바른 판결을 했을 가능성은 언제나 존재한다. 그러나 두 사람에 대한 일관성 없는 처분을 설명하는 가장 타당한 답은 로빈슨이 폭동 발생 2주 후에 선고를 받았다는 것이다. 당시는 사회적 불안이 고조되어 있었고, 문명의 토대가 쉽게 흔들리는 것처럼 보였다. 반면 존슨은 폭동의 기억이 희미해지고 사람들이 난리를 피운 이유를 자문하던 몇 달 후에 선고를 받았다.[17]

데이터 기반 컴퓨터 프로그램은 분위기를 배제하고 인간보다 더욱 공정한 판결을 내렸을까? 정말 그랬을지는 알 수 없지만 가능성은 상당하다. 판사들이 그다지 일관적이지 않다는 증거는 풍부하다. 이 사실을 검증하는 한 가지 방법은 여러 판사들에게 가상의 사건을 보여준 다음 그들이 서로 다른 판결을 내리는지 보는 것이다. 실제로 그들은 각자 다른 판결을 내렸다. 2001년에 영국에서 진행된 실험에서 판사들은 다양한 사건에 대해 판결을 해달라는 요청을 받았다(속임수를 감추기 위해 적당한 거리를 두고 제시되었다). 일부 사건은 단지 과거 사건에서 이름 및 기타 무관한 세부사항을 바꾼 것이었다. 그 결과 판사들은 심지어 동일 사건에 대해 자신이 이전에 내린 판결에도 동의하지 않았다. 이는 컴퓨터라면 저지르지 않을 것이라고 확신할 수 있는 오류다.[18]

더욱 근래의 연구는 미국에서 경제학자인 센딜 멀라이너선Sendhil Mullainathan과 네 명의 동료가 실행했다. 그들은 2008년과 2013년 사이에 뉴욕시에서 발생한 75만 건의 사건을 분석했다. 각 사건에서 피의자가 체포되었으며, 석방이나 구금 또는 보석에 대한 결정이 내려졌다. 연구자들은 그들 중에서 재범을 저지른 사람을 파악했다. 그다음 해당 사례 (22만 건) 중 일부로 알고리즘을 훈련해서 석방, 구금, 보석을 판단하게 했다. 또한 남은 사례는 알고리즘이 판사보다 일을 잘했는지 확인하는 데 활용했다.[19]

결과적으로 인간은 알고리즘보다 일처리가 미숙했다. 알고리즘은 적절한 사람들을 구금함으로써 석방 후 범죄율을 25퍼센트나 낮출 수 있었다. 또한 40퍼센트나 적은 사람들을 구금하면서도 범죄율을 높이지 않았다. 순전히 알고리즘이 판사보다 일을 잘한 결과로 수천 건의 범죄를 예방하고, 재판을 앞둔 수천 명을 석방할 수 있었다.

법학자인 캐스 선스타인Cass Sunstein은 판사들이 저지르는 한 가지 중요한 오류를 '당면 범죄 편향current offence bias'이라 부른다. 즉, 판사들은 보석 여부를 판단할 때 기소된 해당 범죄에 너무 집착한다. 그래서 전과로 볼 때 재범 위험이 높은 사람이 경범죄로 기소되었다는 이유로 가벼운 처분을 받는다. 반대로 전과로 볼 때 재범 위험이 낮은 사람이 중범죄로 기소되었다는 이유로 무거운 처분을 받기도 한다. 이 문제에 있어서 알고리즘이 잘 활용할 수 있는 가치 있는 정보가 있다. 그러나 판사들은 지성과 경험 그리고 훈련에도 불구하고 그 정보를 간과하는 경향이 있다.

원래 우리 인간은 이런 방식으로 행동하는 듯하다. 내가 니콜라스 로빈슨과 리처드 존슨의 사례를 설명한 방식을 보라. 나는 해당 범죄만 말했을 뿐 두 사람에 대해서는 아무것도 말하지 않았다. 내게는(그리고 어쩌면 당신에게도) 단기적인 것, 당면 범죄에 대해 말하는 것이 타당해보였다. 그러나 알고리즘은 가능하다면 더 많은 정보를 활용할 것이다. 반면 인간은 그러지 않을 것이다.

많은 사람은 중대한 결정을 알고리즘과 인간 가운데 누구에게 맡길지 확고한 직감이 있다고 한다. 알고리즘의 능력에 크게 감탄하는 사람도 있고, 인간의 판단력을 확신하는 사람도 있다. 진실은 알고리즘이 인간보다 나은 때가 있고, 아닌 때가 있다는 것이다. 빅데이터가 초래하는 문제를 피하고 그 잠재력을 활용하고 싶다면 사례별 성과를 평가해야 한다. 그러나 이 일은 필요 이상으로 힘든 경우가 너무나 많다.

이런 상황을 고려해보라. 경찰 또는 복지부서가 아동의 안전을 염려하는 누군가(이웃, 조부모, 의사, 교사)에게서 제보를 받는다. 대개 해당 아동이 정말로 위험한 때도 있지만 제보자가 착각했거나, 지나치게 불안해하거나, 심지어 악의적일 때도 있다. 이상적인 세상이라면 만일의 상황에 대비했을 것이다. 그래서 즉각 인력을 파견하여 상황을 확인했을 것이다. 그러나 모든 경우에 대응하기에는 자원이 충분치 않다. 그래서 우선순위를 정해야 한다. 이 일에는 아주 큰 대가가 걸려 있다. 미국의 공식 통계에 따르면 2015년에 1,670명의 아동이 학대나 방치로 사망했다. 이는 끔찍한 수치다. 그러나 아동에 대한 우려를 알리는 400만 건의 신고에 비하면 극히 일부에 불과하다.

어떤 신고에 대응하고 어떤 신고를 무시해야 타당할까? 많은 경찰과 복지부서는 알고리즘을 활용하여 판단에 도움을 받는다. 일리노이 주도 '신속 안전 피드백Rapid Safety Feedback'이라는 알고리즘을 도입했다. 이 알고리즘은 각 신고의 데이터를 분석하고, 이전 사례의 결과와 비교한 다음, 아동이 사망하거나 중대한 상해를 입을 위험성을 퍼센트로 예측했다.

그 결과는 인상적이지 않았다.《시카고 트리뷴Chicago Tribune》의 보도에 따르면 해당 알고리즘은 369명의 아동에 대해 100퍼센트의 중상해 내지 사망 위험이 있다고 예측했다. 가정환경이 아무리 나쁘더라도 이 정도의 확실성은 지나치게 비관적으로 보인다. 게다가 이런 예측은 심각한 파장을 미칠 수 있다. 아동 방치나 학대에 대한 잘못된 혐의는 보호자와 아동 모두에게 끔찍한 결과를 가져올 수 있다.

그러나 어쩌면 알고리즘이 신중한 것인지도 모른다. 단 하나의 사례도 놓치지 않도록 설계되었기 때문에 상해의 위험을 과장한 것은 아닐까? 그건 아니다. 일부 끔찍한 사례에서는 대응하기에 위험도가 너무 낮게 평가된 후 유아들이 사망하기도 했다. 결국 일리노이 주는 이 기술이 쓸모없거나 더 나쁘다고 판단하고 더 이상 활용하지 않았다.[20]

이 이야기의 교훈은 취약 아동에 대한 신고를 평가하는 데 알고리즘을 활용하지 말아야 한다는 게 아니다. 어떤 신고에 대응해야 할지 인간이든 알고리즘이든 결정은 해야 한다. 실수는 불가피한 일이다. 또한 원칙적으로는 일부 다른 알고리즘이 접수원보다 실수를 적게 하지 말라는 법은 없다.[21] 요점은 이 특정한 알고리즘이 명백히 불합리한 명시적 수치를 뱉어냈으며 그 때문에 알고리즘 한계가 명백해졌다는 것이다.

통계학자인 앤드루 겔먼은 이렇게 설명한다. "그들이 수치로 확률을 제시한 것은 좋은 일이다. 그 수치들이 나쁘다는 사실을 깨닫게 만드는 요란한 사이렌을 제공하기 때문이다. (알고리즘이) 그냥 '높은 위험', '중간 위험', '낮은 위험'이라고 예측했다면 상황이 더 나빠졌을 것이다." 그 경우 결코 문제가 드러나지 않았을지도 모른다.[22]

그렇다면 문제는 알고리즘이나 방대한 데이터세트가 아니다. 문제는 검증과 투명성 그리고 논쟁의 결여다. 감히 주장하건대 그 해결책은 아주 먼 과거로 거슬러 올라간다.

극소수의 기술 독점이 불러온 파멸

17세기 중반에 이르러서 과거의 연금술과 지금 우리가 현대 과학이라고 생각하는 분야는 매우 뚜렷한 차이를 보이기 시작했다. 만약 당신이 빅데이터 알고리즘 시대에 성공하고 싶다면 저 당시 현대 과학이 연금술과는 다른 새로운 길을 가게 된 원동력이 무엇이었는지 반드시 알아야 한다.

1648년에 블레즈 파스칼Blaise Pascal의 매형은 이 위대한 프랑스 수학자의 촉구로 유명한 실험을 실행했다. 장소는 클레르몽페랑Clermont-Ferrand이라는 작은 도시에 있는 수도원의 정원이었다. 그는 수은을 채운 관을 수은이 담긴 그릇에 넣고 수직으로 세웠다. 관은 끝부분만 잠긴 채 표면

위로 솟아오른 상태가 되었다. 그러자 관에 있던 수은 중 일부는 즉시 그릇으로 흘러나갔지만, 일부는 그대로 남았다. 남은 수은 기둥의 높이는 711밀리미터였다. 그렇다면 그 위의 공간에는 무엇이 있을까? 공기일까? 아무것도 없는 진공일까? 어쩌면 신비로운 에테르 아니었을까?[23]

이는 파스칼이 제안한 실험의 첫 단계였으며 전례가 없는 것도 아니었다. 가스파로 베르티 Gasparo Berti가 로마에서 물로 비슷한 실험을 했다. 다만 물을 사용했기 때문에 유리관의 길이가 10미터 이상 되어야 했다. 그만한 관을 만드는 것은 쉬운 일이 아니었다. 갈릴레오의 제자인 에반젤리스타 토리첼리 Evangelista Torricelli는 훨씬 짧은 관으로 실험이 가능하도록 수은을 쓰는 아이디어를 떠올렸다.

파스칼의 아이디어(또는 친구인 르네 데카르트 René Descartes의 아이디어일 수도 있다. 두 사람 다 자기 아이디어라고 주장했기 때문이다)는 높은 곳에서 실험을 반복하는 것이었다. 그래서 그의 매형은 수 킬로그램의 수은과 깨지기 쉬운 유리관을 끌고 퓌드돔 Puy de Dôme 정상까지 올라갔다. 퓌드돔은 프랑스 중심부에 있는 인상적인 휴화산으로서 클레르몽페랑보다 해발 1킬로미터 이상 높았다. 거기서 실험한 결과 수은 기둥의 높이는 711밀리미터가 아니라 627밀리미터밖에 되지 않았다. 또한 산 중턱에서 보니 정상에서의 측정치보다 길었고 정원에서의 측정치보다 짧았다. 다음 날에는 클레르몽페랑의 성당 꼭대기에서 수은 기둥의 길이를 측정했다. 거기서는 수도원 정원에서보다 4밀리미터가 짧았다. 파스칼은 현재 우리가 기압계라고 부르는 것을 발명했다(기압계는 기압뿐 아니라 간접적으로 고도까지 측정하기 때문에 고도계이기도 하다). 그로부터 겨우 14년 후인 1662년에 로버트 보일Robert Boyle은 유명한 기체 법칙gas law을 수립했다. 이 법칙은 기체의 압력과 부피 사이의 관계를 말해준다. 이는 과학 지식 확장이라는 측면에서 신속하고도 비교적 현대적인 진전이었다.

그러나 이 진전은 훨씬 오래된 연금술과 더불어 이뤄졌다. 연금술은 비금속base metal을 금으로 바꾸고 불로의 영약을 만드는 방법을 연구했다. 이런 목표는 아무런 차이를 만들지 못할 만큼 거의 불가능에 가깝다.* 그래도 연금술이 과학적 방법론을 활용하여 실행되었다면 풍부한 정보를 제공하는 실패 사례를 낳으면서 점차 현대적인 화학으로 진화했을 지도 모른다.

물론 그런 일은 일어나지 않았다. 연금술은 화학으로 진화하지 못하고 정체되었다. 사실 한동안 두 학문은 병존했지만 결국 적절한 시기에 과학이 연금술을 밀어냈다. 그렇다면 화학이 연금술과 다른 길을 가게 된 원인은 무엇이었을까?

현대 과학은 실험적 방법론을 활용한다. 이는 파스칼의 부지런한 매형, 토리첼리, 보일 그리고 다른 많은 사람이 분명하게 증명했다. 그러나 연금술도 마찬가지다. 연금술사들은 줄기차게 실험했다. 다만 그들의 실험은 전체 연금술 분야를 진전시킬 정보를 남기지 못했다. 실험 활용 여

• 입자가속기는 비금속을 금으로 바꿀 수 있다. 다만 비용이 저렴하지 않다. 1980년에 연구자들은 약간 납과 비슷한 금속 비스무트bismuth에 원자핵을 충돌시켜서 약간의 금 원자를 만들어냈다. 장신구에 쓸 정도로 만드는 건 어려움도 없었다. 그 비용이 1온스(약 28.3그램)당 1천조 달러에 달할 것이기 때문이다. 또한 불로의 영약은 아직 발견하지 못했다.

부가 화학은 번성하고 연금술은 몰락한 이유를 설명하지 못한다.

그렇다면 어쩌면 각 분야에 관계된 인물들 때문일까? 로버트 보일이나 아이작 뉴턴 같은 위대한 초기 과학자들은 그들이 대체한 연금술사들보다 더 총명하고, 영리하며, 창의적이지 않았을까? 이는 대단히 설득력이 떨어지는 설명이다. 1600년대의 양대 주요 연금술사가 바로 로버트 보일과 아이작 뉴턴이다. 보일과 뉴턴은 심지어 연금술을 열렬히 연구했다. 그래도 다행스럽게 현대 과학에 대한 그들의 엄청난 기여가 방해받지는 않았다.[24]

이처럼 연금술사는 세상을 이해하기 위해 실험적 방법론을 활용한 경우가 많았다. 과학의 변천과 발달 역사를 전문적으로 연구하는 역사학자 데이비드 우튼David Wootton은 연금술이 비밀스럽게 연구됐지만, 과학은 공개적인 논쟁에 의존했다는 점이 두 분야의 결정적인 차이를 만들었다고 설명했다. 1640년대 말에 파스칼을 비롯한 소수의 프랑스 연구자들은 동시에 진공 실험을 실행했다. 1643년에 토리첼리의 실험이 이뤄진 후 1662년에 보일의 법칙이 수립되기까지 적어도 100명이 진공 실험을 한 것으로 알려져 있다. 우튼은 "이 100명은 실험 과학을 실행한 최초의 분산된 공동체였다"고 말한다.[25]

이 지식 그물망의 중심에는 수도사이자 수학자, 과학적 협력과 공개적 경쟁을 제일 먼저 촉발한 마랭 메르센Marin Mersenne이 있었다. 메르센은 갈릴레오부터 토머스 홉스에 이르는 사상가들과 더불어 파스칼과 데카르트의 친구였다. 그는 자신이 받은 편지의 사본을 만들어서 관심을 가질 만한 다른 사람들에게 돌렸다. 이런 서신 교환은 대단히 왕성하게 이뤄졌다. 그래서 그는 '유럽의 우체통'으로 불리게 되었다.[26]

메르센은 1648년에 퓌드돔 실험이 이뤄지기 3주 전에 사망했다. 그러나 과학적 협력에 대한 그의 이상은 런던의 왕립학회Royal Society(1666년 창립)와 프랑스과학아카데미French Academy of Sciences(1666년 창립)의 형태로 계속 살아남았다. 이 두 기관은 모두 메르센의 혈통을 뚜렷하게 지니고 있었다. 당시에 분명하게 인식된 새로운 접근법의 한 가지 장점은 재현성이었다. 이는 법칙5에서 살폈듯이 속임수와 오류를 잡아내는 데 필수적인 요소였다. 퓌드돔 실험은 동산이나 높은 건물이 있는 모든 곳에서 반복할 수 있었고, 실제로 반복되었다. 파스칼은 "호기심을 느낀 사람은 누구나 언제든 직접 시험해볼 수 있다"라고 썼다. 그리고 실제로 그런 일이 있었다. 진공, 기체, 수은관을 둘러싼 논쟁은 서신과 논문 그리고 파리에 있는 메르센의 집에서 열린 회동을 통해 엄격하게 이뤄졌다.

반면 연금술 실험은 은밀하게 실행되었다. 그 이유는 어렵지 않게 알 수 있다. 모두 그 방법을 알면 납을 금으로 바꾸는 일이 가치를 잃기 때문이다. 어떤 연금술사도 다른 사람이 참고할 수 있는 실패 사례를 공유하고 싶어 하지 않았다.

기밀성은 저절로 지속된다. 연금술이 대단히 오래 지속되고 보일과 뉴턴 같은 명민한 학자들조차 연금술을 진지하게 받아들인 데는 한 가지 이유가 있다. 연금술의 문제가 이전 세대에서 해결되었지만, 그 해결책이 비밀에 부쳐졌다가 유실되었다는 가정 때문이었다. 뉴턴은 "내가 더 멀리 볼 수 있었던 것은 거인의 어깨 위에 설 수 있었던 덕분"이라는 유명한 말을 했다. 이는 그의 과학적 작업에만 해당하는 말이었다. 연금술사로서 뉴턴은 누구의 어깨 위에도 서지 못했으며, 거의 아무것도 보지 못했다.

연금술의 길을 걷는 빅데이터와 알고리즘

보일은 연금술의 연구 결과를 발표하고 다른 연금술사들과 연락하려고 시도한 적이 있다. 그때 뉴턴은 보일을 말리면서 '극도의 침묵'을 유지하라고 주의를 주었다.

새롭게 열린 과학 공동체가 빠른 진전을 이룬다는 사실이 명백해지면서 연금술 자체는 한 세대 만에 신뢰를 잃었다. 우튼은 이를 다음과 같이 정리한다.

> 연금술을 살해한 범인은 '실험 결과를 공개적으로 발표하여 어떤 일이 일어났는지 명확하게 제시해야 하며, 해당 실험을 바람직하게 외부 증인 앞에서 반복할 수 있어야 한다'는 요건이다. 연금술사들은 비밀스러운 배움을 추구했다. (중략) 이 배움 가운데 일부는 새로운 화학이 이어받을 수 있다. 그러나 대부분은 이해할 수도, 재현할 수도 없기에 폐기해야 한다. 비전esotericism의 지식은 발표와 공개적 또는 준공개적 성과에 의존하는 새로운 형태의 지식으로 대체되었다.[27]

앞서 빅데이터와 알고리즘 시대를 사는 이들에게 연금술이 몰락하고 현대 과학이 부상한 이유를 알아야 한다고 말한 이유가 있다. 빅데이터와 알고리즘은 과거 연금술의 길을 가고 있는 것처럼 보이기 때문이다. 물론 연금술은 대규모 데이터세트를 수집하고 패턴 인식 알고리즘을 개발하는 것과 다르다. 일단 연금술은 불가능하지만 빅데이터로부터 통찰을 끌어내는 일은 불가능하지 않다.

그래도 둘 사이의 유사성 역시 명백하다. 구글과 타깃 같은 기업들은 뉴턴이 자신의 연금술 실험 결과를 공유하지 않으려 했던 것처럼 자사의 데이터세트와 알고리즘을 공유하지 않으려 한다. 때로는 법률적 또는 윤리적 이유가 있는 경우도 있다. 당신이 임신 사실을 비밀로 하고 싶다면 타깃이 당신의 엽산 구매 명세를 공개하는 일은 원치 않을 것이다.

그러나 기업들이 알고리즘을 공개하지 않는 가장 명백한 이유는 돈 때문이다. 아마존, 애플, 페이스북, 구글, 마이크로소프트가 확보한 우리에 대한 데이터에는 금맥이 있다. 그러나 이 데이터가 생산하는 지식이 모두와 공유된다면 그 가치가 훨씬 줄어들 것이다.

당대의 가장 명민한 사상가들도 비밀스러운 연구를 통해 진전을 이루는 데 실패했다. 마찬가지로 비밀스런 데이터에 기반한 비밀스런 알고리즘은 개선의 기회를 놓칠 가능성이 높다. 물론 타깃이 유아복 할인 쿠폰을 보낼 대상을 선정하는 약간 더 효율적인 방식을 놓친다고 해서 문제가 될 일은 거의 없다. 그러나 유능한 교사를 해고하거나, 복지 서비스 대상을 엉뚱한 가족으로 유도하거나, 여자대학교를 졸업한 지원자의 평점을 깎는다면 알고리즘이 조사를 받도록 만들 수 있어야 한다. 그렇지만 빅데이터와 알고리즘은 어떻게 조사해야 할까?

알고리즘의 인종차별 의혹과 팩트 색맹

한 가지 접근법은 줄리아 앵윈 Julia Angwin 의 탐사보도팀인 프로퍼블리카 ProPublica 가 활용한 것이다. 그들은 콤파스 COMPAS (대안적 처벌을 위한 교정용 범법자 관리 프로파일링 Correctional Offender Management Profiling for Alternative Sanctions)라는 폭넓게 활용되는 알고리즘에 대한 조사를 희망했다. 콤파스는 137개 항목의 질문에 대한 답변을 토대로 범죄자의 재범 위험을 평가했다. 이 방식이 효과가 있었을까? 또한 공정했을까?

그 답을 알아내기는 쉽지 않았다. 콤파스는 이퀴번트 Equivant (과거 노스포인트 Northpointe)라는 기업이 보유하고 있다. 그래서 세부적인 작동 방식을 공유할 의무가 없었다. 결국 앵윈과 그녀의 팀은 결과를 분석하여 판단하는 수밖에 없었다. 그들은 강력한 '투명성 법률'(법률·규정·행정적 판정 및 사법적 결정을 시민에게 공개하고 시민의 요청에 법률 관련 정보를 공개하는 것 – 옮긴이)이 있는 플로리다 주의 브로워드 카운티 Broward County 에서 그 결과를 부지런히 확보했다.

다음은 프로퍼블리카 팀이 밝힌 조사 방식을 편집한 것이다.

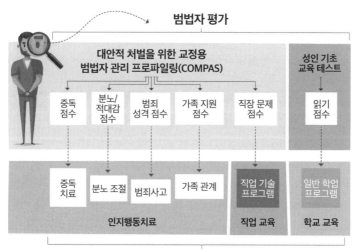

범법자 관리 프로파일링 알고리즘 분석 결과

범법자 평가

대안적 처벌을 위한 교정용
범법자 관리 프로파일링(COMPAS)

성인 기초
교육 테스트

| 중독 점수 | 분노/ 적대감 점수 | 범죄 성격 점수 | 가족 지원 점수 | 직장 문제 점수 | 읽기 점수 |

| 중독 치료 | 분노 조절 | 범죄사고 | 가족 관계 | 직업 기술 프로그램 | 일반 학업 프로그램 |

인지행동치료   직업 교육   학교 교육

수감자 재활 프로그램

우리는 공공 기록 요청을 통해 플로리다 주 브로워드 카운티 보안관실로부터 2년 동안의 콤파스 점수를 확보했다. 우리가 받은 것은 2013년과 2014년에 점수를 받은 전체 1만 8,610명에 대한 데이터였다. (중략) 각각의 재판 전에 피고인은 '폭력 위험', '불출석 위험', '재범 위험'에 대해 최소한 세 개의 콤파스 점수를 받았다. 점수는 1점부터 10점까지이며, 10점이 가장 높은 위험에 해당한다. 또한 1점에서 4점까지는 '낮음'으로, 5점에서 7점까지는 '중간'으로, 8점에서 10점까지는 '높음'으로 표시되었다. 우리는 콤파스 점수 데이터베이스를 토대로 각 대상자의 평점 전후 범죄 기록을 담은 프로필을 만들었다. 공공 범죄 기록은 2016년 4월 1일에 브로워드 카운티 서기관실 웹사이트에서 수집했다. 평균적으로 우리의 데이터세트에 포함된 피고인은 622.87일 동안 수감되지 않았다. 우리는 성과 이름 그리고 출생일을 활용하여 범죄 기록과 콤파스 기록을 대조했다. (중략) 우리는 브로워드 카운티 서기관실 웹사이트에서 약 8만 명의 범죄 기록을 내려받았다.[28]

계속해서 위와 같은 방식으로 조사가 이뤄졌다. 실로 무척 고된 작업이었다.

마침내 프로퍼블리카는 결과를 발표했다. 거기에 따르면 콤파스 알고리즘은 범법자의 인종을 예측지표로 삼지 않았음에도 인종적으로 차이가 나는 결과를 생성했다. 구체적으로는 흑인 범법자는 재범 위험이 있다고 판단했지만, 실제로는 다시 범죄를 저지르지 않았다(긍정 오류). 그리고 백인 범법자는 재범 위험이 없다고 예측했지만, 다시금 범죄를 저지르는 경향이 있었다(부정 오류).

알고리즘의 인종차별은 매우 우려스러운 일이었다. 사람이 저지르는 인종차별은 비도덕적일 뿐 아니라 불법적이기도 하다. 설령 알고리즘이 저지르는 인종차별이라 해도 용인해서는 안 된다.

그러나 뒤이어 연구자인 샘 코벳 데이비스Sam Corbett-Davies, 엠마 피어슨Emma Pierson, 아비 펠러Avi Feller, 샤래드 고엘Sharad Goel은 콤파스 알고리즘의 긍정 오류가 명백하지는 않다고 지적했다.[29]

알고리즘이 연령·젠더·인종·머리색·키 또는 다른 범주에 따른 다양한 집단을 대상으로 동등한 결과를 생성하도록 만드는 유일한 방법이 있다. 집단들이 서로 달리 행동해도 동일하게 처리하면 된다. 여러 집단이 세상을 다른 방식으로 살아간다면 알고리즘은 그들을 평가할 때 불가피하게 적어도 하나의 범주에서 공정성을 침해하게 된다. 이는 알고리즘에 실제로 그들의 연령·젠더·인종·머리색 또는 키를 입력하는지 여부와 무관하게 사실이다. 또한 알고리즘이 아닌 인간 판사의 경우에도 샘 코벳 데이비스 연구진은 프로퍼블리카가 수집한 데이터를 활용하여 COMPAS 알고리즘이 오히려 공정하다는 사실을 증명해냈다. 알고리즘이 두 범죄자(각각 흑인과 백인)에게 동일한 위험 등급을 부여했을 때, 실제로 다시 범죄를 일으킬 위험 역시 두 범죄자 모두 같았다는 사실을 밝혀내어 새로운 지표로 제시했다. 이 중요한 척도에서 **알고리즘은 색맹이었다.**

게다가 연구자들은 알고리즘이 두 가지 경우를 모두 충족하며 공정해지는 것은 불가능하다는 사실을 증명했다. 첫째, '모든 인종에 동일한 비율의 긍정 오류 가능성을 부여하는 알고리즘'을 만들 수 있다. 둘째, '모든 인종의 재범 위험과 위험 등급이 일치하는 알고리즘'을 만들 수 있다. 하지만 두 가지를 동시에 하는 알고리즘은 만들 수 없다. 왜냐하면 이런 식으로 수치를 합산할 수는 없기 때문이다.

마찬가지이다. 단지 산술의 문제일 뿐이다.

역시 컴퓨터공학자인 줄리아 드레셀Julia Dressel과 하니 파리드Hany Farid는 콤파스가 인종적 편견으로 결과를 생성했는지에 대한 논쟁을 관찰했다. 그들은 거기에 빠진 부분이 있다고 생각했다. 드레셀은 과학 저술가인 에드 영Ed Young에게 이렇게 말했다. "그 논쟁에서는 알고리즘의 예측이 본질적으로 사람보다 낫다는 가정이 깔려 있었어요. 그러나 저는 그 점을 증명하는 연구 결과를 찾지 못했습니다."[30]

프로퍼블리카의 기초 작업 덕분에 드레셀과 파리드는 직접 이 문제를 탐구할 수 있었다. 콤파스 자체는 숨겨졌지만, 프로퍼블리카는 다른 기준과 대조하여 의미 있는 검증을 할 만한 결과를 발표했다. 그 기준 중 하나는 범법자의 연령과 전과 횟수라는 단 두 개의 변수만 갖춘 단순한 수학 모형이었다. 드레셸과 파리드는 이 모형이 137개의 변수를 자랑하는 콤파스 모형만큼 정확하다는 사실을 보여주었다. 그들은 또한 평범한 비전문가가 각 범법자에 대한 일곱 가지 정보를 보고 2년 안에 재범 여부를 예측한 결과와 비교하여 콤파스의 예측 결과를 검증했다. 그 결과 소수 비전문가의 예측이 평균적으로 콤파스 알고리즘보다 뛰어났다.

비전문가가 알고리즘보다 나은 예측을 했다니, 실로 놀라운 일이다. 파리드가 논평한 대로 데이터 기반 알고리즘이 어떤 사람을 고위험군으로 평가했다는 말을 판사가 들으면 감탄할 것이다. 그러나 "온라인에서 무작위로 선정한 20명에게 특정인을 제시하고 재범 가능성 유무를 물었더니 '범죄를 저지를 것이다'라고 대답했다"는 말에는 훨씬 덜 감탄할 것이다.[31]

콤파스에게 인터넷에서 무작위로 고른 20명보다 더 정확한 판단을 하라고 요구하는 것은 무리일까? 과도하게 높은 기준처럼 보이지 않는다. 그런데도 콤파스는 그 기준을 넘어서지 못했다.[32]

콤파스의 의사결정에 대한 프로퍼블리카의 데이터가 배포되어 분석과 논쟁이 가능해진 후로 콤파스 알고리즘의 한계를 증명하는 일은 어렵지 않았다. 이 알고리즘과 데이터세트를 숨기려 드는 것은 연금술사의 태도다. 그렇다면 분석하고, 논쟁하며, 바라건대 개선하기 위해 공유해야 하는 것은 무엇일까? 그건 바로 '과학자의 태도'이다.

신뢰할 수 있는 알고리즘의 네 가지 조건

전통적인 중도파 정치인의 연설을 듣거나 미디어의 논평을 읽어보라. 그러면 "신뢰 수준이 낮아지고 있다"라거나 "신뢰를 재건해야 한다"라는 식의 관점을 흔히 접하게 된다. 이 문제의 권위자가 된 오노라 오닐_Onora O'Neill 남작은 이런 과도한 걱정이 엉성한 사고를 반영한다고 주장한다. 그는 우리가 포괄적인 신뢰를 하지 않으며, 하지도 말아야 한다고 주장한다. 즉, 우리는 특정한 사람이나 기관이 특정한 일을 하는 것을 신뢰한다(가령 나는 대신 편지를 보내줄 것이라고는 절대 신뢰하지 않는 친구가 있다. 하지만 내 아이는 기꺼이 돌봐줄 것이라고 믿는다). 신뢰는 차별적이어야 한다. 신뢰할 만한 대상을 신뢰하고, 무능하거나 사악한 대상을 불신하는 것이 이상적이다.[33]

알고리즘은 사람과 마찬가지로 일반적인 범주로서 신뢰할 만하지도, 불신할 만하지도 않다. 그래서 사람을 대할 때와 마찬가지로 "알고리즘을 신뢰해야 할까?"라고 물을 것이 아니라 "어느 알고리즘을 신뢰할 수 있고, 어떤 일을 믿고 맡겨도 될까?"라고 물어야 한다.

오노라 오닐은 신뢰성을 증명하고 싶다면 결정의 토대가 "지적 개방성"을 지녀야 한다고 주장한다. 그는 지적 개방성을 지닌 결정의 네 가지 속성에 대한 점검 목록을 제안한다.

알고리즘 신뢰성 점검 목록

첫째, 정보에 접근 가능해야 한다. 즉, 비밀스러운 데이터 금고에 깊이 숨겨져 있어서는 안 된다.

둘째, 결정이 이해 가능해야 한다. 즉, 명확하고 이해하기 쉬운 언어로 설명할 수 있어야 한다.

셋째, 정보가 활용 가능해야 한다. 간단하게는 표준 디지털 형식으로 데이터가 제공되어야 한다.

넷째, 결정이 평가 가능해야 한다. 시간과 전문성이 있는 사람은 누구나 원한다면 모든 주장이나 결정을 엄격하게 검증하는 데 필요한 세부 내용을 얻을 수 있어야 한다.

오늘의 네 가지 원칙은 비유하자면 범죄자 석방 여부를 결정하거나 아동 학대에 대한 대응 방법을 결정할 때 우리가 숙고해야 하는 여러 사항과 같다. 즉, 알고리즘에게 인간 삶을 바꾸는 문제를 맡길 상황이라면 오늘의 네 가지 원칙은 반드시 고려되어야 한다는 뜻이다. 그리고 거기에 따라 외부 전문가가 내부에 접근하여 컴퓨터가 결정을 내리는 방식을 확인할 수 있어야 한다. 가령 인종이나 성 성향 또는 젠더에 대한 차별을 금지하는 법적 보호책이 있다면, 우리가 사람에게 기대하는 것과 같은 기준을 알고리즘이 충족하도록 해야 한다. 최소한 이는 법정에서 알고리즘을 조사할 수 있게 만드는 것을 뜻한다.

《대량살상 수학무기》를 쓴 캐시 오닐은 데이터 과학자들이 의사들처럼 직업적 윤리강령을 가진 협회를 만들어야 한다고 주장한다. 이는 최소한 내부고발자를 위한 창구를 제공한다. 오닐은 "그러면 고용주(가령 페이스북)가 비윤리적이거나 적어도 우리 모두 동의하는 책임성 기준에 미치지 못하는 일을 지시할 때 고발할 사람이 생긴다"고 말한다.[34]

의학과 알고리즘 활용의 또 다른 유사점은 중요한 알고리즘을 무작위 대조시험으로 검사해야 한다는 것이다. 어느 알고리즘이 교사를 해고하거나 용의자를 보석하도록 권할 것이라고 주장하면 우리는 "증명하라"고 요구해야 한다. 의학의 역사를 살펴보면 일견 타당해 보이는 아이디어도 공정한 시험을 거친 후 보완이 필요했던 사례를 발견할 수 있다. 알고리즘은 약품이 아니다. 그래서 단지 식품의약품청(FDA) 같은 조직을 알고리즘용으로 만들어봤자 소용이 없다. 그 대신 더 빠른 기간에 시험을 진행하고 사전동의에 대해 다른 시각을 가져야 한다(임상시험은 참가자들의 동의를 구하는 일에 높은 기준을 적용한다. 반면에 교사나 용의자를 평가하는 알고리즘에 이 기준을 어떻게 적용해야 할지는 명확하지 않다). 알고리즘의 유효성을 자신하는 사람은 기꺼이 공정하고 엄격한 시험을 통해 자격을 입증해야 한다. 또한 학교와 법원이 중요한 기관은 스스로 증명하기 전에는 이런 알고리즘을 대규모로 활용하지 말아야 한다.

물론 모든 알고리즘이 이런 중대한 우려를 제기하는 것은 아니다. 유아복 할인 쿠폰 발급의 기준을 강제하는 게 공공 이익에 명백히 기여하는 건 아니듯이 말이다. 따라서 사례별로 살필 필요가 있다. 우리가 어느 정도의 책임성이나 투명성을 원하는지는 해결하려는 문제에 좌우된다.

가령 동영상을 추천하는 유튜브의 알고리즘과 영화를 추천하는 넷플릭스의 알고리즘은 구분하는 것이 좋다. 유튜브에는 불쾌한 콘텐츠가 많다. 게다가 추천 엔진은 갈수록 주류에서 벗어난 음모론적 동영상을 제안하는 뚜렷한 경향을 보여 악명이 높아졌다. 유튜브가 극단화를 조장하는 엔진이라는 주장을 뒷받침하는 증거가 있는지는 불명확하다. 다만 투명성을 높이지 않으면 그렇지 않다고 확신하기 어렵다.[35]

넷플릭스는 다른 문제를 예시한다. 바로 경쟁이다. 넷플릭스의 추천 알고리즘은 회원이 어떤 영화를 시청했는지에 대한 방대하고 비밀스러운 데이터세트를 활용한다. 아마존도 마찬가지로 대외비의 유사 데이터세트를 보유하고 있다. 내가 새로운 알고리즘에 대한 좋은 아이디어를 가진 젊은 창업자라고 가정하자. 이 알고리즘은 기존 시청 습관을 토대로 사람들이 어떤 영화를 좋아할지 예측한다. 그러나 그것을 시험할 데이터가 없으면 결코 나의 좋은 아이디어를 실현할 수 없다. 우리가 아마존과 넷플릭스의 알고리즘이 어떻게 작동하는지 걱정할 이유는 딱히 없다. 다만 알고리즘 설계에 경쟁을 일으켜서 궁극적으로 소비자들에게 혜택을 주도록 영화 시청 데이터세트를 공개하라고 강제하는 것이 타당할까?

데이터세트의 공개를 강제하면 한 가지 우려 사항이 생긴다. 바로 알고리즘의 프라이버시 침해 문제이다. 이는 쉽게 해결할 수 있는 문제라고 생각할지 모른다. 그냥 기록에서 이름만 제거하면 데이터가 익명이 되니까 말이다. 하지만 그렇게 간단한 문제가 아니다. 풍부한 데이터세

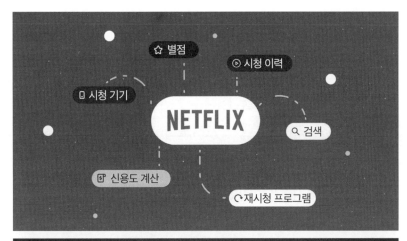

알고리즘이 인종을 기반으로 '타깃팅'을 하기 시작하면 콘텐츠 편향이 뒤섞이기 시작한다. OTT 기업들은 자사의 인구 통계 정보를 알고리즘에 사용하지 않는다고 주장한다. 하지만 이용자의 인종에 일치하는 특정 콘텐츠 타이틀 카드가 우선 표시되는 경향은 분명히 존재하며 종종 인종 바이럴 트렌드 문제로 이어졌다.

트를 확보하고, 다른 데이터세트와 교차 참조하면 #961860384로 표시된 개인이 실제로 누구인지 알아내는 일이 놀랄 정도로 쉬워진다. 넷플릭스는 더 나은 추천 알고리즘을 찾는 대회의 일환으로 익명화된 데이터세트를 연구자들에게 배포한 적이 있다. 안타깝게도 거기에 포함된 한 고객이 넷플릭스에서 본 가족영화에 대한 감상평을 실명으로 인터넷 무비 데이터베이스Internet Movie Database 사이트에 동일하게 올린 것으로 드러났다. 더 이상 익명이 아닌 그녀의 넷플릭스 감상평은 그녀가 다른 여성에게 이끌렸다는 사실을 드러냈다. 이는 그녀가 비밀로 하고 싶었던 내용이었다.[36] 그녀는 '아우팅outing'을 당했다며 넷플릭스를 고소했다. 이 소송은 공개되지 않은 조건에 따라 합의로 마무리되었다.

그래도 진전의 여지는 있다. 한 가지 방법은 허가받은 연구자들에게 보안 접근을 허용하는 것이다. 또 다른 방법은 모든 개인적인 세부 사항이 약간 다르지만, 여전히 전체 인구에 대해 엄격한 결론을 내릴 수 있는 '모호한' 데이터를 배포하는 것이다. 구글과 페이스북 같은 기업들은 자사의 데이터세트를 이용해 엄청난 경쟁 우위를 얻는다. 그래서 소규모 경쟁사의 싹을 잘라버리거나, 한 서비스(가령 구글 검색)에서 확보한 데이터를 활용하여 다른 서비스(가령 구글지도나 안드로이드)를 홍보한다. 이 데이터 중 일부가 공개된다면 다른 기업들은 거기서 정보를 얻고, 더 나은 서비스를 만들며, 대기업에 도전할 수 있다. 과학자와 사회과학자들도 많이 배울 수 있다. 한 가지 가능한 모델은 사적인 '빅데이터' 세트를 적절한 익명성의 보호와 함께 일정한 시간이 지난 후 공개하도록 요구하는 것이다. 3년이 지난 데이터는 많은 상업적 목적에는 유용하지 않다. 그래도 과학적 용도로는 여전히 엄청난 가치를 지닐 수 있다.

예를 들어 특허권자들은 지식재산권의 보호받으려면 그 내용을 공개해야 한다. 어쩌면 대규모 데이터세트를 보유한 민간기업에 비슷한 조건을 제시하거나 강제할 수 있을지 모른다.

알고리즘과 슈퍼 팩트

'빅데이터'는 우리를 둘러싼 세상을 혁신하고 있다. 하지만 우리가 이해할 수 없는 방식으로 컴퓨터가 내린 여러 결정은 우리에게 소외감을 준다. 나는 우리가 이런 문제를 걱정하는 게 옳다고 생각한다. 현대의 데이터 분석 기술은 기적 같은 결과를 낳을 수 있다. 그러나 빅데이터는 스몰데이터보다 신뢰성이 덜한 경우가 많다. 대개 스몰데이터는 자세히 조사할 수 있다. 반면 빅데이터는 실리콘밸리의 금고에 숨겨져 있다. 또한 소규모 데이터세트를 분석하는 데 활용된 간단한 통계적 도구는 대체로 확인하기 쉽다. 반면 패턴 인식 알고리즘은 수수께끼 같고 상업적으로 민감한 블랙박스인 경우가 너무나 많다.

지금까지 나는 환호와 히스테리를 모두 경계해야 한다고 주장했다. 우리는 우려할 이유가 있는 모든 경우에 사례별로 까다로운 질문을 던져야 한다.

이면의 데이터에 접근할 수 있는가?

알고리즘의 성과를 엄격하게 평가했는가?

가령 무작위 시험을 통해 사람들이 알고리즘의 조언 없이 더 나은 결정을 내리는지 확인했는가?

외부 전문가에게 알고리즘을 평가할 기회가 주어졌는가?

그들은 어떤 결론을 내렸는가?

알고리즘이 인간보다 나을 것이라고 믿어서는 안 된다. 동시에 알고리즘은 결함이 있고, 인간은 결함이 없을 것이라고 가정해서도 안 된다.

다만 내 생각에는 최소한 부국에 사는 사람들은 더 신뢰해야 하는 통계의 출처가 있다. 그러면 지금부터 이 출처에 대해 이야기해보자.

HARFORD

숫자를 믿지 말라고 종용하는 자가 범인이다

DON'T TAKE STATISTICAL BEDROCK FOR GRANTED

"무엇을 팩트의 근거로 삼습니까?"
"국제통화기금과 유엔의 통계입니다.
논쟁의 여지가 없죠.
이 팩트들은 논의의 대상이 아닙니다.
나는 맞고, 당신은 틀렸어요."

한스 로슬링[1], '갭마인더'를 공동 설립한 스웨덴의 의사이자 통계학자

숫자를 믿지 말라고
종용하는 자가 범인이다

시간: 1974년 10월 9일, 월요일 새벽 2시.

장소: 워싱턴 D.C.의 그림 같은 타이들 베이슨Tidal Basin 인근(백악관 인근 휴식처).

사건: 새벽인데도 자동차 한 대가 헤드라이트를 끈 채 어둠 속을 지그재그로 내달린다. 경찰이 그 차를 세우자마자 두 눈에 멍이 든 요란한 옷차림의 여성이 조수석에서 뛰쳐나온다. 그녀는 영어와 스페인어로 번갈아 소리를 지르며 물로 뛰어든다. 경찰이 그녀를 끌어낸다. 하지만 그녀는 다시 물로 뛰어들려 한다. 결국 경찰은 쇠고랑을 채운다. 운전자는 노인이고 안경이 부서졌으며 얼굴에 작게 베인 상처가 있다. 그는 만취 상태다.[2]

이는 어쩌면 워싱턴 D.C.의 밤에 일어나는 사소한 사건일지도 몰랐다. 문제는 그 여성이 애나벨 바티스텔라Annabelle Battistella라는 것이었다. '패니 팍스Fanne Foxe', '아르헨티나 폭죽'으로도 불리는 그녀는 실버 슬리퍼Silver Slipper 나이트클럽의 스트리퍼였다. 그리고 남자는 미국에서 가장 힘 있는 사람 중 한 명인 윌버 밀스Wilbur Mills였다. 그는 1930년대 이후 줄곧 아칸소주 하원의원이었으며 사실상 대다수 법안에 대한 거부권을 가진 조세무역위원회Ways and Means Committee 위원장을 오래 역임했다. 그래도 당시는 공손한 시대였다. 경찰은 밀스 씨에게 그의 차로 아내가 있는 집까지 모시겠다고 제안했다. 몇 주 후 그는 하원의원 재선에 성공했다.

미국 의회의 하수처리시스템

그러나 당선 직후에 밀스 씨는 다시 술에 취했다. 그는 팍스가 공연 중인 무대에 나타나 뺨에 입맞춤을 받은 후 자연스레 퇴장했다. 스트리퍼와 놀아나는 모습을 한 번 들킨 일은 재수가 없었던 것으로 간주했다. 그러나 두 번이나 그러는 것은 부주의한 태도를 말해주었다. 동료 의원들은 그를 은밀히 타일렀다. 그는 위원장 자리에서 물러난 후 금주 모임에 들어갔다. 패니 팍스는 '타이들 베이슨 미녀'로 별명을 바꾸고 모든 것을 까발리는 회고록을 썼으며 결국 잊혀졌다.[3]

대다수 사람에게 이 이야기는 미국에서 세 번째로 요란한 섹스 스캔들로 희미하게 기억될지 모른다. 그러나 우리의 고향인 너들랜드Nerd-land(너드nerd들의 세계를 말한다 - 옮긴이)에서는 또 다른 의미를 지닌다. 당시 의회는 의회예산처Congressional Budget Office라는 잠정적인 새 기구를 둘러싸고 교착상태에 빠져 있었다. 이 기구의 설립 목적은 여러 정책 제안에 따른 재정 비용에 대해 의회에 조언을 제공하는 것이었다. 특히 한 퇴물 의원은 여성을 처장으로 임명하려는 계획에 반대했다.

한편 윌버 밀스의 사임은 의례적인 의자 뺏기 게임을 촉발했다. 그 간접적인 결과로 교착상태가 풀렸다. 의회예산처는 정식으로 설립되었다. 퇴물 의원은 의회의 다른 곳으로 느릿느릿 물러났다. 이제 여성을 초대 처장으로 임명하는 데는 아무런 장애물이 없었다. 합리적인 사람이라면 모두 원했던 그녀는 바로 앨리스 리블린Alice Rivlin이었다. 그녀는 40년 후 "패니 팍스 덕분에 그 자리에 올랐다"고 회고했다.[4]

앨리스 리블린은 이처럼 특이한 출발을 했지만, 의회예산처를 영광의 길로 이끌었다.* 의회는 지나치게 광범위하고 강력한 리처드 닉슨의 통치에 대한 균형추로서 의회예산처를 설립했다. 의회는 더 나은 통계와 정책 사안에 대한 더 많은 분석의 가치를 알았다. 그러나 리블린은 특별한 관점으로 자신의 직무를 해석했다. 거기에 따르면 그녀가 할 일은 여당

---

* 그녀는 또한 전미경제학회American Economic Association 회장과 연준 부의장, 백악관 예산관리국 Office of Management of the Budget 국장을 지냈다. 그녀는 1990년대에 워싱턴 D.C.가 재정 위기에서 벗어나도록 도왔으며 《워싱턴 포스트》는 "워싱턴을 구원했다"고 표현했다. 한 동료는 이처럼 폭넓은 분야에서 고위직을 맡은 그녀를 공직의 "10종 경기 선수"라 불렀다.

에 논지를 제공하거나 의회 위원회의 힘 있는 위원장들을 위해 통계 심부름을 하는 것이 아니었다. 그녀는 의회 전체에 편파적이지 않은 고급 정보와 분석을 제공할 것이었다. 어떤 학자의 평가에 따르면 의회예산처는 마땅히 "워싱턴에서 가장 영향력 있고 높이 평가받는 조직 중 하나로서 (중략) 예산과 경제에 대한 권위 있는 정보의 원천"이 되었다.[5]

앨리스 리블린 밑에서 부처장으로 일하다가 나중에 그녀의 뒤를 이은 로버트 라이샤워Robert Reischauer는 의회예산처를 다음과 같이 묘사한다.

> 의회예산처는 기본적으로 하수구 맨홀이 되었습니다. 의회는 법안 같은 것을 만들면 맨홀 뚜껑을 열고 법안을 내려보냈습니다. 그러면 뭔가를 가는 소리가 들리고 20분 후 한 장의 종이가 올라왔습니다. 거기에는 답에 해당하는 비용 추정치가 담겨 있었습니다. 안을 들여다볼 수는 없었습니다. 그저 지하에 있는 어떤 장치가 그 일을 했습니다. (중략) 의회예산처는 하수처리 시스템처럼 논쟁의 대상이 아니었습니다.[6]

이 비유는 적절하다. 그 이유는 하수구가 보이지 않으면서 논쟁에서 벗어난 대상이기 때문만은 아니다. 독립적인 통계 기관은 하수구처럼 현대적 삶에 필수적이다. 우리는 하수구를 대하듯 문제가 생기기 전까지는 그들을 당연시하는 경향이 있다. 그리고 그들은 누군가가 이기적이거나 멍청한 이유로 수치가 맞지 않는 것을 억지로 밀어 넣으려 하거나, 유지 관리에 무관심해지면 하수구처럼 심하게 손상된다.

의회예산처 같은 기관이 생산하는 공식 통계와 분석은 우리가 생각하는 것보다 더 중요하며, 일반 시민의 일상생활에 매우 유용하다. 하지만 지금은 위협받고 있기 때문에 우리가 지켜내야 한다. 더 이상 만취한 의원과 스트리퍼가 개입된 운명의 장난에 의존하는 일은 없어야 한다.

통계청과 권력

앞서 말한 대로 의회예산처는 리처드 닉슨을 염두에 두고 설립되었다. 그러나 닉슨은 의회예산처가 활동을 시작하기 전에 사임했다. 그래서 의회예산처가 하는 일에 처음 반발한 대통령은 공화당 소속의 닉슨이 아니라 민주당 소속의 지미 카터Jimmy Carter였다. 1970년대 말에 유가가 급등하자 카터 대통령은 에너지 효율을 높이기 위한 야심에 찬 목표를 세웠다. 앨리스 리블린이 이끄는 의회예산처의 분석팀은 이 제안을 분석한 후 카터가 바란 성과를 거둘 수 없다고 평가했다.

리블린 박사는 나중에 "우리의 평가에 카터 행정부는 불만을 품었다"라고 회고했다. 역시 민주당 소속인 하원 의장도 만족하지 못했다. "해당 법안을 통과시키려고 싸우는 중인데 의회예산처가 돕지 않았기" 때문이다.[7]

두 사람의 말은 사실이었다. 의회예산처는 도와주지 않았다. 바로 그것이 핵심이었다. 앨리스 리블린은 의회예산처가 여당의 홍보를 돕기보다 공정성을 기하는 데 가치가 있음을 알았다. 얼마 지나지 않아 공화당이 다시 여당이 되었다. 이번에는 공화당이 거창한 주장을 내세우다가 의회예산처의 독립적인 의견이 일깨운 확고한 현실에 부딪힐 차례였다. 1981년에 의회예산처는 재정적자가 레이건 행정부가 예상한 수준보다 훨씬 클 가능성이 있다고 주장했지만, 레이건 대통령은 의회예산처가 제시한 수치를 "가짜"로 치부했다.

1983년에 앨리스 리블린은 8년 동안 이끌었던 의회예산처를 떠났다. 그 후 역대 미 정부는 계속해서 의회예산처에 압력을 가했다. 가령 1990년대에 민주당 지도부는 의회예산처가 클린턴 대통령의 의료제도 개혁안을 더 칭찬하는 분석 보고서를 내주기를 원했다. 그러나 의회예산처는 꿋꿋하게 독립성을 주장했다.[8] 물론 의회예산처가 완벽한 것은 아니었다. 그들의 업무 중 다수는 향후 지출과 세수 사이에 발생할 간극을 예측하는 것이었다. 법칙10에서 논의할 테지만, 경제 예측은 쉽지 않다. 공식 기관도 종종 틀린다. 다만 중요한 점은 전략적인 이유에 따른 오류를 저지르지 않는 것이다. 즉, 정치적 의제에 맞춰서 체계적으로 예측을 왜곡하지 말아야 한다. 의회예산처 평가보고서[9]는 대체로 합리적인 기대 수준만큼 정확할 뿐 아니라 편향되지 않은 예측을 했다. 그게 중요하다.*

영국의 경우 예산책임청Office for Budget Responsibility이 의회예산처와 비슷한 역할을 수행한다. 예산책임청은 2010년이 되어서야 독립 기구로 설

---

* 가령 두 명의 학자가 동료검토를 거쳐 2000년에 발표한 논문에 따르면, 공화당 행정부는 높은 인플레이션을 지나치게 걱정하는 예측을 했다. 반대로 민주당 행정부는 실업률을 너무 비관적으로 예측하는 경향이 있었다. 의회예산처는 경제 예측에서 이러한 편향을 보이지 않았으며 전반적으로 매우 정확했다.

립되었다. 예산책임청 이전에 지출과 세수 그리고 다른 경제적 변수를 예측하는 업무를 담당한 곳은 재무부였다. 재무부 소속 관료들은 정치인들을 직접 상대해야 했다.

이 사실은 흥미로운 비교를 가능하게 한다. 과연 영국 재무부와 예산책임청 가운데 경제 예측을 더 잘했던 곳은 어디였을까? 물론 독립성을 가진 예산책임청이 재무부보다 훨씬 유능했다.[10] 이는 예산책임청의 명성과 향후 업무에 고무적인 결과다. 한편으로는 재무부에 문제가 있었다는 사실을 시사하기도 한다. 2010년 이전에 재무부 경제학자들은 '정치적 주군'의 마음에 들도록 꾸준히 예측 내용을 조정했다.

의회예산처와 예산책임청만 정치적 독립성을 주장해야 하는 통계 기관인 것은 전혀 아니다. 그들은 제안된 세제 및 지출의 변화가 미래에 미칠 영향을 예측한다. 반면 다른 많은 기관은 현실을 제시한다. 가령 국민에 대한 기본적인 정보와 더불어 각 지역에 얼마나 많은 사람이 사는지 예측하는 인구조사가 있다. 또한 물가상승률·실업률·경제성장률·통상·불균형을 측정하는 경제 통계가 있다. 범죄·교육·주택·이민·복지 현황을 측정하는 사회 통계도 있고, 특정 산업이나 환경오염 같은 사안에 대한 연구도 이뤄진다.

모든 나라는 이런 공식 통계를 종합하는 나름의 체계가 있다. 영국은 국가통계청Office for National Statistics이라는 단일 기관이 많은 통계를 생산하고 발표한다. 미국의 경우 경제분석국Bureau of Economic Analysis, 노동통계국Bureau of Labor Statistics, 인구조사국Census Bureau, 연방준비제도Federal Reserve,

농무부Department of Agriculture, 에너지정보청Energy Information Administration을 비롯한 폭넓은 기관에 통계 업무가 분산된다.

이 모든 집계와 측정은 얼마나 유용할까? 실로 유용하다. 아무리 강조해도 모자란다. 이런 기관이 생산하는 수치들은 국가의 통계적 기반이다. 대개 저널리스트, 싱크탱크, 학계, 팩트체커fact-checker들은 현실을 파악하고 싶을 때 이 기반에 직간접적으로 의존하여 분석한다. 공식적인 통계가 갖는 중대한 가치를 알고 싶다면, 이 통계들을 왜곡하거나 불신을 조장하거나 억압하려는 여러 시도를 살펴보는 게 좋다.

정치가 통계를 무력화할 때

2016년 미국 대선 후보로 나선 도널드 트럼프는 한 가지 문제에 직면했다. 그의 진영은 미국 경제가 무너졌다고 주장하고 싶었다. 그러나 공식 통계로는 실업률이 5퍼센트 미만으로 아주 낮았고, 계속 하락하는 추세였다. 사실 트럼프 씨는 이 지표에 대해 사려 깊은 방식으로 대응할 수 있었다. 가령 실업률은 일자리의 질이나 안정성 또는 소득 능력을 측정하지 못한다는 식으로 공격할 수 있다. 그러나 대신 그는 실업률 수치가 "가짜"이며 "완전한 허구"라고 거듭 깎아내리면서 실제 실업률은 35퍼센트라고 주장하는 단순한 길을 택했다.

자신이 내세우고 싶은 수치를 만들어내는 것은 민주주의 진영의 대선 후보보다는 전체주의적 독재자가 애용하는 전술이다. 그러나 트럼프 씨는 이 전술이 효과적일 것으로 생각했던 모양이다. 어쩌면 그의 판단이 맞았을지도 모른다. 지지자들은 국가 통계보다 트럼프 씨의 말을 믿었다. 트럼프 지지자들 가운데 연방정부가 제시한 경제 데이터를 신뢰하는 비율은 13퍼센트에 불과했다. 반면 힐러리 클린턴에게 투표한 사람들 중에는 86퍼센트가 연방정부의 경제 데이터를 신뢰했다.[11]

그러나 트럼프 씨는 대통령이 되고 나서는 생각을 바꾸기로 했다. 공식 데이터에 따르면 그가 취임한 후 실업률이 더 줄어들었다. 그러자 트럼프 씨는 개선된 실업률을 무시하기보다는 그 공로를 인정받고 싶어 했다. 그의 대변인인 숀 스파이서Sean Spicer는 태연한 얼굴로 이렇게 말했다. "앞서 대통령께 이 문제에 대해 말씀드렸습니다. 대통령께서는 다음과 같이 확실하게 당신의 말씀을 인용하라고 하셨습니다. 실업률은 과거에는 가짜였을지 모르나 지금은 매우 사실에 근접해 있다는 것입니다." 이런 뻔뻔한 태도는 실소를 자아내지만 진정한 위험을 수반하기도 한다. 왜냐하면 대선 이후 트럼프 씨를 반대하는 이들이 꼭 과거 트럼프 지지자들처럼 공식 통계를 불신하기 시작했기 때문이다.[12]

자국 통계 기관이 정치적으로 편리한 수치를 제공하지 않는다면? 그리고 그 신뢰도를 깎아내리는 일에 싫증이 난다면 어떻게 해야 할까? 이때는 다른 나라의 통계 기관을 공격할 수도 있다.

가령 독일의 지도자인 앙겔라 메르켈Angela Merkel은 2015년에 정치적 위험을 안고 약 100만 명의 난민을 받아들였다. 독일의 사례를 반면교사로 삼고 싶어진 트럼프는 2018년 6월에 "독일의 범죄율이 급증함"이라는 트윗을 올렸다. 난민들이 온갖 범죄를 저지르는 현실을 보라는 것이었다.

트럼프 대통령에게는 안타깝게도 일군의 사람들이 그의 이야기를 망치는 일에 나섰다. 바로 독일의 통계 전문가들이 등장한 것이다. 트럼프의 트윗이 올라오기 한 달 전에 그들이 제시한 최신 수치를 보면 독일의 범죄율은 "급증"하기는커녕 1992년 이후 최저치를 기록했다.[13] 그래도 트럼프는 부끄러운 줄 모르고 몇 시간 후 트윗으로 대꾸했다. "독일의 범죄율은 10퍼센트 넘게 상승함(관료들은 이런 범죄를 발표하고 싶어 하지 않음)."[14]

트럼프와 같은 의혹 제기는 두 가지 면에서 타당하지 않다. 첫째는 경찰의 범죄 통계 집계는 반이민 강경파인 호르스트 제호퍼Horst Seehofer에 의해 이끌어졌기 때문이다. 제호퍼는 같은 해에 이민 정책을 강화하지 않으면 사임하겠다고 위협을 하기도 했다. 그런 사람이 이민에 대한 불편한 진실을 감추라고 관료들을 압박했을 가능성은 거의 없다. 두 번째 이유는 독일이 통계에 정치적으로 간섭하는 국가가 아니었다는 데 있다.

물론 안타깝게도 모든 국가가 통계와 숫자에 정치적 압박을 자제하려 하지는 않는다. 전 세계에 걸쳐서 수치를 조작하라는 압박은 폭넓게 실재한다. 또한 통계 전문가에게 가해지는 압력과 그 대가는 고위 정치인이 받는 불평보다 훨씬 심각할 수 있다.

용기 있는 통계학자들에 대한 보복

2010년에 경제학자인 안드레아스 게오르기우_{Andreas Georgiou}는 20년 동안 재직하던 국제통화기금을 떠났다. 그는 아직 어린 딸을 데리고 워싱턴 D.C.에서 고국인 그리스로 이주했다. 그가 맡은 새로운 직책은 그리스의 새로운 통계 기관인 엘스타트_{ELSTAT}를 운영하는 것이었다.

당시 그리스의 통계는 부실했고 충분한 자금이나 존중을 받은 적이 한 번도 없었다. 경제학자인 파올라 수바키_{Paola Subacchi}는 2002년에 아테네 교외 지역에 처박힌 그리스 통계실을 방문한 이야기를 털어놓았다. "통계실은 일반 매장들이 늘어선 광장에 있었다. 나는 1950년대 아파트 건물에서 입구를 찾아야 했다. 계단을 올라가니 몇몇 사람이 일하는 칙칙한 사무실이 나왔다. 컴퓨터는 단 한 대도 본 기억이 없다. 그곳은 매우 특이했으며, 전혀 전문적이지 않았다."[15]

그러나 게오르기우가 그리스에 도착했을 때 그에게는 먼지와 낡은 기술 말고도 다른 걱정거리가 있었다. 세계 각국이 그리스의 공식적인 통계 따위는 그들 선조가 만들었던 거대한 목마만큼이나 신뢰할 수 없다고 생각한 것이다. 유럽연합의 공식 통계 기관인 유로스타트_{Eurostat}는 그리스가 제시한 공식 경제 데이터의 신뢰성과 질에 대해 거듭 불만을 드러냈다. 유럽위원회도 대단히 비판적인 보고서를 냈다.[16]

근본적인 문제는 그리스가 재정적자를 적당한 수준으로 유지해야 한다는 것이었다. 재정적자는 정부가 지출과 세수의 차이를 메우기 위해 해마다 빌려야 하는 부채의 액수다. 유로존의 회원국으로서 지켜야 하는 의무 중 하나는 여러 예외적 상황에 따른 면제조항과 함께 재정적자를 GDP의 3퍼센트 아래로 유지하는 것이다(경제학적 측면에서 보자면 이는 아주 합당한 규칙은 아니다. 하지만 이는 다른 책에서 다룰 주제다). 이 목표는 달성하기 부담스럽다. 그러니 모든 게 좋아 보일 때까지 수치를 조작하지 못할 이유가 있을까? 어느 해에 그리스는 의료기관에 지급하기 위해 빌린 수십억 유로를 제외했다. 또한 다른 해에는 국방비의 상당수를 빠트렸다. 또한 투자은행인 골드만삭스Goldman Sachs와 모의하여 사실상의 대출을 다른 거래인 것처럼 꾸며서 재정적자에 포함하지 않았다.[17]

2009년에 글로벌 금융위기의 충격이 발생한 데 이어 그리스가 오랫동안 부채를 축소해왔다는 사실이 밝혀졌다. 누구도 그 부채가 상환될 것이라고 믿지 않았다. 유럽연합과 국제통화기금은 구제기금과 가혹한 긴축안을 혼합한 통상적인 처방을 내렸다. 그리스 경제에 직접적으로 개입하며 결국 그리스 경제는 붕괴하고 말았다. 이런 상황에서 안드레아스 게오르기우가 국제통화기금의 경험을 바탕으로 구원투수로서 등판한 것이었다.

게오르기우의 최우선순위는 가장 최신 자료인 2009년의 재정적자 수치를 살피는 것이었다. 그리스 재무부가 제시한 초기 예상치는 GDP의 3.7퍼센트였다. 이는 유럽연합의 목표치를 크게 벗어나지 않은 수치였지만 안타깝게도 그다지 신빙성이 없었다. 게오르기우가 도착하기 전에 이미 그리스 당국은 재정적자 예상치를 무려 세 배 이상인 GDP의

현실적으로 안드레아스 게오르기우가 그리스 경제를 극적으로 구원할 수 있을 것이라 기대한 사람은 적었다. 그래도 최소한 '공식 통계의 명성'을 구원할 것이라는 약간의 희망은 있었다.

13.6퍼센트로 수정했다. 그래도 유로스타트는 여전히 신뢰하지 않았다. 게오르기우는 몇 달 만에 자신이 내린 결론을 발표했다. 실제 재정적자의 비중은 매우 우려스러운 수준인 15.4퍼센트였다. 그래도 이 수치는 최소한 신뢰할 만했고, 그래서 유로스타트는 그걸 믿었다.

뒤이어 게오르기우의 고난이 시작되었다. 먼저 엘스타트에 심각한 내분이 발생했다. 나중에 경찰은 게오르기우의 이메일 계정이 부하 직원인 부청장에게 해킹당했다는 사실을 발견했다. 그다음에는 경제범죄검

찰Prosecutor of Economic Crimes이 게오르기우를 기소했다. 그리스의 재정적자를 의도적으로 부풀려서 경제에 심각한 타격을 입혔다는 것이었다. 게다가 여러 다른 혐의도 추가되었다. 거기에는 엘스타트의 이사회가 재정적자 수치를 투표로 정하지 못하게 한 것도 있었다(재정적자 규모를 투표에 부치는 것은 유로스타트보다 유로비전 송 콘테스트Eurovision Song Contest에 더 가까워 보인다). 게오르기우는 이런 "범죄들"로 무기징역형까지 받을 수 있었다. 사법부는 여섯 번이나 무죄 판결을 내렸지만, 이는 대법원에서 번복되었다. 실제로 기소, 무죄 처분, 재기소가 너무 빈번했던 터라 어떤 판결이라도 유지될 거라고 믿기가 힘들 지경이었다.[18] 이는 카프카의 소설에 나올 만한 '이지메'였다.

물론 게오르기우가 정말로 배반자일지도 모른다. 그러나 그럴 가능성은 작아 보인다. 전 세계에 걸쳐 80명의 수석 통계학자들이 그리스 정부에 항의하는 서명을 했다. 또한 유로스타트는 그의 작업을 거듭 승인했다. 게오르기우는 2018년에 국제통계협회, 전미통계학회American Statistical Association, 왕립통계학회Royal Statistical Society를 비롯한 명망 높은 전문 단체들로부터 특별 표창을 받았다. 그 근거는 "역경에 맞서는 능력과 힘, 공식 통계의 질과 신뢰도 확보에 대한 헌신, 공식 통계의 개선과 무결성 그리고 독립성에 대한 지지"였다.[19]

안드레아스 게오르기우가 역경에 맞서서 용기를 보인 유일한 통계학자는 아니다. 오랜 기간 공직에서 일한 아르헨티나의 통계학자, 그라시엘라 베바쿠아Graciela Bevacqua가 그 점을 증명한다. 아르헨티나는 오랫동안 높은 물가상승률에 시달렸다. 포퓰리스트 대통령으로서 부부지간인 네스토르 키르치네르Néstor Kirchner(2003~2007년 재임)와 크리스티나 페르난데즈 데 키르치네르Cristina Fernández de Kirchner(2007~2015년 재임)가 이끈 아르헨티나 정부는 물가상승률을 낮추는 대신 통계를 바꿔서 문제를 해결하기로 했다. 그 결과 베바쿠아는 불편한 요구를 받는 처지가 되었다.

가령 그녀는 월 물가상승률 수치에서 모든 소수점을 삭제하라는 지시를 받았다. 마치 아르헨티나의 컴퓨터는 소수점을 찍지 못하는 것처럼 말이다. 이는 생각보다 큰 차이를 만든다. 각각의 왜곡이 앞선 왜곡에 중첩되기 때문이다. 가령 매달 1퍼센트의 물가상승률을 중첩하면 연 12.7퍼센트가 된다. 반면 매달 1.9퍼센트의 물가상승률을 중첩하면 연 25.3퍼센트가 된다. 우습게도 아르헨티나의 연 물가상승률에 대한 공식 추정치는 전자에 가깝고, 독립적인 비공식 추정치는 후자에 가까운 경향이 있었다.

그라시엘라 베바쿠아는 2007년 초에 월 물가상승률 수치를 2.1퍼센트로 집계했다. 그러나 그녀의 상사들은 탐탁지 않게 여겼다. 1.5퍼센트 이하로 만들라고 일러두었기 때문이다. 그들은 그녀에게 휴가를 가라고 명령한 뒤 복귀하자 통계청에서 도서관으로 전보시키고 월급을 3분의 2나 삭감했다. 그 직후 베바쿠아는 사표를 냈다.[20]

'베바쿠아 제거하기'라는 본보기를 보여준 후 아르헨티나의 공식 물가상승률은 10퍼센트 미만의 수치를 공개했다. 이는 선진국 기준으로는 높은 수치였지만 여전히 믿기 어려울 정도로 낮았다. 대다수 외부 전문가들은 물가상승률이 25퍼센트에 근접한다고 주장했다. 한 전문가 집단은 비공식 물가지수를 만들었는데, 자문을 요청받은 사람은 다름 아닌 그라시엘라 베바쿠아였다. 그녀는 허위 사실을 공표한 죄로 25만 달러의 벌금형을 받았다.

게오르기우의 사례와 마찬가지로 국제적인 전문가들은 베바쿠아와 그녀의 방법론을 지지한다. 아르헨티나에 정부가 들어서면서 그녀의 앞날도 밝아 보인다. 게오르기우는 엘스타트에서 5년을 버텼고, 전보다 훨씬 높은 신뢰도를 얻은 조직을 뒤로한 채 미국으로 돌아왔다. 그가 수감될 가능성은 매우 낮다. 그러나 다른 그리스 통계학자들은 그가 자신이 맡은 통계에 대해 진실을 말하려다가 시달린 양상을 알 것이다. 게오르기우는 《시그니피컨스Significance》와 가진 인터뷰에서 "그들은 올바른 일을 하고 법을 따르면 직업적 안위뿐 아니라 개인적 안위가 위험해진다는 사실을 잊지 않을 겁니다"라고 말했다. 게오르기우는 장기적으로 봤을 때 그리스 정부의 행위는 자해에 가깝다며 이렇게 덧붙였다. "그들은 자신들이 활용하는 통계를 훼손함으로써 국가의 신뢰도를 훼손하고 있습니다." 한편 위기 이전에 그리스의 재정적자를 계속 축소한 사람들은 견책을 피한 것으로 보인다.[21]

안드레아스 게오르기우와 그라시엘라 베바쿠아는 영웅적인 모습을 보였다. 그러나 모든 통계학자가 나름의 결의를 지녔다거나, 압력을 행사하려는 모든 시도가 대중에게 알려질 것이라고 가정하는 것은 순진한 착각이다. 명망 높은 통계학자인 데니스 리브슬리Denise Lievesley는 내게 아프리카의 동료 통계학자가 자국 대통령이 요구하는 수치를 만들어내지 않으면 자녀들이 살해당할 것이라는 말을 들었다고 말했다.[22] 이런 상황이라면 그 통계학자가 협박에 못 이겨 통계를 왜곡하더라도 충분히 이해할 만하다.

정부가 통계를 난도질하다

공식 통계의 독립성을 더 은밀하게 훼손하는 방법도 있다. 탄자니아 정부는 2018년에 공식 통계에 대한 비판을 범죄화하는 법을 통과시켰다. 그에 대한 처벌은 벌금 또는 3년 이상의 징역형이었다. 탄자니아의 대통령 후보들은 아마 "현 정부의 실업률 통계는 가짜"라고 헐뜯은 트럼프 씨의 전례를 따르기 힘들 듯하다. 그와 별개로 정부 통계의 오류를 지적하는 사람을 가두는 것은 발언의 자유를 침해할 뿐 아니라 오류를 바로잡지 못하게 만드는 일이다. 세계은행의 비판을 받은 탄자니아의 조치는 정치적 이유로 왜곡된 통계의 완벽한 서곡이 될 것이다.[23]

인도의 경우 나렌드라 모디Naredra Modi 총리의 정부는 2019년에 실업률 데이터의 발표를 중단했다. 모디는 일자리 창출에 대한 원대한 약속을 내걸었다. 그러나 그해 총선(결과부터 말하자면 모디가 편안하게 승리)을 앞두고 창피한 현실이 드러날 것으로 보이기 시작했다. 해결책은 그저 데이터가 "개선"되기를 기다리면서 발표를 중단할 핑계를 찾는 것이었다. 한 인도 전문가는 《파이낸셜 타임스》와 가진 인터뷰에서 "오랫동안 정부의 목표는 계속 실상을 가리는 것이었음이 명확해졌습니다"라고 현실을 알렸다.[24]

공식 통계에 대한 훼손은 비단 개발도상국에서만 자행되는 일이 아니었다. 나 같은 통계 너드들이 존경해 마지않는 국가의 정치인과 통계학자 사이에서도 심각한 갈등이 발생할 수 있다. 캐나다의 통계 기관인 통계청Statistics Canada은 능력과 독립성으로 오랫동안 전 세계의 통계 기관으로부터 존경받았다. 그러나 정작 본국에서 그런 자질이 항상 인정받는 것은 아니었다. 먼저, 스티븐 하퍼Stephen Harper 총리(2006년~2015년) 정부는 전통적인 인구조사를 폐지하고 자원 설문으로 대체하려고 시도했다. 후자는 더 저렴하고 편리했지만, 통계로서는 불확실했다. 수석 통계학자 무니르 셰이크Munir Sheikh는 이에 대해 공개적으로 이의를 제기한 후 사임했다.[25] 하퍼 정부는 IT 인프라를 셰어드 서비시즈 캐나다Shared Services Canada라는 조직으로 이관하기를 원했다. 차기 총리인 저스틴 트루도Justin Trudeau 행정부가 이 계획을 밀어붙이자 차기 수석 통계학자인 웨인 스미스Wayne Smith 역시 사임했다. 스미스는 통계청의 데이터와 처리 능력을 다른 조직으로 이관하면 수집하는 통계의 기밀성을 보장할 수 없다고 주장했다. 더 나아가 통계청이 계속 독립성을 유지하도록 보장할 수도 없었다. 셰어드 서비시즈 캐나다에 영향력을 지닌 모든 정부 관료로부터 압박이나 압력을 받을 수 있기 때문이다.

캐나다 통계청의 강건한 독립성에 대한 명성은 이런 일화들로 더욱 높아졌다고 말해도 무방하다. 그러나 정치적 진영의 한 편이 통계학자들에게 적대적이고, 다른 편이 그들을 방어한다면 통계 자체가 당파에 따른 정치적 사안이 될 위험이 있다. 이 점을 고려하면 각각 다른 정부에서 두 수석 통계학자가 사임했다는 사실이 차라리 다행일지도 모른다.[26]

통계를 돈으로 환산하면 얼마일까

성가신 통계학자들에 대해 푸에르토리코 정부는 캐나다보다도 더욱 극단적으로 대응하곤 했다. 그들은 2017년 9월에 허리케인으로 재난이 발생한 직후에 통계청인 프리스PRIS를 아예 해체하려고 시도했다. 명분은 운영비용이 너무 많이 든다는 것이었다. 즉, 100만 달러의 예산을 다른 데 쓰는 편이 낫다는 것이었다(푸에르토리코는 미국 자치령이며 2017년 당시 대통령이었던 트럼프는 물에 잠긴 푸에르토리코를 통째로 처분divesting하려고 했다 - 옮긴이).

  '100만 달러 절약하기'가 통계청 해체의 진짜 이유가 아니었을 수도 있다. 기억할지 모르지만, 문제의 허리케인이 지나간 직후 트럼프 대통령은 사망자 수가 아주 적다는 것에 감사를 표했다. 열여섯 명 내지 열일곱 명의 사망자가 난 것은 12년 전에 허리케인으로 뉴올리언스가 물에 잠겼던 "진정한 비극"만큼은 아니라는 말이었다. 이는 경박한 발언이었지만 당시 공식 사망자 집계와 일치했다. 사망자 수는 시간이 지나면서 점점 늘어서 50명대로 집계되었다. 이 수치도 의심스러울 정도로 낮았다. 수많은 외부 연구자들은 나름의 추정치를 내려고 시도했다. 그들은 폭풍 때문에 죽은 사람뿐 아니라 과부하에 걸린 의료 서비스나 도로 및 전력 차단으로 도움을 받지 못해 죽은 사람까지 집계했다. 알렉시스 산토스~Alexis Santos~가 그중 한 명이었다. 그는 펜실베이니아 주립대학교의 인구통계학자였다. 그의 어머니는 허리케인이 닥쳤을 때 고향인 푸에르토리코에 있었다. 산토스 교수는 허리케인으로 인해 직간접적으로 1,000여 명이 사망했다는 추정치를 제시했다. 이는 푸에르토리코에서 주요 뉴스로 다뤄졌다. 더 암울한 추정치는 나중에 발표되었다.

이 모든 추정치는 프리스의 인구통계 데이터를 토대로 삼았다. 한편 프리스는 사망자에 대한 정확하고 시의적인 정보를 얻기 위해 푸에르토리코 보건부를 고발했다.[27] 정권이 느꼈을 굴욕감을 생각해봤을 때, 프리스를 해체하겠다는 위협은 조금도 놀랍지 않다.

그래도 명분을 액면 그대로 살펴보자. 프리스에 정말로 100만 달러의 예산을 투입할 가치가 있을까? 공식 통계가 얼마나 많은 가치를 창출하느냐는 질문은 타당하다. 그러나 그 가치를 정량화하려는 시도는 우리가 예상하는 것보다 훨씬 적다.

영국에서는 2011년에 인구조사를 앞두고 비용편익분석이 이뤄졌다. 이 분석은 인구조사의 편익을 망라한 긴 목록을 내놓았다. 거기에는 연금 정책을 둘러싼 논쟁에 정보를 제공하는 것부터, 학교와 병원이 적절한 지역에 위치해 있도록 보장하는 것, 다른 모든 통계를 계산하는 데 도움을 주는 것까지 모든 것이 포함되었다. 어쨌든 인구를 알기 전에는 범죄, 10대 임신, 소득, 실업 등 모든 '1인당' 통계를 낼 수 없다.

분석가들은 다음과 같이 평가했다. "통계 그 자체는 편익을 제공하지 않는다. 그러나 정부, 기업, 자선단체, 개인이 통계를 활용하여 옳은 결정을 신속하게 내릴 수 있도록 편익을 제공한다."[28] 이는 합당한 평가로 보인다. 몇 가지 놀라운 사례도 있다. 가령 런던 경찰청은 인구조사 결과를 활용하여 노인 거주자가 많은 거리를 파악했다. 그들은 해당 지역에서 취약한 사람들을 노리는 사기와 강도를 예방하기 위한 노력을 집중했다. 이밖에 공공보건 캠페인부터 원자력 재난 비상계획에 이르는 모든 것은 사람들이 어디에 사는지 파악하는 일에 의존한다.

실망스럽게도 비용편익분석을 실행한 분석가들은 어깨를 으쓱하면서 이 모든 일에 가치를 매길 수 없다고 밝혔다. 매우 유용한 것만은 사실이라고 말했지만 말이다. 그래도 그들이 정량화할 수 있다고 판단한 몇 가지 편익이 있었다. 그들이 이 편익들에 매긴 가치는 연간 5억 파운드(약 7,900억 원)였다. 이는 영국 주민 1인당 10파운드가 조금 안되는 금액이었다. 인구조사는 5억 파운드 미만의 비용이 들고, 10년 동안 활용된다. 그렇다면 비교적 보수적으로 잡아도 편익이 비용의 10배라는 말이 된다.

뉴질랜드도 공식 통계의 가치를 집계하려는 또 다른 시도를 했다. 그 결과 인구조사에 2억 뉴질랜드 달러(약 1억 파운드)의 비용이 드는 반면 적어도 10억 뉴질랜드 달러 가치의 편익이 발생하는 것으로 밝혀졌다. 즉, 편익이 비용의 5배였다. 이 연구는 인구조사가 제공하는 기본 지식

(누가 어디에 사는가)을 갱신하는 일이 병원과 도로 같은 기반 시설에 대한 공공 지출을 더욱 정확하게 배정할 뿐 아니라 일반적으로 정보에 기반한 정책을 뒷받침한다고 밝혔다.[29] 다시 푸에르토리코 이야기를 하자면, 연구자들은 프리스가 여러 방식으로 밥값을 한다는 사실을 지적했다. 가령 프리스는 의료보조금 부정수급을 방지하는 새로운 시스템의 도입을 가능하게 만들었다.[30]

통계가 가치를 지닌다는 가장 강력한 증거가 있다. 통계 수집 비용은 정부가 통계를 참고하여 내리는 결정의 가치와 비교했을 때 실로 매우 저렴하다는 것이다. 의회예산처를 예로 들어보자. 의회예산처는 연간 단 5,000만 달러의 비용으로 운영되지만 4조 달러의 연간 지출을 결정하는 의회에 자문을 제공한다. 다시 말해서, 미국 정부가 지출하는 8만 달러 중에서 1달러가 나머지 7만 9,999달러를 살피는 의회예산처에 들어간다.[31] 의회예산처는 정부 지출의 유효성을 0.00125퍼센트만 개선해도 존재를 정당화할 수 있다. 의회예산처가 그 정도 기준도 넘지 못하리라 생각하기는 어렵다.

마찬가지로 프리스에 들어가는 100만 달러의 예산은 푸에르토리코 정부의 전체 지출이라는 맥락 안에 놓고 보면 훨씬 적어 보인다. 전체 지출 금액은 약 1만 배나 되는 100억 달러에 육박한다. 영국의 국립 통계청은 연간 2억 5,000만 파운드의 예산을 쓴다. 이는 영국 정부가 3,000파운드를 쓸 때 1파운드의 비율도 채 차지하지 못하는 금액이다. 둘 사이에 있는 미국의 13개 주요 통계기관은 미국 연방정부가 2,000달러를 쓸 때 1달러를 차지한다.[32] 진지하게, 독립적으로 수집된 데이터가 정부의 의사결정을 조금이라도 개선한다면 해당 기관들에 소액의 공공지출을 할애할 가치는 충분하다.

통계를 대하는 독재자들의 자세

통계가 없으면 정부는 무지 속에서 더듬거리게 된다. 그러나 흥미로운 반론도 있다. 정부는 너무나 무능해서 전보다 더 많은 정보를 주는 일은 위험하다는 주장이다. 더 많은 정보는 더 격한 헛발질을 부추긴다는 것이다.

이 시각을 지지하는 유명 인사로 존 카우퍼스웨이트John Cowperthwaite 경이 있다. 존 경은 1960년대 내내 홍콩의 재무부 장관이었다. 당시는 아직 영국이 홍콩을 통치하던 때로, 엄청나게 빠른 경제성장이 이뤄진 시기이기도 했다. 경제성장 속도가 얼마나 빨랐는지 정확한 수치를 말하기는 어렵다. 왜냐하면 존 경이 홍콩 경제에 대한 기본적인 정보를 수집하지 않았기 때문이다.

훗날 노벨 경제학상을 받는 밀턴 프리드먼Milton Friedman은 존 경이 장관이었던 당시에 통계를 수집하지 않는 이유를 물었다고 한다. "카우퍼스웨이트는 경제 관련 데이터를 발표하면 정부가 경제에 개입하려고 압력을 넣을 것이기 때문에 이를 제공해달라는 공무원의 요청을 계속 거부해왔다고 설명했다."[33]

이 말에는 논리가 있다. 홍콩이 빠른 성장을 이룬 부분적인 이유는 기아에 시달리는 공산주의 국가의 중국 이민자들 덕분이었다. 그러나 카우퍼스웨이트와 프리드먼은 나름의 근거를 가지고 홍콩이 정책에 대한 자유방임적 접근법 덕분에 번영한다고 믿었다. 카우퍼스웨이트의 정부는 낮은 세금을 징수했고, 공공 서비스는 거의 제공하지 않았다. 그는 민간부문이 국가보다 훨씬 빠르고 효율적으로 사람들의 문제를 해결할 것이라고 주장했다. 그러니 군이 런던의 당국자들이 간섭하도록 부추길 데이터를 수집할 이유가 있을까? 카우퍼스웨이트는 런던의 정치인들이 일을 덜 할수록 더 낫다고 생각했다. 그들은 아는 게 적을수록 일하려는 시도를 적게 할 것이었다.

마찬가지로 제임스 스콧James C. Scott은 권위 있는 책인《국가처럼 보기Seeing Like a State》에서 국가가 수집하는 통계 정보는 중요한 지역적 세부 사항을 제외하기 때문에 결함이 있다고 주장했다. 토지와 관련하여 복잡한 관습이 있는 동남아시아의 한 농촌 공동체를 상상해보자. 모든 가구는 대략 일할 수 있는 구성원의 수에 비례하여 해당 토지를 경작할 권리가 있다. 수확이 끝난 다음에 해당 토지는 가축을 먹일 공용지가 된다. 또한 모두 장작을 모을 수 있다. 마을 제빵사와 대장장이는 더 많이 모을 수 있다. 이런 상황에서 새로운 국립 토지 등기소의 조사원이 찾아와서 "이 땅은 누구 것인가요?"라고 묻는다. 그에 답하기는 그리 간단치 않다.

이렇게 틀리거나, 중요한 것이 빠져 있는 세계관을 갖는 것은 문제다.

스콧은 국가가 강한 힘을 지녔기 때문에 세상에 대한 오해는 종종 물리적 형태를 띤다고 주장한다. 그래서 의도는 좋지만, 지역적 지식을 간과하고 지역적 자율성을 저해하는 서투르고 억압적인 근대주의적 시책을 만들게 된다.[34] 어쩌면 짜증 난 토지 조사원은 기록장에 해당 토지의 소유권이 지역 정부에 있다고 쓸지도 모른다. 그리고 두어 해 후 마을 사람들은 팜오일 농장을 만들기 위해 해당 토지가 개간되는 것에 놀랄수도 있다.

역사적으로 독재자들은 대부분 탄탄한 통계를 수집하는 데 관심이 없거나 애당초 통계를 수집하고 분석한 다음 적절히 활용할 능력이 없었던 것이 사실이다. 한편 현대 민주주의 국가에서도 정부가 통계를 집계하지 않으면 국가 운영은 근거를 잃는다. 만약 통계를 조작하면 진실은 증발할 것이다.

여기서 한 발 더 나아갈 수 있다. 즉, 정부는 명백히 악의적일 수 있다. 이때 최악의 사례는 매우 파국적일지도 모른다. 이 점은 정부가 얼마나 많은 데이터를 가져야 하는지 우리가 결정을 할 때에 적절히 반영되어야 한다. 히틀러나 마오쩌둥 또는 스탈린은 자국에 대해 덜 아는 것이 국민에게 더 낫지 않았을까? 그랬다면 그들이 해를 덜 입히지 않았을까? 정부가 우리에 대해 더 많이 알수록 통제력을 발휘할 유혹을 더 많이 느낄 것이라고 우려하는 일은 합리적이지 않을까?

이 주장은 언뜻 타당해 보인다. 그러나 나는 동의하지 않는다. 공산주의 동독부터 현대 중국까지 대중 감시와 인구 통제에 관심을 가졌던 정부들은 현대 민주주의 국가의 독립적인 통계기관과는 매우 다른 수단을 활용하고, 전혀 다른 데이터를 수집하는 경향이 있었기 때문이다.

1950년대 말에 공산주의 중국의 대약진 운동 때문에 발생한 파국적인 기아 사태를 생각해보라. 당시 사람들은 나무껍질, 새똥, 쥐까지 먹는 지경에 이르렀다. 2,000만 명에서 4,000만 명의 사람들이 사망했다. 이 재난은 농업 생산량에 대한 정확한 데이터가 없어서 더욱 악화했다. 수많은 사망자를 집계하기 시작한 공식 통계는 폐기되었다.[35]

마찬가지로 스탈린은 1937년에 실시된 소련의 인구조사 결과를 발표하지 못하게 막았다. 그가 이전에 발표한 것보다 인구가 적게 나왔기 때문이었다. 이 인구 감소는 그 자체로 모욕이었을 뿐 아니라 스탈린의 폭정 때문에 직간접적으로 수백만 명이 죽었다는 사실을 만천하에 드러내는 셈이었다. 소련 인구를 정확하게 집계한 대가는 무엇이었을까? 인구조사를 이끈 통계학자 올림피 크비트킨Olimpiy Kvitkin은 사살되었다. 그의 여러 동료도 같은 운명에 처했다.[36] 이는 정확한 통계 정보가 압제에 꼭 필요한 도구라고 생각하는 전체주의 통치자의 행동이 아니다.[37]

나치 독일은 데이터를 활용하여 국가 기구를 뒷받침하려는 야심이 강했다. 그들은 최신 기술인 천공카드 기계를 이용해 전체 인구를 확인하려고 노력했다. 그러나 애덤 투즈Adam Tooze가《통계와 독일 Statistics and the German State》에서 주장한 대로 나치 치하에서 실제로는 통계적 기준이 무너졌다. 투즈는 "실행할 수 있는 어떤 통계 시스템도 고안된 적이 없었다"고 밝혔다.[38] 프라이버시·기밀성·독립성이라는 공식 통계의 전통은 나치 프로젝트에서는 대단히 낯선 것이었다. 그래서 정치적 압력과 분파 투쟁으로 기존 시스템마저 거의 붕괴했다.

이 모든 점에서 볼 때 나는 제임스 스콧의 주장에 크게 공감하며(스콧의 생각에 대해서는 나의 책《메시》에서 더욱 자세히 다뤘다), 존 카우퍼스웨이트 경에게도 어느 정도 공감한다. 국가는 겸손해야 한다. 관료들은 자신이 가진 지식의 한계를 인식해야 한다. 조감도는 너무나 원대하고 포괄적이어서 전능의 착각을 초래할 위험이 있다.

영국 정부에 정보를 제공하지 않은 존 경의 전략은 50년 전 홍콩에서는 성공한 것처럼 보인다. 그러나 홍콩은 거대 정부가 유행하던 제국주의 강국이 쇠퇴기에 보유하고 있던 식민지라는 아주 특이한 사례에 속했다. 그래서 정부의 모든 간섭은 9,600킬로미터 떨어진 거리에서 이뤄졌다. 이는 드문 상황이었다.

따라서 기본적인 통계를 수집하지 않는 전술은 오직 전제정치 체제나 자유방임적 정권에서만 타당하다. 사실 이런 가능성에 호감을 갖는 사람은 아주 적다. 좋든 나쁘든 우리는 정부가 행동에 나서기를 바란다. 정부가 행동하려면 통계 같은 정보가 필요하다. 또한 국가가 수집한 통계는 범죄·교육·인프라를 비롯한 다른 많은 문제와 관련된 정책을 뒷받침한다.

가난한 나라들의 통계

대체로 공식 통계기관이 충분한 자원을 갖추지 못한 빈국들을 보자. 이들 국가는 향후 더 나은 통계 능력을 갖추면 의사결정을 개선할 수 있는 범위가 특히 크다. 빈국과 통계 문제를 살펴볼 좋은 사례가 있다. '교육은 글을 읽고 이해하는 문식성 개선에 얼마나 효과적일까?'라는 의문에 대한 통계 조사이다.

세계은행 연구자들은 위의 의문과 그에 대한 통계가 교육 정책과 지출에 유용한 도움을 줄 것으로 기대했다. 연구자들은 유네스코가 취합한 통계를 살폈다. 그 결과 교육과 문식성 사이에 놀랍도록 높은 상관성이 존재한다는 사실이 밝혀졌다. 정식 교육을 오래 제공한 국가일수록 예외 없이 문식성이 높았다. '교육은 명백히 효과가 있다!' 연구자들은 환희에 차서 연구 결과를 발표했다.[39]

하지만 불행히도 세계은행 연구자들은 유네스코 연구 결과의 세부 내용을 읽지 않았다. 사실대로 말하자면 유네스코는 원하는 모든 데이터를 수집할 여력이 없었다. 그래서 겨우 70명의 관계자가 220개국의 온갖 분야에서 데이터를 끌어모았다. 성인 문식성은 그렇게 집계한 데이터 가운데 하나였다(파푸아뉴기니 같은 나라에서 문식성이 무슨 의미를 지닐까? 언어가 무려 400개 이상이고 그중 일부는 문자가 아예 존재하지 않는다).

사실 유네스코는 '지름길'을 선택했다. 조사팀을 직접 세계 각국에 파견해 대규모로 통계를 수집하는 일이 불가능했기 때문에 어쩌면 당연한 것이었다. 유네스코는 직접 성인 문식성을 평가하는 대신에 최선의 추정치에 해당하는 대리 지표를 살폈다. 그들은 정식 교육을 5년 이상 받지 못한 사람들은 문맹일 것이라고 가정했다. 결과적으로 세계은행의 연구자들은 교육과 문식성 사이에 매우 긴밀한 연관성이 있다고 믿을 수밖에 없었다.

만약 유네스코 같은 조직이 통계를 수집할 더 많은 자원을 확보한다면 '5년 이상 정식 교육을 받은 사람의 수'라는 대리 지표에 의존할 필요가 줄어들 것이다. 또한 연구자들은 교육이 얼마나 문식성을 촉진하는가 같은 의문에 더 나은 답을 내놓을 것이다.

거듭 말하지만, 빈국에서는 통계의 기반이 너무나 빈약하다. 해외 원조로 제공되는 300달러 중에서 1달러만이 통계를 지원하는 데 투입된다. 그럼 통계 지원을 두 배로 늘리면 어떨까? 빈국은 2달러를 통계 작업에 활용함으로써 나머지 298달러로 전보다 훨씬 큰 가치를 창출할 수 있게 될 것이다.[40]

통계, 권력자, 시민 그리고 통계

밀턴 프리드먼에게 존 경이 한 말은 암묵적인 가정을 담고 있다. '정부 통계란 정부에 의해서만이 아니라 정부를 위해 수집된다'는 점이다. 정부가 통계 없이 일하는 것이 더 낫다는 존 경의 믿음은 특이한 것이었다. 그러나 이를 제외하면 존 경의 관점은 일반적이다. 의회는 의회예산처를 만들 때 같은 생각을 한 듯 보인다. 의회예산처는 의회에 정보를 제공하도록 기획되었다. 그 단서는 명칭에 있다. 이런 생각의 기원은 멀리 거슬러 올라간다. 제임스 매디슨James Madison은 지금으로부터 무려 200년 전인 1790년에 "단언과 추측이 아니라 팩트를 주장의 근거로 삼기"라고 말했다. 정치인은 기꺼이 정확한 통계를 의뢰하고 의지해야 한다는 뜻이다.[41]

정부가 정보를 얻기 위해 통계를 수집해야 한다는 것은 틀린 생각이 아니다. 다만 이런 시각은 독점적 소유 의식으로 변질할 위험이 있다. 이 경우 정치인은 통계를 활용하여 국정을 운영해야 한다는 믿음에서 그치지 않는다. 즉, 통계는 다른 사람들이 신경 쓸 일이 아니며, 외부의 감시는 성가실 뿐이라고 믿게 된다. 이때 팩트는 더 이상 팩트가 아니라 권력자의 도구가 된다.

데릭 레이너Derek Rayner 경은 통계를 관리 도구로 삼아야 한다는 시각의 유명한 지지자였다.[42] 데릭 경은 이미 영국의 고품질 식료품과 의류 판매점인 막스 앤드 스펜서Marks & Spencer를 성공적으로 경영했다. 이후 그는 효율성을 높이는 방법에 대해 영국 정부에 자문을 제공했다. 1980년에 마거릿 대처Margaret Thatcher 총리는 그에게 공식 통계를 수집하고 발표하는 방식을 검토해달라고 요청했다. 데릭 경은 기꺼이 수락했다. 그는 통계를 기본적으로 경영정보시스템으로 보았다. 그래서 국정 운영에 도움이 되는 통계는 유지하되 도움이 되지 않는 통계는 폐기해도 무방하다는 태도를 취했다. 군이 수치를 발표했다가 신뢰성을 의심받는 등의 소란을 피울 필요도 없었다.

데릭 경의 시각은 잘못되었다. 좋은 통계는 정부의 정책기획자들에게만 도움을 주는 게 아니며, 훨씬 폭넓은 집단에도 가치가 있다. 상업 부문에서 기업들은 정부가 수집한 데이터에 의존하여 생산 목표·공장·사무실·매장의 위치 그리고 다른 사업 활동에 대한 계획을 세운다. 노동통계청·통계청·에너지정보청·경제분석청이 수집한 데이터는 은행·부동산중개사·보험사·자동차 제조사·건설사·유통사 그리고 다른 많은 기업이 계획을 세우고 더 폭넓은 배경과 대조하여 자신의 데이터를 평가하도록 해준다. 블룸버그, 로이터스, 질로우Zillow, 닐슨Nielsen, IHS 마킷Markit 같은 데이터 기반 민간 기업들이 수십억 달러의 매출을 올린다는 사실은 기업들이 유용한 통계에 상당한 돈을 지급할 의향이 있음을 말해준다. 이보다 덜 알려진 사실은 해당 기업들이 정부 데이터의 토대 위에 자신의 고유한 통계 체계를 구축한다는 것이다.[43]

정부 데이터는 단지 기업의 돈벌이를 뒷받침하는 수단에 그쳐서는 안된다. 폐쇄적인 기업의 정보공개와 반대로 오히려 정부는 통계의 공개성을 중시해야 한다. 즉, 자신이 살아가는 세상의 정확한 정보에 시민 스스로 자유롭게 접근할 수 있도록 해야 한다.

정부 통계기관은 대개 모든 시민에게 통계를 무료로 제공한다. 그 데이터 중 일부는 민간 기관이 얼마나 많은 비용을 들이든 수집할 수 없는 것들이다. 인구조사의 경우처럼 정부는 민간 기관과 달리 법적으로 응답을 요구할 수 있다. 물론 민간 기업이 다른 데이터를 수집하기도 하지만, 이는 대부분 고액의 구독료를 내는 경우에만 제공된다. 민간 기업들은 이런 데이터를 쉽게 확인하려는 사람들에게 연간 수만 달러를 부과한다. 물론 민간 기업이 일부 데이터를 무료로 제공할 수 있다. 그러나 이런 통계는 종종 정보로 위장한 광고에 불과하다.

일반에 공개되는 통계는 시급한 사회적 사안을 이해하고 조명하는 데 활용할 수 있다. 한 가지 사례로 역사학자이자 사회학자이며 인권운동가이기도 했던 W. E. B. 두 보이스Du Bois가 19세기 말에 데이터 시각화를 위해 노력했던 일을 들 수 있다.[44] 1900년에 열린 파리 만국박람회에 참가한 보이스의 팀은 당시 미국 흑인들이 처한 상황을 보여주는 훌륭하고 근대적인 그래프를 공개했다. 그래프에는 인구 구성·부·불평등을 비롯한 여러 요소의 데이터가 덧붙여져 있었다. 그래프 중 일부는 두 보이스와 그의 팀이 애틀랜타대학에서 수집한 데이터를 활용한 것이었다. 그러나 가장 인상적인 일부 그래프는 인구조사 같은 공식 통계에 의존했다. 물론 보이스의 활약은 세상을 이해하거나, 변화를 추구하거나, 혹은 두 가지 모두를 원하는 사람들이 공식 통계로부터 도움을 얻는 한 가지 사례일 뿐이다.

시민들은 믿을 만한 통계를 통해 정부에 책임을 물을 수 있고, 정부는 더 나은 결정을 내릴 수 있다. 정부가 통계를 시민이 아닌 정치인의 것으로 만들면 그 결정의 질이 개선되지 않을 것이다. 또한 정부에 대한 평판도 마찬가지일 것이다.

통계를 관리 도구로 써야 한다는 데릭 레이너 경의 생각은 많은 통계학자에게 충격을 안겼다. 그 부분적인 문제는 영국 대중에게 "이 데이터는 당신들을 위한 것이 아니라 오직 중요한 사람들을 위한 것"이라는 부정적인 메시지를 줄 수 있다는 것이었다. 그러나 데릭 경처럼 통계가 정말로 중요한 사람들만을 위한 것이라고 믿는다 해도 여전히 통계를 대중에게 공개해야 할 좋은 이유가 있다. 공개를 전제하면 통계는 정직해진다. 앞 장에서 살폈듯이 대중의 감시는 매우 중요하다. 그것이 과학과 연금술을 구분한다. 통계를 공개하고 모두 접근할 수 있게 만들면 학자나 정책 연구자 또는 시간과 컴퓨터가 있는 사람이라면 누구라도 분석하고 검증할 수 있다. 그래서 오류를 파악하고 수정할 수 있다.

실제로 데릭 경이 제안한 개혁은 10년도 안 되는 사이에 '실업률'의 정의가 30번 넘게 바뀌는 상황을 초래했다. 물론 그 방향은 대체로 주요 실업률을 낮추는 쪽이었다.[45] 통계를 더 이상 공공선으로 여기지 않을 때 이런 일이 일어난다. 당연히 사람들은 해당 통계의 질에 극도로 냉소적인 자세를 취하게 되었다. 아마 도널드 트럼프라면 십중팔구 "그 통계는 거짓이다"라고 말했을 것이다. 선전용으로 공식 데이터를 계속 조작하면 진실은 증발하기 마련이다.

현재 영국의 통계 시스템은 전보다 훨씬 개선되었다. 하지만 명성을 회복하기까지 25년이라는 시간이 걸렸다. 커다란 노력도 필요했다. 신뢰란 저버리기 쉬워도 되찾기는 어렵기 때문이다. 그래도 영국 통계청의 신뢰도는 영국중앙은행, 법원, 경찰, 공무원 같은 비슷한 조직보다 양호하며 정치인이나 언론과 비교하면 훨씬 높다.[46]

데릭 경의 시각은 정부가 수집하는 통계는 주로 정부 당국자의 편의를 위해 존재하며, 시민은 그것을 볼 특별한 권리가 없다는 것이다. 다행히 이런 시각은 민주주의가 자리 잡은 대다수 국가에서 유행이 지났다. 그러나 하나의 흔적은 뚜렷하게 남아 있다. 트럼프 대통령은 2018년 6월 1일에 이 사실을 뜻하지 않게 부각하게 했다. 그날은 월간 고용 보고서가 발표되는 날이었다.

내부자들의 기묘한 예지력

트럼프는 오전 7시 21분에 "오늘 8시 30분에 발표할 고용 수치가 기대됨"이라는 트윗을 올렸다. 이는 트위터로 윙크를 날리는 방법을 보여주는 기이한 시범이었다. 시장은 좋은 소식을 기대하며 급등했다. 69분 후고용 보고서가 공개되었다. 참으로 놀랍게도 그것은 정말로 좋은 소식이었다.

공식 통계는 정치와 금융 양 측면에서 민감한 경우가 많다. 가령 최신 실업률 수치를 통해 대량의 일자리가 만들어졌다는 사실이 드러나면 금융시장은 수치가 암울할 때와는 매우 다른 반응을 보인다. 수치는 때로 정치적 주장을 좌우한다. 이런 이유로 공식 통계는 집계하고 확인하는 동안 비밀에 부쳐진다. 그리고 특정한 시간에 공개된다.

미국과 영국을 비롯한 일부 국가에서는 특정한 사람들이 특정한 공식 통계를 미리 볼 수 있다. "공개 전 접근"이라고 부르는 이 관행은 논쟁의 대상이다. 그에 대한 해명은 '장관들이 대응책을 준비할 수 있고, 기자들의 질문에 대답할 수 있게 해준다'는 것 등이다. 이런 이유로 다양한 정치 자문과 공보관 같은 사람들이 특혜를 누릴 명단에 들어간다. 영국 국무조정실은 해당 관행을 <u>스스로</u> 변호하는 심의 결과를 내놓았다. 공보관들은 공개 전 접근 관행을 폐기하는 것에 대해 "재난이 될 것이다. (중략) 언론은 적절한 공식 논평 없이 자기 마음대로 기사를 쓸 것"이라며 징징 댔다.[47]

힘 있는 정치인들이 통계 결과에 대한 언질을 미리 받는 것을 편리하게 여기는 이유는 명확하다. 결과가 좋으면 자랑할 계획을 세울 수 있고, 결과가 나쁘면 제대로 해명하거나 주의를 분산시킬 계획을 세울 수 있다. 그러나 이것이 공공의 이익에 부합하는지는 전혀 명확하지 않다. 통계에 영향을 받게 될 모든 사람이 통계를 공개할 준비가 되었을 때 일제히 접근하면 안 되는 이유가 어디 있단 말인가?

(절충적인 입장도 있다. 바로 장관들이 통계치를 30분 전에 받고 휴대전화를 쓰지 못하는 가운데 가만히 앉아서 대응을 준비하도록 하는 것이다. 이 방식은

권력자들이 다시 시험을 치게 만드는 것과 유쾌할 정도로 비슷하다. 사실 저널리스트들도 때로 이렇게 민감한 공식 통계를 받는다. 우리는 이 시험을 잘 견뎌낸다. 나는 국제적인 모임에서 캐나다 통계학자로부터 이 접근법에 대한 설명을 들었는데, 러시아 통계학자가 끼어들어서 의문을 제기했다. "장관이 통계를 바꿔버리면 그 방식은 소용없지 않나요?" 음, 있음직한 일이다).

이 문제에는 페어플레이에 대한 의식보다 더욱 많은 것이 걸려 있었다. 영국에서는 수많은 관료와 자문위원이 공식적으로 공개되지 않은 경제 통계를 늘 미리 볼 수 있었다. 그리고 그 직후에 시장 전문가들은 이상 현상을 목격하곤 했다. 실업률 통계의 공식 발표 직전에(즉, 관료들과 자문위원들이 경제 통계를 본 후에) 환율과 국채 가격 같은 금융시장 주요 지표가 급등하거나 급락한 것이다. 이런 이상 현상이 발생할 때, 실업률 같은 경제 데이터는 늘 이례적인 수치였다. 즉, 시장이 예상한 것보다 훨씬 좋거나 나빴다.

경제학자인 알렉산더 쿠로프Alexander Kurov는 경제 통계 발표 45분 전에 시장 관계자가 통계치를 사전에 알았는지 파악하는 작업에 나섰다. 그 방법은 영국과 스웨덴의 상황을 체계적으로 비교하는 것이었다. 스웨덴은 영국과 경제적 여건이 매우 흡사한데, 경제 통계에 대해 공식적인 공개 이전의 접근을 금지한다. 스웨덴의 정치인과 공보관들은 다른 모든 사람과 같은 시간에 수치를 알게 된다. 두 나라를 비교한 결과, 스웨덴 크로나 트레이더들은 영국 파운드 트레이더들과 달리 예지력을 갖지 못한 것으로 드러났다.[48]

이를 보면 경제 통계의 공식 공개 이전에 접근 권한을 가진 사람이 트레이더 지인들에게 귀띔했을 가능성은 상당히 높아 보인다. 즉, 공식 데이터를 가지고 내부자거래를 일삼는 것이다. 누가 그랬을까? 실업률 통계에 대한 공개 전 접근 권한을 가진 사람은 118명이다. 그래서 범인을 특정하기가 쉽지 않다(왜 118명이나 되는 사람들이 언론에 대한 '적절한 공식 논평'을 준비해야 하는지 의아한가? 물론 나는 너무도 궁금하다).

트럼프 씨의 트윗은 그 자체로 많은 해를 입히지 않는다. 어차피 모든 사람이 동시에 그의 트윗을 볼 수 있으니 말이다. 이는 뜻하지 않게 공개 전 접근이라는 숨겨진 추문(그리고 적어도 트럼프 씨보다 은밀하게 움직이는 사람에게 데이터가 전달될 때 부패를 초래하는 방식)을 널리 회자되는 사건으로 바꾼 좋은 일인지도 모른다.

통계에 대한 특권적 접근은 내부자거래를 촉발한다. 이때 발생하는 가장 심각한 문제는 공식 통계에 대한 신뢰가 깎인다는 것이다. 영국 공보관들은 내부자의 특혜를 계속 누리고 싶어 한다. 그래서 장관들이 데이터에 관해 즉시 세련된 말을 늘어놓지 못하면 통계에 대한 신뢰가 훼손될 것이라고 주장한다. 그러나 사실은 공개 전 접근을 꼼꼼하게 금지하는 나라들에서 공식 데이터에 대한 대중의 신뢰가 강하다. 영국 공보관들은 이 사실에 놀랄지 모르지만 나는 아니다.

다행히 데이터 탐정들이 곧 수사를 이끌었다. 영국에서는 왕립통계학회가 장관과 다른 내부자들이 남들보다 일찍 귀중한 데이터를 엿볼 수 있게 해주는 관행에 강하게 반발했다. 그들은 정부가 보도자료를 만들기 위해 수치를 봐야 한다는 생각에 대해 "유해하고, 수치에 대한 논쟁을 왜곡하며, 장관들이 데이터를 통제한다는 인상을 퍼트린다"고 주장했다. 내게는 이 말이 옳게 들린다. 영국의 경우 공식 통계에 대한 신뢰도는 일부 국가들만큼, 또한 마땅한 수준만큼 높지 않다. 그래도 정치인에 대한 신뢰도보다는 훨씬 높다. 나는 정치인들이 신뢰받는 통계의 발표에 개입하려는 이유를 알 수 있다. 반면 우리가 그것을 용인해야 할 이유는 찾기 어렵다.

그래서 나는 2019년 7월 1일 자로 영국이 스웨덴과 마찬가지로 공식 통계에 대한 공개 전 접근을 금지했다는 소식을 기쁜 마음으로 알린다. 새로운 시스템 아래에서는 집계 작업을 하는 통계 담당자만이 공식 발표 전에 수치를 알 수 있다. 장관들은 일반 시민과 똑같은 시간에 통계와 팩트를 전달받으므로 이전보다 큰 정치적 타격과 충격을 입을 것이다. 하지만 공식 통계를 향한 사회의 신뢰 향상이라는 점에 비춰볼 때, 정치인과 행정가들의 곤란해진 상황은 사소한 일에 불과하다.

시민의 교양과 민주주의를 위하여 건배

이 장은 나의 동료 너드들, 정부에서 매우 중요한 일을 하는 사람들을 전적으로 옹호하는 데 할애되었다. 그들은 때로 유권자의 무관심과 권력자의 간섭 그리고 사방에서 쏟아지는 회의적 시각에 직면한다.

모든 나라의 공식 통계 체제가 본질적으로 의심의 여지가 없다고 주장하려는 게 아니다. 우리는 아르헨티나와 그리스에서 나온 공식 통계가 기만적이고, 영국에서 나온 실업률 데이터가 1980년대 내내 몇 달마다 조정되었으며, 캐나다의 통계 담당자들은 심지어 정치인들이 내린 결정에 항의하기 위해 사임해야 했다는 사실을 확인했다. 일부 통계 담당자들은 가족을 죽이겠다는 위협을 견뎌야 했다. 장관들이 마음만 먹으면 데이터를 바꿀 수 있음을 공개적으로 인정한 통계 담당자들도 있었다. 이런 문제가 언제나 공론화되었다고 믿거나, 진실은 언제나 승리한다고 가정하는 것은 순진한 태도다.

　능숙하고 독립적으로 생산되는 공식 통계도 결코 완벽할 수는 없다. 가정폭력이나 탈세 또는 노숙자 증가와 같은 문제는 우리가 중요시한다고 해도 측정하기가 어렵다. 하지만 분명 공식 통계 담당자들이 더욱더 대표적이고, 의미 있고, 일상적인 경험과 쉽게 융화되고, 전적으로 투명한 데이터를 수집할 여지는 충분하다. 그들이 이 일을 잘할수록 마땅히 우리의 신뢰를 더 많이 얻을 것이다.

　공식 통계에는 많은 문제와 약점이 있다. 하지만 그럼에도 불구하고 공식 통계는 여전히 우리가 가진 가장 긴밀한 통계적 기반이다. 유능하고, 전문적이며, 독립적인 통계 전문가들을 국가가 선발하고 보호하면 팩트는 자신을 알릴 길을 찾게 된다. 한 나라의 국가 통계가 부실하면 통계학자들의 국제적 모임이 항의할 것이다. 독립적인 통계 전문가가 정치인들에게 공격당하거나 위협받으면 해당 모임이 보호에 나설 것이다. 통계 전문가들은 대다수 사람이 인정하는 것보다 큰 용기를 발휘할 수 있다. 그들의 독립성은 당연시하거나 가볍게 여길 대상이 아니다.

우리는 시민으로서 통계의 기반을 살펴야 한다. 결정에 참고하기 위해서든, 정부에게 책임을 묻기 위해서든, 국가의 현재 상황을 객관적으로 자세히 파악하고 싶다면 각국의 국립통계청이나 유로스타트, 캐나다 통계청, 노동통계청, 의회예산처 같은 조직이 제시한 통계와 분석을 확인하는 일부터 시작해보자.

강인하고 독립적인 성향을 지닌 통계기관은 우리 모두를 더 똑똑하게 만든다. 그러니 안드레아스 게오르기우와 그라시엘라 베바쿠아 그리고 앨리스 리블린과 같은 용기 있는 통계 전문가에게 감사하자. 그에 더해 패니 팍스를 위해 잔을 들자.

HARFORD

아름다운 도표일수록 오류와 기만이 숨어 있다

REMEMBER THAT MISINFORMATION CAN BE BEAUTIFUL TOO

우리는 지금까지 줄곧 저질러 왔던
통계적 실수를 다시금 반복할 위험에 처해 있다.
과거와 다른 점이 있다면 요즘 실수들은
더 세련된 쓰레기 같다는 것이다.

마이클 블래스틀랜드, BBC 라디오4 〈모어 오어 레스〉 공동 기획자

아름다운 도표일수록
오류와 기만이 숨어 있다

플로렌스 나이팅게일Florence Nightingale은 빅토리아 시대의 영국에서 자신을 소개할 필요가 없었을 것이다. 그녀는 영국의 비공식 수호성인이었으며 2002년까지 지폐에 얼굴이 실린 유일한 왕실 밖 여성이었다. 나이팅게일의 전설은 지금도 계속된다. 팬데믹에 대응하기 위해 며칠 만에 런던에 건설된 4,000개 병상의 병원은 나이팅게일 병원으로 명명되었다.

플로렌스 나이팅게일의 시대에 그녀보다 유명한 유일한 여성은 빅토리아 여왕뿐이었을 것이다. 영국은 크림전쟁 동안 나이팅게일이 이스탄불의 스쿠타리Scutari 야전병원에서 보여준 '여성적인' 영웅성을 존경했다. 1855년 2월 8일 자《타임스》에는 다음과 같은 사설이 실렸다. "그녀는 이 병원에서 어떤 과장도 필요 없는 백의의 천사였다. 그녀의 가녀린 몸이 조용히 복도를 지날 때, 이를 본 모든 불쌍한 부상병들의 얼굴은 감사의 마음으로 밝아졌다."

너무 오글거린다. 통계 전문가인 나는 그녀의 기품보다 통계에 대한 공헌에 훨씬 관심이 많다.

나이팅게일 더 로비스트

나이팅게일은 왕립통계학회의 특별 회원이 된 최초의 여성이다. 그녀는 '가녀린 몸'으로 병원 복도를 오가며 부상병들의 얼굴이 '감사하는 마음으로 밝아지게' 만드느라 바쁠 때 외에는 질병과 사망에 대한 데이터를 세심하게 집계하는 일에 매진했다. 이렇게 파악한 팩트는 나이팅게일에게 영국 육군과 영국을 모두 바꿔야 한다는 사명감으로 이어졌다.

나이팅게일은 크림반도에서 돌아온 직후 종종 참석하던 지적인 분위기의 만찬 모임에서 윌리엄 파William Farr를 만났다. 나이팅게일보다 열세 살 많은 파는 가난한 가정에서 태어났고 명성과 현장 경험, 결정적으로 정치적 인맥도 없는 사람이었다. 그래도 그는 영국 최고의 통계학자였다. 나이팅게일에게는 그 사실이 무엇보다도 중요했다. 나이팅게일과 파는 친구이자 협력자가 되었다. 나이팅게일의 삶을 다룬 전기작가 가운데 한 명인 휴 스몰Hugh Small은 나이팅게일이 수집한 데이터를 두 사람이 능숙하게 활용한 덕분에 영국의 기대수명이 20년이나 늘어났고, 수백만

명의 목숨이 구해졌다고 설득력 있게 주장한다.[1]

1861년 봄에 나이팅게일과 파가 나눈 편지에는 다음과 같은 유명한 말이 나온다. "당신은 보고서가 건조할 거라고 불평하는군요. 하지만 건조할수록 좋습니다. 통계는 모든 읽을거리 가운데 가장 건조해야 합니다." 여러 전기작가는 파가 나이팅게일에게 이 말을 한 것으로 기술했다. 이는 언뜻 타당해 보인다. 완고한 중년의 통계학자가 열정적인 젊은 지지자에게 홍보 욕심을 자제하라는 내용으로 읽히기 때문이다. 그러나 사실은 그렇지 않다. 이는 나이팅게일이 파에게 쓴 것이었다.* 두 사람은 통계를 가장 잘 알리는 방법을 두고 씨름했다. 나이팅게일은 확고하고 건조한 팩트를 토대로 커뮤니케이션이 이뤄져야 한다고 주장했다(같은 편지에서 그녀는 이렇게 썼다. "우리는 팩트를 원합니다. '팩트, 팩트, 팩트'가 모든 통계 작업에서 우선해야 할 모토입니다.")[2]

---

* 어떻게 여러 나이팅게일 전문가가 이 부분에서 틀린 말을 했을까? 누가 처음 실수했는지는 명확하지 않다. 그러나 이 실수는 계속 반복되었다. 나도 《파이낸셜 타임스》에 실은 글에서 같은 실수를 저질렀다. 그러다가 훨씬 덜 유명한 윌리엄 파의 전기를 보다가 문제가 있다는 사실을 처음 어렴풋이 감지했다. 그에 따르면 해당 편지는 파가 쓴 것이 아니라 그에게 온 것이었다. 나는 대영도서관의 문서 담당자에게 문의하여 해당 편지가 서명이 없는 초고임을 알게 되었다. 최종 버전은 분실된 상태였다. 초고를 쓴 사람은 나이팅게일의 가까운 협력자로서 그녀를 위해 초고를 쓰고 그녀의 구술을 받아쓴 존 서덜랜드John Sutherland 박사였다. 따라서 이 내용은 명백히 파에게 하는 말이며, 나이팅게일이 구술하지 않았더라도 그녀의 시각을 밀접하게 반영했을 가능성이 높다. 나이팅게일 전집의 편집자인 린 맥도날드Lynn McDonald 박사는 내게 "아마 나이팅게일이 최종적으로 편지를 써보낸 것이 사라졌을 거예요. (서덜랜드와 나이팅게일은) 시각이 같았어요. 그래서 그것은 그녀의 시각이자 그의 시각이었습니다"라고 설명했다(2019년 5월 31일 린 맥도날드 박사와 주고받은 이메일에서 발췌).

그렇다고 해서 커뮤니케이션 자체가 건조할 필요는 없었다. 나이팅게일은 흡인력 있는 구절들을 떠올릴 수 있었다. 가령 평시에 육군 사망자가 쓸데없이 많은 현상을 두고 "남자 1,100명을 솔즈베리 평원Salisbury Plain으로 끌고 가서 모조리 총으로 쏴 죽이는 짓거리와 다를 바 없다"고 말했다.

또한 우리의 목적에 더욱 부합하는 사례로서 나이팅게일은 데이터 시각화의 기념비가 될 이미지를 디자인했다. 그녀의 '장미 도표rose diagram'는 아마도 역대 최초의 인포그래픽일 것이다. 그렇다면 나이팅게일은 정책 결정자들이 숫자로 채워진 표보다 생생한 도표에 훨씬 큰 관심을 가진다는 사실을 최초로 간파한 사람인 셈이다. 그녀는 1857년 크리스마스(《타임스》에서 미화된 후 3년이 채 되지 않은 때)에 쓴 편지에서 사회적 변화를 위해 데이터 시각화를 활용한다는 계획을 간략하게 설명했다. 이는 자신이 만든 도표를 액자로 만들어서 육군의료위원회와 기마경비대 그리고 전쟁부(국방부의 전신 – 옮긴이) 벽에 걸어둔다는 것이었다. 그녀는 "그들은 이 통계를 모르지만 알아야만 합니다!"라고 썼다. 심지어 빅토리아 여왕에게 로비할 계획까지 세웠다. 그러기 위해서는 보기 좋은 도표가 필수적이었다. 나이팅게일은 여왕에게 자신의 분석 내용을 담은 책을 보내면서 "그림이 있으니까 쳐다는 보겠지"라고 농담했다.[3]

나이팅게일의 말은 냉소적이고 경멸이 담겨 있지만 그래도 사실이다. 도표는 특별한 힘을 지닌다. 우리의 시각은 강력하다. 어쩌면 지나치게 강력한 것일지도 모른다. '보다see'는 단어는 종종 '이해하다understand'

의 직접적인 동의어로 쓰인다. "네가 무슨 말을 하는지 알겠어I see what you mean"라는 식으로 말이다. 그러나 때로 우리는 보면서도 이해하지 못한다. 심지어 보고 나서 전혀 사실이 아닌 것을 "이해"하기도 한다. 데이터를 도표로 잘 나타내면 격언처럼 천 마디 말의 가치를 지닌다. 그래서 설득력을 발휘할 뿐 아니라 혼돈 속에서 패턴을 드러내어 이전에는 보지 못했던 것을 발견하게 한다. 다만 도표 제작자의 의도와 독자의 지혜에 많이 의존한다는 문제점이 있다.

이 장에서는 숫자를 그림으로 바꾸려 할 때 어떤 일이 생기는지 알아볼 것이다. 더 자세히 말하자면, 어떻게 일이 잘못될 수 있는지 살펴보겠다는 뜻이기도 하다. 또한 나이팅게일의 유명한 장미 도표와 관련된 이야기를 통해 데이터 시각화가 명확하고 정직하게 활용되면 얼마나 강력할 수 있는지 확인할 것이다.

다이아몬드와 망사스타킹의 함정

오늘날 마치 융단폭격하듯 쏟아져 나오는 데이터 시각화 가운데 다수는 기껏해야 장식에 불과하다. 그 가운데 최악은 주의를 흩트리거나 심지어 잘못된 정보를 담고 있기도 하다. 장식적 기능은 놀라울 만큼 흔하다. 아마도 그 이유는 많은 미디어 조직의 데이터 시각화팀이 미술팀의 일부이기 때문일 것이다.[4] 방점은 데이터가 아니라 시각화에 찍힌다. 그래서 기본적으로는 통계 데이터가 아니라 그림에 해당한다. 숫자를 장식으로 삼는 가장 지독한 사례는 다른 건 덮어두고 무조건 크고 눈에 띄는 폰트를 쓰는 것이다.

'38 = 바로 위 문장의 글자 수'를 예로 들어보자. 이 방법은 같은 크기의 글자만이 가득한 페이지를 일견 다채롭게 한 듯이 보일 것이다. 그래도 잉크를 통찰력 있게 활용하는 것과는 거리가 멀다. 또한 '바로 앞 문장의 글자 수'는 38이 아니라 41이다. 현란한 디자인에 빠져 실제 수치가 틀렸을 가능성을 절대 간과해서는 안 된다.

또 다른 장식적 접근법은 소위 '빅 덕Big Duck' 그래픽이다.[5] 빅 덕은 뉴욕시 근처에 있는 건물을 말한다. 1930년대에 한 오리 농장주가 오리알과 오리를 팔 매장으로 이 건물을 지었다. 건물이 약 9미터 길이의 흰 오리 모양인 것도 크게 놀라운 일은 아니다.

건축설계사인 데니스 스콧 브라운Denise Scott Brown과 로버트 벤츄리Robert Venturi는 관련된 제품이나 서비스와 비슷한 모양으로 설계된 모든 건물을 묘사할 때 '오리'라는 단어를 썼다. 가령 거대한 딸기 모양으로 세워진 딸기 매대나, 비행기 모양으로 지어진 중국 선전深圳국제공항이 그런 예다.

그래픽 구루인 에드워드 터프트Edward Tufte는 '오리'라는 용어를 빌려서 그래픽 분야의 비슷한 경향을 보여줬다. 가령 나사 예산을 로켓 모양으로 디자인하거나, 대학 교육에 관한 통계를 학사모 모양으로 표현한 도표가 있다. 비슷한 예로 나이젤 홈스가 다이아몬드 가격을 다이아몬드로 치장한 여성의 신체로 표현하는 방식이 있다. 스타킹을 신은 그녀의 늘

여성에게 최고의 친구였던 다이아몬드

1캐럿 D 최상급 평균 가격

$60,000
$50,000
$40,000
$30,000
$20,000

1978 1979 1980 1981 1982

나이젤 홈스Nigel Holmes, 《타임스》, 1982.

자료: 다이아몬드 레지스트리The Diamond Registry

씬한 다리는 무결점 1캐럿 다이아몬드의 가격의 변화를 나타낸다. 물론 이런 시각적 언어유희는 사람들이 정보를 읽고 기억하는 데 도움을 줄 때도 있다.[6] 하지만 이와 같은 시도는 대부분 실패한 유머가 되거나 단조로운 데이터에 흥미를 불어넣으려는 절박함만을 내보이고 끝난다. 데이터 시각화로 만들어진 오리는 단지 맛이 없는 정도에 그치지 않는다. 그래프의 '오리 같음'이 사실상 시각화 이면의 정보를 숨기거나 심지어 오도할 수 있다.*

역사적으로 이와 유사한 흥미로운 사례가 있다. 바로 '현혹 위장dazzle camouflage'이다. 현혹 위장은 제1차 세계대전 때 수면 아래 도사리고 있는 잠수함으로부터 불시에 어뢰 공격을 받을 위험이 있는 군함을 보호하기 위한 수단이었다. 계속 변하는 바다와 하늘을 배경으로 뱃머리에 부딪히는 파도와 굴뚝으로 존재감을 뽐내는 거대한 강철선에 주변과 '동화'시키는 일반적인 위장법은 맞지 않았다. 그래서 어지러운 선과 알록달록한 패턴이 추상적으로 뒤섞인 현혹 위장을 썼다. 실제로 이 현혹 위장은 입체파 그림과 매우 비슷해서 피카소가 장난스레 자기가 고안했다고 주장하기도 했다.[7]

현혹 위장을 실제로 발명한 사람은 노먼 윌킨슨Norman Wilkinson이었다. 카리스마 있는 화가였던 그는 전쟁 초기에 예비군으로 영국 해군에 합류했다. 나중에 그는 이렇게 설명했다. "잠수함이 아군 선박을 아예 발견하지 못하도록 도색하는 것은 불가능했습니다. 답은 정반대로 하는 것이었어요. 다시 말해서 시인성을 낮추는 게 아니라 형태를 무너트려서 어디로 향하는지 잠수함 장교가 알기 어렵게 도색하는 것이었습니다."

---

* 사실 이면의 데이터를 그래프에 표시했을 때 로르샤흐 검사Rorschach test처럼 그 점들이 특정한 형태로 보이는 때도 있다. 가령 일본의 실업률과 물가상승률을 비교한 도표(경제학자들이 말하는 '필립스 곡선')를 그려보면 어떤 모양이 드러난다. 2006년에 발표된 한 경제학 논문은 "일본의 필립스 곡선은 일본처럼 생겼다"고 평했다.

잠수함에서 어뢰가 발사되고 실제로 목표물을 타격하기까지는 다소 시간이 걸린다. 따라서 잠수함의 잠망경을 조작하는 군인은 어뢰를 발사하기 전에 목표 선박의 속도와 방향을 신속하게 판단해야 한다. 비록 작은 잠망경일지라도 현혹 위장을 한 배를 식별할 수는 있었다. 문제는 정확한 어뢰 발사를 위해 필요한 단서를 확보하기 힘들었다는 데 있다. 어지러운 선은 뱃머리에 부딪히는 파도처럼 보였고, 알록달록한 다이아몬드 패턴은 다양한 각도에서 본 선체와 혼동되었다. 그 결과 배의 속도와 운항 각도 그리고 배의 크기 및 그에 따른 거리를 오판하기 쉬웠다. 심지어 한 척의 배를 두 척으로 보거나, 뱃머리를 고물로 오해하거나, 배의 전방이 아니라 후방을 겨냥할 수 있었다. 현혹 위장은 이런 오판을 촉발하도록 의도된 것이었다.

그로부터 1세기가 더 지난 후 인포그래픽에서 현혹 위장의 흔적을 어렵지 않게 볼 수 있다. TV부터 신문까지, 웹사이트부터 소셜미디어까지, 우리는 눈길을 끄는 그래픽 이미지에 둘러싸여 있다. 이 이미지들은 공유와 리트윗을 애원한다. 그러나 의도했든 아니든 종종 잘못된 판단을 부추기면서 우리를 오도하기도 한다. 적어도 수상 선박의 현혹 위장에 시선을 빼앗긴 잠망경 관측병은 관측 대상이 정확히 무엇인지 알지 못해도 어쨌든 자기가 뭔가 이상한 것을 보고 있다는 사실은 알았다. 그러나 인포그래픽에 현혹된 많은 사람은 그래픽 이미지의 화려함에 감탄하면서 정보의 진위는 전혀 의심하지 않는다.

장미 다이어그램의 굳건한 뿌리

플로렌스 나이팅게일이 데이터에 대한 열정을 자각한 소녀 시절에 데이터 시각화 같은 문제들은 아직 먼 훗날의 일이었다. 그런데도 그녀는 이미 아홉 살 때부터 정원의 식물을 분류하고 그래픽으로 표현하는 법을 깨우쳤다. 또한 나이를 더 먹은 후에는 부모를 설득하여 수준 높은 수학 과외를 받았다. 그녀는 컴퓨터의 초기 모델을 설계한 수학자 찰스 배비지Charles Babbage 같은 사람들을 만찬 모임에서 만났다. 또한 배비지의 협력자인 에이다 러브레이스Ada Lovelace의 집에서 손님으로 머물렀다. 그리고 벨기에의 위대한 통계학자인 아돌프 케틀레Adolphe Quetelet와 서신을 나눴다. 케틀레는 사회과학에 '평균' 또는 '산술평균' 같은 통계를 적용하고 대중화시킨 인물이었다. 이는 단일 숫자로 복잡한 데이터를 종합하는 혁신적인 방식이었다. 또한 그는 천문학 분야의 관측 결과나 기체의 움직임뿐 아니라 자살·비만·범죄 같은 사회적·심리적·의학적 문제를 분석하는 데 통계를 활용할 수 있다는 생각을 개척했다. 배비지와 케틀레는 나중에 영국통계학회의 창립자가 되었다. 그리고 앞서 말한 대로 나이팅게일은 최초의 여성 회원이 되었다.

플로렌스 나이팅게일은 30대에 이 진취적 수학자들의 세계에 심취했다. 그러나 그녀의 직업은 런던의 할리 스트리트Harley Street에 있는 작은 병원의 간호 관리자였다. 물론 병원이 작을 뿐이지 그녀는 회계와 인프라를 관리했을 뿐 아니라 유럽 전역의 병원들로 조사 양식을 보내서 행정 관행에 대해 질문한 후 그 결과를 정리하는 등 많은 일을 해냈다.

그 무렵인 1854년 말에 전쟁부 장관이자 오랜 친구인 시드니 허버트Sydney Herbert는 크림전쟁에서 다친 영국 병사들을 돌보기 위해 이스탄불로 파견될 간호단을 이끌어 달라고 그녀를 설득했다. 크림전쟁은 러시아 제국과 영국을 비롯한 다른 여러 유럽 강국 사이에 벌어진 격심한 전쟁이었다. 나이팅게일이 영국 육군에 합류한 것은 여성으로서는 유례가 없는 일이었다. 이는 신문에서 야전 병원의 끔찍한 상황에 관한 기사를 읽고 분노한 여론을 달래려는 조치였다. 《타임스》는 크림전쟁을 여러 익숙한 인물들이 등장하는 기나긴 재난 이야기로 보도했다. 이 이야기의 끝에서 플로렌스 나이팅게일은 대중의 지지를 받을 수 있는 유일한 인물이었다. 장군과 나머지 인물들은 이미 신망을 잃었다.

이스탄불의 스쿠타리에 있는 배럭 병원Barrack Hospital은 죽음의 구덩이였다. 전방에서 후송된 수백 명의 병사는 시궁창 같은 곳에서 발진티푸스, 콜레라, 이질에 걸려 죽어갔다. 나이팅게일이 병원에 도착했을 때, 눈길 닿는 곳마다 쥐와 벼룩이 있었다. 침대와 이불 같은 기본적인 물품조차 부족했다. 식량, 냄비, 그릇도 마찬가지였다. 이 모든 사실이 《타임스》에 보도되자 여론이 들끓었다. 나이팅게일은 재빨리 《타임스》를 활용하여 독자로부터 기부금을 모으고, 조직적이지 못한 영국 육군에게 일을 제대로 하라고 압박했다.

이보다 덜 알려진 쟁점은 병원의 기록 관리가 다른 모든 것들만큼 체계적이지 않았다는 것이었다. 여러 육군 병원 사이에 표준화된 의료 기록이나 일관된 보고 방식이 없었다. 이는 비교적 사소한 문제처럼 보일지 모른다. 그러나 나이팅게일은 그것이 큰 문제임을 알았다. 좋은 통계가 없으면 너무나 많은 병사가 죽어가는 이유를 알아내거나, 여건을 개선할 방법을 찾을 수 없었다. 심지어 사망자는 집계 없이 기록도 되지 않은 채 매장되었다. 나이팅게일은 누구보다 가까이에서 이 모든 일을 지켜보았다. 심지어 그녀는 각 사망자의 가족에게 편지를 쓰는 임무를 떠맡았다. 그러나 그녀는 개인적 경험뿐 아니라 조감도를 원했다. 특정한 진실은 통계의 렌즈를 통해서만 인식할 수 있기 때문이었다. 그녀는 병원의 데이터를 표준화하고 이해하려 노력했다.

나이팅게일은 전쟁이 끝난 지 한참이 지난 후에도 의료 통계의 기준을 높이려 애썼다. 파와 함께한 일부 작업은 엄청나게 지루했다. 두 사람은 매우 다양한 질병과 사망 원인에 대한 설명을 표준화하려 했다. 파는 기술적 측면을 이끌었고 나이팅게일은 그의 아이디어가 받아들여지도록 홍보했다. 그 일환으로 그녀는 1860년에 국제통계회의의International Statistical Congress에 서신을 보냈다. 이 서신에는 병원들이 단일한 기준에 따라 통계를 수집함으로써 파의 방법론을 활용해야 한다는 주장이 담겨 있었다. 이는 공연한 요구가 아니었다. 통계를 표준화하면 병원들이 비교를 통해 서로에게서 배울점을 발견할 수 있었다. 많은 사람은 이렇게 통계의 기반을 구축하는 작업을 무시한다. 그러나 앞서 숱하게 확인했듯이 통계 기록 관리를 위한 명확한 기준이 없으면 어느 것도 제대로 집계할 수 없다. 숫자는 분명한 정의로 고정하지 않으면 쉽게 혼란을 초래한다.

어쩌면 플로렌스 나이팅게일은 홍보에 능숙한 사람이었을지 모른다. 그러나 그게 전부는 아니었다. 그녀의 홍보는 매우 탄탄한 토대 위에서 이뤄졌기 때문이다.

잘못된 정보를 뒤집어쓴 아름다운 그래픽들

교묘하고 장식적인 아이디어에서 가장 직관적으로 발견되는 문제는 바로 기본 데이터 자체가 탄탄하지 않을 수도 있다는 것이다. 탄탄하지 않은 기본 데이터의 시각화는 그저 팩트를 가릴 뿐이다. 즉, 썩어가는 통계 케이크에 교묘하게 예쁜 상자를 씌워놓은 것과 다르지 않다.

《정보는 아름답다Information is Beautiful》의 저자인 데이비드 맥캔들리스David McCandless가 만든 애니메이션인 〈데트리스Debtris〉가 한 가지 교육적인 사례다(이 작품은 '심각한 중독을 유발하는' 비디오게임인 테트리스에 대한 오마주이다).[8] 〈데트리스〉는 8비트 사운드트랙에 맞춰서 거대한 블록들이 천천히 떨어지는 것을 보여준다. 각 블록의 크기는 달러로 표시된 가치를 나타낸다. '600억 달러 = 2003년 이라크전쟁 비용 추정치'에 이어 '3조 달러 = 이라크전쟁 전체 비용 추정치'가 떨어지고 월마트 매출액, 유엔 1년 예산, 2009년 세계금융위기의 손실액 등이 나온다. '장식'으로서는 훌륭하다. 그래프는 보기 좋고 음악은 끝없이 머릿속을 맴돌며, 여러 비교 수치를 느리게 드러내는 방식은 충격과 웃음 그리고 분노로 입

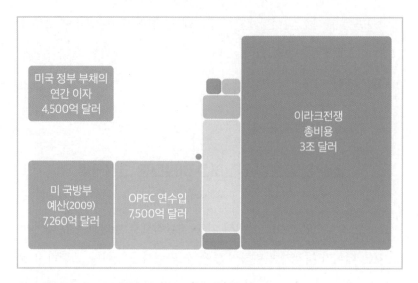

이라크전쟁
총비용
3조 달러

미국 정부 부채의
연간 이자
4,500억 달러

미 국방부
예산(2009)
7,260억 달러

OPEC 연수입
7,500억 달러

데이비드 맥캔들리스가 제작한 〈데트리스〉 애니메이션

이 쩍 벌어지게 한다.

그러나 〈데트리스〉를 보기에 매우 즐거운 것으로 만든 요소는 동시에 이면의 문제점을 포착하기는 어렵게 만들기도 한다. 통계적 '오렌지'가 내내 통계적 '오렌지 주스'와 비교된다. 저량$_{stocks}$(일정한 시점에 존재하는 대상의 양)은 유량$_{flows}$(저량의 변화율)과 반드시 구분해야 하기 때문이다. 이는 마치 부동산 구매 총액을 연간 임대료로 구분하는 것과 같은 일이다. 맥캔들리스의 애니메이션에 등장하는 여러 비용은 절대 사소한 혼동의 수준이 아니다. 순지표를 총지표와 나란히 제시하는 일은 기업의 순

이익을 매출과 비교하는 것과 같다.

우선 애니메이션에 나오는 이라크전쟁 비용을 뜯어보자. 이라크전쟁 전후 비교에 나타난 충격적인 차이는 불공정한 기준에 따른 것으로 드러났다(사실 공정하게 비교했어도 충격적인 차이를 보였을 것이다). 전쟁 전 수치는 협소한 추정치, 즉 미군 예산이다. 반면 전쟁 후 수치는 전사에 따른 비용, 고유가에 따른 비용, 거시경제의 불안정성에 따른 엄청난 비용(이는 2008년 세계금융위기의 부분적인 원인을 전쟁 탓으로 돌리는 것이다)을 비롯하여 대단히 폭넓은 범위를 아우른다. 이 폭넓은 비용 추정치 그 자체는 불합리하지 않다. 다만 아무런 언급 없이 완전히 다른 추정치와 나란히 놓은 것은 매우 불합리하다. 순수한 전후 대조처럼 보이는 것이 실은 협소한 사전 추정치 대 폭넓은 사후 추정치인 셈이다. 즉, '다른 시기'에 '다른 것'을 측정한 결과다. 〈데트리스〉를 보는 사람은 누구도 이 사실을 깨닫지 못할 것이다.

〈데트리스〉는 2010년에 발표되었으며, 금세 내가 가장 좋아하는 타산지석이 되었다. 시각화는 대단히 뛰어나지만, 데이터는 몹시 나쁜 예로서 말이다. 두어 해가 지나고 나는 한 컨퍼런스에서 데이비드 맥캔들리스에게 소개되었다. 나에게는 약간 어색한 자리였다. 그가 없는 자리에서 〈데트리스〉에 불만을 제기했지만, 한편으로 나의 의견을 담아 직접 이메일을 보내는 예의까지 차리지는 않았기 때문이었다. 혹시 내가 자기 작품을 비판했다는 사실을 몰랐던 것 아닐까? 그래서 나는 맥캔들리스에게 그 사실을 털어놓기로 마음먹었다.

"데이비드, 조심스럽지만 솔직하게 말하자면 〈테트리스〉에는 우려되는 부분이 있어요."

그는 곧바로 "나도 알고 있습니다"라고 답했다. 나는 움찔하고 말았다…….

물론 데이비드를 인정하고 싶은 부분도 있다. 그가 근래에 발표한 작품은 〈테트리스〉만큼 놀라우면서도 동시에 이면의 데이터를 전보다 더욱 신중하게 다뤘다는 것이다. 가령 비슷한 기조의 시각화인 〈빌리언 파운드 오그램The Billion-Pound O'Gram〉은 여전히 저량과 유량을 뒤섞었다. 그래도 그 과정을 훨씬 투명하게 보여준다.[9] 이에 덧붙여, 맥캔들리스를 조금 더 변호해야겠다. 내가 〈테트리스〉 애니메이션의 이면에 있는 데이터가 엉성하고 일관성이 없다는 사실을 포착한 데는 순전히 그가 모든 참조 내용을 공개한 덕분이었다. 실제로는 수많은 사람이 맥캔들리스와 달리 정보를 보여주지 않고 있다.

〈데드리스〉의 사례를 보면 알 수 있듯이 정보는 아름답지만, 오정보도 아름다울 수 있다. 그리고 아름다운 오정보를 만드는 일은 그 어느 때보다 쉬워지고 있다.

공유하기 전에 생각했나요

과거에는 그래픽 제작과 복제에 엄청난 시간과 노력이 들어갔다. 직선과 정확한 윤곽 그리고 색상을 입힌 단순한 그래픽을 만드는 데도 전문적인 데생 능력과 값비싼 인쇄술이 요구되었다. 에드워드 테프트가 1983년에 펴낸 책에서 음영을 표현하기 위해 대각으로 번갈아 배치된 흑백 패턴을 비판한 것은 시사하는 바가 있다. 깜박이는 것 같은 불안한 착시를 초래했기 때문이다. 테프트는 "이 메스꺼운 물결무늬는 시선을 어지럽히는 가장 흔한 형태의 그래픽"이라고 불평했다. 이 패턴은 당시에는 흔했을지 모른다. 그러나 지금은 볼 수가 없다. 이제는 대각 명암보다 예외 없이 색을 활용하기 때문이다.

　요즘은 데생 능력도 필요 없다. 여러 강력한 소프트웨어가 숫자를 그림으로 신속하게 바꿔준다. 하지만 이 도구들은 모두 신중하게 활용해야 한다. '신속한 처리 속도'란 인상적인 그래픽 이면의 데이터 오류를 찾아낼 시간과 숫자의 가장 적절한 묘사 방법을 고민할 여유를 빼앗아 가기 때문이다.

　예쁜 그래픽을 손쉽게 만들 수 있다는 것보다 더욱 안 좋은 소식은 공유 역시 너무도 손쉽다는 사실이다. 페이스북에서 '좋아요'를 누르거나 트위터에서 리트윗만 하면 이미지가 전파된다. 글이나 숫자로 표현하는 편이 좋은 아이디어도 어차피 그래픽으로 바뀐다. 그래야 소셜미디어에서 잘 퍼지기 때문이다. 안타깝게도 그 선택 기제는 관련성과 정확성이 아니라 심미성과 충격성의 조합인 경우가 많다.

　멋진 지도를 좋아하는 기후학자 브라이언 브렛슈나이더Brian Brettschnei-der는 위에서 말한 최악의 일을 겪었다. 브라이언은 2018년에 추수감사절을 맞아 "지역별로 가장 좋아하는 추구감사절 파이"를 보여주는 지도를 만들었다. 거기에 따르면 중서부는 코코넛 크림 파이, 서해안은 고구마파이, 남부는 키 라임key lime 파이를 가장 좋아했다. 나는 영국인이라서 추수감사절을 잘 모른다. 또한 내가 가장 좋아하는 파이는 차가운 돼지고기파이다. 하지만 나는 미국인들이 보기에 브렛슈나이더의 지도가 틀린 것 같다는 말을 들었다. 호박파이가 없다고? 사과파이가 없다고? 이지도와 그에 대한 분노는 트위터에서 화제가 되었다. 유력한 공화당 소속 정치인인 테드 크루즈Ted Cruz는 텍사스 사람들이 키 라임 파이를 좋아한다고 나오는 게 싫었다. 그래서 '#가짜뉴스'라는 트윗을 올렸다.

그리고 테드의 주장은 옳았다. 저 지도는 브렛슈나이더가 모두 장난으로 꾸며낸 것이었다. 이 지도는 인터넷에서 널리 퍼지는 다른 모든 부실한 지도에 대한 패러디였다. 그러나 리트윗이 100만 번을 넘어가자 브렛슈나이더는 불안해지기 시작했다. '이게 그저 장난이라는 걸 사람들이 이해해줄까?' 누가 장난임을 인지했는지, 누가 약간 화를 내면서 지도를 공유했는지, 누가 확고한 사실이라고 믿었는지 알 길은 없다. 다만 생생한 그래픽을 활용하는 바람에 전파력이 생긴 것은 분명하다. 브렛슈나이더는 그 일에 대해 이렇게 썼다. "우리는 정확한 정보가 담긴 자료로서 지도에 높은 가치를 부여하는 경향이 있다. 지도로 만들어졌으니 사실일게 분명하다는 식이다. 지역별로 가장 선호하는 파이를 단순히 표로 만들어서 트위터에 올렸다면 바로 무시당했을 것이다. 하지만 지도 형태로 만들었기 때문에 권위가 부여되었다."[10]

시각화는 권위를 보장한다. 이건 진실이다. 내 생각이 브렛슈나이더의 생각과 유일하게 다른 부분은 내가 보기에는 문제가 지도에만 국한되지 않는다는 것이다. 모든 생생한 그래픽은 사실이든 아니든, 또는 둘 다에 조금씩 해당하든 간에 널리 퍼질 잠재력을 갖는다. 나는 사실이라고 제시되는 주장에 대해 우리의 감정적 반응을 인식해야 한다는 경고를 보내기 위해 이 책을 쓰기 시작했다. 브렛슈나이더의 장난도 마찬가지이다. 그림은 상상력과 감정을 자극한다. 또한 우리가 조금 더 깊이 생각할 시간을 갖기 전에 쉽게 공유된다. 그래서 주의하지 않으면 현혹되기 십상이다.

탐정이 된 성녀

스쿠타리 병원의 상황은 재난과 같았다. 플로렌스 나이팅게일은 나중에 이렇게 썼다. "잘 모르는 사람에게 스쿠타리 병원은 웅장한 건물이었다. 그러나 우리는 한눈에 그 병원이 실로 백색 무덤, 질병의 온상임을 알 수 있었다."[11] 그렇다면 도대체 왜 그토록 많은 병사가 죽어가고 있었을까?

현대적 관점에서 보면 나쁜 위생이 명백한 원인이다. 세균은 지저분하고 해충이 들끓는 환경에서 전파된다는 사실을 현대인은 잘 안다. 그러나 나이팅게일이 활약하던 19세기 중반에는 질병이 병원균으로 전파되며 소독제와 청소로 대응할 수 있다는 사실이 막 밝혀지던 참이었다. 따라서 병원균과 그 전파에 대한 의학적 지식을 신뢰는커녕 들어본 적도 없는 의사가 부지기수였다. 나이팅게일이라고 다를 게 없었다. 그녀는 식량과 보급품이 부족해서 사망자가 많다고 생각했다. 그래서 《타임스》를 통해 널리 홍보하고 기금을 모아서 문제를 해결하려고 노력했다.

동시에 그녀는 병원을 청소하기 위한 인력을 요청했다. 1855년 봄에 영국에서 '위생위원회sanitary commission'가 파견되어 벽을 흰색으로 칠하고 오물과 동물 사체를 치웠으며 하수구를 청소했다. 이 일들은 사실 병원을 '덜 불쾌한 곳'으로 만들려는 것이 주목적이었다. 그러나 그 즉시 사망률이 50퍼센트 이상에서 20퍼센트로 감소하는 효과가 나타났다.

나이팅게일은 이게 어떻게 된 일인지, 그 이유가 무엇인지 알고 싶어 했다. 그녀는 마치 리처드 돌과 오스틴 브래드포드 힐처럼 충분히 그리고 세심하게 데이터를 분석하면 진실을 파악할 수 있다고 믿었다. 그녀의 꼼꼼한 기록 관리는 위생위원회의 작업 이후 이뤄진 극적인 개선을 매우 명확하게 만들었다.

나이팅게일은 전장에서 돌아온 후 빅토리아 여왕의 부름을 받았다. 그녀는 육군의 보건을 조사하는 왕립위원회를 지원해 달라고 여왕을 설득했다. 또한 낮은 출생 신분 때문에 기득권층으로부터 좋은 대우를 받지 못한 윌리엄 파를 위원으로 추천했다. 결국 파는 무급 자문으로 위원회에 합류할 수 있었다.

나이팅게일과 파는 나쁜 위생이 야전병원에서 수많은 사망자를 초래했으며, 대다수 군부 및 의료계 전문가는 이 교훈을 얻는 데 실패했다는

플로렌스 나이팅게일은 통계와 도표 부문에서 전례가 없는 혁신을 이뤄냈다. 그녀는 통계가 도구인 동시에 무기가 될 수 있다는 사실도 명확히 알고 있었다.

출처: 오거스터스 에그Augustus Egg의 나이팅게일 초상

결론을 내렸다. 위생 문제는 한 번의 전쟁에서 그치지 않았다. 이는 병영과 민간 병원 및 다른 곳에서 지속해서 발생하는 공중보건의 재난이었다. 두 사람은 더욱 나은 공중보건 조치과 임대 부동산의 위생에 대한 한결 엄격한 법률 그리고 전국 병영과 병원의 위생 개선을 위한 캠페인을

시작했다.*

나이팅게일은 영국에서 가장 유명한 간호사였을지 모른다. 그래도 그녀는 남자들의 세상에 속한 여성이었으며, 의료계와 군부의 기득권에게 당신들은 틀린 방식으로 일해왔다고 말하고 옳은 방식에 따르도록 설득해야 했다. 당시 의료계 수장은 의료 총책임자였던 존 사이먼John Simon이었다. 사이먼 박사는 1858년에 전염병 환자의 사망은 "현실적으로 피할수 없다"고 썼다. 추가적인 사망을 막기 위해 할 수 있는 일이 없다는 말이었다. 나이팅게일은 사이먼이 틀렸음을 증명하는 일에 나섰다.

윌리엄 파의 딸인 메리는 아버지와 나이팅게일이 협업 초기에 나눈 대화를 엿들었던 적이 있다. 메리의 회고에 따르면 파는 기득권에 맞서서 목소리를 높이는 일의 위험성에 대해 나이팅게일에게 경고했다. "만약 그렇게 했다가는 적이 많이 생길 겁니다." 그러자 나이팅게일은 몸을 곧추세우며 "전쟁터도 겪은 마당에 총 쏘는 건 일도 아니에요"라고 대꾸했다고 한다.[12]

나이팅게일은 친구인 전쟁부 장관, 시드니 허버트에게 편지를 써서

---

* 노숙인들의 자활을 돕는 잡지 《빅이슈The Big Issue》는 2020년 3월에 플로렌스 나이팅게일을 표지 인물로 실었다. 그리고 "손 씻기의 여왕을 찬양하라: 플로렌스 나이팅게일은 어떻게 우리가 코로나 바이러스와 싸우도록 돕고 있는가Hail the Hand-Washing Queen: How Florence Nightingale Is Helping Us Fight Coronavirus"라는 제목을 달았다. 그러나 공중보건의 혁명을 일으키기 위해서는 손 씻기보다 많은 것이 필요하다. 즉, 통계적 수사가 이뤄져야 한다. 코로나 바이러스는 우리에게 손을 씻어야 한다는 사실을 상기시켰다. 그러나 더욱 중요한 사실은 유행병과 싸우기 위해서는 최대한 빠르고 완전하게 정보를 확보해야 한다는 사실을 가르쳤다는 것이다. 플로렌스 나이팅게일은 이 점을 거의 200년 전에 알았다. 나는 그녀를 손 씻기의 여왕이 아니라 데이터 탐정으로 기억할 것이다.

"나는 분노에 휩싸일 때마다 새로운 다이어그램으로 화풀이한다"고 말했다.[13] 통계는 그녀가 진실을 인식하는 망원경이었다. 이제 그녀는 다른 모든 사람도 진실을 보게 해주는 다이어그램이 필요했다.

속 빈 강정들

알베르토 카이로Alberto Cairo는《숫자는 거짓말을 한다How Charts Lie》의 서두에서 "좋은 도표는 그림이 아니라 시각적 주장"이라고 선언했다.[14] 책 제목이 시사하듯이 카이로는 약간의 우려를 품고 있다. 좋은 도표가 시각적 주장이라면 나쁜 도표는 혼돈으로 가득한 낙서가 될 수 있다. 또는 마찬가지로 시각적 주장이면서도 기만적이고 유혹적인 주장일 수 있다. 어느 쪽이든 데이터를 구성하고 제시하는 일은 특정한 결론을 내리도록 유도한다. 언어적 주장이 논리적이거나 감정적이듯, 분명하거나 흐릿하듯, 명확하거나 혼란스럽듯, 정직하거나 오도적이듯, 도표로 된 주장도 마찬가지다.

다만 여기서 모든 좋은 도표가 시각적 주장이라는 의미는 아니라는 점을 지적할 필요가 있다. 일부 데이터 시각화는 설득이 아니라 설명을 위한 것이다. 복잡한 데이터세트를 다루는 경우 그것을 몇 개의 그래프로 바꿔서 살펴보면 많은 것을 알 수 있다. 올바른 방식으로 데이터를 표시하면 즉시 추세와 패턴이 드러나는 경우가 많다. 가령 시각화 전문가인 로버트 코사라Robert Kosara는 단선적 데이터를 나선형으로 표시해보라고 권장한다. 가령 7일이나 3개월마다 반복되는 패턴은 전통적인 그래프에 나타나는 다른 등락에 가려질 수 있다. 반면 나선형 그래프에서는 잘 드러난다.

마찬가지로 데이터를 그림으로 바꾸면 특정한 문제가 즉시 두드러진다. 수만 명의 환자를 대상으로 신장과 체중을 측정한 데이터세트를 가정해보자. 그중 일부는 키가 15미터에서 18미터나 된다! 이 수치는 오류가 분명하다. 또한 수백 명은 체중이 0이다. 그 이유는 전자 양식을 채우는 간호사나 의사가 체중을 입력하지 않고 그냥 엔터 키를 눌러서 다음 칸으로 넘어갔기 때문이다. 컴퓨터에 평균 또는 표준편차 계산을 맡기거나, 눈으로 데이터를 훑어볼 때는 위와 같은 문제가 드러나지 않는다. 반면 데이터를 표현한 그림을 보면 바로 문제를 파악할 수 있다.

당신이 데이터를 수집했고, 이제 그것을 시각적 주장으로 바꾸고 싶다고 가정하자. 도표를 제시하는 경영 컨설턴트와 연구자들에 대한 일반적인 조언은 데이터의 핵심 요소에 주의를 환기하는 제목이나 설명을 넣고 결론을 도출하라는 것이다.[15]

경영 컨설턴트들의 성경인《매켄지, 도표의 기술Say it with Charts》은 이 절차를 매우 명료하게 만든다. 저자인 진 젤라즈니Gene Zelazny는 먼저 그래프로 무엇을 말하고 싶은지 결정하라고 말한다. 이 결정은 특정한 비교를 시사한다. 그리고 이는 다시 특정한 그래프를 시사한다. 가령 분산도표, 꺾은선그래프, 중첩형 막대그래프, 원그래프* 등이 있다. 끝으로 그래프 제목으로 메시지를 강조하면 된다. 그냥 '1~8월 계약 건수'라고 쓰지 마라. 상승 추세에 주의를 환기하고 싶은지 아니면 추세를 둘러싼 변동에 주의를 환기하고 싶은지에 따라 '계약 건수 증가' 또는 '계약 건수 증감'이라는 식으로 쓰라. 젤라즈니의 시각에 따르면 경영 컨설턴트는 사람들에게 무엇을 생각해야 하는지 말해야 한다. 그래프와 주석은 모두 그 메시지를 뒷받침하기 위해 선택된다.

이 절차가 결론에서 출발하여 그 결론을 뒷받침하기 위해 데이터를 구성하는 방법을 파악한다는 사실은 어딘가 불편한 구석이 있다. 다만 공정하게 말하자면 수많은 커뮤니케이션이 이런 식으로 이뤄진다. 신문 기사는 헤드라인으로 시작한다. 나머지는 거기에 대한 설명이다. 과학 논문도 신문의 헤드라인과 비슷한 역할을 하는 초록으로 시작한다. 초록은 무슨 일이 일어났고, 그 의미가 무엇인지 말해준다. 훌륭한 저널리스트는 결론을 염두에 두고 보도를 시작하지 않는다. 훌륭한 과학자는 실험을 실행하기 전에 결과를 정하지 않는다(훌륭한 경영 컨설턴트가 하는 일은 보증할 수 없다). 그들은 흥미로운 사실을 발견하면 청중들에게 그것이 무엇인지 알려주는 단서를 제시하고 싶어 한다. 도표 디자이너의 경우도 마찬가지다.

영향력 있는 정보 디자이너인 에드워드 터프트는 장식이나 주석을 최

---

* 농담이다. 원그래프는 쓰지 말라.

소화한 채 빽빽하고 복잡하게 만들어진 그래픽을 높이 평가한다. 그의 저서 중 하나인《정보를 그리다_Envisioning Information_》의 머리글은 다음과 같이 독자에게 엄중하게 충고한다. "일러스트레이션은 세심한 조사에 보답한다. 그것은 복잡하고, 재치 있으며, 풍부한 의미를 지닌 보물이다." 열심히 살펴라. 생각하라. 이면에 주의를 기울여라. 터프트에게 이상적인 그래픽은 독자들이 커피 잔을 들고 앉아서 세부 내용을 들여다보게 만드는 것이다. 그는 "빈약한 데이터를 담은 디자인은 측정과 분석의 질에 대해 (마땅한) 의심을 불러일으킨다"고 충고한다.[16]

그의 말이 맞을지도 모른다. 그러나 이제는 우리도 알듯이 그래프에 데이터가 밀집되어 있다고 해서 데이터 자체의 신뢰성을 보장하는 것은 아니다. 가볍게 소수의 데이터 포인트를 제시하는 그래프가 의심할 여지가 없이 확고할 수 있지만, 정교한 그래프가 나쁜 데이터로 가득할 수 있다.

커피 한 잔을 음미하게 할 정도로 상세한 그래프는 설득력이 있고 수치가 탄탄하다 해도 교육적 가치는 부족할 수 있다. 2013년에《뉴요커》웹사이트에 올라온 불평등에 대한 그래프가 인상적인 사례다. 래리 뷰캐넌_Larry Buchanan_이 디자인한 이 인포그래픽은 상징적인 뉴욕시 지하철 노선도를 연상시킨다. 독자들은 여러 노선을 클릭하여 노선별로 중위소득이 어떻게 다른지 알 수 있다. 이는 특정 기억이나 감정을 떠올리게 만드는 데이터 시각화 '오리'라고 할 수 있다. 즉, 지하철 노선을 닮은 소득의 증감을 보여주는 그래프로써 뉴욕시 지하철 노선도와 표지 체계의 뚜렷한 디자인 요소를 신중하게 모방한다.[17]

노선을 고르고, 따라가 보세요.

래리 뷰캐넌, 《뉴요커》, 2013

불평등과 뉴욕 지하철

뉴욕시는 소득 불평등 문제를 안고 있다. 그리고 이 문제는 악화하고 있다. 소득 분포의 최상단은 더 많이 벌고, 최하위는 더 적게 벌고 있다. 개별 노선을 따라가 보면 빈곤한 수준에서 상당히 부유한 수준까지 소득이 천차만별이다. 여기 나오는 인터액티브 인포그래픽은 미 인구조사청의 지역별 중위 소득 데이터를 활용하여 지하철역마다 그 변동 양상을 보여 준다.

이 인포그래픽을 설득력 있게 만드는 점은 자연스러운 비교를 유도하면서 바로 그 이면에 있는 사람들을 상상하게 만든다는 것이다. 우리는 선택한 노선이 여러 지역을 지날 때 소득이 달라지는 것을 관찰한다. 또한 간략한 지하철 노선이 아우르는 방대한 불평등을 파악한다. 그리고 거기에 해당하는 사람들이 지하철 칸에서 어깨를 부비는 모습을 그린다.

부자와 빈자가 너무나 가까이 살고, 어떤 측면에서는 너무나 비슷하면서도 너무나 다르다. 이 인포그래픽은 진정한 감정적 호소력을 지닌다.

하지만 교육적 가치도 뛰어난가? 별로 그렇지 않다. 아무리 지도를 클릭해봤자 지금껏 몰랐던 새로운 뭔가가 없어서 오히려 놀랄 정도이다. 한 노선을 다른 노선과 비교하거나 아주 명백한 패턴 외에 다른 것을 포착하기도 어렵다.

이 점은 인포그래픽에 곁들여진 짧은 기사를 읽어보면 분명해진다. 해당 기사는 그래픽에서 쉽게 발견할 수 없는 사실로 가득하다. 지하철 노선별 인구조사구역 기준으로 뉴욕시에서 가장 높은 중위 가구소득은 20만 5,192달러이고 최저액은 1만 2,288달러였다. 이 기사는 또한 소득 범주가 가장 큰 노선과 가장 작은 노선, 그리고 두 역 사이의 최대 격차를 알려준다. 이런 정보가 유용한 이유는 명확하지 않지만 말이다.

맨해튼의 소득 불평등이 레소토Lesotho나 나미비아Namibia만큼 나쁘다는 내용도 등장한다. 이게 나쁜 걸까? 나쁜 것처럼 들린다. 마침 전 세계 모든 국가의 소득 불평등 수준을 기록한 목록을 들고 다닌다면 그것이 나쁘다는 사실을 알 것이다. 하지만 누가 그런 걸 들고 다닌단 말인가? 이 그래픽의 목적은 정보를 전달하는 것이 아니라 감정을 자극하는 것이다. 뉴욕의 소득 불평등을 런던이나 도쿄 같은 다른 국제적인 도시 또는 시카고나 로스앤젤레스 같은 다른 미국 도시와 비교했다면 우리는 실제로 알 만한 가치가 있는 것을 배웠을지도 모른다.

그 결과는 화려하지만, 정보가 부족한 지도다. 이는 통계적 분석인 것처럼 꾸민 선전물이다. 그래서 우리가 이미 믿고 있는 것을 강력하게 환기한다. 우리의 열정과 관심을 불러일으킨다. 하지만 진정한 정보를 제공하고 있는 걸까?

논쟁적인 내용이 잘못된 것은 아니다. 나도 가끔 그런 글을 쓴다. 하지만 우리는 무슨 일이 일어나고 있는 것인지 솔직하게 말해야 한다.

또 다른 사례는 톰슨 로이터스Thomson-Reuters의 수석 디자이너인 사이먼 스카Simon Scarr가 만든 도표이다. 이 도표는 2003년부터 2011년까지 매달 이라크에서 발생한 사망자 수를 뒤집힌 막대그래프로 표현한 것이다. 즉, 해당하는 달에 사망자가 많을수록 막대가 더 길게 아래로 늘어진다. 스카는 막대를 붉은색으로 물들였다. 그래서 막대가 페이지 상단에 있는 끔찍한 상처에서 흘러내리는 피처럼 보였다. 메시지가 모호해 보일까봐 도표에 [이라크: 죽음의 통행료]라는 제목까지 붙였다. 래리 뷰캐넌의 지하철 노선별 불평등 꺾은선그래프가 가슴을 자극한다면 스카의 막대그래프는 가슴을 후빈다. 디자인상을 괜히 받은 게 아니다.[18] 또한 이 핏빛 도표는 뷰캐넌의 도표와 달리 의미 있는 정보를 제공한다. 즉, 설득력과 정보를 모두 갖춘 셈이다.

한편 데이터 시각화 전문가인 앤디 코트그리브Andy Cotgreave는 스카의 그래프를 본 후 약간의 실험을 했다. 먼저 그는 그래프의 색상을 바꿨다. 그래서 막대에 시원하고 기업적인 분위기를 풍기는 청회색을 입혔다. 그다음 상하를 뒤집었다. 끝으로 제목을 [이라크: 죽음의 통행료]에서 [이라크: 감소하는 사망자 수]로 바꿨다. 그에 따른 감정적 영향의 변화는

[이라크: 죽음의 통행료]   [이라크: 감소하는 사망자 수]

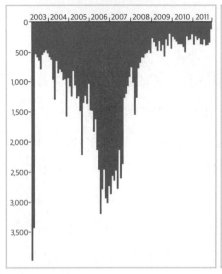 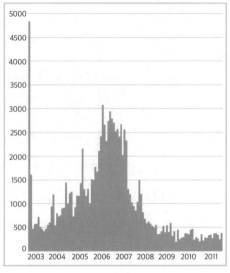

앤디 코트그리브와 사이먼 스카

기운을 북돋는다. 스카의 도표는 순전한 분노로 울부짖는다. 반면 코트
그리브의 도표는 침착하며, 마음을 달래준다.

　두 도표 가운데 어느 것이 더 나을까? 답은 메시지에 있다. 스카의 도
표는 "아, 인간이여!"라고 통곡한다. 반면 코트그리브의 도표는 차분하게
"최악의 시기는 지났다"고 말한다. 두 메시지는 모두 정당하다. 이 사례
는 색상과 배열에 대한 단순한 선택이 도표의 분위기와 그 도표에 대한
사람들의 인식을 바꿀 수 있음을 상기시킨다. 이는 말투가 말의 내용이
전달되는 양상을 크게 바꾸는 것과 같다.[19]

세상에서 가장 정확하고 아름다운 도표

━━━━━

'출생 신분'이 낮은 통계학자인 윌리엄 파와 '한낱 여성' 신분인 플로렌스 나이팅게일은 어떻게 빅토리아 시대의 기득권층인 완고한 의사와 군인 들을 설득할 수 있었을까?

첫째, 그들은 데이터를 완전무결하게 만들어야 했다. 오로지 팩트, 팩트, 팩트여야만 했다. 파와 나이팅게일은 정적들이 도끼눈을 하고 자신들의 작업에 달려들 것임을 잘 알았다. 실제로 나이팅게일은 파에게 보낸 편지에 "최근에 발표한 통계적 분석에 대한 공격에 대비하세요"라고 쓰기도 했다. 파는 작업의 질에 자신이 있다고 답장을 썼다. 그는 "기다리면서 대응 사격을 준비합시다. 우리는 겁에 질린 사람처럼 허공에 대고 총을 쏘지는 않을 겁니다. 그들이 우리의 '실수'를 지적하게 하고, 그것이 실수라면 기꺼이 인정할 겁니다. 그래도 우리의 기반을 흔들거나 벽을 허물지는 못해요"라고 말했다.[20]

둘째, 나이팅게일과 파는 조사 결과를 제시해야 했다. 나이팅게일은 '장미 도표'를 1858년에 회람시킨 데 이어 1859년 초에 발표했다. 당시는 스쿠타리 병원에서 일한 지 겨우 두어 해가 지난 때였다. 또한 존 사이먼 박사가 전염병을 사실상 피할 길이 없다고 주장한 지 몇 달이 지난 때였다. 장미 도표는 명민한 시각적 주장이었다.

파란색, 붉은색, 검은색 쐐기의 면적은 공통적으로 중심에서부터 측정된다.

원의 중심으로부터 측정된 청색 쐐기는 예방 및 완화할 수 있는 전염병에 따른 사망 건수를, 적색 쐐기는 부상에 따른 사망 건수를, 흑색 쐐기는 다른 원인에 따른 사망 건수를 나타낸다.

1854년 11월에 해당하는 적색 삼각형에 그어진 흑색 선은 그달에 다른 모든 원인에 따른 사망 건수의 경계를 표시한다.

1854년 10월과 1855년 4월에는 흑색 영역이 적색 영역과 일치하고, 1856년 1월과 2월에는 청색 영역이 흑색 영역과 일치한다.

전체 영역은 주위를 둘러싼 파란 선, 붉은 선, 검은 선을 따라 비교할 수 있다.

나는 왕립통계학회 도서관에서 이 장미 도표의 인쇄 원본을 가까이에서 본 적이 있다. 실로 감탄스럽고 놀라웠다. 아름답게 배열된 유색 쐐기들이 스쿠타리에서 이뤄진 위생 개선 작업 전후의 감염병 사망자 수를 보여주었다.

굳이 긍정적이지 않은 것 하나가 있다면 위 도표는 원그래프를 강화한 것에 불과하다는 사실을 들 수 있다. 엄밀히 말하면 아마도 최초로 제작된 '극면적 도표polar area diagram'일 것이다. 이 도표는 결코 통계적 진실을 건조하게 제시하고 있지 않다. 이 도표는 이야기를 들려준다.

시각적 수사가 얼마나 강력한지 알고 싶다면 같은 데이터를 막대그래프로 표시했을 경우를 생각해보라(아래 사례는 나이팅게일의 전기를 쓴 휴 스몰Hugh Small이 윌리엄 파의 데이터를 활용하여 만든 그래프이다).

언뜻 보기에 스몰의 막대그래프는 훨씬 분명하고 살펴보기 쉽다. 그러

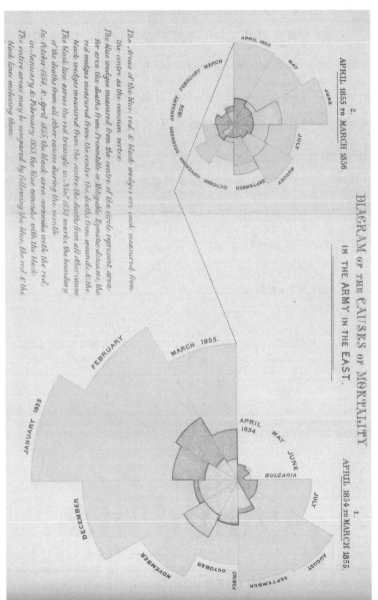

나이팅게일의 장미 도표: 동부 전선 육군 병력의 사망 원인
출처: 미국 국립의학도서관 사진 라이브러리

나 보는 사람을 잘못된 결론으로 이끈다. 이 도표는 1855년 1월과 2월
에 발생한 끔찍한 사망 건수에 주의를 집중시킨다. 그래서 기본적으로
혹독한 겨울 날씨 때문에 사망자가 늘었으며, 봄이 되면서 줄어든 것은
아닌지 생각하게 만든다. 또한 사망자 감소 추세가 극적이면서도 부드럽
게 이어진 것처럼, 즉 급격한 변화가 아니라 전반적인 과정인 것처럼 보
이게 만든다.

반면 극면적 도표는 사망자 발생 현황을 1855년 4월을 기점으로 위

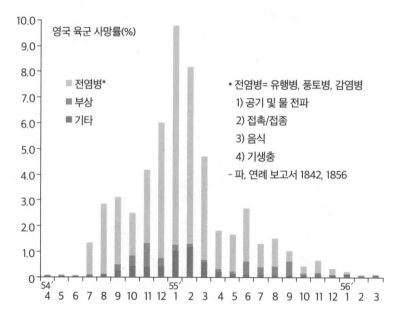

휴 스몰: 동부 전선 육군 병력의 사망 원인

생 개선 이전과 이후, 두 기간으로 나눈다. 그렇게 함으로써 원 데이터에서는 덜 명확한 급격한 단절을 시각적으로 창출한다. 극면적 도표는 막대의 높이가 아니라 쐐기의 면적에 비례하여 사망 건수를 나타낸다. 그래서 1855년 1월과 2월의 끔찍한 양상을 "위생위원회 이전"의 다른 암울한 기간과 한데 뭉쳐서 조금 가려주기도 한다.

나이팅게일은 위생 개선의 중요성이 두드러지게 만들기를 원했다. 스쿠타리 병원의 사례를 대영제국 전역의 병원과 병영, 심지어 민간 주거지에서도 재현할 수 있다고 사람들을 설득하고 싶어 했다. 그래서 이 주장을 강화하기 위해 강력한 '전과 후' 구조를 만들었다.

이것이 현혹 위장일까? 나는 그렇지 않다고 말하고 싶다. 그 한 가지 이유는 데이터가 확고하고, 선명하게 제시되기 때문이다. 이 도표는 데이비드 맥캔들리스의 〈데트리스〉와 달리 엉성한 통계와 쓸모없는 비교에 의존하지 않는다. 또한 지하철 노선별 불평등 도표와 달리 속 빈 강정도 아니다. 그보다는 '이라크의 피비린내 나는 사망 기록'과 더 비슷하다. 다만 독자들이 결론을 내리도록 유도하는 방식이 훨씬 은근하다. 장미 도표에 대한 논의 중에 얼마나 영리하게 독자들을 데이터에 대한 특정한 해석으로 유도하는지에 대한 것은 거의 없다. 다행스럽게도 거기에 담긴 생각은 사실이고 중요했다. 또한 시각적 수사는 사람들이 정확한 결론에 이르도록 도왔다.

나이팅게일은 시드니 허버트에게 "글은 사람들의 뇌리에 남지 않지만, 이 도표는 눈을 통해 전달되기 때문에 기억될 것"이라고 설명했다. 그녀는 최대한 많은 사람이 보도록 하기 위해 급진적인 작가인 해리엇 마티노Harriet Martineau에게 크림전쟁과 그 속에서 고통받는 영국 병사들에 대한 감동적인 책을 써달라고 요청했다. 마티노는 나이팅게일의 보고서를 읽고 "지금까지 본 것 중에서 가장 인상적인 정치적, 사회적 보고서"라고 칭송했다. 나이팅게일은 자신의 극면적 도표를 마티노의 책에 펼침식 권두 삽화로 넣었다. 이 책은 기대와 달리 많은 병사에게 읽히지 않았다. 당시에 군대 지휘관들은 군대 도서관과 병영에서 독서를 금지했기 때문이다.[21] 하지만 나이팅게일은 더욱 특정한 사람들을 독자로서 염두에 두고 있었다. 그녀는 허버트에게 이렇게 말했다.

> 오직 과학자들만이 보고서의 부록을 살폈습니다. 하지만 이 보고서는 일반 대중을 위한 것이었습니다. (중략) 그러면 누가 그 일반 대중일까요? (1)여왕, (2)앨버트 공 (중략) (7)각국의 대사나 장관을 통해 보고서를 받을 유럽의 모든 왕족, (8)육군의 모든 지휘관, (9)모든 연대 의무관과 군의관, (10)양원(의회)의 수석 위생 책임자, (11)모든 신문과 리뷰 및 잡지입니다.

아무 대책도 없다고 주장하던 고위급 의사들은 위생을 개선해야 한다는 나이팅게일의 주장을 점차 지지했다. 1870년대에 의회는 여러 공중보건법을 통과시켰다. 그에 따라 영국의 사망률이 감소하기 시작했으며, 기대수명이 늘어났다.

플로렌스 나이팅게일은 정의를 표준화하고 모든 인원이 올바른 양식을 작성하게 만드는 지루한 작업을 통해 확고한 토대를 마련하는 일이 중요하다고 생각했다. 또한 비판론자들의 공격을 막아낼 수 있는 "가장 건조한" 분석이 중요하다는 사실을 알았다. 그러나 다른 한편으로는 데이터를 잘 구성해서 가장 설득력 있는 방식으로 제시해야 한다는 사실도 알았다. 그래서 세상을 바꾸는 힘을 지닌 도표를 만들었다.

데이터는 당신을 설득하려고 달려들 것이다

플로렌스 나이팅게일은 역사의 올바른 편에 서 있었다. 그러나 눈에 띄는 그래픽을 오용한 많은 사람은 그렇지 못하다. 아름답게 시각화된 데이터를 접하는 우리에게는 지금까지 이 책에서 배운 모든 교훈이 적용된다.

첫 번째이자 가장 중요한 교훈은 시각이 너무나 본능적인 감각이기 때문에 감정적 반응을 살펴야 한다는 것이다. 잠시 멈춰서 도표가 어떤 감정을 불러일으키는지 인식하라. 승리감을 안기는가, 방어적으로 만드는가, 화가 나는가, 흡족한 기분이 드는가? 그 감정을 살펴라.

두 번째 교훈은 도표의 이면에 있는 바탕을 이해해야 한다는 것이다. 도표의 축들이 실제로 의미하는 것은 무엇일까? 무엇을 측정 내지 집계하는지 이해하는가? 도표에 이해를 돕는 맥락이 있는가 아니면 그냥 몇 개의 데이터 포인트만 보여주는가? 도표가 복잡한 분석이나 실험 결과를 반영한다면 그 내용을 이해하는가? 개인적으로 도표를 평가할 위치에 있지 않다면 그런 위치에 있는 사람을 신뢰하는가?(또는 다른 사람의 의견을 구했는가?)

데이터 시각화를 접할 때 제작자가 당신에게 뭔가를 설득하려 들지도 모른다는 사실을 인식하면 훨씬 도움이 된다. 교묘한 설득력이 있는 도표는 교묘한 설득력 있는 말처럼 그 자체로 잘못된 것은 아니다. 설득당해서 마음을 바꾸는 것도 마찬가지다. 바로 이 문제가 다음에 다룰 주제이다.

HARFORD

전략 전환에 두려움이 없어야 성공한다

KEEP AN OPEN MIND 254

확신을 가진 사람은 바꾸기 어렵다.
그들의 생각에 동의하지 않는다고 말하면
그들은 고개를 돌린다.
팩트나 수치를 보여주면 출처에 의문을 제기한다.
논리적으로 호소해도 요점을 이해하지 못한다.

레온 페스팅거 LEON FESTINGER, 헨리 리켄 HENRY RIECKEN,
스탠리 샥터 STANLEY SCHACHTER, 《예언이 끝났을 때 When Prophecy Fails》[1]

전략 전환에 두려움이 없어야
성공한다

어빙 피셔Irving Fisher는 역대 최고의 경제학자 중 한 명이었다.[2]
최초의 노벨 경제학상 수상자인 랑나르 프리슈Ragnar Frisch는 1940년대
말, 이미 피셔의 천재성이 처음 빛을 발한 지 반세기 이상이 지난 때 "그
는 시대를 10년 혹은 두 세대 정도 앞서갔다"라고 평가했다. 또한 프리
슈에 이어 노벨상을 받은 폴 새뮤얼슨Paul Samuelson은 피셔가 1891년에
쓴 박사논문이 "경제학 부문에서 나온 역대 최고의 박사논문"이라고 말
했다.

피셔의 동료 학자뿐 아니라 대중도 그를 사랑했다. 100년 전, 어빙 피
셔는 세상에서 가장 유명한 경제학자였다. 그러나 지금은 경제학자들만
이 역사 속 인물로 어빙 피셔를 기억할 뿐이다. 그는 더 이상 밀턴 프리

드먼이나 애덤 스미스 또는 동시대 후배 학자인 존 메이너드 케인스 같은 유명인이 아니다. 그 이유는 우리 모두에게 교훈을 안길 만한 끔찍한 일이 어빙 피셔와 그의 명성에 일어났기 때문이었다.

돈·숫자·건강에 대한 집착

피셔의 몰락은 명백히 열정이 떨어져서 초래된 게 아니었다. 그는 예일대에서 공부하던 시절, 옛 학창 시절 친구에게 보낸 편지에서 이렇게 썼다. "하고 싶은 일이 너무 많아! 항상 원하는 모든 걸 이루기에는 시간이 부족한 느낌이야. 책을 많이 읽고 싶어. 글을 많이 쓰고 싶어. 돈을 벌고 싶어."

피셔에게 돈이 중요했다는 점은 이해할 만했다. 그의 아버지는 어빙이 예일에 입학한 날 결핵으로 죽었다. 피셔의 열정과 지성은 그를 계속 밀어붙였다. 그는 그리스어와 라틴어, 대수학과 수학, 웅변(2위를 차지했는데 1위 수상자는 훗날 미국 국무부 장관이 되었다) 부문에서 상을 받았다. 또한 피셔는 예일대 수석 졸업생이자 조정부원이었다. 이 모든 성취에도 불구하고 청년 시절의 피셔는 공부하는 내내 힘들게 학비를 구했다. 그는 부유한 사람들에게 둘러싸여서 경제적 어려움을 겪는다는 것이 어떤 기분인지 잘 알았다.

피셔는 26살 때 약간의 부를 누리게 되었다. 소꿉친구이자 부유한 기업가의 딸인 마거릿 해저드Margaret Hazard와 결혼한 덕분이었다. 1893년에 치러진 두 사람의 결혼식은《뉴욕타임스》에 소개될 만큼 호화로웠다. 세 명의 장관을 포함한 2,000명의 하객이 초대되었고, 화려한 오찬이 제공되었으며, 27킬로그램짜리 웨딩케이크가 준비되었다. 두 사람은 열네 달 동안 유럽에서 신혼여행을 즐긴 후 뉴헤이븐의 프로스펙트Prospect 가 460번지에 새로 지어진 저택으로 돌아왔다. 신혼여행 기간에 마거릿의 아버지가 선물로 지어준 이 저택은 서재와 음악감상실 그리고 넓은 사무실까지 갖추고 있었다.

어빙 피셔에 대해 당신이 알아야 할 세 가지 사실이 있다.

첫 번째 사실은 피셔가 건강에 광적으로 집착했다는 것이다. 이 점은 이해할 만하다. 결핵은 그의 아버지를 죽였다. 게다가 15년 후에는 거의 그도 죽일 뻔했다. 그러니 그가 꼼꼼하게 건강을 챙긴 것은 놀랄 일이 아니다. 그는 술, 담배, 고기, 차, 커피, 초콜릿을 입에 대지 않았다. 저녁 식사 초대를 받은 한 손님은 대접을 즐기는 한편으로 그의 별난 모습을 보고 이렇게 썼다. "내가 연이어 나오는 맛있는 코스 요리를 먹는 동안 그는 채소와 날달걀만으로 저녁 식사를 했다."[3]

이는 개인적인 관심이 아니었다. 피셔는 건강과 영양의 전도사가 되었다. 그는 심지어 '생명연장연구소Life Extension Institute'를 설립하고, 막 대통령 자리에서 물러난 윌리엄 태프트William Taft에게 위원장이 되어 달라고 설득했다(태프트를 선택한 것은 아이러니하게 보인다. 그는 역대 대통령 중에서 가장 비만이었다. 그래도 그의 체중 문제는 식생활과 운동에 관심을 갖게 했다). 1915년에 쉰 살 무렵에 다다른 피셔는《어떻게 살 것인가: 현대 과학에 기반한 건강한 삶을 위한 규칙들How to Live: Rules for Healthful Living Based on Modern Science》이라는 책을 펴냈다(《어떻게 살 것인가》라니! 실로 야심 찬 제목이다). 이 책은 엄청난 베스트셀러가 되었지만, 현대적 관점에서 보면 우스운 내용을 담고 있다. 가령 "일광욕을 권한다… 그 강도와 지속시간은 상식을 따라야 한다", "잘 씹어먹는 것이 중요하다, (중략) 자연스럽게 저절로 삼켜질 정도로 씹어야 한다" 같은 내용이 그렇다. 심지어 그는 걸을 때 두 발의 올바른 각도에 대한 내용까지 덧붙였다. 그 책에 따르면 "각 발이 바깥쪽으로 약 7도 내지 8도 벌어져야 한다."[4]

심지어 우생학을 다룬 짧은 단락도 있다(해당 부분은 시대가 바뀌면서 좋은 평가를 받지 못했다). 어쨌든 그의 저서《어떻게 살 것인가》는 웃어넘기기 쉽지만 많은 측면에서 피셔의 경제적 분석만큼 시대를 훨씬 앞선 책이었다. 피셔는 웰빙의 문제에 과학적 사고를 적용했다. 또한 운동법을 자세히 설명했고, '마음챙김'을 권장했다. 그리고 대다수 의사가 흡연자이던 시절에 담배가 암을 유발한다고 정확하게 경고했다.

두 번째 사실은 숫자에 대해 집착했다는 점이다. 그는 경제학과 다른 분야에서 합리적이고 수치적인 분석의 힘을 믿었다. 그래서 결핵의 경제적 순비용을 계산했다. 또한 채식과 음식물 잘 씹기에 대한 실험적 연구를 통해 이것들이 지구력을 강화한다는 사실을 밝혀냈다(1917년에 나온 아침 식사용 시리얼, 그레이프 너츠Grape Nuts의 광고는 피셔 교수의 보증을 포함했다). 심지어《어떻게 살 것인가》의 한 부분에서는 독자들에게 이런 사실을 알려주기도 했다. "과학적 옷 입기에 대한 현대적 연구에서는 '클로$_{clo}$'라는 새로운 단위를 쓴다. 이는 의류의 '보온력'을 측정하는 기술적 단위다."

숫자에 대한 사랑이 가끔은 잘못된 방향으로 피셔를 이끌었다고 말할 수도 있다. 가령 그는 금주의 혜택을 계산하면서 소규모 연구 결과를 심하게 일반화했다. 그에 따르면 노동자가 공복에 독주를 마실 경우 노동 효율이 2퍼센트 줄어든다. 그래서 피셔는 금주가 미국 경제에 60억 달러의 가치를 추가할 것이라고 계산했다. 당시로서는 실로 엄청난 증가치였다. 우리는 법칙1에서 미술에 대한 아브라함 브레디우스의 전문성이 메이헤런의 형편없는 위작을 페르메이르의 진품으로 믿게 했다는 사실을 확인했다. 마찬가지로 통계에 대한 피셔의 전문성은 부실한 토대 위에서 금주의 혜택을 거창하게 계산하도록 만들었다. 알코올에 대한 그의 강한 반감이 통계적 추론의 엄격성을 무너뜨린 것이다.[5]

세 번째 사실은 돈 버는 일에도 관심이 많았다는 점이다. 물론 어빙 피셔는 돈이 많았다. 단지 아내의 유산 때문만은 아니었다. 그에게 돈을 버는 일은 자긍심의 문제였다. 피셔는 아내에게 의존하고 싶어 하지 않았다. 《어떻게 살 것인가》는 그에게 인세를 안겼다. 또한 발명품도 있었다. 가장 잘 알려진 것은 롤로덱스$_{Rolodex}$의 전신에 해당하는 명함 정리 시스템이었다. 그는 문구 회사로부터 66만 달러(지금 기준으로 수백만 달러)의 현금을 받고 이 시스템을 팔았고, 이사회 자리와 함께 지분까지 얻었다.

피셔는 학문적 연구를 '지수연구소$_{Index\ Number\ Institute}$'라는 대규모 사업으로 만들었다. 이 연구소는 데이터, 예측, 분석을 미국 전역의 신문에

'어빙 피셔의 비즈니스 페이지'라는 보도용 패키지로 판매했다. 예측은 데이터와 분석의 자연스러운 연장이었다. 결국 우리가 세상을 집계하는 이유는 이해에 따른 지적 즐거움이 목적이기 때문만은 아니다. 때로 우리는 앞으로 일어날 일을 예측하고, 거기서 이득을 볼 수단으로서 현재 상황을 파악하려 한다.

피셔는 이런 토대를 기반으로 투자에 대한 접근법을 홍보할 수 있었다. 그 접근법은 폭넓게 말해서 돈을 빌려 산업 부문 신생 기업의 주식을 사들인 다음 미국의 성장에 베팅하라는 것이었다. 이렇게 빌린 돈은 종종 레버리지leverage로 불린다. 마치 지렛대처럼 작용하여 이익 혹은 손해를 기하급수적으로 늘리기 때문이다.

1920년대 동안 주식 투자자들은 손실을 걱정할 일이 거의 없었다. 주가는 급등했다. 레버리지를 써서 미국의 성장에 베팅한 사람들은 자신이 똑똑하다고 믿을 만한 이유가 충분했다. 피셔는 오랜 죽마고우에게 보낸 편지에서 자신의 야망을 실현했다고 말했다. "우리 모두 큰돈을 벌고 있어!"라면서 말이다.

1929년 여름, 베스트셀러 저자·발명가·여러 대통령의 친구·창업자·건강 활동가·칼럼니스트·통계 분야의 선구자·당대의 가장 뛰어난 경제학자·백만장자인 어빙 피셔는 아들에게 해저드 가문의 돈이 아니라 자신의 돈으로 저택의 리모델링 비용을 댔다고 자랑했다.

이 성취는 그에게 중요했다. 피셔의 아버지는 아들이 당대에 가장 존경받는 인물 중 하나로 성장하는 모습을 지켜보지 못했다. 피셔는 아들과 같이 집이 재단장되는 광경을 보면서 자신의 자만심을 용서할 수 있었을지도 모른다. 그러나 그는 금전적 몰락의 위기에 처해 있었다.

팩트를 무시한 전설의 몰락

1929년 가을에 주식시장이 무너졌다. 9월 초부터 11월 말까지 다우존스 산업지수는 3분의 1 이상 떨어졌다. 그러나 어빙 피셔를 끝장낸 것은 주가 대폭락이 (적어도 당장은) 아니었다. 물론 주가 폭락은 2008년의 은행 위기보다 훨씬 심각한 파국적인 사건이었다. 뒤이은 대공황은 서구에서 평시에 일어난 최대의 경제적 재난이었다. 피셔는 다른 이들보다 더 위기에 노출되어 있었다. 차입 투자로 손익을 키운 상태였기 때문이다.

그러나 피셔가 몰락하려면 단지 레버리지를 써서 금융 거품에 베팅한 것으로는 부족했다. 거기에는 고집이 필요했다. 주가 폭락에는 극적인 순간들이 있었다. 단지 '검은 목요일'이나 '검은 월요일' 같은 날에 일어난 급격한 변동이 전부는 아니었기 때문이다. 그보다는 가끔 나오는 일시적 반등과 함께 오랜 기간에 걸친 꾸준한 하락 때문이라고 보는 것이 타당하다. 그렇게 1929년 9월에 380포인트이던 주가는 1932년 여름에 40포인트를 겨우 넘는 수준까지 떨어졌다. 피셔가 1929년 말에 손절하고 시장에서 발을 뺐다면 다시 학문적 연구와 다른 많은 관심사로 돌아갈 수 있었을 것이다. 그리고 오랜 기간에 걸쳐 얻은 투자 수익과 저술

및 사업을 통한 소득으로 호화로운 삶을 유지할 수 있었을 것이다.

그러나 피셔는 초기의 시각을 고집하며 베팅을 키웠다. 그는 주가가 다시 상승할 것이라고 확신했다. 그래서 주가 폭락이 "광적인 일부 투자자를 털어내는" 과정이며, "패닉 심리"를 반영한다고 여러 번 논평했다. 또한 주가 회복이 임박했다고 공언했다. 그러나 현실은 그렇지 않았다.

가장 중요한 점은 그가 가만히 버티기만 한 게 아니라는 것이었다. 그는 자신이 옳다고 확신해 더 큰 수익을 바라며 계속 차입 투자에 의존했다. 피셔의 주요 투자 대상 중 하나는 롤로덱스 시스템 '인덱스 비저블Index Visble'을 판매한 레밍턴 랜드Remington Rand였다. 폭락 전에는 58달러였다가 몇 달 만에 28달러까지 떨어진 이 회사의 주가가 사정을 말해주었다. 피셔는 이 무렵 레버리지가 엄청나게 위험하다는 사실을 깨달았어야 했다. 그러나 그렇지 않았다. 그는 더 많은 돈을 빌려서 투자했고, 주가는 곧 1달러까지 떨어졌다. 이는 확실한 몰락의 길이었다.

그래도 피셔를 섣불리 재단해서는 안 된다. 당신이 주위에서 가장 똑똑한 사람이라면(어빙 피셔는 대개 그랬다) 생각을 바꾸기가 쉽지 않다.

선입견과 무의식

어빙 피셔와 동시대인인 로버트 밀리컨Robert Millikan도 피셔만큼 특출한 사람이었다. 다만 그의 관심사는 조금 달랐다. 밀리컨은 물리학자였다.

피셔의 실용적인 주식 투자 조언이 미국 전역에서 인기를 끌던 1923년에 밀리컨은 노벨상을 받았다.

밀리컨에게는 수많은 업적이 있지만 그중에서도 학생들도 시도할 수 있을 만큼 간단한 실험이 가장 유명하다. 바로 '기름방울 실험'이다. 이 실험은 분무기에서 뿜어낸 유증기가 전기가 흐르는 두 금속판 사이를 부유하는 동안 전하를 부여하는 방식으로 진행된다. 이때 기름 방울이 움직이지 않고 허공에 멈출 때까지 전압을 조절하면 기름 방울의 지름을 측정할 수 있다. 그에 따라 기름 방울의 질량뿐 아니라 중력을 정확하게 상쇄하는 전하량도 계산할 수 있다. 이 실험은 사실상 단일 전자의 전하량을 계산할 수 있도록 해주었다.

나는 학교에서 이 실험을 시도한 수많은 학생 중 한 명이었다. 그러나 솔직히 말하자면 나는 밀리컨만큼 깔끔한 결과를 얻지 못했다. 제대로 맞춰야 하는 세부적인 요소가 많았다. 특히 작은 기름 방울의 지름을 정확하게 측정하는 일이 중요했다. 거기서 틀리면 다른 모든 계산이 엇나갈 수밖에 없었다.

이제 우리는 밀리컨 역시 스스로 주장한 만큼 깔끔하게 답을 구하지 못했다는 사실을 안다. 그는 적당치 않은 관찰 내용을 체계적으로 누락시켰고, 그 사실에 대해 거짓말을 했다(그는 또한 후배 연구자인 하비 플레처**Harvey Fletcher**의 기여를 최소화했다). 과학사가들은 이 선별적 실험 방식이 윤리적으로 그리고 실질적으로 심각하게 잘못되었다고 주장한다. 과학계가 밀리컨의 전체 실험 결과를 확인했다면 그의 답을 훨씬 덜 확신했

을 것이다. 실제로 그의 답은 옳지 않았기 때문이다. 밀리컨이 제시한 수치는 너무 낮았다.[6]

카리스마 있는 노벨상 수상자인 리처드 파인만Richard Feynman은 1970년 대 초에 더 나은 측정을 통해 밀리컨의 오류를 바로잡는 과정이 이상했다고 지적했다. "한 수치는 밀리컨의 수치보다 약간 컸고, 그다음 수치는 그보다 약간 더 컸으며, 그다음 수치는 그보다 약간 더 컸다. 마침내 그들은 더 높은 수치를 확정했다. 그러면 왜 더 높은 새로운 수치를 바로 발견하지 못했을까?"[7]

그 답은 수치가 밀리컨의 추정치에 가깝게 나올 때마다 자세한 검증 없이 수용되었기 때문이다. 연구자들은 수치가 틀린 것처럼 보이면 회의적인 시각으로 바라보았고 폐기할 이유를 찾았다. 법칙1에서 살폈듯이 선입견은 강력한 힘을 지닌다. 우리는 새로운 정보를 걸러내기는 하지만 새로운 정보가 예상과 일치하면 그냥 받아들일 가능성이 훨씬 크다.

밀리컨의 추정치가 너무 낮았기 때문에 예상을 벗어날 만큼 훨씬 낮은 측정치가 나올 가능성은 드물었다. 놀랍게도 대개의 측정치는 밀리컨의 수치보다 훨씬 컸다. 해당 측정치를 받아들이는 것은 길고 점진적인 과정이었다. 밀리컨이 더욱 뛰어난 과학자인 것처럼 보이기 위해 일부 측정치를 폐기했다는 사실도 도움이 되지 않았다. 그래도 당연히 그 과정이 진행되었을 것이라고 확신할 수 있다. 나중에 실행된 연구에서 아보가드로 수Avogadro's number(1몰mol의 기초 단위체에 들어 있는 입자의 수 - 옮긴이)와 플랑크 상수Planck's constant(자연의 기본 상수 가운데 하나로, 양자역학 현상의 크기를 나타냄 - 옮긴이) 같은 물리적 상수에 대한 다른 추정치들이 점진적으로 수렴하는 동일한 패턴이 발견되었기 때문이다.[*] 이 수렴은 1950년대와 1960년대 내내 때로는 1970년대까지 계속되었다.[8] 이는 근본적이고 변하지 않는 사실을 측정하는 과학자들조차 선입견에 맞도록 데이터를 걸러낸다는 강력한 예시다.

이 사실이 전적으로 놀라운 것은 아니다. 우리의 뇌는 언제나 불완전한 정보를 토대로 우리 주위를 둘러싼 세상을 이해하려 노력한다. 그래서 종종 놀랍도록 희박한 데이터에 기반하여 앞으로 일어날 듯한 일을 예측하고, 그 간극을 메우려는 경향이 있다. 통화 음질이 좋지 않아도 일반적인 통화 내용을 이해할 수 있는 이유이다. 잡음을 통해 전화번호나 주소 같은 실로 새로운 정보를 말하기 전까지는 말이다. 우리의 뇌는 간극을 메운다. 우리가 볼 것이라고 예상한 것을 보고, 들을 것이라고 예상한 것을 듣는 이유가 거기에 있다. 마찬가지로 밀리컨의 후계자들도 그들이 확인할 것이라고 예상한 것을 확인했다. 우리는 간극을 메우지 못할 때에야 비로소 연결 상태가 얼마나 나쁜지 깨닫는다.

우리는 심지어 냄새마저 예상한 대로 맡는다. 한 실험에서 피실험자들에게 어떤 냄새를 맡게 했을 때 그에 대한 반응은 사전에 연구자들에게서 들은 내용에 따라 크게 달라졌다. 연구자들은 "고급 치즈의 향기"라거나

---

[*] 이 물리적 상수들을 여기서 굳이 정의하지는 않겠다. 중요한 점은 이 상수들을 정확하게 측정하기 어려우며, 측정의 정확도를 높이려는 각각의 시도가 이전의 시도에 의해 체계적으로 영향을 받는 것처럼 보인다는 것이다.

"겨드랑이 냄새"라고 피실험자들에게 말했다(실은 둘 다였다. 피실험자들은 무른 치즈와 몸의 구석진 곳에 모두 존재하는 냄새 분자를 맡았다).[9]

느낄 것이라고 예상하는 것을 느끼는 이 과정은 폭넓게 이뤄진다. 즉, 치즈 실험에서는 감각적 차원에서 이뤄졌고, 전하 또는 아보가드로 수 사례에서는 인지적 차원에서 이뤄졌다. 또한 두 경우 모두 무의식적으로 이뤄진 것으로 보인다.

내 그럴 줄 알았지

우리는 하루를 망치고 싶지 않아서 의식적으로 새로운 정보를 걸러낼 수 도 있다. 법칙1에서 우리는 학생들이 헤르페스 검사를 받지 않기 위해 돈을 지급하거나, 투자자들이 악재가 나왔을 때 주식 계좌를 확인하지 않으려 하는 사례를 접했다.

또 다른 사례로 1967년에 발표된 한 연구 결과가 있다. 이 연구에서 연구진은 학부생들에게 테이프에 녹음된 어떤 연설을 들려주었다. 그리고 "고등학교 1학년 학생들과 3학년 학생들이 준비한 연설의 설득력과 진정성을 판정하도록" 요청했다. 그리고 "각 연설이 끝난 후 설득력과 진정성을 평가할 평가지가 제공"되었다.

사실 이 실험에는 한 가지 함정이 있었다. 연설 내용이 재생되는 내내 사람을 불쾌하게 만드는 잡음을 섞은 것이다. 즉, 듣는 이는 짜증이 올라왔고 연설 내용은 잘 들을 수도 없었다. 한편 연구진은 피실험자들에게 이렇게 전달했다. "연설이 소형 휴대용 녹음기로 녹음되었기 때문에 상당한 전파 간섭이 발생했습니다. 하지만 이 조절 버튼을 눌렀다가 떼면서 전파 간섭을 '조절'할 수 있습니다. 조절 버튼을 여러 번 연속으로 누르면 잡음과 다른 간섭 잡음이 다소 줄어듭니다."[10]

슬슬 독자들도 짐작하겠지만, 이 실험에는 약간의 속임수도 섞여 있었다.

학부생 중 한쪽 집단은 독실한 기독교인이었고, 다른 한쪽은 열렬한 흡연자였다. 어떤 연설은《기독교는 사악하다 Christianity Is Evil》라는 제목의 케케묵은 무신론 소책자를 토대로 한 것이었다. 그리고 또 다른 두 연설에는 각각 "흡연과 폐암을 연관 짓는 주장에 대한 권위 있는 반박"과 '비슷한 권위'가 있는 "흡연이 폐암을 유발한다"는 내용이 있었다.

앞서 확인한 대로 우리는 정보를 걸러내는 능력이 있다. 즉, 어떤 생각은 버리고 다른 생각은 붙잡는다. 이 실험에서는 사람들의 사고 필터는 더욱 단순하고 노골적으로 작동했다. 피실험자들이 듣고 평가해야 하는 메시지를 가리는 잡음이 바로 그것이다. 버튼을 누르면 잡음이 제거된다. 그러나 모든 연설에 대해 열심히 버튼을 눌러댄 것은 아니었다.

기독교인들은 강성 무신론자의 불경한 헛소리를 지저분한 잡음의 안개 너머로 묻어버린 것에 매우 만족했다. 흡연자들은 흡연 습관이 완벽하게 안전하다는 설명을 듣기 위해 거듭 버튼을 눌러댔다. 그리고 흡연이 폐암 발병 가능성을 키운다고 하는 부분에서는 잡음이 들리도록 버튼을 내버려두었다.

위 실험에서도 알 수 있지만, 팩트를 접해도 생각이 바뀌지 않는 한 가지 이유는 사람들이 불편한 진실을 피하기 때문이다. 물론 지금은 1960년대 실험처럼 잡음 소거 버튼을 눌러댈 필요도 없다. 우리는 소셜 미디어에서 팔로우할 사람과 차단할 사람을 선택할 수 있다. 방대한 케이블 채널, 팟캐스트, 스트리밍 비디오는 무엇을 보고 무엇을 무시할지 우리 대신 선택하는 친절을 베푼다. 우리는 그 어느 때보다 많은 선택지를 갖고 있으며, 이 점을 십분 활용한다.

달갑지 않은 사실을 받아들일 수밖에 없더라도 너무 걱정하지는 말자. 인간은 언제든 '선택적으로 잘못 기억'할 수 있다. 이는 1972년에 창의적인 실험을 실행한 두 심리학자, 바루크 피쇼프Baruch Fischhoff와 루스 베이스Ruth Beyth가 내린 결론이다. 그들은 남학생과 여학생을 대상으로 한 설문에서 곧 다가올 리처드 닉슨의 중국과 소련 방문 결과가 어떨지 조사했다. 닉슨과 마오쩌둥이 만날 가능성은 얼마나 될까? 미국이 중국에 외교적 승인을 부여할 확률은 어느 정도일까? 미국과 소련은 공동 우주 개발 계획을 발표할까?

피쇼프와 베이스는 사람들이 나중에 자신이 예측한 내용을 어떻게 기억하는지 알고 싶어 했다. 그들은 피실험자들에게 그럴 기회를 제공했다. 예측 내용을 구체적으로 기술하게 했기 때문이다(대개 우리의 예측은 대화 도중에 비교적 모호한 방식으로 이뤄진다. 글로 적는 경우는 드물다). 그러니 예측 내용을 정확하게 기억할 것이라고 바랄 수도 있다. 그러나 피실험자들은 절대 제대로 기억하지 않았다. 심지어 자신이 잘났다고 심하게 착각하고 있었다. 가령 자신이 어떤 일이 일어날 확률을 25퍼센트로 예측했는데 실제로 그 일이 일어난 경우를 보자. 실험자들은 자신이 확률을 50퍼센트로 예측했다고 기억했다. 반대로 어떤 일이 일어날 확률을 60퍼센트로 예측했다가 그 일이 일어나지 않은 경우에는 확률을 30퍼센트로 예상했다고 기억했다. 피쇼프와 베이스가 이런 내용을 담아 발표한 논문의 제목은 〈내 그럴 줄 알았지 I knew it would happen〉였다.

이는 우리의 감정이 가장 단순한 정보, 즉 얼마 전에 기록까지 했던 예측에 대한 기억조차 걸러내는 양상을 보여주는 또 다른 인상적인 사례이다.[11] 어떤 측면에서 이 사례는 놀라운 정신적 유연성을 보여준다. 피실험자들은 오류를 인정하고 거기서 교훈을 얻기보다 고통스러운 현실 인식이 필요치 않도록 자신의 기억을 바꿨다. 앞서 살핀 대로 자신이 틀렸음을 인정하고 관점을 바꾸는 것은 쉬운 일이 아닌 것이다.

물론 어빙 피셔는 줄곧 옳았다면 생각을 바꿔야 할 필요가 없었을 것이다. 어쩌면 그의 진정한 몰락은 적응에 실패한 것이 아니라 애초부터 정확한 예측에 실패한 것이 아닐까? 그럴지도 모른다. 고통스러운 경험을 통해 배우기보다 처음부터 예측을 잘하는 편이 훨씬 바람직하다. 그러나 예측 능력에 대한 최고의 연구들은 처음부터 적중하는 것도 쉽지 않음을 보여준다.

전문가들을 노린 18년짜리 시한폭탄

1987년에 캐나다 출신의 젊은 심리학자인 필립 테틀록Philip Tetlock은 예측 산업의 밑바닥에 18년 동안 터지지 않을 시한폭탄을 설치했다. 테틀록은 사회과학자들에게 미국과 소련의 핵전쟁을 예방하는 임무를 맡긴다는 거창한 프로젝트에 참가했다. 그는 프로젝트의 일환으로 수많은 정상급 전문가들에게 소련에서 어떤 일이 벌어지고 있는지, 로널드 레이건의 강경한 입장에 소련이 어떻게 반응할지, 앞으로 사태가 어떻게 진행될 것이며 그 이유는 무엇인지 물었다.

테틀록은 그 과정에서 좌절했다. 그 이유는 주요 정치학자와 소련학자, 역사학자 그리고 정책 전문가들이 앞으로 일어날 일에 대해 너무나 상반되는 시각을 드러냈기 때문이다. 또한 그들은 상반되는 증거를 접하고도 생각을 바꾸려 하지 않았다. 그리고 틀린 예측조차 수많은 방식으로 정당화했다. 그들 중 일부는 재난이 발생하리라 예측했지만 그런 일이 발생하지 않은 것을 기꺼이 합리화했다. 가령 "내 예측은 거의 맞았지만 다행히 신스탈린주의자가 아니라 고르바쵸프가 정권을 잡았다"라거나, "소련에 대한 과소평가는 과대평가보다 훨씬 위험하므로 나의 실수는 잘못되지 않았다"는 식이었다. 물론 주가 예측이 틀렸을 때마다 빠져나가는 평계와 마찬가지로 "타이밍이 틀렸을 뿐"이라고 둘러대는 사람도 있었다.

테틀록은 참을성 있게, 공들여서, 그리고 조용히 명민한 대응을 했다.

그는 더 많은 세부 내용과 훨씬 큰 규모로 피쇼프와 베이스의 뒤를 따랐다. 그는 거의 300명에 달하는 전문가들이 예측한 내용을 수집했다. 그 양은 최종적으로 총 2만 7,500건에 달했다. 그가 중점적으로 질문한 부분은 정치와 지정학이었지만, 경제 같은 다른 분야와 관련된 두어 가지 질문도 추가되었다. 질문 내용은 명확했다. 그래서 나중에 각 예측이 맞았는지 또는 틀렸는지 판정할 수 있었다. 그다음 그는 결과가 나올 때까지 무려 18년 동안 기다렸다.

테틀록은 2005년에《전문가들의 정치적 판단Expert Political Judgment》이라는 은근하고 학문적인 제목의 책을 통해 결론을 발표했다. 거기에 따르면 전문가들의 예측 능력은 형편없었다. 이 점은 예측이 실현되지 않았다는 단순한 의미뿐 아니라 전문가들은 다양한 맥락에서 예측할 때 어느 정도로 자신감을 가져야 하는지 전혀 모른다는 의미도 전달했다. 시리아의 영토 보전 가능성보다는 캐나다의 영토 보전 가능성이 예측하기 더 쉬운 주제다. 그러나 대단히 명확한 사례를 제외하면 테틀록이 조사한 전문가들은 시리아와 캐나다 같은 경우를 구분하지 못했다. 그들은 또한 피쇼프와 베이스가 조사한 아마추어들과 마찬가지로 자신이 예측했던 내용을 크게 잘못 기억했다. 그리고 틀린 예측을 해놓고도 줄곧 맞게 예측했다고 기억했다.[12]

테틀록은 전문가들의 오만에 대한 이 이야기에 흥미를 더했다. 그는 유명한 전문가들이 언론의 조명을 받지 못하는 전문가들보다 덜 정확한 예측을 한 것을 발견했다. 전문가들은 고르게 수치를 당했다. 정치적 이

데올로기와 전문 분야 그리고 학문적 훈련과 무관하게 전문가들은 미래를 내다보는 데 실패했다.

대다수의 사람은 테틀록의 연구 결과를 들은 후 단순히 세상이 예측하기에는 너무 복잡하다거나, 전문가들이 미래를 예측하기에는 너무 멍청하다거나, 둘 다라는 결론을 내렸다. 그러나 거시경제와 지정학 문제라는 인간의 능력 밖에 있는 듯한 분야에도 실질적인 예측법이 존재할 가능성을 계속 믿는 사람이 있었다. 바로 필립 테틀록 자신이었다.

초예측

2013년, 나는 '길한 날'인 4월 1일에 테틀록이 보낸 이메일을 받았다. "미국의 정보 조직에 속한 정보고등연구기획국Intelligence Advanced Research Projects Activity에서 부분적으로 자금 지원을 받는 대규모 신규 연구 프로그램"에 나를 초청하는 내용이었다.

2011년부터 진행된 이 프로그램의 핵심은 테틀록의 장기 연구와 같이 정량화 가능한 예측을 수집하는 것이었다. 예측 대상은 경제적·지정학적 사건이었다. 구체적으로는 "그리스가 채무불이행 선언을 할지, 이란에 대한 군사 공격이 있을지 등 정보 조직에서 관심을 가질 만한 현실적이고 긴급한 문제들"이었다. 이 프로그램은 수천 명이 참가하는 토너먼트 형식을 취했다. 해당 토너먼트는 4년 동안 진행되었다.

테틀록은 뒤이은 이메일에서 이렇게 알려주었다. "그냥 웹사이트에 로그인해서 어차피 계속 살필 예정이던 문제들에 대해 최선의 판단을 하면 됩니다. 그리고 필요하다고 생각될 때 그 내용을 갱신하면 됩니다. 시간이 지나 예측에 대한 판정이 내려지면 당신의 결과를 다른 사람들의 결과와 비교할 수 있습니다."

나는 참가하지 않았다. 너무 바쁘다며 나 자신을 설득했다. 어쩌면 내가 너무 겁이 많은 것인지도 몰랐다. 그러나 사실 참가하지 않은 이유는 테틀록의 연구 덕분에 '예측 작업'이란 애당초 불가능하다고 나 스스로 결론을 내렸기 때문이었다.

그래도 2만여 명이 테틀록의 아이디어를 받아들였다. 그중 일부는 정보분석기관이나 싱크탱크 또는 학계에서 경력을 쌓아서 어느 정도 직업적 위상을 가졌다고 해도 무방했다. 다른 사람들은 순전히 아마추어였다. 테틀록과 다른 두 명의 심리학자인 바버라 멜러스Barbara Mellers(멜러스와 테틀록은 부부다)와 돈 무어Don Moore는 이 지원자들과 협력하여 실험을 진행했다. 지원자들은 두 유형으로 나뉘었다. 첫 번째 유형은 기본적인 통계 기법에 대한 교육을 받거나(이 부분에 대해서는 아래에서 더 자세히 다룰 것이다), 팀으로 묶이거나, 다른 예측 내용에 대한 정보를 받았다. 반면에 두 번째 유형의 지원자들은 독자적으로 예측에 임했다. 전체 프로젝트에는 '굿 저지먼트 프로젝트Good Judgment Project'라는 이름이 붙었다. 그 프로젝트의 목표는 미래를 내다보는 더 나은 방법을 찾는 것이었다.

이 방대한 프로젝트는 여러 통찰을 낳았다. 가장 놀라운 일은, 일반적인 참가자들이 침팬지가 다트를 던져 투자 종목을 찍는 수준인 것에 비해, 훨씬 나은 예측을 한 뛰어난 이들이 일부 존재했다는 것이다. 게다가 그들의 예측 능력은 시간이 지나면서 감소하기는커녕 크게 나아졌다. 테틀록은 그답지 않게 과장된 어조로 그들을 '초예측자superforecasters'라 불렀다.

초예측자들의 네 가지 요건

냉소주의자들은 너무 성급했다. 미래를 내다보는 일은 결국 가능했다.

무엇이 초예측자를 만들까? 해당 분야에 대한 전문성은 분명 아니다. 교수도 다양한 지식을 갖춘 아마추어보다 낫지 않았다. 지능의 문제도 아니었다. 만약 그렇다면 어빙 피셔는 파산하지 않았을 테니까 말이다. 예측 능력이 뛰어난 사람들은 두어 가지 공통점을 갖고 있었다.

첫째, 뛰어난 예측 능력 향상에는 약간의 특정 분야의 공부가 도움이 되었다(우리 같은 너드에게는 매우 기쁜 소식이다!). 한 시간만 기본 통계학을 공부해도 예측 능력이 개선되었다. 이런 공부는 세상에 대한 전문성을 타당한 가능성을 지닌 예측으로 바꾸는 데 도움을 주었다. 가령 "여성이 향후 10년 안에 미국 대통령으로 뽑힐 가능성은 25퍼센트"라는 식이었다. 가장 도움이 되었던 것으로 보이는 팁은 소위 '기저율base rates'에 초점을 맞추도록 권한 것이었다.[13]

기저율이 대체 무엇일까? 당신이 결혼식에 참석했다고 상상해보라. 당신은 신랑의 술 취한 학교 친구들 또는 신부의 언짢은 전 남자친구와 함께 뒤쪽 테이블에 앉아 있다(맞다, 이건 그런 종류의 결혼식이다). 지루한 축사가 이어지는 동안 당신 테이블에서 오가는 대화는 고약한 방향으로 흐른다. 저 두 사람이 잘 살까? 아니면 이미 이혼이 예정되어 있을까?

본능적인 출발점은 두 신혼부부에 대한 미래 예측이다. 로맨스로 가득한 결혼 날에 이혼을 상상하기는 어렵다(신부의 전 연인과 위스키를 마시다 보면 그 장밋빛 후광이 사라질지 모르지만 말이다). 그래도 당신은 '두 사람이 행복하고 서로 깊이 사랑하는 것처럼 보이나?' 혹은 '두 사람이 말다툼하는 걸 본 적이 있던가?' 또는 '두 사람이 이미 헤어졌다가 다시 만나기를 세 번이나 반복했던가?' 같은 문제들을 자연스럽게 따진다. 다시 말해서 우리는 우리 앞에 놓인 '팩트'를 토대로 예측한다.

그러나 초점을 넓혀서 단순한 통계를 찾는 것이 더 좋은 방법이다.[•] 일반적으로 얼마나 많은 결혼이 이혼으로 끝나는가? 이 수치를 바로 '기

• 이것을 '단순한' 통계라고 부르는 것은 다소 짓궂은 일이다. 영국의 경우 국립통계청에 따르면(통계 발표, 2019. 11. 29) 1965년에 이뤄진 결혼을 1985년까지 살펴보면 22퍼센트가 이혼으로 끝났다. 이 수치는 시간이 지남에 따라 계속 늘어났다. 가령 1995년에 이뤄진 결혼 건수의 38퍼센트가 2015년까지 이혼으로 마무리되었다. 지금은 이혼율이 떨어지고 있다는 증거가 있다. 그래도 근래에 이뤄진 결혼 중 얼마가 20년 동안 이어질지 말하는 것은 너무 이르다. 어느 기저율이 유관한지는 판단과 가용 데이터의 문제다. 영국에서 이뤄진 전체 결혼일까? 아니면 최근 이뤄진 전체 결혼일까? 또는 특정 나이나 학력 수준에 해당하는 사람들 사이에 이뤄진 전체 결혼일까? 솔직히 말하자면 이 문제는 전혀 단순하지 않다. 그러나 아무런 맥락 없이 머릿속에서 수치를 끄집어내는 것보다는, 유관한 기저율을 찾으려 노력하고 거기서 추론하는 것이 낫다.

저율'이라 부른다. 기저율이 5퍼센트인지 50퍼센트인지 알지 못하면 심술 난 전 남자친구에게서 듣는 모든 험담은 어떤 유용한 틀에도 맞지 않는다.

기저율의 중요성은 심리학자인 대니얼 카너먼에 의해 유명해졌다. 그는 '외부 관점outside view과 내부 관점inside view'이라는 개념을 만들었다. 내부 관점은 당신 앞에 있는 특정한 사례, 즉 신혼부부를 살피는 것이다. 반면 외부 관점은 더욱 포괄적인 사례들의 '비교군'을 살필 것을 요구한다. 여기서 비교군은 모든 결혼한 부부다(외부 관점은 반드시 통계적일 필요는 없지만, 종종 필요할 때도 있다).

이상적인 상황에서 의사결정자나 예측자는 통계에 외부 관점과 내부 관점, 비슷하게는 개인적 경험을 통합해야 한다. 다만 통계적 관점, 즉 외부 관점에서 출발하여 개인적 경험에 따라 보완하는 방법은 그 반대로 하는 것보다 결과적으로 훨씬 나았다. 내부 관점에서 출발하면 실질적인 준거 틀frame of reference, 즉 척도의 감이 없다. 그래서 확률을 10배나 크게 혹은 작게 보기 쉽다.

둘째, 뛰어난 예측 능력 향상을 위해서는 기록을 관리하는 일이 중요하다. 테틀록의 지적 선배인 피쇼프와 베이스가 증명한 대로, 우리는 이전에 했던 예측이 맞았는지 틀렸는지의 여부 같은 간단한 것도 잘 기억하지 못한다.

셋째, 초예측자들은 예측 능력 향상을 위해 새로운 정보가 나오면 예측을 자주 갱신하는 경향이 있었다. 이는 새로운 증거에 대한 수용성이 중요하다는 사실을 시사한다. 예측을 기꺼이 조정하려는 의지는 처음부터 더 나은 예측을 하는 능력과 연계되어 있다. 초예측자들이 단지 시간이 남아도는 뉴스 중독자들이라서 새로운 헤드라인이 나올 때마다 계속 예측을 수정하기 때문에 다른 사람들을 능가했던 것이 아니다. 토너먼트 규칙이 한 번의 예측만 요구했다고 해도 초예측자들은 정상에 섰을 것이다.

새로운 정보에 따른 예측의 수정은 더 향상된 예측을 위한 네 번째 요소이자 어쩌면 가장 중요할지도 모르는 조건이며, 이는 곧 '개방적인 성격'으로 이어졌다. 단언컨대 초예측은 어떤 성격을 가졌느냐의 문제에 달려 있었다. 초예측자들은 심리학자들이 말하는 "적극적으로 열린 자세를 유지하는 사고자들"이다. 이들은 단일 접근법을 지나치게 고집하지 않고, 새로운 증거나 주장에 비춰서 오랜 관점을 버리는 데 익숙하며, 다른 사람과의 의견 불일치를 배움의 기회로 삼는다. 필립 테틀록은 연구를 완료한 후 이렇게 썼다. "초예측자들은 신념이란 지켜야 할 보물이 아니라 시험해야 할 가정이라고 여겼다. 초예측을 자동차 뒷 유리 스티커 문구처럼 묘사하는 것은 안일할지 모르지만 그렇게 해야 한다면 이 말이 맞을 것이다."[14]

이 말이 스티커에 넣기에 너무 길다면 이건 어떨까?

"초예측이란 기꺼이 생각을 바꿀 수 있음을 뜻한다!"

케인스의 모험

━━━━━

불행한 어빙 피셔는 생각을 바꾸는 데 애를 먹었다. 하지만 모든 사람이 피셔 같은 어려움을 겪는 것은 아니었다. 존 메이너드 케인스와 어빙 피셔는 공통점이 많지만, 이 부분에서는 놀라운 대조를 보였다. 케인스는 피셔처럼 경제학의 거물이었다. 또한 피셔처럼 인기 저자이자 신문 고정 칼럼니스트였으며 유력 정치인들의 친구였고 카리스마 넘치는 연설가였다(캐나다 외교관인 더글라스 르판Douglas LePan은 케인스가 연설하는 모습을 보고 감명받은 나머지 "완전히 넋을 잃었다. 그는 내가 귀를 기울였던 가장 훌륭한 피조물이다. 그는 과연 우리의 종에 속할까? 아니면 다른 어떤 세계에서 온 걸까?"라고 썼다).[15] 그리고 케인스는 피셔처럼 금융시장에 열정적으로 뛰어들었다. 그래서 초기 헤지펀드를 창립했고, 환투기에 손을 댔으며, 케임브리지 킹스 칼리지King's College를 대리하여 대규모 포트폴리오를 관리했다. 그러나 궁극적인 운명은 피셔와 크게 달랐다. 두 사람 사이의 공통점과 차이점은 시사하는 바가 있다.

성공하려고 조바심을 내던 피셔와 달리 케인스는 궁극적으로는 '권력의 내부자'였다. 그는 어린 시절에 영국의 초대 총리와 이후 열아홉 명의 다른 총리가 졸업한 이튼 칼리지Eton College에서 수학했다. 또한 아버지와 같은 고위 학자로서 케임브리지 대학 중에서 가장 두드러진 킹스 칼리지의 연구원이 되었다. 제1차 세계대전 동안 그는 대영제국을 대표하여 부채와 통화를 관리했다. 당시 채 서른이 되지 않은 청년인 케인스를 모르는 사람은 없었다. 그는 총리들과도 긴밀한 사이였으며 영국 경제에서 일어나는 일에 대한 내부 정보를 알고 있었다. 심지어 영국중앙은행은 케인스에게 금리 변동을 미리 알려주기까지 했다.

영국 기득권의 기린아인 케인스는 미국 기득권의 기린아인 피셔와 매우 달랐다. 그는 고급 와인과 미식을 좋아했고, 몬테카를로에서 도박을 즐겼다. 그의 성생활은 1900년대 경제학자보다는 1970년대 팝스타의 성생활에 더 가까웠다. 양성애와 다자 연애를 일삼던 그는 결국에는 어린 시절의 연인이 아닌 러시아인 발레리나 리디아 로포코바Lydia Lopokova에게 정착했다. 케인스의 '전 남자친구' 가운데 한 명이 결혼식에서 들러리를 섰다.

케인스는 다른 방면에서도 모험적이었다. 가령 1918년에 그는 영국 재무부에서 일했다. 제1차 세계대전이 한창이던 때였다. 독일군은 파리 외곽에 진을 치고 포격을 퍼부었다. 케인스는 위대한 프랑스 인상주의 화가인 에드가 드가Edgar Degas가 파리에서 자신의 방대한 컬렉션을 경매에 부친다는 이야기를 들었다. 프랑스 최고의 19세기 화가들인 마네Manet, 앵그르Ingres, 들라크루아Delacroix의 작품도 거기에 포함되어 있었다.[16]

그래서 케인스는 정신 나간 모험에 나섰다. 가장 먼저 한 일은 영국 재무부를 설득하는 것이었다. 그는 역사상 가장 파괴적인 전쟁을 4년째 치르고 있는 재무부에 회화 구매 자금으로 2만 파운드를 모아달라고 요청했다. 현재 가치로는 수백만 달러에 이르는 금액이었다. 매수자에게 유리한 시장이라는 생각에는 분명히 논리가 있었다. 그래도 전시 재무부가

19세기 프랑스 미술품에 돈을 쓰게 만들려면 상당한 설득력이 필요했다.

뒤이어 케인스는 구축함과 은색 비행선의 호위 아래 런던국립미술관 관장과 함께 영국 해협을 건넜다. 누구도 알아보지 못하게 가짜 콧수염을 붙인 채였다. 그들은 지평선 너머에서 독일의 포탄이 터지는 가운데 경매장에 나타나 드가의 소장품을 쓸어 담았다. 덕분에 런던국립미술관은 27점의 명작을 헐값에 확보할 수 있었다. 케인스는 심지어 개인 소장용으로 두어 점을 더 매수했다.

다시 해협을 건너 탈출한 케인스는 파리에서의 모험에 지친 상태였다. 그런데도 친구인 바네사 벨Vanessa Bell의 집을 찾아가 울타리 밖에 세잔의 그림이 있다고 말하며 안으로 들이도록 도와달라고 말했다(벨은 작가 버지니아 울프Virginia Woolf의 언니로 케인스의 '전 남자친구' 던컨 그랜트Duncan Grant와 연인 사이였다. 결혼은 다른 사람과 했지만 말이다. 케인스의 인맥은 복잡했다). 케인스는 떨이로 세잔의 그림을 샀다. 요즘 세잔의 명작에는 국립미술관도 경매에서 사들이기 힘든 수준의 가치가 있다. 하지만 어빙 피셔가 이 모든 일을 어떻게 생각했을지는 모르겠다.

전쟁이 끝난 후 케인스는 영국 재무부를 대표하여 베르사유에서 열린 강화 회담에 참석했다(그는 회담 결과를 매우 못마땅하게 여겼다. 뒤이은 사건들은 그의 생각이 옳았음을 증명했다). 자유변동제로 환율이 급변하는 가운데 뒤이어 케인스는 환투기를 위해 훗날 일부 역사학자들로부터 최초의 헤지펀드라고 불리게 되는 기업을 설립했다. 그는 부유한 친구들과 아버지로부터 투자 자금을 끌어모았다. 그리고 아버지에게 "돈을 벌든

잃든 간에 이 거액의 도박은 너무 재미있어요!"라고 그다지 믿음이 가지 않는 말을 했다.

처음에 케인스는 금세 돈을 벌었다. 그 금액은 재무부로부터 받아낸 회화 구매 자금보다 많았다. 2만 5,000파운드 이상을 벌어들인 것이다. 그의 베팅은 한마디로 프랑스, 이탈리아, 독일의 통화가 전후 인플레이션에 시달릴 게 분명하다는 전제를 기반으로 하고 있었다. 이 예측은 대체로 정확했다. 그러나 (증거는 없지만) 종종 케인스가 한 말로 전해지는 격언이 있다. 바로 "시장은 우리의 자금이 버틸 수 있는 것보다 오랫동안 비합리적으로 굴러갈 수 있다"는 것이다. 1920년에는 독일의 전망에 대해 단기적으로 낙관론이 부상하면서 케인스의 자금이 고갈되었다. 그는 이에 굴하지 않고 다시 투자자들에게 손을 벌렸다. 그러면서 "내 돈은 다 썼기 때문에 위험을 감수할 처지가 아니다"라고 말했다. 그는 현혹하는 말로 다른 투자자들을 설득했고, 1922년에 그의 투자기금은 흑자로 돌아섰다.

케인스의 차기 투자 프로젝트 중 하나(여러 프로젝트가 있었다)는 케임브리지 킹스 칼리지의 포트폴리오와 관련이 있었다. 5세기의 역사를 지닌 킹스 칼리지는 투자 정책에 있어서 오래된 규칙을 따랐다. 그래서 농지 임대와 철도 채권 및 국채 같은 매우 보수적인 투자에만 의존했다. 1921년에 설득에 능한 케인스는 이 규칙을 바꿔서 자신에게 포트폴리오의 상당 부분에 전적인 재량을 부여하도록 만들었다.

이 자금에 대한 케인스의 전략은 하향식이었다. 그는 영국과 해외의 호황과 불황을 예측했다. 그리고 거기에 따라 주식과 원자재에 투자했으며, 거시경제에 대한 전망을 토대로 다른 업종과 국가로 이동했다.

이런 접근법은 타당해 보였다. 케인스는 영국의 주요 경제이론가였다. 또한 영국중앙은행으로부터 귀띔을 받았다. 만약 영국 경제의 밀물과 썰물을 알 수 있는 사람이 존재한다면 바로 존 메이너드 케인스일 듯이 보였다.

물론 그런 일이 실제로 가능하다면 말이다.

초예측에 따라 투자 전략 바꾸기

케인스는 피셔와 마찬가지로 1929년 주가 대폭락을 예측하지 못했다. 그러나 피셔와 달리 그는 다시 일어섰고 백만장자로 죽었다. 그의 명성은 투자 실력으로 한층 높아졌다. 그 이유는 단순하다. 케인스는 피셔와 달리 생각과 투자 전략을 바꿀 수 있었기 때문이다.

케인스는 피셔보다 나은 한 가지 이점을 지니고 있었다. 투자자로서 그의 기록은 고통스러울 정도로 널뛰었다. 물론 그는 1918년의 미술품 경매에서 상당한 성공을 거뒀다. 또한 1922년에는 환시장에서 큰돈을 벌었다. 그러나 1920년에 빈털터리가 된 적도 있고, 킹스 칼리지의 포트폴리오에는 그의 명석해 보이는 접근법도 통하지 않았다. 케인스는 1920년대 내내 경기 순환을 예측하려 시도했지만 전체 시장 성장률에서 약 20퍼센트나 뒤처지는 결과를 내놓고 말았다. 케인스의 거듭된 경제 예측 실패는 재난이라고까지 할 일은 아니지만 좋지 않은 징표인 것은 확실했다.

경기 순환을 파악하려는 케인스의 여러 노력도 1929년 경제대공황 예측에는 도움을 주지 못했다. 그래도 그 대폭락 참사에 대응하는 데 일부 도움은 되었다. 케인스는 이미 투자자로서 자신의 한계를 생각하면서 다른 접근법이 통할지를 고민하고 있었다. 그래서 대폭락이 찾아왔을 때 어깨를 으쓱하고는 조정에 나섰다.

1930년대 초에 케인스는 경기 순환 예측을 아예 포기했다. 세계 최고의 경제학자인 그는 돈을 벌 수 있을 만큼 경기 순환 예측을 잘할 수는 없다고 판단했다. 이는 자신감으로 유명했던 그로서는 놀라울 만큼 겸손한 판단이었다. 케인스는 증거를 확인했고, 그답지 않은 일을 했다. 그것은 바로 생각을 바꾸는 일이었다.

이후 케인스는 거시경제에 대한 통찰이 별로 필요치 않은 투자전략으로 옮겨갔다. 그는 새로운 투자전략에 대해 "시간이 흐를수록 올바른 투자법은 자신이 잘 알고 경영진을 믿을 수 있는 기업에 큰돈을 넣는 것이라는 확신이 들었다"라고 설명했다. 즉, 경제가 어떤지는 잊고 잘 운영되는 기업을 찾아서 주식을 사며, 너무 영리해지려고 애쓰지 말라는 것이었다. 이 접근법이 친숙하게 느껴지는 이유는 세계에서 가장 부유한 투자자인 워런 버핏의 투자법으로 유명하기 때문이다. 실제로 버핏은 존 메이너드 케인스의 말을 즐겨 인용한다.

케인스는 현재 성공한 투자자로 마땅히 간주된다. 그는 킹스 칼리지에서 초기의 부실한 실적을 회복했다. 두 명의 경제학자인 데이비드 챔버스David Chambers와 엘로이 딤슨Elroy Dimson은 근래에 케인스가 킹스 칼리지의 포트폴리오로 거둔 실적을 분석했고 결과가 상당히 우수하다는 결론을 냈다. 케인스는 '적절한 위험성'를 감수하면서 높은 이익률을 기록했으며, 25년 넘게 전체 주식시장의 수익률을 연평균 6퍼센트나 앞질렀다. 이는 생각을 바꿀 수 있는 능력에 대한 합당한 보상이다.[17]

케인스의 전략은 매우 간단한 것처럼 보인다. 상황이 나쁘게 돌아가면 투자 방식을 바꾸면 되니까 말이다. 그렇다면 어째서 어빙 피셔는 현실에 적응하는 데 애를 먹었을까?

피셔의 첫 번째 문제점은 아이러니하게도 성공적인 기록이었다. 그는 1920년대 말에 그때까지 시도했던 거의 모든 일에 성공하면서 상당한 부를 쌓았다. 투자자로서 그는 1920년대의 생산성 향상을 정확하게 예측했으며, 주가가 급등할 것이라고 옳은 판단을 내렸다. 그래서 레버리지를 활용한 베팅으로 큰 수익을 거둘 수 있었던 것이다. 피셔는 케인스와 달리 자신이 오류를 저지를 가능성에 대한 증거를 거의 접하지 못했다. 따라서 그로서는 금융 참극의 규모를 제대로 인지하기가 매우 어려워졌다. 금융 참극은 일시적인 광기의 발현으로 치부하기 쉬웠다. 피셔는 결국 그렇게 했다.

반면 케인스는 주가가 폭락했을 때 현실(그리고 자산과 그때까지의 투자 전략)을 직시했다. 그는 이전에도 주가 폭락으로 상당한 손실을 본 적이 있었다. 그는 사전에 로버트 밀리컨의 연구 결과에 결함이 있으니 너무 진지하게 받아들이지 말라는 말을 들은 물리학자와 같았다. 또는 "치즈 냄새일 수도 있고, 겨드랑이 냄새일 수도 있으니 잘 생각하라"는 말을 들은 후 시험관의 냄새를 맡는 피실험자와 같았다.

피셔의 두 번째 문제점은 '제2의 방법 a second way'에 취약했다는 것이다. 그는 줄기차게 투자 아이디어를 글로 써 발표했다. 그리고 자기 평판은 주식 시장이 상승하면 함께 오르리라 믿었다.

투자 예측은 아주 모호하게 하는 경우가 많다. 반면에 피셔의 예측은 놀랄 만큼 확언에 가까웠다. 동시에 이는 위험한 일이었다. 이에 더해 피셔는 경제 예측에 구체성도 없었으며, 데이터를 갱신하지도 않았다. 초예측자들은 예측 내용을 세심하게 기록하는 경향이 있다는 점을 다시 떠올려보자. 정보 갱신 없이 어떻게 실수로부터 배울 수 있을까? 하지만 피셔는 초예측자들과 달리 생각 바꾸기에 소홀했다. 그는 잘못을 인정하고 생각을 바꾸면 자기 유명세에 타격이 있으리라 여겼다.

정보가 바뀌면 결론을 수정하라

심리학자인 모튼 도이치 Morton Deutsch 와 해럴드 제라드 Harold Gerard 는 1955년에 '생각 바꾸기'에 대한 실험을 했다. 그들은 학부생들에게 선의 길이를 추정하도록 요청했다. 이 실험은 이 책 법칙6에서 소개한 솔로몬 애시의 실험을 참고해 몇 개월 후에 변형하여 진행한 것이었다. 일부 학생들은 추정치를 아예 적지 않았다. 다른 학생들은 지울 수 있는 패드에 추정치를 적고 지웠다. 또 다른 학생들은 추정치를 지워지지 않는 마커로 적었다. 그 결과, 선의 길이에 대한 새로운 정보가 제시되었을 때 추정치를 확언한 학생들이 생각을 바꾸려는 의지가 가장 적었다.[18]

필립 테틀록은 현대 심리학의 창시자 중 한 명을 가리키며 이렇게 말한다. "쿠르트 레빈Kurt Lewin은 1930년대에 (이 효과를) 파악했다. 대외적 확언은 어떤 태도를 그대로 '냉동'시킨다. 그래서 멍청한 말을 하면 약간 더 멍청해진다. 틀린 말을 바로잡기가 더 어려워지는 것이다."[19]

피셔의 확언은 더없이 공개적이었다. 주가 폭락이 시작되기 2주 전에 그는 《뉴욕타임스》와의 인터뷰에서 이렇게 말했다. "주가는 높은 안정기에 영원히 이르렀습니다." 이런 발언을 어떻게 철회할 수 있을까?

피셔의 세 번째이자 가장 중대한 문제점은 '결국에는 미래를 알 수 있다는 믿음'이었다. 그는 "기민한 사업가는 끊임없이 예측한다"고 쓴 적이 있다. 어쩌면 그럴지도 모른다. 이 말을 장기적인 예측에 대한 케인스의 유명한 관점과 비교해보라. 케인스는 다음과 같이 말했다. "이런 문제에 대해서는, 얼마나 되었든 상관없이 계산할 수 있는 모든 확률을 수립할 과학적 토대가 없다. 그러므로 우리로서는 알 길이 없다."

피셔는 발의 완벽한 각도를 기꺼이 특정했고, 보온력을 나타내는 '클로' 단위의 엄정성을 존중했으며, 금주에 따른 생산성 향상치를 추정했다. 그는 충분히 강력한 통계적 렌즈만 있다면 어떤 문제라도 과학자 앞에 굴복할 것이라고 믿었다. 통계적 렌즈는 실로 강력하다. 그러나 어떤 문제에 대해서든 세상을 이해하려면 숫자 이상의 것이 필요하다는 사실을 이제는 여러분이 알게 되었기를 바란다.

불쌍한 어빙 피셔는 자신이 논리적이고 이성적인 사람이라고 믿었다. 그는 교육 개혁의 필요성과 채식의 검증된 혜택을 알리는 활동가였으며, '부자학'의 학생이었다. 그런데도 미국에서 가장 유명해진 실패한 투자자가 되었다.

피셔는 계속 생각하고 연구했다. 대공황이 너무나 심각한 이유를 날카롭게 분석한 글도 썼다. 거기에는 부채가 경제에 미치는 영향에 대한 고통스러운 깨달음도 담겨 있었다. 그의 경제사상은 지금도 존중받는다. 그러나 피셔는 주변부로 밀려난 인물이 되고 말았다. 그는 세무당국과 증권사에 많은 빚을 졌으며 말년에는 아내를 잃고 소박한 환경에서 홀로 살았다.

그 무렵 그는 사기꾼들의 손쉬운 먹잇감이 되었다. 항상 대박을 터트릴 기회를 찾았기 때문이다. 저택은 오래전에 잃었다. 그나마 처제가 현재 기준으로 수천만 달러에 이르는 빚을 갚아준 덕분에 파산과 징역형을 면할 수 있었다. 처제는 인정을 베푼 것이었겠지만 자긍심 강한 피셔로서는 더할 나위 없이 수치스러운 일이었을 것이다.

경제사가인 실비아 나사르Sylvia Nasar는 피셔에 대해 "그의 낙관적 태도와 과도한 자신감 그리고 고집이 그를 배신했다"고 썼다.[20] 케인스도 자신감에 넘쳤다. 그러나 그는 또한 세상에 대한 특정한 사실들은 논리에 쉽게 굴복하지 않는다는 교훈을 힘들게 배웠다. 그가 아버지에게 했던 "이 거액의 도박은 너무 재미있어요"라는 말을 생각해보라. 몬테카를로의 도박꾼이었던 케인스는 투자가 흥미로운 게임이기는 하지만 여전히 게임일 뿐임을 줄곧 알고 있었다. 또한 주사위를 던져서 불운한 숫자가 나온 것에 너무 연연하지 말아야 한다고 생각했다. 그래서 초기 투자 아이디어가 실패했을 때 다른 것을 시도했다. 이렇듯 케인스는 생각을 바꿀 수 있었다. 반면 피셔는 안타깝게도 그렇게 하지 못했다.

피셔와 케인스는 제2차 세계대전이 끝난 지 얼마 되지 않아서 몇 달 차이로 세상을 떠났다. 피셔는 많이 퇴색한 인물이었다. 그러나 케인스는 1944년에 열린 브레튼우즈 회의에서 세계은행과 IMF 그리고 글로벌 금융시스템 전체를 만든, 세계에서 가장 영향력 있는 경제학자였다.

케인스는 말년에 "유일하게 후회하는 것은 평생 더 많은 샴페인을 마시지 않았다는 것"이라고 말했다. 그는 아마도 자신이 하지 않았을 말로 훨씬 더 많이 기억되는 듯하다. 그래도 그에게 삶의 신조였던 말은 "나는 정보가 바뀌면 결론을 수정합니다. 선생님은 어떻습니까?"이다.

케인스가 이 교훈을 어빙 피셔에게 가르쳤다면 좋았을 것이다.

세상의 지배자

피셔와 케인스는 모두 전문가였다. 그들은 같은 통계적 정보를 손에 쥐고 있었다. 그 정보는 그들이 스스로 힘들게 수집한 데이터였다. 하지만 위조범 메이헤런에게 속은 미술학자, 아브라함 브레디우스처럼 그들의 운명은 전문성이 아니라 감정에 좌우되었다.

지금까지 나는 세상을 이해하는 데 도움이 되는 방식으로 수치를 수집하고 분석하는 일이 가능하다고 주장했다. 또한 다른 한편으로는 데이터를 구할 수 없어서가 아니라 그것이 우리에게 말하는 바를 받아들이지 않으려 해서 우리가 종종 실수를 저지른다고 주장했다. 어빙 피셔를 비롯한 다른 많은 사람의 경우 데이터에 대한 거부는 세상이 변했다는 사실을 인정하지 않으려는 태도에 뿌리를 두고 있다.

피셔의 경쟁자 중 한 명이자 기업 부문의 예측자인 로저 밥슨_{Roger Babson}은 (아무런 동정심 없이) 피셔가 "오늘날 세계에서 가장 뛰어난 경제학자이자 가장 쓸모 있고 이타적인 시민 중 한 명이지만 세상이 감정이 아니라 숫자에 지배된다고 생각했기" 때문에 예측에 실패했다고 설명했다.[21]

나는 지금까지 이 책을 통해 세상이 감정과 숫자, 둘 모두에게 지배된다는 사실을 당신에게 충분히 설명했기를 바란다.

나는 관중이 이해하지 못할 것을 생각할 수 없습니다.
유일한 문제는 흥미를 불러일으키는 것입니다.
일단 흥미가 있으면 세상 무엇이든 이해할 수 있습니다.

오손 웰스 ORSON WELLES[1], 〈시민 케인〉의 감독이자 영화배우

에필로그
슈퍼 팩트 십계명

첫째, 어떤 주장이 안기는 감정 때문에 그것을 수용하거나 거부하지 말고 잠시 멈춰서 그에 대한 자신의 감정적 반응을 살펴야 한다.

둘째, '새의 눈'에 해당하는 통계적 관점과 '벌레의 눈'에 해당하는 개인적 경험을 통합하는 방법을 찾아야 한다.

셋째, 주어진 데이터에 붙은 설명을 유심히 읽고 그 실질적인 내용을 깊이 이해한다.

넷째, 비교와 맥락을 통해 주장을 객관적으로 살펴야 한다.

다섯째, 통계가 어디에서 왔는지 이면을 살피는 동시에 다른 어떤 데이터가 망각 속으로 사라졌는지 살펴야 한다.

여섯째, 데이터에서 누가 제외되었는지, 그리고 만일 그들이 포함되었다면 우리의 결론이 어떻게 달라졌을지 따져야 한다.

일곱째, 지성적인 개방성이 없으면 신뢰할 수 없다는 사실을 인식하고, 알고리즘과 그것을 추동하는 대규모 데이터세트에 까다로운 질문을 던져야 한다.

여덟째, 공식 통계와 그 기반을 보호하는 영웅적인 통계학자들에게 더욱 많은 관심을 가져야 한다.

아홉째, 모든 아름다운 그래프나 차트의 오류 가능성을 의심해야 한다.

마지막 열째, 열린 자세를 유지하면서 자신도 실수할 수 있음을 인정한다. 그리고 새로 알게 된 팩트에 따라 전략을 전환한다.

슈퍼 팩트의 황금률

'슈퍼 팩트를 갖기 위한 십계명'이 다소 상투적이라는 것은 나도 안다. 사실 이것들은 십계명이라기보다 내가 평생에 걸쳐 힘들게 익힌 경험칙 또는 사고 습관이다. 당신도 특히 관심이 가는 통계적 주장을 접했을 때 한번 적용해보라. 물론 당신이 언론에 나오는 모든 주장에 대해 일일이 위의 점검목록을 훑어볼 것이라고 기대하지는 않는다. 그럴 만큼 시간이 많은 사람이 어디 있을까? 그래도 이 규칙들은 뉴스의 출처를 미리 평가하는 데 유용할 수 있다. 어떤 저널리스트가 용어를 정의하고, 맥락을 제공하며, 출처를 평가하기 위해 노력하는가? 이런 사고 습관이 덜 명확하게 드러날수록 경고음이 더 크게 울려야 한다.

슈퍼 팩트의 열 개 경험칙은 누구라도 기억하기에는 여전히 많다. 그래서 더 줄일 필요가 있을지도 모르겠다. 내가 보기에 이런 제안에는 공통된 요소, 말하자면 황금률이 있다.

바로 세상에 호기심을 가지라는 것이다.

더 깊이 살피고 질문을 던져라. 이는 어려운 요구이지만 과도한 수준은 아닐 것이다. 나는 이 책의 서두에서 통계의 도움을 통해 바라봄으로써 세상을 이해할 수 있다는 생각을 버리지 말라고 당부했다. 또한 대럴 허프 같은 사람들이 유혹적으로 내민 통계에 대한 냉소적인 불신에 빠지지 말라고 당부했다. 나는 숫자가 중요한 질문에 대한 답을 제시할 수 있다고 믿으며, 또 믿어야 한다고 생각한다. 〈모어 오어 레스〉를 만드는 나와 동료들은 청취자의 신뢰를 얻기 위해 열심히 노력한다. 물론 우리는 청취자들이 호기심을 갖고 우리에게 질문을 던지기를 바란다. 누구의 말도 그대로 믿지 말라Nullius in verba. 우리는 질문을 던지는 일 없이 신뢰해서는 안 된다.

철학자인 오노라 오닐Onora O'Neill은 "올바른 대상에 대한 신뢰는 맹목적인 수용이 아니라 적극적인 질문에서 나온다"라고 밝혔다.[2] 맞는 말인 것 같다. 우리를 둘러싼 세상을 신뢰할 수 있으려면 거기에 관심을 보이고 몇 가지 기본적인 질문을 던져야 한다. 이제는 그 질문이 모호하거나 지나치게 전문적이지 않다는 사실을 여러분이 알았기를 바란다. 그것은 생각이 깊고 호기심을 가진 사람이라면 누구라도 기꺼이 던질 질문이다. 현대 세계의 온갖 혼란에도 불구하고 지금은 그 질문에 대한 답을 찾기가 그 어느 때보다 쉽다.

호기심은 사실 놀랍도록 강력한 힘을 지니고 있다.

오픈 마인드 백신

예일대 연구원인 댄 카한Dan Kahan은 학생들에게 '건물 바깥에서 벌어진 모종의 시위 장면'을 보여주었다. 일부 학생에게는 낙태 클리닉 밖에서 벌어진 낙태 반대 시위라고 설명했다. 다른 학생에게는 육군 모병소 밖에서 벌어진 동성애자 인권 보장 시위라고 말했다. 그리고 뒤이어 학생들에게 물었다. "구체적으로는 평화시위였는지, 시위 주최자들이 지나가는 사람들을 위협했는지, 고함이나 비명을 질렀는지, 건물 입구를 막았는지 알려달라."

위 질문에 대한 답은 답변자가 받아들인 정치적 정체성에 좌우되었다. 자신이 낙태 반대 시위를 본다고 생각한 보수주의 학생들은 시위에 어떤 문제점도 없다고 여겼다. 즉, 어떤 폭언이나 폭행, 방해 행위가 없었다고 대답했다. 반대로 자신이 동성애자 인권 시위를 본다고 생각한 진보주의 학생들도 똑같은 결론에 이르렀다. 이 두 학생 집단은 시위 주최자들이 위엄 있고 자제력을 보이며 행동했다고 말했다.

하지만 동성애자 인권 보장 시위를 본다고 생각한 보수주의 학생들은 아주 다른 결론에 이르렀다. 낙태 반대 시위를 본다고 믿었던 진보주의 학생들도 마찬가지였다. 두 집단은 시위자들이 공격적이고 위협을 가했으며 방해 행위를 일삼았다고 결론지었다.[3]

카한은 당시에 이 책 법칙1에서 다루는 문제를 연구하고 있었다. 그것은 우리의 정치적, 문화적 정체성(비슷한 성향의 올바른 사람들의 공동체에 소속되고 싶은 욕구)이 민감한 특정 사안에 있어서 우리가 이르고자 하는 결론으로 스스로를 이끌 수 있다는 것이다. 우울하게도 우리는 기후변화 같은 사안에 대한 복잡한 통계적 주장을 해석할 때도 정치적으로 편안한 결론에 이른다. 심지어 우리 눈앞에 있는 증거마저 무시하면서 말이다.*

또한 앞서 살핀 대로 전문성은 이런 종류의 동기화 추론을 방지하지 못한다. 과학적 지식수준이 높은 공화당원과 민주당원은 기후변화에 대해 과학 교육을 거의 받지 못한 사람보다 더 동떨어진 시각을 보인다. 핵무기 문제와 총기 규제 그리고 프래킹fracking(고압 혼합물로 암반을 깨트려 석유를 채취하는 기술 – 옮긴이)에 대해서도 실망스러울 정도로 같은 성향이 드러난다. 즉, 과학 지식수준이 높을수록 관점이 서로 다른 사람들 간의 이견은 더욱 컸다. 분야를 수학으로 옮겨도 마찬가지였다. 카한은 "능력이 뛰어날수록, 분극화가 극심하다"라고 지적했다.[4]

• 앞서 소개한 실험 내용을 담은 논문의 제목은 "그들은 시위를 보았다They Saw a Protest"이다. 이 제목은 1954년에 발표된 고전적인 심리학 논문, "그들은 게임을 보았다They Saw a Game"를 따라 한 것이다. 이 논문 역시 라이벌 관계에 있던 축구팀의 팬들이 난폭했던 경기 영상을 볼 때와 마찬가지로 편향된 인식을 가진다는 사실을 보여준다.

카한은 종족주의에 대한 '백신'을 찾기 위해 길고도 헛된 노력을 기울였다. 그렇기에 염증을 느껴도 이해할 만하다.[5] 그러나 두어 해 전에 카한과 동료들은 놀랍게도 이 '독성' 양극화로부터 우리를 '면역'시키는 일부 사람들의 특성(다른 사람들도 개발하도록 권할 수 있는 특성)을 우연히 발견했다. 지성과 교육이 통하지 않는, 정치적으로 심하게 감염된 종족주의 문제에서도 이 특성은 실패하지 않았다. 그것이 무엇인지 알고 싶어서 절실하고도 강렬한 '호기심'을 느낀다면? 축하한다! 당신은 벌써 양극화로부터 면역을 획득했다.

호기심은 문제의 끈질긴 패턴을 무너트린다. 구체적으로 말하자면 카한이 파악한 것은 "과학적 호기심"이었다. 이는 과학적 지식과 다르다. 물론 두 자질은 연관되어 있다. 그러나 호기심은 많지만 과학을 (아직) 잘 모르는 사람이 있고, 많이 배웠지만 더 배우려는 열의가 없는 사람도 있다.

과학적 호기심이 많은 공화당원은 이 분극화된 사안들에서 민주당원과 큰 시각차를 보이지 않는다. 오히려 그들은 약간 더 밀접한 시각을 보인다. 다만 이 효과를 과장하지 않는 것이 중요하다. 호기심 많은 공화당원과 민주당원은 여전히 기후변화 같은 사안에 대해 이견을 보인다. 그러나 호기심이 많을수록 해당 사안에 대해 증거 기반 관점으로 더 수렴한다. 달리 말하자면 호기심이 많을수록 종족주의가 덜 중요하게 보이는 것이다(과학적 호기심과 정치적 소속 사이에는 거의 연관성이 없다. 다행스럽게도 정치적 스펙트럼 전반에 걸쳐 호기심을 가진 사람들이 많다).

이 발견은 카한을 놀라게 했지만, 타당성이 있다. 앞서 살폈듯이 우리의 생각을 바꾸지 못하게 만드는 끈질긴 방어책 중 하나는 우리가 달갑지 않은 정보를 거르거나 무시하는 데 뛰어나다는 것이다. 그러나 호기심 많은 사람은 뜻밖의 발견을 즐기고, 예상치 못한 것을 추구한다. 그들은 놀라운 뉴스를 걸러내지 않는다. 너무나 흥미롭기 때문이다.

카한의 연구팀은 단순한 질문들을 통해 과학적 호기심이 많은 사람을 파악했다. 이 질문들은 호기심을 측정한다는 사실을 모르도록 마케팅과 관련된 설문에 포함되어 있었다. 가령 한 질문은 "과학 도서를 얼마나 자주 읽으십니까?"였다. 또한 과학적 호기심이 많은 사람은 농구 경기나 연예계 소식을 다루는 프로그램보다 우주여행이나 펭귄에 대한 다큐멘터리를 시청하는 데 더 관심이 있다. 그들은 이런 설문에 다르게 답변했을 뿐 아니라 실험실에서도 다른 선택을 했다. 한 실험에서 참가자들은 기후변화를 다룬 다양한 헤드라인을 보고 "가장 흥미로운" 기사를 골라달라는 요청을 받았다. 제시된 헤드라인은 네 개였다. 그중 두 개는 기후변화 회의론을 담았고, 다른 두 개는 그렇지 않았다. 또한 두 개는 놀라운 내용을 담고 있었지만 다른 두 개는 그렇지 않았다.

1. "과학자들은 여전히 지구온난화가 실제로 지난 10년 동안 느려졌다는 증거를 더 많이 찾고 있다"(회의적, 놀랍지 않음)

2. "과학자들이 놀라운 사실을 밝혔다: 북극의 얼음이 예상보다 빠르게 녹고 있다"(놀라움, 회의적이지 않음)

3. "과학자들이 놀라운 증거를 제시했다: 남극에서 얼음이 증가하고 있으며, 현재 해수면 상승에 기여하지 않고 있다"(회의적이고 놀라움)

4. "과학자들은 지구온난화와 이상기후를 연관 짓는 더 많은 증거를 찾아내고 있다"(놀랍지도 회의적이지도 않음)

대개 우리는 사람들이 자신의 선입견에 영합하는 기사를 선택할 것이라고 예상한다. 즉, 민주당원은 지구온난화를 진지하게 대하는 헤드라인을 선호할 것이다. 반면 공화당원은 회의적인 어조를 지닌 헤드라인을 선호할 것이다. 그러나 공화당원이든, 민주당원이든 과학적 호기심이 많은 사람은 달랐다. 그들은 놀랍고 신선하게 보이지만 기꺼이 선입견에 반하는 기사를 골랐다. 이렇게 실제로 새로운 기사를 읽는 사람은 언제나 뭔가를 배울 가능성이 있다.

놀라운 통계적 주장은 우리의 기존 세계관에 도전한다. 그래서 감정적 반응, 심지어 두려움을 촉발하기도 한다. 신경과학 부문의 연구 결과에 따르면 우리의 뇌는 생명을 위협하는 야생동물과 마찬가지로 선입견을 위협하는 팩트에 불안하게 반응한다.[6] 그러나 호기심 많은 사람의 경우에는 놀라운 주장이 반드시 불안을 촉발하는 것은 아니다. 그보다는 풀어야 할 흥미로운 수수께끼나 퍼즐로 인식한다.

지식의 깊이에 대한 착각

이 시점에서 호기심 많은 사람이라면 몇 가지 의문이 생길 것이다. 적어도 나는 댄 카한을 만난다면 당장 물어보고 싶은 것이 있다. 그것은 "호기심을 키울 수 있는가?"이다. 우리는 더 많은 호기심을 가질 수 있을까? 그리고 다른 사람에게 호기심을 불어넣을 수 있을까?

그 답이 "그렇다"라고 할 만한 여러 이유가 있다. 카한의 척도에 따르면 갖고 있는 호기심의 정도에 점진적인 변화가 가능하다는 것이다. 과학적 호기심을 측정한 결과, 스펙트럼의 한쪽 끝에 완강하게 호기심을 보이지 않는 사람들이 몰려 있고 다른 쪽 끝에는 엄청나게 호기심 많은 사람이 몰려 있어서 중간에 큰 공백이 있는 게 아니었다. 호기심의 정도는 지속적인 종형 곡선을 따랐다. 즉, 대다수 사람은 약간 호기심이 적거나 많았다. 물론 이 점이 호기심을 키울 수 있음을 증명하는 것은 아니다. 어쩌면 이 종형 곡선은 강철로 주조되었을지도 모른다. 그래도 사람들을 호기심이 많은 방향으로 약간 더 유도할 수도 있다는 희망을 보여준다. 급격한 도약은 필요하지 않다.

두 번째 이유는 호기심이 종종 상황에 좌우된다는 것이다. 호기심은 올바른 장소에서, 올바른 때가 되면 우리 모두에게 생겨난다.* 사실 개인

---

* 물론 여러 분탕 종자, 포퓰리스트, 분노 유발자 그리고 직업적인 논쟁꾼은 호기심을 억누르고 선입견을 강화하는 방식으로 논쟁을 이끌 것이다. 그러나 호기심 많고 열린 마음을 지닌 사람들도 논쟁을 촉발할 수 있으니 위의 부류와 상반된 방식을 취하는 게 현명하다.

의 과학적 호기심이 오랫동안 유지되었다는 카한의 발견은 일부 심리학 자들을 놀라게 했다. 그들은 나름의 근거로 호기심 많은 사람은 없다고 믿었다. 즉, 호기심을 촉발하는 상황만 있을 뿐이었다. 그러나 실제로 호기심이 많거나 적은 성향은 분명 존재하는 것으로 보인다. 이 점은 맥락에 따라 호기심이 강화되거나 저하된다는 사실을 바꾸는 것은 아니다. 우리는 모두 다른 때에, 다른 것에 대해 호기심을 가지거나 갖지 않는 성향을 지니고 있다.

호기심을 촉발하는 한 가지 요소가 있다. 바로 지식 세계에는 계속해서 채워나가야 하는 빈 공간이 있다는 점을 인정하는 자세이다. 행동경제학자인 조지 로웬스타인George Loewenstein은 이 사실을 소위 호기심에 대한 '정보 간극' 이론으로 정립했다. 그의 설명에 따르면 호기심은 "우리가 아는 것과 알고 싶은 것"의 사이에 빈틈이 있을 때 빛을 발하기 시작한다. 호기심에는 절호의 시기가 있다. 우리는 아무것도 모를 때 어떤 의문도 갖지 않는다. 반면 모든 것을 알 때도 어떤 의문도 갖지 않는다. 호기심은 우리가 모른다는 사실을 알 때 촉발된다.[7]

안타깝게도 우리는 모른다는 사실에 대해 생각하지 않는 경우가 너무 많다. 심리학자인 레오니드 로젠블릿Leonid Rozenblit과 프랭크 케일Frank Keil은 우리가 얼마나 호기심이 부족한지 말해주는 작고 훌륭한 실험을 실행했다. 그들은 피실험자들에게 간단한 과제를 부여했다. 바로 변기, 지퍼, 자전거 같은 일상적인 물건들의 목록을 훑어보고 각 물건에 대한 이해도를 1에서 7까지 점수로 나타내는 것이었다.[8]

그들은 피실험자들이 점수를 매긴 후 부드러우면서도 통렬한 습격에 나설 참이었다. 그 방식은 피실험자들에게 내용을 자세히 설명해달라고 요청하는 것이었다. 그들은 펜과 종이를 주고 최대한 자세히 그 물건에 대한 설명을 적어달라고 요청했다. 물론 도해까지 포함해서 말이다.

이 과제는 피실험자들이 생각하는 것만큼 쉽지 않은 것으로 드러났다. 그들은 머뭇거리면서 일상적인 물건의 세부적인 작동원리를 설명하는 데 애를 먹었다. 그들은 이런 세부 내용이 쉽게 머릿속에 떠오를 줄 알았지만 그렇지 않았다. 칭찬할 점은 대다수 피실험자가 자기 자신에게 거짓말을 하고 있었음을 깨달았다는 것이다. 그들은 지퍼와 변기를 이해하고 있다고 생각했다. 그러나 그 내용을 자세히 설명해달라는 요청을 받자 사실은 전혀 이해하지 못했다는 것을 깨달았다. 그들은 이전에 매긴 점수를 다시 검토해달라는 요청을 받았을 때 점수를 낮췄다. 즉, 자신의 지식이 생각보다 얕다는 사실을 인정한 것이다.

로젠블릿과 케일은 이를 '지식의 깊이에 대한 착각the illusion of explanatory depth'이라 불렀다. 이 착각은 호기심을 죽이는 원흉이자 함정이다. 이미 안다고 생각하는 것에 대해 더 깊이 파고들 이유가 있을까? 질문을 던질 필요가 있을까? 사람들이 이전에 가졌던 자신감을 버리게 만드는 일이 너무나 쉽다는 점은 놀랍다. 그저 지식의 간극을 되돌아보도록 유도하기만 하면 된다. 로웬스타인이 주장한 대로 지식의 간극은 호기심을 촉발한다.

이 문제에는 지퍼보다 중요한 대상도 관련되어 있다.《지식의 착각The

Knowledge Illusion》을 쓴 필립 페른백 Philip Fernbach과 스티븐 슬로먼 Steven Sloman 이 이끈 연구팀은 앞선 실험을 응용했다. 그들은 피실험자들에게 탄소배 출권 거래제나 단일 세율 또는 이란에 대한 일방적 제재 같은 정책에 대한 질문을 던졌다. 중요한 점은 해당 정책을 지지하거나 반대하는 이유를 묻지 않았다는 점이다. 이런 질문이 사람들을 방어적으로 만든다는 충분한 증거가 나왔기 때문이다. 대신 페른백과 동료들은 그저 앞선 실험과 같이 단순한 요청을 했다. 바로 이해도를 1점에서 7점까지 점수로 나타내달라는 것이었다. 뒤이어 역시 똑같이 통렬한 후속 조치가 이뤄졌다. 그들은 피실험자들에게 그 내용을 자세히 설명해달라고, 가령 일방적 제재나 단일 세율이 정확히 어떻게 작동하는지 말해달라고 요청했다. 그러자 똑같은 일이 일어났다. 피실험자들은 해당 정책을 기본적으로 잘 안다고 말했다. 그러나 내용을 설명해달라는 요청을 받자 착각에서 깨어났다. 그들은 어쩌면 자신이 모를 수도 있다는 사실을 깨달았다.[9]

가장 놀라운 점은 이 착각이 약화되자 정치적 양극화도 함께 약화되기 시작했다는 것이다. 본능적으로 정치적 반대파를 사악하게 묘사했을 사람들, 자기 생각을 방어하기 위해 방벽을 세웠을 사람들도 애초에 자신이 열정적으로 지지한 대상을 완벽히 이해하지 못했다는 것을 인정하게 만들면 덜 강경하게 바뀌는 경향을 보였다. 이 실험은 말뿐만 아니라 행동에도 영향을 미쳤다. 연구자들은 사람들이 과거 선호하던 입장을 지지하는 로비 단체나 다른 조직에 기부를 덜하게 되었다는 사실을 발견했다.[10]

이는 실로 멋진 발견이다. 너무나 많은 사람이 극단적인 시각을 확고하게 고수하는 세상에서 그들에게 자세한 설명을 요구하는 일만으로도 과신을 줄이고 과격한 정치적 태도를 완화할 수 있다. 앞으로 정치적으로 과열된 논쟁에 휘말리면 상대에게 정당화를 요구하는 대신 그저 해당 정책을 설명해달라고 요청해보라. 가령 상대는 보편적 기본소득이나 단일 세율, 이민 점수제, 또는 '전 국민 의료보험'을 소개하고 싶을 수 있다. 좋다. 흥미로운 주제다. 그렇다면 이 주제는 정확히 무엇을 의미하는가? 아마 상대는 그 내용을 설명하려고 애쓰는 과정에서 뭔가를 배울지 모른다. 당신도 마찬가지일지 모른다. 그리고 당신과 상대는 모두 생각보다 자신이 아는 게 약간 적다는 사실을 깨닫고, 서로에게 전보다 약간 더 동의할지 모른다.

팩트 체크는 팩트만큼 중요하다

변기의 작동방식을 파악하거나, 탄소배출권 거래제를 이해하는 일은 약간의 노력을 요구한다. 이 노력을 촉진하는 한 가지 방법은 자신감 넘치는 대답에 대해 1점에서 7점까지 점수를 매기도록 악의 없이 요청하는 것이다. 이보다 친절한 또 다른 방법은 상대가 관심을 갖게 하는 것이다. 오손 웰스가 말한 대로 사람들은 일단 관심이 있으면 세상 무엇이든 이해할 수 있다.

사람들의 관심을 끄는 방법은 새로운 문제도 아니고, 다루기 어려운 문제도 아니다. 소설가, 극작가, 코미디언은 아주 오래전부터 그 방법을 파악했다. 그들은 우리가 수수께끼를 좋아하고, 공감 가는 등장인물에 끌리고, 좋은 이야기의 구조를 즐기며, 우리를 웃게 만드는 것이라면 무엇이든 계속 눈길을 줄 것임을 안다. 또한 과학적 증거도 오손 웰스의 말이 절대적으로 옳다는 것을 증명한다. 가령 사람들에게 이야기가 있는 글과 없는 글을 읽게 한 실험에서 이야기가 있는 글을 읽는 속도가 두 배나 빠르고, 나중에 정보를 상기하는 양도 두 배라는 사실이 밝혀졌다.[11]

유머의 경우 코미디언 스티븐 콜베어Stephen Colbert의 '국민윤리 교육'을 예로 들어보자. 콜베어는 〈레이트 쇼The Late Show〉를 진행하기 전에 허풍쟁이 우파 정치논평 캐릭터로 〈콜베어 리포트The Colbert Report〉를 진행했다.* 2011년 3월에 콜베어는 미국 정치판에서 돈의 역할을 탐구하는 장기 코너를 시작했다. 그는 대선 자금을 마련하기 위해 정치활동위원회Political Action Committee(팩PAC)를 조직해야겠다고 판단했다. 그리고 방송에서 어떤 친절한 전문가에게 "팩이 필요한 건 분명한데 그게 무슨 일을 하는지는 모르겠어요"라고 말했다.

이후 몇 주에 걸쳐 콜베어는 팩뿐 아니라 슈퍼팩, 501(c)(4)(미 세금법에서 사회복지기구에 관한 면세 조항 – 옮긴이)에 관한 설명을 들었다. 가령

---

* 나는 〈콜베어 리포트〉에 출연한 적이 있다. 스티븐은 정중한 진행자였다. 그는 대기실에서 본연의 모습으로 내게 프로그램의 기조를 설명해주었다. "제가 어떤 캐릭터를 연기할 텐데 그 캐릭터는 멍청이에요"라고 말이다. 그러다가 나중에 캐릭터에 몰입한 그는 내게 "하포드! 당신을 박살 낼 거야!"라고 외쳤다.

이 조직을 통해 어떤 한도까지, 어떤 투명성 요건에 따라 기부금을 모을 수 있는지 그리고 어디에 그 돈을 쓸 수 있는지 등에 대한 내용이었다. 그는 모금 방식을 적절히 혼합하면 거의 무제한으로 돈을 모아서 거의 아무런 명세도 공개하지 않은 채, 거의 모든 용도로 쓸 수 있다는 사실을 알게 되었다. 그는 "분명 (c)(4)는 유례없고, 책임성 없으며, 추적 불가능한 자금의 해일을 일으켰습니다. 이 자금은 차기 선거의 모든 국면을 오염시킬 겁니다. 그걸 이용하지 않는 내가 바보 같아요"라고 말했다.

콜베어는 나중에 세무당국에 통보하지 않고 모금 조직을 해체하여 자금만 취하는 방법을 배웠다. 그는 이 주제를 거듭 언급하면서 (캐릭터에 충실하게) 선거법을 악용하는 방법에 관한 조언을 요구했다. 그 과정에서 그는 뉴스 보도로 바랄 수 있는 수준보다 훨씬 더 깊이 선거 자금 문제를 파고들었다.

이 모든 것이 실제로 해당 사안에 대한 시청자의 지식을 늘렸을까? 그런 것으로 보인다. 댄 카한과 함께 과학적 호기심을 연구했던 캐슬린 홀 제이미슨Kathleen Hall Jamieson을 포함한 연구팀은 콜베어의 스토리라인을 활용하여 사람들이 웃음과 함께 얼마나 많은 것을 배우는지 살폈다. 그들은 〈콜베어 리포트〉 시청이 슈퍼팩과 501(c)(4) 단체에 대한 지식, 그리고 선거 기간에 정치인들이 합법적으로 어떤 일을 할 수 있는지 알게 되었다. 신문을 읽거나 라디오 대담을 듣는 것도 도움이 되었다. 그러나 〈콜베어 리포트〉의 효과가 훨씬 컸다. 가령 〈콜베어 리포트〉를 일주일에 하루만 시청해도 선거 자금에 대해 신문을 일주일에 나흘 동안 읽거나,

5년 더 학교에 다니는 것만큼 많은 것을 배울 수 있었다.

물론 이는 인과성이 아니라 상관성에 대한 척도다. 슈퍼팩에 이미 관심을 가진 사람들이 그것에 대한 농담을 듣기 위해 콜베어의 프로그램을 시청했을 가능성도 있다. 또는 정치 중독자들은 슈퍼팩에 대해 이미 알고 있고, 콜베어의 프로그램을 즐겨 시청하는 것일지도 모른다. 그러나 나는 그의 프로그램이 실제로 이해를 증진했으리라 생각한다. 콜베어는 정말로 깊이 세부적인 면을 파고들기 때문이다. 또한 그는 웃기기 때문에 수많은 시청자가 그에게 계속 눈길을 주었다.[12]

이 기술을 활용하기 위해 미국에서 가장 많이 사랑받는 코미디언 중 한 명이 될 필요는 없다. 미국공영라디오의 팟캐스트인 〈플래닛 머니Planet Money〉는 수천 장의 티셔츠를 디자인하고, 제조하고, 수입하여 세계 경제의 세부적인 측면을 조명한 적이 있다. 이 프로젝트는 길게 이어지는 스토리라인을 만들어냈다. 거기에는 목화 재배와 방직 자동화의 역할, 아프리카의 지역사회가 미국에서 기증한 티셔츠로 새로운 패션을 창조하는 방식, 운송산업의 운영방식에 대한 이야기가 포함되어 있다. 또한 방글라데시에서 제조된 남성용 셔츠의 관세는 16.5퍼센트인데 콜롬비아에서 제조된 여성용 셔츠는 관세가 면제된다는 이상한 세부 내용도 포함되었다.[13]

이런 사례들은 커뮤니케이션을 위한 모범이 되어야 한다. 그 이유는 바로 호기심을 자극하기 때문이다. "돈이 어떻게 정치에 영향을 미칠까?"는 그다지 흥미로운 질문이 아니다. 하지만 "내가 대선에 나간다면 어떻게 해야 별다른 조건과 감시 없이 많은 돈을 모을 수 있을까?"는 훨씬 흥미롭다.

생각을 전달하는 일을 하는 우리 같은 사람들은 팩트 체크와 통계적 대결을 넘어서야 한다. 팩트는 소중하며, 팩트 체크도 마찬가지다. 그러나 정말로 사람들이 복잡한 사안을 이해하도록 돕고 싶다면 호기심을 끌어내야 한다.*

나는 BBC의 〈모어 오어 레스〉 제작진과 함께 일하는 과정에서 이 사실을 확인했다. 이 프로그램은 종종 '속설 분쇄기'라는 애칭으로 불린다. 그러나 나는 일련의 오류를 까발릴 때보다 통계를 활용하여 진실을 조명할 때 우리가 가장 일을 잘하고 있다고 생각한다. 우리는 믿을 만한 수치의 도움을 받아 세상을 탐구하면서 사람들을 동참시키려 애쓴다. 틀린 것은 흥미롭다. 그러나 팩트보다 흥미롭지는 않다.

'○○하고 싶은 욕구'에 불을 질러라

내 동포인 영국인들이 유럽연합을 이탈하기로 결정한 2016년 국민투표 이후로 경제학 종사자들은 매우 진지한 성찰을 시도했다. 대다수 기술

---

* 사람들은 호기심을 가질 때 비로소 배운다. 사람들은 호기심이 생기지 않으면 아무것도 배우지 않는다. 어떻게든 호기심이 되살아날 때까지는 말이다. 이전에 소개한 일화에서 불평등이 심화한 이유를 살피는 프로그램을 만들면서도 실제로 그런지 확인하려는 호기심이 없었던 BBC 제작진을 떠올려보라.

전문가들은 유럽연합을 떠나는 것이 나쁜 생각이라고 판단했다. 우선 큰 비용이 들고 절차가 복잡하다. 이에 더해 유럽연합 탈퇴주의자들이 약속한 혜택 가운데 많은 것들은 비현실적이며 눈앞의 문제를 해결하는 데 도움이 되지 않을 게 분명했다. 그러나 한 악명 높은 논평가가 말한 대로 "이 나라 사람들은 전문가들 말이라면 이미 충분히 들었다"고 할 수도 있다.* 브렉시트 문제에 관한 전문가들의 의견을 신경 쓰는 사람은 거의 없는 것 같았다. 경제학자들은 (내 생각에는 칭찬할 만한 일로서) 무엇을 잘 못했는지, 앞으로 더 잘할 수 있을지 알고 싶어 했다.

이후 "경제학자의 일과 대중"을 주제로 열린 한 학회에서 영국 경제학계의 주요 인사들은 이 문제를 고민하며 해결책을 논의했다.[14] 한 분석에 따르면 우리는 트위터에서 수다를 더 많이 떨고 접근성을 높여야 했다. 또한 연설자들은 전문용어를 쓰지 말고 분명하게 생각을 표현해야 한다고 제안했다. 이는 타당한 지적이었다.

다만 나의 관점은 조금 달랐다. 나는 우리가 정치적으로 양극화된 환경에서 활동하고 있다고 주장했다. 이런 환경에서 우리가 제시하는 거의 모든 의견은 당파성에 따라 격렬한 반론에 부딪힐 수밖에 없었다. 경제학자들은 불평등, 과세, 공공지출, 기후변화, 교역, 이민 그리고 당연히 브렉시트 같은 논쟁적인 사안을 다룬다. 이처럼 과열된 환경에서 천천

---

* 브렉시트 지지 운동가인 마이클 고브Michael Gove가 한 말이다. 그가 말하는 경제 전문가란 구체적으로 국제통화기금 같은 국제기구에 있는 전문가들이었다. 어쨌든 고브의 이 발언은 독자적인 생명을 얻었다.

히, 분명하게 말하는 것은 한계가 있다. 복잡한 생각을 전달하려면 사람들의 호기심을 촉발하고, 심지어 경이감을 불어넣어야 한다. 스티븐 호킹Stephen Hawking과 데이비드 애튼버러David Attenborough 같이 뛰어난 '과학 커뮤니케이터'는 소소하고 분명한 말로 사람들의 마음을 산 게 아니었다. 그들은 우리의 호기심에 불을 지펴서 더 배우고 싶은 욕구에 휩싸이게 했다. 우리 경제학자들도 사람들에게 경제학을 알리고 싶다면 먼저 관심을 기울이게 해야 한다.

이 사실은 과학자·사회과학자·역사학자·통계학자 또는 복잡한 생각을 전해야 하는 모든 사람에게도 똑같이 해당된다. 주제가 블랙홀의 진화든, '블랙 라이브스 매터Black Lives Matter' 운동의 부상이든, 예지의 가능성이든, 사전 등록의 필요성이든, 디테일이 중요하다. 올바른 방식으로 제시된 디테일은 언제나 우리에게 흥미를 안길 수 있다.

더 질 높은 삶의 원동력

나는 '너드 커뮤니케이터' 동지들에게 경이감을 일깨우라고 말한다. 스토리텔링, 캐릭터, 서스펜스, 유머라는 검증된 수단을 활용하여 호기심의 불꽃을 틔우고 연료를 넣으라고 말한다. 그러나 저널리스트와 과학자 그리고 복잡한 생각을 전하는 다른 커뮤니케이터들에게 너무 의존하지는 말도록 하자. 우리는 우리 자신의 호기심을 책임져야 한다. 속담처럼

"따분한 사람만 따분해한다." 세상은 우리가 적극적인 관심을 가지면 훨씬 흥미로운 곳이 된다.

"권태감의 치료제는 호기심이다", "호기심에는 치료제가 없다."[15]라는 오랜 속담이 있다. 바로 그렇다. 사태의 이면을 들여다보고, 지식의 빈틈을 깨닫고, 모든 질문을 더 나은 질문을 향한 길로 삼기 시작하면 호기심은 습관이 된다.

때로 우리는 대럴 허프처럼 생각할 필요가 있다. 살다 보면 못되고 회의적인 시선으로 "이 거짓말쟁이 녀석이 무슨 속셈으로 사기를 치려는 거야?" 하고 물어야 할 때가 있다.[16] "안 믿을 거야"라는 태도는 가끔 놀라운 통계적 주장을 접했을 경우에 올바른 출발점이 된다. 그러나 출발선부터 결승점까지 내내 같은 태도를 유지하는 것은 게으르고 비관적이다.

나는 당신이 거기서 끝내지 않기를 바란다. "더 말해줘"라며 새로움을 찾는 호기심을 갖기를 희망한다. 더불어 오스틴 브래드 힐과 리처드 돌이 폐암으로 많은 사람이 죽는 이유가 무엇인지, 그것이 담배 때문은 아닌지 따지게 만든 끈질긴 호기심을 견지하기를 원한다. 당신이 그럴 마음을 먹도록 내가 제대로 설득했기를 바란다.

세상을 이해하고 싶다면 열린 자세로 진정 중요한 질문을 던져야 한다. 그렇게 시작된 호기심은 이윽고 멈추기 어려울 만큼 당신을 즐겁게 할 것이다.

감사의 글

니콜라 메이릭Nicola Meyrick이 갑자기 내게 이메일을 보내서 '라디오4'의 통계 관련 프로그램을 진행할 의향이 있냐고 물은 지 거의 15년이 지났다. 그 이후로 나는 〈모어 오어 레스〉 패밀리의 일원이 되었다. 그것은 기쁨이자 특혜였다. 《슈퍼 팩트》는 그동안 내가 배운 모든 것을 반영한다. 그러니 니콜라는 이 모든 것을 시작한 공로자로 인정받을 자격이 있다.

〈모어 오어 레스〉를 위해 조사·제작·취재·믹싱을 해준 BBC의 모든 방송 관계자에게 감사하다는 말을 전한다. 그들은 내가 진행을 잘하도록 힘껏 도움을 주었다. 어림짐작으로는 그동안 약 100명이 제작팀에 속했던 것 같다. 특히 리처드 펜튼스미스Richard Fenton-Smith와 리지 맥닐Lizzy McNeill은 법칙3에서 소개한 미숙아 출산 및 총기 폭력에 관한 이야기를 조사해 주었다. 오랫동안 고통받아온 편집자 리처드 베이든Richard Vadon에게도 감사하다. 그리고 뛰어난 프로듀서 루스 알렉산더Ruth Alexander, 이네스 보언Innes Bowen, 리처드 나이트Richard Knight, 케이트 램블Kate Lamble, 샬럿 맥도날드Charlotte McDonald와 함께 일한 것은 내게 커다란 행운이었다. 마이클 블래스틀랜드와 〈모어 오어 레스〉를 기획한 앤드루 딜노트는 내가 조언을 구할 때 대단히 관대하게 도움을 주었다. 이후로도 이들은 한결같았다.

헤탄 샤_{Hetan Shah}의 리더십 아래 왕립통계학회의 모든 회원은 내가 모든 면에서 명예통계학자가 된 것처럼 느끼도록 해주었다. 학회의 모든 이에게 감사하다. 특히 두 명의 통계 구루인 데니스 리브슬리와 데이비드 스피겔할터는 이 책을 구상할 때 매우 큰 도움을 주었다.

데이비드 보다니스_{David Bodanis}, 폴 클렘퍼러_{Paul Klemperer}, 빌 라이_{Bill Leigh}는 전체 원고를 읽고 더없이 소중한 논평을 해주었다. 실로 이타적인 행위였다. 브루노 쥬사니_{Bruno Giussani}는 초고에서 중대한 오류를 찾아주었다. 푸시킨 인더스트리_{Pushkin Industries}의 줄리아 바턴_{Julia Barton}, 라이언 딜리_{Ryan Dilley}, 미아 로벨_{Mia Lobel}, 제이콥 와이스버그_{Jacob Weisberg}는 즐겁게 같이 일할 수 있는 사람들이었다. 또한 팟캐스트 원고에 대한 그들의 논평은 법칙10의 내용을 훨씬 유익하게 만들어주었다. 앤드루 라이트_{Andrew Wright}의 세밀하고 통찰력 있는 편집은 이전에도 그랬던 것처럼 책의 질을 크게 개선해주었다. 그는 스타이자 진정한 친구이다.

인터뷰나 이메일 또는 글을 통해 자료를 제공해준 모든 학자와 작가에게 감사드린다. 특히 안자나 아후자, 마이클 블래스틀랜드, 알베르토 카이로, 앤디 코트그리브, 케이트 크로퍼드, 켄 쿠키어, 앤드루 딜노트, 앤 엠버튼, 바루크 피쇼프, 월터 프리드먼, 해나 프라이, 카이저 펑, 댄 가드너, 앤드루 겔먼, 벤 골드에이커, 레베카 골딘, 데이비드 핸드, 댄 카한, 대니얼 카너먼, 아일린 마그넬로, 빅토르 메이어-쇤베르거, 린 맥도날드, 데이비드 맥레이니, 바버라 멜러스, 에롤 모리스, 윌 모이, 테리 머리, 실비아 나사르, 케이시 오닐, 오노라 오닐, 캐롤라인 크리아도 페리스, 로버트 프록터, 제이슨 라이플러, 알렉스 라인하르트, 안나 로슬링 뢴룬드, 맥스 로저, 한스 로슬링, 벤자민 샤이베헤네, 저넬 셰인, 휴 스몰, 루시 스미스, 필립 테틀록, 에드워드 터프트, 패트릭 울프, 데이비드 우튼, 프랭크 윈, 에드 영, 제이슨 즈바이그에게 감사하는 마음을 전하고 싶다.

'리틀, 브라운 북그룹 Little, Brown'에서는 팀 위팅 Tim Whiting과 니트야 래 Nithya Rae가 코로나 바이러스와 관련된 내용을 길게 고치는 동안 본받을 만한 인내심을 보여주었다. 댄 발라도 Dan Balado와 홀리 할리 Holly Harley는 미국 리버헤드 북스 Riverhead Books의 편집자인 제이크 모리세이 Jake Morrissey와 마찬가지로 값진 편집 작업을 해주었다. 물론 펠리시티 브라이언 어소시에이츠 Felicity Bryan Associates의 흠잡을 데 없이 탁월한 샐리 홀러웨이 Sally Holloway, 조 파그나멘타 Zoe Pagnamenta 그리고 다른 모든 이에게 고맙다는 인사를 하고 싶다.

《파이낸셜 타임스》편집자들의 지원과 관용은 언제나 존중받아야 한다. 특히 앨리스 피시번 Alice Fishburn, 브룩 매스터스 Brooke Masters, 알렉 러셀 Alec Russell에게 감사하다. 충성스러운 《파이낸셜 타임스》독자들은 이 책에 담긴 일부 내용이 기사에서 먼저 탐구되었음을 알 것이다. 나는 《파이낸셜 타임스》를 사랑하며, 그 일원이라는 사실이 무척 기쁘다.

나의 자녀 스텔라 Stella, 아프리카 Africa, 허비 Herbie에게는 늘 같은 모습으로 있어줘서 고맙다. 그리고 프랜 몽크스 Fran Monks에게는 감사하는 마음이 헤아릴 수 없다. 나는 이 고마움만으로도 책 한 권을 더 채울 수 있다.

참고문헌

프롤로그 데이터 사기꾼이 당신을 조종하는 방법들

1   Umberto Eco, *Serendipities: Language and Lunacy*, Hachette(2015).

2   Robert Matthews, 'Storks Deliver Babies(p=0.008)', *Teaching Statistics* 22(2), 2000. 6, 36-8, http://dx.doi.org/10.1111.1467-9639.00013.

3   Conrad Keating, *Smoking Kills, Signal Books*(2009), p. xv.

4   Science Museum, Sir Austin Bradford Hill, http://broughttolife.sciencemuseum.org.uk/broughttolife/people/austinhill; Peter Armitage, 'Obituary: Sir Austin Bradford Hill, 1897-1991', *Journal of the Royal Statistical Society*, Series A(Statistics in Society), 154(3), 482-4, www.jstor.org/stable/2983156.

5   Keating, *Smoking Kills*, pp. 85-90.

6   상동, p. 113.

7   John P. A. Ioannidis, 'A fiasco in the making?' *Stat*, 2020. 3. 17, https://www.statnews.com/2020/03/17/a-fiasco-in-the-making-as-the-coronavirus-pandemic-takes-hold-we-are-making-decisions-without-reliable-data/.

8   Demetri Sevastopulo, Hanna Kuchler, 'Donald Trump's chaotic coronavirus crisis', *Financial Times*, 2020. 3. 27, https://www.ft.com/content/80aa0b58-7010-11ea-9bca-bf503995cd6f.

9   'Taiwan says WHO failed to act on coronavirus transmission warning', Financial Times, 2020. 3. 20, https://www.ft.com/content/2a70a02a-644a-11ea-a6cd-df28cc3c6a68

10 David Card, 'Origins of the Unemployment Rate: The Lasting Legacy of Measurement without Theory', UC Berkeley, NBER working paper, 2011. 2, http://davidcard.berkeley.edu/papers/origins-of-unemployment.pdf.

11 Naomi Oreskes, Eric Conway, *Merchants of Doubt*, Bloomsbury(2010), 1장;

Robert Proctor, *Golden Holocaust*, University of California Press(2011).

12 Smoking and Health Proposal, Brown and Williamson internal memo, 1969, https://www.industrydocuments.ucsf.edu/tobacco/docs/#id=psdw0147.

13 Kari Edwards, Edward Smith, 'A Disconfirmation Bias in the Evalutation of Arguments', *Journal of Personality and Social Psychology*, 71(1), 1996, 5-24.

14 Oreskes, Conway, *Merchants of Doubt*.

15 Michael Lewis, 'Has Anyone Seen the President?', Bloomberg, 2018. 2. 9, https://www.bloomberg.com/opinion/articles/2018-02-09/has-anyone-seen-the-president.

16 Brendan Nyhan, 'Why Fears of Fake News Are Overhyped', *Medium*, 2019. 2. 4; Gillian Tett, 'The Kids Are Alright: The Truth About Fake News', *Financial Times*, 2019. 2. 6, https://www.ft.com/content/d8f43574-29a1-11e9-a5ab-ff8ef2b976c7?desktop=true&segmentId=7c8f09b9-9b61-4fbb-9430-9208a9e233c8

17 https://www.sciencemediacentre.org/expert-reaction-to-who-director-generals-comments-that-3-4-of-reported-covid-19-cases-have-died-globally/.

18 CQ Quartery: https://library.cqpress.com/cqalmanac/document.php?id=cqal65-1259268; Alex Reinhart, 'Huff and Puff', *Significance*, 11(4), 2014.

19 Andrew Gelman, 'Statistics for Cigarette Sellers', *Chance*, 25(3), 2012; Reinhart, 'Huff and Puff'.

20 《흡연 통계로 거짓말하는 법》은 담배산업 문서Tobacco Industry Documents 라이브러리에 저장되어 있다. 알렉스 라인하트Alex Reinhart는 해당 원고와 다양한 관련 문서를 다음 글에서 정리했다. Reinhart, 'The History of "How to Lie With Smoking Statistics"', https://www.refsmmat.com/articles/smoking-statistics.html.

21 Suzana Herculano-Houzel, 'What is so special about the human brain?', 2013년 테드TED 강연: https://www.ted.com/talks/suzana_herculano_houzel_what_is_so_special_about_the_human_brain/transcript?ga_source=embed&ga_medium=embed&ga_campaign=embedT.

22 https://thony.wordpress.com/2012/08/23/refusing-to-look/; https://www.wired.com/2008/10/how-the-telesco/; https://thekindlyones.org/2010/10/13/refusing-to-look-through-galileos-telescope/.

1 〈스타워즈: 에피소드 5〉로도 불림. 레이 브래킷Leigh Brackett과 로렌스 캐스단Lawrence Kasdan 극본.

2 판 메이헤런van Meegeren 사건에 대한 내용은 다음 자료에서 확인할 수 있다. John Godley, *The Master Forger*, Home and Van Thal(1951); *Van Meegeren: A Case History*, Nelson(1967); Noah Charney, *The Art of Forgery: The Minds, Motives, and Methods of Master Forgers*, Phaidon(2015); Frank Wynne, *I Was Vermeer*, Bloomsbury(2007); Edward Dolnick, *The Forgers′ Spell*, Harper Perennial(2009), BBC TV 프로그램, Fake or Fortune(1부, 3화, 2011); 〈뉴욕타임스〉 웹사이트에 연재되기 시작한 에롤 모리스Errol Morris의 ′Bamboozling Ourselves′라는 연작 블로그 포스트; Boijmans Meseum, *Van Meegeren′s Fake Vermeers*(2010), https://www.youtube.com/watch?v=NnnkuOz08GQ; 그리고 특히, Jonathan Lopez, *The Man Who Made Vermeers*, Houghton Mifflin(2009).

3 Ziva Kunda, ′Motivated Inference: Self-Serving Generation and Evaluation of Causal Theories′, *Journal of Personality and Social Psychology*, 53(4), 1987, 636-47.

4 Stephen Jay Gould, ′The median isn′t the message′, *Discover*, 1985. 6. 6, 40-2.

5 이 실험의 내용은 다음 자료에서 확인할 수 있다. NPR, ′The Hidden Brain′ 팟캐스트: *you 2.0: The Ostrich Effect*, 2018. 8. 6, https://www.npr.org/templates/transcript/transcript.php?storyId=636133086.

6 Nachum Sicherman, George Loewenstein, Duane J. Seppi, Stephen P. Utkus, ′Financial Attention′, *Review of Financial Studies*, 29(4), 2016. 4. 1, 863-97, https://doi.org/10.1093/rfs/hhv073.

7 ′Viral post about someone′s uncle′s coronavirus advice is not all it′s cracked up to be′, *Full Fact*, 2020. 3. 5, https://fullfact.org/online/coronavirus-claims-symptoms-viral/.

8 Guy Mayraz, ′Wishful Thinking′, 2011. 10. 25, http://dx.doi.org/10.2139/ssrn.1955644.

9 Linda Babcock, George Loewenstein, ′Explaining Bargaining Impasse: The Role of Self-Serving Biases′, *Journal of Economic Perspective*, 11(1), 1997, 109-26, https://pubs.aeaweb.org/doi/pdfplus/10.1257/jep.11.1.109.

10 다음 자료에 이 내용이 잘 정리되어 있다. Dan Kahan, 블로그 포스트, *What is Moti-vated Reasoning? How Does It Work?*, http://blogs.discovermagazine.com/dan-kahan-answers/#.WN5zJ_nyuUm. 다음 자료도 뛰어난 연구 내용을 담고 있다. Ziva Kunda, 'The case for motivated reasoning', *Psychological Bulletin*, 108(3), 1990, 480-98, http://dx.doi.org/10.1037/0033-2909.108.3.480.

11 S. C. Kalichman, L. Eaton, C. Cherry, "There is no proof that HIV causes AIDS": AIDS denialism beliefs among people living with HIV/AIDS', *Journal of Be-havioral Medicine*, 33(6), 2010, 432-40, https://doi.org/10.1007/s10865-010-9275-7; A. B. Hutchinson, E. B. Begley, P. Sullivan, H. A. Clark, B. C. Boyett, S. E. Kellerman, 'Conspiracy beliefs and trust in information about HIV/AIDS among minority men who have sex with men', *Journal of Acquired Immune Deficiency Syndrome*, 45(5), 15, 2007. 8, 603-5.

12 Tim Harford, 'Why it's too tempting to believe the Oxford study', *Financial Times*, 2020. 3. 27, https://www.ft.com/content/14df8908-6f47-11ea-9bca-bf503995cd6f.

13 Keith E. Stanovich, Richard F. West, Maggie E. Toplak, 'Myside Bias, Rational Thinking, and Intelligence', *Current Directions in Psychological Science* 22(4), 2013. 8, 259-64, https://doi.org/10.1177/0963721413480174.

14 Charles S. Taber, Milton Lodge, 'Motivated Skepticism in the Evaluation of Political Beliefs', *American Journal of Political Science*, 50(3), 2006. 7, 755-69, http://www.jstor.org/stable/3694247.

15 Kevin Quealy, 'The More Education Republicans Have, the Less They Tend to Believe in Climate Change', *New York Times*, 2017. 11. 14, https://www.ny-times.com/interactive/2017/11/14/upshot/climate-chage-by-education.html.

16 Caitlin Drummond, Baruch Fischhoff, 'Individuals with greater science literacy and education have more polarized beliefs on controversial science topics', *PNAS*, 2017. 8. 21, http://www.pnas.org/content/ear-ly/2017/08/15/1704882114.

17 Charles Lord, L. Ross, M. R. Lepper, 'Biased assimilation and attitude polariza-tion: The effects of prior theories on subsequently considered evidence', *Jour-nal of Personality and Social Psychology*, 37(11), 1979, 2098-2109.

18 Nicholas Epley, Thomas Gilovich, 'The Mechanics of Motivated Reasoning',

Journal of Economic Perspectives, 30(3), 2016, 133-40, https://pubs.aeaweb.org/doi/pdfplus/10.1257/jep.30.3.133.

19 Ari LeVaux, 'Climate change threaten Montana's barley farmers- and possibly your beer', *Food and Environment Research Network*, 2017. 12. 13, https://thefern.org/2017/12/climate-change-threatens-montanas-barley-farmers-possibly-beer/.

20 저자가 크리스 드 메이어와 2018년 10월 27일에 나눈 서신에서 발췌.

21 Gordon Pennycook, Ziv Epstein, Mohsen Mosleh, Antonio A. Arechar, Dean Eckles, David G. Rand, 'Understanding and Reducing the Spread of Misinformation Online', PsyArXiv, 2019. 11. 13, https://doi.org/10.31234/osf.io/3n9u8; Oliver Burkeman, 'How to stop the spread of fake news? Pause for a moment', *Guardian*, 2020. 2. 7, https://www.theguardain.com/lifeandstyle.2020/feb/07/how-to-stop-spread-of-fake-news-oliver-burkeman.

22 G. Pennycook, D. G. Rand, 'Lazy, not biased: Susceptibility to partisan fake news is better explained by lack of reasoning than by motivated reasoning', *Cognition*, 2018, https://doi.org/10.1016/j.cognition.2018.06.011.

23 Shane Frederick, 'Cognitive Reflection and Decision Making', *Journal of Economic Perspectives*, 19(4), 2005, 25-42, https://doi.org/10.1257/089533005775196732.

24 Diane Wolf, *Beyond Anne Frank: Hidden Children and Postwar Families in Holland*, University of California Press(2007), 표 1, 인용 자료: Raul Hilberg, *The Destruction of the European Jews*(1985).

슈퍼 팩트 법칙 2 개인적인 경험을 의심하라

1 스티븐 코비Steven Covey와 가진 인터뷰에서 발췌, http://socialbusinesspedia.com/wiki/details/248.

2 Transport for London, Travel In London: Report 11, http://content.tfl.gov.uk/travel-in-london-report-11.pdf, 그림 10.8, p. 202.

3 이 수치는 정보 공개 요청을 통해 공개되었다. https://www.whatdotheyknow.com/request/journey_demand_and_service_suppl. 또한 다음 자료에도 잘 정리되어 있다.

https://www.ianvisits.co.uk/blog/2016/08/05/london-tube-train-capacities/.

4   Transport for London, *Travel In London: Report 4*, http://content.tfl.gov.uk/
travel-in-london-report-4.pdf, p. 5.

5   저자가 런던교통공사의 로렌 세이저 와인스타인Lauren Sager Weinstein, 데일 캠벨Dale Camp-
bell과 가진 인터뷰에서 발췌.

6   Ipsos MORI, *Perils of Perception 2017*, https://www.ipsos.com/ipsos-mori/
en-uk/perils-perception-2017.

7   '"No link between MMR and autism", major study finds', *NHS News*, 2019. 3.
5, 화요일, https://www.nhs.uk/news/medication/no-link-between-mmr-and-
autism-major-study-finds/.

8   'When do children usually show symptoms of autism?', *National Institute of
Child Health and Clinical Development*, https://www.nichd.nih.gov/health/
topics/autism/conditioninfo/symptoms-appear.

9   David McRaney, 'You Are Not So Smart Episode 62: Naïve Realism', https://
youarenotsosmart.com/2015/11/09/yanss-062-why-you-often-believe-peo-
ple-who-see-the-world-differently-are-wrong/; Tom Gilovich, Lee Ross, *The
Wisest One in the Room*, Free Press(2016).

10 Ipsos MORI, *Perils of Perception 2017*, https://www.ipsos.com/ipsos-mori/en-
uk/perils-perception-2017.

11 David Dranove, Daniel Kessler, Mark McClellan, Mark Satterhwaite, 'Is More
Information Better? The Effects of "Report Cards" on Health Care Providers',
National Bureau of Economic Research Working Paper 8697(2002), http://
www.nber.org/papers/w8697.

12 Charles Goodhart, 'Problems of Monetary Management: The U.K. Experience',
출처: Anthony S. Courakis(편집), *Inflation, Depression, and Economic Policy in
the West*, Mansell(1981), pp. 111-46. 원 논문은 1975년에 한 학회에서 발표되었다.

13 Donald T. Campbell, 'Assessing the impact of planned social change', *Eval-
uation and Program Planning*, 2(1), 1979- 초기 버전은 1976년에 발표되었으며,
1974년에 학회 논문이 나왔다.

14 Abhijit Vinayak Banerjee, Dean S. Karlan, Jonathan Zinman, 'Six ramdomized
evaluations of microcredit: Introduction and further steps', 2015; Rachel Mea-

ger, 'Understanding the average effect of microcredit', https://voxdev.org/topic/methods-measurement/understanding-average-effect-microcredit.

15 Anna Rosling Rönnlund, 'See how the rest of the world lives, organized by income', TED 2017, anna_rosling_ronnlund_see_how_the_rest_of_the_world_lives_organized_by_income.

슈퍼 팩트 법칙 3 말과 숫자부터 정확히 정의하라

1 나와 나의 동료인 리처드 펜튼 스미스Richard Fenton-Smith는 2018년 6월 8일에 BBC 라디오 4에서 방송된 〈모어 오어 레스〉에서 루시 스미스 박사를 인터뷰했다. https://www.bbc.co.uk/programmers/p069jd0p. 여기에 나오는 내용은 우리의 방송 인터뷰, 이메일을 통한 논의, 내가 2019년 8월 12일에 스미스 박사와 했던 전화 인터뷰를 토대로 삼는다. 스미스 박사가 임신 20주와 24주 사이에 아기를 잃은 사람들과 가진 인터뷰의 내용은 다음 자료에서 확인할 수 있다. https://www.healthtalk.org/20-24.

2 참고자료: Merian F. MacDorman 외, 'International Comparisons of Infant Mortality and Related Factors: United States and Europe, 2010', *National Vital Statistics Reports*, 2014. 9. 24.

3 Denis Campbell, 'Concern at rising infant mortality rate in England and Wales', Guardian, 2018. 3. 15, http://www.theguardian.com/society/2018/mar/15/concern-at-rising-infant-mortality-rate-in-england-and-wales.

4 Peter Davis 외, 'Rising infant mortality rates in England and Wales- we nned to understand gestation specific mortality', *BMJ* 361, 2018. 5. 8, https://doi.org/10.1136/bmj.k1936.

5 BBC *More or Less*, 2020. 4. 8, https://www.bbc.co.uk/programmes/m000h6cb.

6 2017년 12월 12일에 저자와 나눈 인터뷰에서 발췌.

7 Paul J. C. Adachi, Teena Willoughby, 'The Effect of Video Game Competition and Violence on Aggressive Behavior: Which Characteristic Has the Greatest Influence?" *Psychology of Violence*, 1(4), 2011, 259-74, https://doi.org/10.1037/a0024908.

8 'Immigration post-Brexit', Leave Means Leave research paper, http://www.

leavemeansleave.eu/research/immigration-post-brexit-fair-flexible-forward-thinking-immigration-policy/.

9 Jonathan Porters, 'Who Are You Calling Low-Skilled?', *UK in a Changing Europe*, 2017. 4. 12, https://ukandeu.ac.uk/who-are-you-calling-low-skilled/.

10 Robert Wright, 'Brexit visa changes to hit sectors in need of low-skilled labour', *Financial Times*, 2020. 2. 18, https://www.ft.com/content/890e84ce-5268-11ea-90ad-25e377c0ee1f.

11 https://www.theguardian.com/society/2018/nov/22/concern-over-rise-in-suicide-attempts-among-young-women.

12 NHS Digital, *Mental Health of Children and Young People in England, 2017*, 2018. 11. 22, https://digital.nhs.uk/data-and-information/publications/statistics/mental-health-of-children-and-young-people-in-england/2017/2017.

13 https://www.nhs.uk/conditions/self-harm/.

14 2018년 11월 29일에 냇센NatCen 홍보실과 나눈 이메일에서 발췌.

15 이 데이터는 국립통계청Office for National Statistics 같은 공식 출처에서 나온 것이다. https://www.ons.gov.uk/peoplepopulationandcommunity/birthsdeathsandmarriages/deaths/bulletins/suicidesintheunitedkingdom/2017registeration#suicide-patterns-by-age.

16 https://www.theguardian.com/business/2014/jan/20/oxfam-85-richest-people-half-of-the-world.

17 https://oxfamblogs.org/fp2p/anatomy-of-a-killer-fact-the-worlds-85-richest-people-own-as-much-as-poorest-3-5-billion/; BBC가 푸엔테스 씨를 인터뷰한 내용은 다음 자료에서 확인할 수 있다. https://www.bbc.com/news/magazine-26613682.

18 이 이면의 데이터는 크레딧스위스가 해마다 발표하는 〈세계 부 보고서Glogal Wealth Report〉에서 나왔다. 이 보고서의 2013년판이 옥스퍼드의 원 "킬러 팩트"를 위한 데이터를 제공했다. 그 내용은 온라인으로 확인할 수 있다. https://publications.credit-suisse.com/tasks/render/file/?fileID=BCDB1364-A105-0560-1332EC9100FF5C83.

19 'Social protection for older persons: Policy trends and statistics 2017-19', International Labour Office, Social Protection Department, 제네바, 2018; 다음 자료에서 내용을 확인할 수 있다. https://www.ilo.org/wcmsp5/groups/public/---

ed_protect/---soc_sec/documents/publication/wcms_645692.pdf.

20 영국 자료는 다음 출처에서 찾을 수 있다. Institute for Fiscal Studies, *Review of Living Standards, Poverty and Inequality in the UK*. 글로벌 최상위 소득에 대해서는 〈세계 불평등 보고서World Inequality Report〉에서 자료를 확인할 수 있다. 〈아워 월드 인 데이터Our World in Data〉도 좋은 자료다.

슈퍼 팩트 법칙 4 데이터의 맥락과 바탕에 집중하라

1 이 문제에 대한 보다 자세한 내용은 내가 진행하고 리처드 펜튼 스미스Richard Fenton-Smith 와 리처드 베이든Richard Vadon이 자료 조사를 한 〈모어 오어 레스〉 2018년 6월 8일 방송에서 확인할 수 있다. https://www.bbc.co.uk/programmes/p069jd0p.

2 Johan Galtun, Mari Holmboe Ruge, 'The structure of foreign news: The presentation of the Congo, Cuba and Cyprus crises in four Norwegian newspapers', *Journal of Peace Research*, 2(1), 1965, 64-90.

3 Max Roser, 'Stop Saying that 2016 Was the Worst Year', *Washington Post*, 2016. 12. 29, https://www.washingtonpost.com/posteverything/wp/2016/12/29/stop-saying-that-2016-was-the-worst-year/?utm_term=.bad894bad69a; 추가 자료: NPR, Plant Money, 'The Fifty Year Newspaper', 2017. 12. 29, https://www.npr.org/templates/transcript/transcript.php?storyID=574662798.

4 C. P. Morice, J. J. Kennedy, N. A. Rayner, P. D. Jones, 'Quantifying uncertainties in global and regional temperature change using an ensemble of observational estimates: The HadCRUT4 dataset', *Journal of Geophysical Research*, 117(D8), 2012, https://doi.org/10.1029/2011JD017187. 이 자료는 기상청Met Office 해들리 센터Hadley Centre의 데이터를 설명한다. 해당 데이터는 〈아워 월드 인 데이터〉에 차트로 제공되며, 다운로드도 가능하다. https://ourworldindata.org/co2-and-other-greenhouse-gas-emissions.

5 Max Roser, 'The short history of global living conditions and why it matters that we know it', 2018, 〈아워 월드 인 데이터〉 사이트에 게재됨. https://ourworldindata.org/a-history-of-global-living-conditions-in-5-charts; 로저는 아동 사망률과 관련하여 갭마인더Gapminder와 세계은행의 데이터를 인용한다.

6 2018년 세계 불평등 보고서의 개요, 그림 E4를 참고하라. https://wir2018.wid.world/

files/download/wir2018-summary-english.pdf.

7   국가재정연구소Institute for Fiscal Studies의 '영국의 생활수준과 빈곤 그리고 불평등Living
    Standards, Poverty and Inequality in the UK'에 대한 조사 보고서가 아주 좋은 자료다. 나는 이 글
    을 쓰는 시점에서 최신판인 2018년판을 이용했다. https://www.ifs.org.uk/uploads/
    R145%20for%20web.pdf.

8   〈아워 월드 인 데이터〉 웹사이트에 세계적 불평등 문제를 잘 정리한 글이 있다. 저자는 해
    당 분야의 권위자인 조 하셸Joe Hasell이다. https://ourworldindata.org/income-in-
    equality-since-1990.

9   성적 태도 및 라이프스타일에 대한 전국 조사National Survey of Sexual Attitudes and Lifestyles,
    즉 냇살Natsal-3를 토대로 한 저자의 계산.

10 Michael Blastland, Andrew Dilnot, *The Tiger That Isn't*, Profile Books(2008).

11 Andrew C. A. Elliott, *Is That a Big Number?*, Oxford University Press(2018).

12 Tali Sharot, 'The Optimism Bias', TED Talk, 2012, https://www.ted.com/talks/
    tali_sharot_the_optimism_bias/transpcript#t-18026.

13 Daniel Kahneman, *Thinking, Fast and Slow*, Farrar, Straus and Giroux(2010).

14 Ross, A. Niller & Karen Albert, 'If It Leads, It Bleeds (and If It Bleeds, It Leads):
    Media Coverage and Fatalities in Militarized Interstate Disputes', *Political
    Communication* 2015, 32(1), 61-82, https://doi.org/10.1080/10584609.2014.880
    976; Barbara Combs & Paul Slovic, 'Newspaper Coverage of Causes of Death',
    Journalism Quarterly, 56(4), 837-43, 849.

15 https://www.cdc.gov/tobacco/data_statistics/fact_sheets/fast_facts/.

16 https://www.ted.com/talks/the_ted_interview_steven_pinker_on_why_our_pes-
    simism_about_the_world_is_wrong/transcript?language=en.

17 스티븐 핑커는 《다시 계몽의 시대Enlightenment Now》의 미주에서 1982년에 이와 관련된 서
    신을 나누었다고 언급했다.

18 인용 출처: *Guardian*, 2015. 5. 12, https://www.theguardian.com/society/2015/
    may/12/stroke-association-warns-of-alarming-rise-in-number-of-victims;
    추가 자료로는 〈More or Less〉 2015년 5월 17일 방송에 이 주장을 분석하는 부분이 있
    다. https://www.bbc.co.uk/programmes/b05tpz78.

19 옥스팜 보도자료, 2016년 9월 22일, http://oxfamapps.org/media/ppdwr.

20 〈아워 월드 인 데이터〉에 게재된 맥스 로저와 모하메드 나그디Mohamed Nagdy의 '낙관론과

비관론Optimism & Pessimism'은 이 내용와 관련된 다양한 그래프를 담은 유용한 연구결과다. https://ourworldindata.org/optimism-pessimism. 특히 유로바로미터Eurobarometer 와 입소스 모리에서 제시한 그래프를 담은 Ⅰ.1절이 그렇다.

21 Martyn Lewis, 'Not My Idea of Good News', *Independent*, 1993. 4. 26, https://www.independent.co.uk/voices/not-my-idea-of-good-news-at-the-end-of-a-week-of-horrifying-events-martyn-lewis-bbc-presenter-argues-1457539.html.

22 Max Roser, https://ourworldindata.org/a-history-of-global-living-conditions-in-5-charts. 관련 데이터의 출처는 다음과 같다. 세계은행, F. Bourguignon, C. Morrison, 'Inequality Among World Citizens: 1820-1992', *American Economic Review*, 92(4), 2002, 727-48.

23 Samantha Vanderslott, Bernadeta Dadonaite, Max Roser, 'Vaccination', 2020. 〈아워 월드 인 데이터〉에 게재됨. https://ourworldindata.org/vaccination.

24 Anna Rosling Rönnlund, Hans Rosling, Ola Rosling, *Factfulness*, Sceptre(2018).

25 Gillian Tett, 'Silos and Silences', *Banque de France Financial Stability Review* no. 14- Derivatives - Financial innovation and stability, 2010. 7, https://core.ac.uk/download/pdf/6612179.pdf.

26 Rolf Dobelli, 'News is bad for you- and giving up reading it will make you happier', *Guardian*, 2013. 4. 12, https://www.theguardain.com/media/2013/apr/12/news-is-bad-rolf-dobelli.

27 Nassim Nicholas Taleb, *The Bed of Procrustes*, Penguin Books(2010).

28 Bill Hanage, Mark Lipsitch, 'How to Report on the COVID-19 Outbreak Responsibly', *Scientific American*, 2020. 2. 23, https://blogs.scientificamerican.com/observations/how-to-report-on-the-covid-19-outbreak-responsibly/.

슈퍼 팩트 법칙 5 행운과 우연에 속지 말라

1 Sheena Iyengar, Mark Lepper, 'When Choice is Demotivating: Can One Desire Too Much of a Good Thing?', *Journal of Personality and Social Psychology*, 79, 2000.

2   2009년 10월에 저자와 가진 인터뷰에서 발췌. (이 문제에 있어서는 내가 앞서 있었다고 주장하고 싶다.)

3   B. Scheibehenne, R. Greifeneder, P. M. Todd, 'Can There Ever Be Too Many Options? A Meta-Analytic Review of Choice Overload', *Journal of Consumer Research*, 37, 2010, 409-25, http://scheibehenne.de/ScheibehenneGreifenederTodd2010.pdf.

4   'Ten Kickstarter Products that Raised the Most Money', https://www.marketwatch.com/story/10-kickstarter-products-that-raised-the-most-money-2017-06-22-10883052.

5   이 이야기는 다음 책에 잘 제시되어 있다. Jordan Ellenberg, *How Not to Be Wrong*, Penguin Press(2014). 관련 발췌본은 여기에 있다. https://medium.com/@penguinpress/an-excerpt-from-how-not-to-be-wrong-by-jordan-ellenberg-664e708cfc3d.

6   다음 자료에서 기술적 내용에 대한 요약(그리고 이 이야기가 과장된 양상에 대한 약간의 불평)을 확인할 수 있다. Bill Casselman, 'The Legend of Abraham Wald', American Mathematical Society, http://www.ams.org/publicoutreach/feature-column/fc-2016-06.

7   다음 자료에서 이 실험과 관련된 논쟁을 탁월하게 정리한 내용을 확인할 수 있다. Daniel Engber, 'Daryl Bem Proved ESP Is Real Which Means Science Is Broken', *Slate*, 2017. 5. 17, https://slate.com/health-and-science/2017/06/daryl-bem-proved-esp-is-real-showed-science-is-broken.html.

8   Chris French, 'Precognition studies and the curse of the failed replications', *Guardian*, 2012. 3. 15, https://www.theguardian.com/science/2012/mar/15/precognition-studies-curse-failed-replications.

9   〈Planet Money〉 팟캐스트, 677회, https://www.npr.org/sections/money/2018/03/07/591213302/episode-677-the-experiment-experiment.

10 브라이언 노섹은 여러 팟캐스트와 유용한 인터뷰를 나눴다. 〈You Are Not So Smart〉(100회), https://youarenotsosmart.com/2017/07/19/yanss-100-the-replication-crisis/; 〈Planet Money〉(677회), https://www.npr.org/sections/money/2018/03/07/591213302/episode-677-the-experiment-experiment; 〈EconTalk〉(2015. 11. 16), http://www.econtalk.org/brian-nosek-on-the-reproducibility-project/; 〈The Hidden Brain〉(32회), https://www.npr.org/templates/

transcript/transcript.php?storyId=477921050; BBC Analysis, 'The Replication Crisis', 2018. 11. 12, https://www.bbc.co.uk/programmes/m00013p9.

11 참고자료: Open Science Collaboration, 'Estimating the reproducibility of psychological science', *Science*, 2015. 8. 28, 349(6251), https://doi.org/10.1126/science.aac4716.

12 유튜브에 짧은 영상이 올라와 있다. https://www.youtube.com/watch?v=n1SJ-Tn-3bcQ.

13 〈Planet Money〉, 677회, https://www.npr.org/sections/money/2018/03/07/591213302/episode-677-the-experiment-experiment.

14 F. J. Anscombe, 'Fixed-Sample-Size Analysis of Sequential Observations', *Biometrics*, 10(1), 1954, 89-100, www.jstor.org/stable/3001665; Andrew Gelman, *Statistical Inference, Modelling and Social Science*, 블로그 포스트, 2018. 5. 2, https://statmodeling.stat.columbia.edu/2018/05/02/continuously-increased-number-animals-statistical-significance-reached-support-conclusion-think-not-bad-actually/.

15 David J. Hand, *Dark Data*, Princeton University Press(2020).

16 Andrew Gelman, Eric Loken, 'The garden of forking paths: Why multiple comparisons can be a problem, even when there is no "fishing expedition" or "p-hacking" and the research hypothesis was posited ahead of time', 예비 논문, 2013. 11. 14, http://www.stat.columbia.edu/~gelman/research/unpublished/p_hacking.pdf.

17 J. P. Simmons, L. D. Nelson, U. Simonsohn, 'False-Positive Psychology: Undisclosed Flexibility in Data Collection and Analysis Allows Presenting Anything as Significant', *Psychological Science*, 22(11), 2011, 1359-66, https://doi.org/10.1177/0956797611417632.

18 Kai Kupferschmidt, 'More and more scientists are preregistering their studies. Should You?', *Science*, 2018. 9. 21.

19 Anjana Ahuja, 'Scientists strike back against statistical tyranny', *Financial Times*, 2019. 3. 27, https://www.ft.com/content/36fp374c=5075-11e9-8f44-fe4a86c48b33.

20 Darrell Huff, *How to Lie with Statistics*, W. W. Norton(1993), p. 40.

21 John Ioannidis, 'Why Most Published Research Findings Are False', *PLoS Medicine*, 2(8), 2005. 8, e124, https://doi.org/10.1371/journal.pmed.0020124.

22 R. F. Baumeister, E. Bratslavsky, M. Muraven, D. M. Tice, 'Ego depletion: Is the active self a limited resource?', *Journal of Personality and Social Psychology*, 74(5), 1998, 1252–65, http://dx.doi.org/10.1037/0022-3514.74.5.1252; 'The End of Ego Depletion Theory?', *Neuroskeptic* 블로그, 2016. 7. 31, http://blogs.discovermagazine.com/neuroskeptic/2016/07/31/end-of-ego-depletion/#.XGGyflz7SUk

23 Amy Cuddy, 'Your Body Language May Shape Who You Are', 테드 강연, 2012, https://www.ted.com/talks/amy_cuddy_your_body_language_shapes_who_you_are/transcript?language=en.

24 Kahneman, *Thinking, Fast and Slow*, pp. 53-7.

25 Ed Yong, 'Nobel laureate challenges psychologists to clean up their act', *Nature News*, 2012. 10. 3, https://www.nature.com/news/nobel-laureate-challengers-psychologists-to-clean-up-their-act-1.11535.

26 Ben Goldacre, 'Backwards Step on Looking into the Future', *Guardian*, 2011. 4. 23, https://www.theguardian.com/commentisfree/2011/apr/23/ben-goldacre-bad-science.

27 Robin Wrigglesworth, 'How a herd of cows trampled on human stockpickers', *Financial Times*, 2020. 1. 21, https://www.ft.com/content/563d61dc-3b70-11ea-a01a-bae547046735?.

28 Burton Malkiel, 'Returns from Investing in Equity Funds', 예비 논문, 프린스턴대학교, 1994.

29 Eric Balchunas, 'How the Vanguard Effect adds up to $1 trillion', Bloomberg.com, 2016. 8. 30, https://www.bloomberg.com/opinion/articles/2016-08-30/how-much-has-vanguard-saved-investors-try-1-trillion.

30 다음 자료에서 전반적인 개요를 확인할 수 있다. Ben Goldacre, 'What doctors don't know about the drugs they prescribe', 테드 강연, 2012, https://www.ted.com/talks/ben_goldacre_what_doctors_don_t_know_about_the_drugs_they_prescribe/footnotes?language=en.

31 Erick Turner 외, 'Selective Publication of Antidepressant Trials and Its Influ-

ence on Apparent Efficacy', *New England Journal of Medicine*, 2008. 1. 17, https://www.nejm.org/doi/full/10.1056/NEJMsa065779.

32 Ben Goldacre, 'Transparency, Beyond Publication Bias', 국제유행병학저 널International Journal of Epidemiology 컨퍼런스 강연, 2016, https://www.badscience. net/2016/10/transparency-beyond-publication-bias-a-video-of-my-super-speedy-talk-at-ije/.

33 Ben Goldacre, Henry Drysdale, Aaron Dale, Ioan Milosevic, Eirion Slade, Philip Hartley, Cicely Marston, Anna Powell-Smith, Carl Heneghan, Kamal R. Mahtani, 'COMPare: a prospective cohort study correcting and monitoring 58 misreported trials in real time', *Trials*, 20(118), 2019, https://doi.org/10.1186/s13063-019-3173-2.

34 Ben Goldacre, 'Transparency, Beyond Publication Bias', 국제유행병학저 널International Journal of Epidemiology 컨퍼런스 강연, 2016, https://www.badscience. net/2016/10/transparency-beyond-publication-bias-a-video-of-my-super-speedy-talk-at-ije/.

35 Amy Sippett, 'Does the Backfire Effect exist?', *Full Fact*, 2019. 3. 20, https://full-fact.org/blog/2019/mar/does-backfire-effect-exist/; 브렌던 나이한의 트윗, 2019. 3. 20, https://twitter.com/BrendanNyhan/status/1108377656414879744.

36 2019년 7월 17일에 저자와 나눈 인터뷰에서 발췌.

37 BBC *Analysis*, 'The Replication Crisis', 2018. 11. 12, https://www.bbc.co.uk/programmes/m00013p9.

38 Antonio Granado, 'Slaves to journals, serfs to the web: The use of the internet in newsgathering among European science journalists', *Journalism*, 12(7), 2011, 794-813.

39 A. L. Cochrane, 'Sickness in Salonica: My first, worst, and most successful clinical trial', *British Medical Journal(Clin Res Ed)*, 289(6460), 1984, 1726-7, https://doi.org/10.1136/bmj.289.6460.1726.

40 'A Brief History of Cochrane', https://community.cochrane.org/handbook-sri/chapter-1-introduction/11-cochrane/112-brief-history-cochrane.

41 https://www.webmd.com/urinary-incontinence-oab/news/20180522/yoga-may-be-right-move-versus-urinary-incontinence#1.

42 https://www.dailymail.co.uk/health/article-2626209/Could-yoga-cure-IN-CONTINENCE-Exercise-strengthens-pelvic-floor-muscles-reducing-leakage.html.

43 https://www.hcd.com/incontinence/yoga-incontinence/.

44 https://www.ncbi.nlm.nih.gov/pmc/articles/PMC4310548/.

45 L. S. Wieland, N. Shrestha, Z. S. Lassi, S. Panda, D. Chiaramonte, N. Skoetz, 'Yoga for treating urinary incontinence in women', *Cochrane Database of Systemic Reviews 2019*, 2, Art. No.: CD012668, https://doi.org/10.1002/14651858. CD012668.pub2.

슈퍼 팩트 법칙 6 삭제된 사람들과 의도를 추적하라

1 R. Bond, P. B. Smith, 'Culture and conformity: A meta-analysis of studies using Asch's(1952b, 1956), line judgement task', *Psychological Bulletin*, 119(1), 1996, 111-37, http://dx.doi.org/10.1037/0033-2909.119.1.111.

2 Tim Harford, 'The Truth About Our Norm-Core', *Financial Times*, 2015. 6. 12, http://timharford.com/2015/06/the-truth-about-our-norm-core/.

3 Bond, Smith, 'Culture and conformity'; Natalie Frier, Colin Fisher, Cindy Firman, Zachary Bigaouette, 'The Effects of Group Conformity Base on Sex', 2016, Celebrating Scholarship & Creativity Day, Paper 83, http://digitalcommons. csbsju.edu/elce_cscday/83.

4 Tim Harford, 'Trump, Brexit and How Politics Loses the Capacity to Shock', *Financial Times*, 2018. 11. 16, https://www.ft.com/content/b730c95c-e82e-11e8-8a85-04b8afea6ea3.

5 Caroline Criado Perez, *Invisible Women*, Chatto and Windus(2019); 인터뷰는 2019년 5월 17일에 BBC 라디오 4에서 방송되었으며, 〈모어 오어 레스〉 웹사이트에서 볼 수 있다. https://www.bbc.co.uk/programmes/m00050rd.

6 Peter Hofland, 'Reversal of Fortune', *Onco'Zine*, 2013. 11. 30, https://oncozine. com/reversal-of-fortune-how-a-vilified-drug-became-a-life-saving-agent-in-the-war-against-cancer/.

7 R. Dmitrovic, A. R. Kunselman, R. S. Legro, 'Sildenafil citrate in the treatment of pain in primary dysmenorrhea: a randomized controlled trial', *Human Reproduction*, 28(11), 2013. 11, 2958-65, https://doi.org/10.1093/humrep/det324.

8 BBC *More or Less*, 2020. 3. 31, https://www.bbc.co.uk/sounds/play/m000h7st.

9 Mayra Buvinic, Ruth Levine, 'Closing the gender data gap', *Significance*, 2016. 4. 8, https://doi.org/10.1111/j.1740-9713.2016.00899.x; Charlotte McDonald, 'Is There a Sexist Data Crisis?', BBC News, 2016. 5. 18, https://www.bbc.co.uk/news/magazine-36314061.

10 Shelly Lundberg, Robert Pollak, Terence J. Wales, 'Do Husbands and Wives Pool Their Resources? Evidence from the United Kingdom Child Benefit', 32(3), 1997, 463-80, https://econpapers.repec.org/article/uwpjhriss/v_3a32_3ay_3a19 97_3ai_3a3_3ap_3a463-480.htm.

11 Buvinic, Levine, 'Closing the gender data gap', https://doi.org/10.1111/j.1740-9713.2016/00899.x.

12 Suzannah Brecknell, 'Interview: Full Fact's Will Moy on lobbyist "nonsense", official corrections and why we know more about golf than crime stats', *Civil Service World*, 2016. 5. 5, https://www.ciivlserviceworld.com/articles/interview/interview-full-fact%E2%80%99s-will-moy-lobbyist-%E2%80%9C-nonsense%E280%9D-official-corrections-and-why.

13 Maurice C. Bryson, 'The Literary Digest Poll: Making of a Statistical Myth', *American Statistician*, 30(4), 1976, 184-5, https://doi.org/10.1080/00031305.19 76.10479173; Peverill Squire, 'Why the 1936 Literary Digest Poll Failed', *Public Opinion Quarterly*, 52(1), 1988, 125-33, www.jstor.org/stable/2749114.

14 P. Whiteley, 'Why Did the Polls Get It Wrong in the 2015 General Election? Evaluating the Inquiry into Pre-Election Polls', *Political Quarterly*, 87, 2016, 437-42, https://doi.org/10.1111/1467-923X.12274.

15 John Curtice, 'Revealed: Why the Polls Got It So Wrong in the British General Election', *The Conversation*, 2016. 1. 14, https://theconversation.com/revealed-why-the-polls-got-it-so-wrong-in-the-british-general-election-53138.

16 Nate Cohn, 'A 2016 Review: Why Key State Polls Were Wrong About Trump', *New York Times*, 2017. 5. 31, https://www.nytimes.com/2017/05/31/upshot/a-2016-review-why-key-state-polls-were-wrong-about-trump.hmtl; An-

drew Mercer, Claudia Deane, Kyley McGeeney, 'Why 2016 election polls
missed their mark', Pew Research Fact Tank 블로그, 2015. 11. 9, http://www.
pewresearch.org/fact-tank/2016/11/09/why-2016-election-polls-missed-
their-mark/.

17 https://www.ons.gov.uk/peoplepopulationandcommunity/populationandmi-
gration/populationestimates/methodologies/2011censusstatisticsforenglan-
dandwalesmarch2011qmi.

18 2014년 3월에 저자와 가진 인터뷰에서 발췌.

19 Pew Research Center Social Media Factsheet, 2018년 1월에 실시한 조사 결과,
https://www.pewinternet.org/fact-sheet/social-media/.

20 Kate Crawford, 'The Hidden Biases in Big Data', *Harvard Business Review*,
2013. 4. 1, https://hbr.org/2013/04/the-hidden-biases-in-big-data.

21 Leo Kelion, 'Coronavirus: Covid-19 detecting apps face teething problems',
BBC News, 2020. 4. 8, https://www.bbc.co.uk/news/techonology-52215290.

22 Kate Crawford, 'Artificial Intelligence's White Guy Problem', *New York Times*,
2016. 6. 25, https://www.nytimes.com/2016/06/26/opinion/sunday/artifical-in-
telligences-white-guy-problem.html.

슈퍼 팩트 법칙 7 인공지능에게 결정권을 주지 말라

1 Jeremy Ginsberg, Matthew H. Mohebbi, Rajan S. Patel, Lynnette Brammer,
Mark S. Smolinski, Larry Brilliant, 'Detecting influenza epidemics using
search engine query data', *Nature*, 457(7232), 2009. 2. 19, 1012-14, https://doi.
org/10.1038/nature07634.

2 이 장의 일부 내용은 〈파이낸셜 타임스〉에 실은 나의 다음 기사에 긴밀하게 바탕을 둔다.
'Big Data: Are We Making a Big Mistake?' (FT, 2014. 3. 28, https://www.ft.com/con-
tent/21a6e7d8-b479-11e3-a09a-00144feabdc0). 나는 2014년 초에 이 기사를 쓰기 위해
데이비드 핸드, 카이저 펑Kaiser Fung, 빅토르 메이어 쇤베르거, 데이비드 스피겔할터, 패트
릭 울프Patrick Wolfe를 인터뷰했다.

3 David Lazer, Ryan Kennedy, 'What We Can Learn from the Epic Failure of

Google Flu Trends', *Wired*, https://www.wired.com/2015/10/can-learn-epic-failure-google-flu-trends/; Declan Butler, 'What Google Flu Got Wrong', *Nature*, https://www.nature.com/news/when-google-got-flu-wrong-1.12413.

4   https://www.google.org/flutrends/about/.

5   D. Lazer, R. Kennedy, G. King, A. Vespignani, 'The Parable of Google Flu: Traps in Big Data Analysis', *Science* 343(6176), 2014. 3, 1203-5.

6   S. Cook, C. Conrad, A. L. Fowlkes, M. H. Mohebbi, 'Assessing Google Flu Trends Performance in the United States during the 2009 Influenza Virus A(H1N1) Pandemic', *PLoS ONE* 6(8), 2011, e23610, https://doi.org/10.1371/journal.pone.0023610.

7   Janelle Shane, *You Look Like a Thing and I Love You*, Little Brown(2019).

8   이 사건에 대한 포괄적인 설명은 다음 자료를 참고하라. *Observer/Guardian* 웹사이트, https://www.theguardian.com/news/series/cambridge-analytica-files.

9   Charles Duhigg, 'How Companies Learn Your Secrets', *New York Times* magazine, 2012. 2. 19, https://www.nytimes.com/2012/02/19/magazine/shopping-habits.html.

10 Hanna Fry, *Hello World: Being Human in the Age of Computers*, W. W. Norton(2018).

11 Cathy O'Neil, *Weapons of Math Destruction*, Allen Lane(2016).

12 〈Freakonomics〉 라디오 268회: Bad Medicine Pt1, 2017. 8. 16, http://freakonomics.com/podcast/bad-medicine-part-1-story-rebroadcast/.

13 P. A. Mackowiak, S. S. Wasserman, M. M. Levine, 'A Critical Appraisal of 98.6° F, the Upper Limit of the Normal Body Temperature, and Other Legacies of Carl Reinhold August Winderlich', *JAMA*, 268(12), 1992, 1578-80, https://doi.org/10.1001/jama.1992.03490120092034.

14 Jeffrey Dastin, 'Amazon scraps secret AI recruiting tool that showed bias against women', Reuters, 2018. 10. 10, https://www.reuters.com/article/us-amazon-com-jobs-automation-insight/amazon-scraps-secret-ai-recruiting-tool-that-showed-bias-against-women-idUSKCN1MK08G.

15 Gerd Gigerenzer, Stephanie Kurzenhaeuser, 'Fast and frugal heuristics in medical decision making', *Science and Medicine in Dialogue: Thinking through*

particulars and universals, 2005, 3-15.

16   Paul Meehl, *Clinical vs. Statistical Prediction*, University of Minnesota Press(1954).

17   Fry, *Hello World*.

18   Mandeep K. Dhami, Peter Ayton, 'Bailing and jailing the fast and frugal way', *Journal of Behavioral Decision Making*, 14(2), 2001, https://doi.org/10.1002/bdm.371.

19   John Kleinberg, Himabindu Lakkaragju, Jure Leskovec, Jens Ludwig, Sendhil Mullainathan, 'Human Decisions and Machine Predictions', *Quarterly Journal of Economics*, 133(1), 2018. 2, 237-93, https://doi.org/10.1093/qje/qjx032; 추가 참고자료: Cass R. Sunstein, 'Algorithms, Correcting Biases', 예비 논문, 2018. 12. 12.

20   David Jackson, Gary Marx, 'Data mining program designed to predict child abuse proves unreliable, DCFS says', *Chicago Tribune*, 2017. 12. 6; Dan Hurley, 'Can an Algorithm Tell When Kids Are in Danger?' *New York Times* magazine, 2018. 1. 2, https://www.nytimes.com/2018/01/02/magazine/can-an-algorithm-tell-when-kids-are-in-dagner.html.

21   Hurley, 'Can an Algorithm Tell When Kids Are in Danger?'.

22   Andrew Gelman, 'Flaws in stupid horrible algorithm revealed because it made numerical predictions', *Statistical Modelling, Causal Inference, and Social Science* 블로그, 2018. 7. 3, https://statmodelling.stat.columbia.edu/2018/07/03/flaws-stupid-horrible-algorithm-revealed-made-numerical-predictions/.

23   Sabine Hossenfelder, 'Blaise Pascal, Florin Périer, and the Puy de Dôme experiment', http://backreaction.blogspot.com/2007/11/blaise-pascal-florin-p-and-puy-de-d.html; David Wootton, *The Invention of Science: A New History of the Scientific Revolution*, Allen Lane(2015), 8장.

24   참고자료: Louis Trenchard More, 'Boyle as Alchemist', *Journal of the History of Ideas*, 2(1), 1941. 1, 61-76; 'The Strange, Secret History of Isaac Newton's Papers', 새러 드라이Sarah Dry와의 질의응답, https://www.wired.com/2014/05/newton-papers-q-and-a/.

25   Wootton, *The Invention of Science*, p. 340.

26 James Burke, *Connections*, Little Brown(1978); 머리글을 포함한 재판(1995), p. 74.

27 Wootton, *The Invention of Science*, p. 340.

28 https://www.propublica.org/article/how-we-analyzed-the-compas-recidivism-algorithm.

29 Sam Corbett-Davies, Emma Pierson, Avi Feller, Sharad Goel, Aziz Huq, 'Algorithmic decision making and the cost of fairness', arXiv:1701.08230; Sam Corbett-Davies, Emma Pierson, Avi Feller, Sharad Goel, 'A computer program used for bail and sentencing decisions was labeled biased against blacks. Its's actually not that clear', *Washington Post*, 2016. 10. 17, https://www.washingtonpost.com/news/monkey-cage/wp/2016/10/17/can-an-algorithm-be-racist-our-analysis-is-more-cautious-than-propublicas/.

30 Ed Yong, 'A Popular Algorithm Is No Better at Predicting Crimes than Random People', *The Atlantic*, 2018. 1. 17, https://www.theatlantic.com/technology/archive/2018/01/equivant-compas-algorithm/550646/.

31 상동.

32 Julia Dressel, Hany Farid, 'The Accuracy, Fairness and Limits of Predicting Recidivism', *Science Advances 2018*, http://advances.sciencemag.org/content/4/1/eaao5580.

33 오노라 오닐의 신뢰에 대한 리스 강연Reith Lectures(http://www.bbc.co.uk/radio4/reith2002/) 및 테드 강연(https://www.ted.com/speakers/onora_o_neill). 이 두 강연은 들어볼 가치가 충분하다. 지적 개방성이라는 주제는 오닐이 쓴 왕립학회 보고서, '열린 활동으로서의 과학Science as an Open Enterprise'(2012)에서 깊이 다뤄진다. 데이비드 스피겔할터는 《통계학에 약한 사람들을 위한 통계학 수업The Art of Statistics》에서 오닐이 제시한 원칙들을 적용하여 알고리즘을 평가하는 방법을 보여준다.

34 2019년 8월 29일에 저자와 나눈 이메일 인터뷰에서 발췌.

35 Jack Nicas, 'How YouTube Drives Viewers to the Internet's Darkest Corners', *Wall Street Journal*, 2018. 2. 7, https://www.wsj.com/articles/how-youtube-drives-viewers-to-the-internets-darkest-corners-1518020478; Zeynep Tufekci, 'YouTube, the Great Radicalizer', *New York Times*, 2018. 3. 10, https://www.nytimes.com/2018/03/10/opinion/sunday/youtube-politics-radical.html. 다음은 이와 대조되는 자료다. Mark Ledwich, Anna Zaitsev, 'Algorithmic Extremism: Examining YouTube's Rabbit Hole of Radicalization', https://arxiv.

36 Ryan Singal, 'Netflix spilled your Brokeback Mountain secret, Lawsuit Claims', *Wired*, 2009. 12. 17, https://www.wired.com/2009/12/netflix-privacy-lawsuit/; Blake Hallinan, Ted Striphas, 'Recommended for you: the Neflix Prize and the production of algorithmic culture', *New Media and Society*, 2016, https://journals.sagepub.com/doi/pdf/10.1177/1461444814538646.

슈퍼 팩트 법칙 8 숫자를 믿지 말라고 종용하는 자가 범인이다

1 덴마크 방송 인터뷰, https://www.thelocal.se/20150905/hans-rosling-you-cant-trust-the-media.

2 Laure Smith, 'In 1974, a stripper known as the "Tidal Basin Bombshell" took down the most powerful man in Washington', *Timeline*, 2017. 9. 18, https://timeline.com/wilbur-mills-tidal-basin-3c29a8b47ad1; Stephen Green, Margot Hornblower, 'Mills Admits Being Present During Tidal Basin Scuffle', *Washington Post*, 1974. 10. 11.

3 'The Stripper and the Congressman: Fanne Foxe's Story', The Rialto Report 팟캐스트, 82회, https://www.therialtoreport.com/2018/07/15/fanne-foxe/.

4 Alice M. Rivlin, 'The 40th Anniversary of the Congressional Budget Office', *Brookings: On the Record*, 2015. 3. 2, https://www.brookings.edu/on-the-record/40th-anniversary-of-the-congressional-budget-office/.

5 Philip Joyce, 'The Congressional Budget Office at Middle Age', Hutchins Center at Brookings, 예비 논문, #9, 2015. 2. 17.

6 인용 출처: Nancy D. Kates, *Starting from Scratch: Alice Rivlin and the Congressional Budget Office*, John F. Kennedy School of Government, Harvard Univeristy(1989).

7 Elaine Povich, 'Alice Rivlin, budget maestro who "helped save Washington" in fiscal crisis, dies at 88', *Washington Post*, 2019. 5. 14, https://www.washingtonpost.com/local/obituaries/alice-rivlin-budget-maestro-who-helped-save-washington-in-fiscal-crisis-dies-at-88/2019/05/14/c141c996-0ff9-11e7-

ab07-07d9f521f6b5_story.html.

8   Andrew Prokop, 'The Congressional Budget Office, explained', Vox, 2017. 6. 26, https://www.vox.com/policy-and-politics/2017/3/13/14860856/congressio-nal-budget-office-cbo-explained.

9   John Frendreis, Raymond Tatalovich, 'Accuracy and Bias in Macroeco-nomic Forecasting by the Administration, the CBO, and the Federal Re-serve Board', *Polity* 32(4), 2000, 623-32, 2020년 1월 17일 접속, https://doi.org/10.2307/3235295; Holly Battelle, CBO's Economic Forecasting Record, Congressional Budget Office, 2010; Committee for a Responsible Federal Budget, 'Hindsight is 2020: A look back at CBO's economic forecasting', 2013. 1, https://www.crfb.org/blogs/hindsight-2020-look-back-cbos-economic-forecasting.

10 *Forecast Evaluation Report 2019*, Office for Budget Responsibility, 2019. 12, https://obr.uk/docs/dlm_uploads/Forecast_evaluation_report_Decem-ber_2019-1.pdf.

11 Malcolm Bull, 'Can the Poor Think?', *London Review of Books*, 41(13), 2019. 7. 4.

12 Bourree Lam, 'After a Good Jobs Report, Trump Now Believes Economic Data', *The Atlantic*, 2017. 3. 10, https://www.theatlantic.com/business/ar-chive/2017/03/trump-spicer-jobs-report/619273/.

13 Esther King, 'Germany records lowest crime rate since 1992,' *Politico*, 2017. 5. 8, https://www.politico.eu/article/germany-crime-rate-lowest-since-1992/.

14 트럼프가 트위터에 올린 전체 내용과 그에 대한 논의는 다음 자료를 참고할 것. Matthew Yglesias, 'Trump just tweeted that "crime in Germany is way up." It's actually at its lowest level since 1992', Vox, 2018. 6. 18; Christopher F. Schuetze, Mi-chael Wolgelenter, 'Fact Check: Trump's False and Misleading Claims about Germany's Crime and Immigration', *New York Times*, 2018. 6. 18.

15 Diane Coyle, *GDP: A Brief But Affectionate History*, Princeton University Press, 2014, pp. 3-4.

16 'Report on Greek government deficit and debt statistics', European Commis-sion, 2010. 1. 8.

17 Beat Balzli, 'Greek Debt Crisis: How Goldman Sachs Helped Greece to Mask its True Debt', *Der Spiegel*, 2010. 2. 8, https://www.speigel.de/international/europe/greek-debt-crisis-how-goldman-sachs-helped-greece-to-mask-its-true-debt-a-686634.html.

18 국제통계협회International Statistical Institute는 이 안타까운 이야기를 시간순으로 정리한 자료를 갖고 있다. 최신 자료는 다음과 같다. G. O'Hanlon, H. Snorrason, 2018. 7, https://isi-web.org/images/news/2018-07_Court-proceedings-against-Andreas-Georgiou.pdf.

19 'Commendation of Andreas Georgiou'- 보도자료: International Statistical Association, 2018. 9. 18, https://www.isis-web.org/images/2018/press%20release%20Commendation%20for%20Andreas%20Georgiou%20Aug%20202018.pdf.

20 R. Langkjær-Bain, 'Trials of a statistician', *Significance*, 14, 2017, 14-19, https://doi.org/10.1111/j.1740-9713.2017.01052.x; 'An Augean Stable', *The Economist*, 2016. 2. 13, https://www.economist.com/the-americas/2016/02/13/an-augean-stable; 'The Price of Cooking the Books', *The Economist*, 2012. 2. 25, https://www.economist.com/the-americas/2012/02/25/the-price-of-cooking-the-books.

21 Langkjær-Bain, 'Trials of a statistician'.

22 2018년 7월 2일에 저자와 나눈 인터뷰에서 발췌.

23 'Tanzania law punishing critics of statistics "deeply concerning": World Bank', Reuters, 2018. 10. 3, https://www.reuters.com/article/us-tanzania-worldbank/tanzania-law-punishing-critics-of-statistics-deeply-concerning-world-bank-idUSKCN1MD17P.

24 Amy Kamzin, 'Dodgy data makes it hard to judge Modi's job promises', *Financial Times*, 2018. 10. 8, https://www.ft.com/content/1a008ebe-cad4-11e8-9fe5-24ad351828ab.

25 Steven Chase, Tavia Grant, 'Statistics Canada chief falls on sword over census', *Globe and Mail*, 2010. 7. 21, https://www.theglobeandmail.com/news/politics/statistics-canada-chief-falls-on-sword-over-census/article1320915.

26 Langkjær-Bain, 'Trials of a statistician'.

27 Nicole Acevedo, 'Puerto Rico faces lawsuits over hurricane death count data', NBC News, 2018. 6. 1; Joshua Barajas, 'Hurricane Maria's official death toll is 46 times higher than it was almost a year ago. Here's why', PBS Newshour, 2018. 8. 30, https://www.pbs.org/newshour/nation/hurricane-marias-official-death-toll-is-46-times-higer-than-it-was-almost-a-year-ago-heres-why.

28 '2011 Census Benefits Evaluation Report', https://www.ons.gov.uk/census/2011census/2011censusbenefits/2011censusbenefitsevaluationreport#unquantified-benefits; Ian Cope, 'The Value of Census Statistics', https://www.ukdataservice.ac.uk/media/455474/cope.pdf.

29 Carl Bakker, *Valuing the Census*, 2014, https://www.stats.govt.nz/assets/Research/Valuing-the-Census/valuing-the-census.pdf.

30 Mónica I. Feliú-Mójer, 'Why Is Puerto Rico Dismantling Its Institute of Statistics?', *Scientific American: Voices*, 2018. 2. 1.

31 https://www.cbo.gov/publication/54965.

32 Ellen Hughes-Cromwick, Julia Coronado, 'The Value of US Government Data to US Business Decisions', *Journal of Economic Perspectives*, 33(1), 2019, 131-46, https://doi.org/10.1257/jep.33.1.131.

33 Milton Friedman, Rose Friedman, *Two Lucky People*(1998), 인용 출처: Neil Monnery, 'Hong Kong's postwar transformation shows how fewer data can sometimes boost growth', https://blogs.lse.ac.uk/businessreview/2017/06/30/hong-kongs-postwar-transformation-shows-how-fewer-data-can-sometimes-boost-growth/.

34 James C. Scott, *Seeing Like a State: How Certain Schemes to Improve the Human Condition Have Failed*, Yale University Press, 1998.

35 Perry Link, 'China: From Famine to Oslo', *New York Review of Books*, 2011. 1. 13.

36 스탈린 치하의 사망자 수에 대해서는 다음 자료를 참고할 것. Timothy Snyder, 'Hitler vs. Stalin: Who Killed More?', *New York Review of Books*, 2011. 3. 10. 이 책은 제목이 시사하는 것보다 더 민감한 내용을 담고 있다. 1937년 인구조사에 대한 추가 정보는 다음 자료에서 확인할 수 있다. Daniel Sandford, 'In Moscow, history is everywhere', BBC News, 2012. 11. 2; Catherine Merridale, 'The 1937 Census and the Limits of Stalinist Rule', *Historical Journal*, 39(1), 1996, 'Called to Account',

The Economist, 2016. 9. 3, https://www.economist.com/finance-and-econom-ics/2016/09/03/called-to-account.

37 Merridale, 'The 1937 Census and the Limits of Stanlinist Rule'.

38 Adam Tooze, *Statistics and the German State, 1900-1945*, Cambridge Universi-ty Press, 2001, p. 257.

39 2019년 3월 11일에 저자가 데니스 리브슬리와 가진 인터뷰에서 발췌.

40 Hetan Shah, 'How to save statistics from the threat of populism', *Financial Times*, 2018. 10. 21, https://www.ft.com/content/ca491f18-d383-11e8-9a3c-5d5eac8f1ab4.

41 Nicholas Eberstadt, Ryan Numn, Diane Whitmore Schanzenbach, Michael R. Strain, "In Order That They Might Rest Their Arguments on Facts": The Vital Role of Government -Collected Data', AEI/Hamilton Project report, 2017. 3.

42 레이너 리뷰Rayner Review에 대한 자세한 정보는 다음 자료를 참고할 것. G. Hoinville, T. M. F. Smith, 'The Rayner Review of Government Statistial Services', *Journal of the Royal Statistical Society*, Series A(General) 145(2), 1982, 195-207, https://doi.org/10.2307/2981534; John Kay, 'A Better Way to Restore Faith in Official Statistics', 2006. 7. 25, https://www.johnkay.com/2006/07/25/a-better-way-to-restore-faith-in-official-statistics/.

43 Hughes-Cromwick, Coronando, 'The Value of US Government Data to US Business Decisions', https://doi.org/10.1257/jep.33.1.131.

44 Jackie Mansky, 'W. E. B. Du Bois' Visionary Infographics Come Together for the First Time in Full Color', *Smithsonian Magazine*, 2018. 11. 15, https://www.smithsonianmag.com/history/first-time-together-and-color-book-displays-web-du-bois-visionary-infographics-180970826/; Mona Chalabi, 'WEB Du Bois: retracing his attempt to challenge racism with data', *Guardian*, 2017. 2. 14, https://www.theguardian.com/world/2017/feb/14/web-du-bois-racism-data-paris-african-americans-jobs.

45 Eric J. Evans, *Thatcher and Thatcherism*, Psychology Press, 2004, p. 30.

46 Ian Simpson, *Public Confidence in Official Statistics- 2016*, NatCEN social research, 2017, https://natcen.ac.uk/media/1361381/natcen_public-confi-dence-in-official-statistics_web_v2.pdf.

47   The Cabinet Office, *Review of Pre-Release Access to Official Statistics*, https://
     assets.publishing.service.gov.uk/goverment/uploads/system/uploads/attach-
     ment_data/file/62084/pre-release-stats.pdf.

48   Mike Bird, 'Lucky, Good or Tipped Off? The Curious Case of Government
     Data and the Pound', *Wall Street Journal*, 2017. 4. 26; 'New Data Suggest U.K.
     Government Figures Are Getting Released Early', *Wall Street Journal*, 2017. 3.
     13.

슈퍼 팩트 법칙 9 아름다운 도표일수록 오류와 기만이 숨어 있다

1   플로렌스 나이팅게일의 생애와 통계에 대한 기여를 다룬 추가 자료는 다음과 같다. Mark
    Bostridge, *Florence Nightingale: The Woman and Her Legend*, Penguin(2009);
    Lynn McDonald(편집), *The Collected Works of Florence Nightingale*, Wilfrid
    Laurier University Press(2009~10), 'Florence Nightingale: Passionate Statisti-
    cian', *Journal of Holistic Nursing*, 28(1), 2010. 3; Hugh Small, 'Did Nightingale's
    "Rose Diagram" save millions of lives?', 세미나 논문, 왕립통계학회, 2010. 10. 7;
    Cohen I. Bernard, 'Florence Nightingale', *Scientific American*, 250(3), 1984,
    128-37, www.jstor.org/stable/24969329, 2020년 3월 13일 접속; Eileen Magnello,
    'Florence Nightingale: A Victorian Stastistician', *Mathematics in School*, 2010. 5,
    'The statistical thinking and ideas of Florence Nightingale and Victorian politi-
    cians', *Radical Statistics*, 102.

2   1861년 3월에 존 서덜랜드가 (플로렌스 나이팅게일을 대리하여) 윌리엄 파에게 보낸 편지의
    초고에서 발췌.

3   인용 출처: Marion Diamond, Mervyn Stone, 'Nightingale on Quetelet', *Journal
    of the Royal Statistical Society*, 1, 1981, 66-79.

4   Alberto Cairo, *The Functional Art*, Peachpit Press(2013).

5   Robert Venturi, Denise Scott Brown, *Steven Izenour, Learning from Las Ve-
    gas: The Forgotten Symbolism of Architectural Form*, MIT Press(1977); 추
    가 자료: https://99percentinvisible.org/article/lessons-sin-city-architec-
    ture-ducks-versus-decorated-sheds/; Edward Tufte, *The Visual Display of
    Quantitative Information*, Graphics Press(1983, 2001), pp. 106-121.

6   Scott Bateman, Regan L. Mandryk, Carl Gutwin, Aaron Genest, David McDine, Christopher Brooks, 'Useful Junk? The Effects of Visual Embellishment on Comprehension and Memorability of Charts', *ACM Conference on Human Factors in Computing Systems*(CHI), 2010.

7   Linda Rodriguez McRobbie, 'When the British wanted to camouflage their warships, they made them dazzle', *Smithsonian Magazine*, 2016. 4. 7, https://www.smithsonianmag.com/history/when-british-wanted-camouflage-their-warships-they-made-them-dazzle-180958657/.

8   David McCandless, *Debtris US*, 2010. 12, https://www.youtube.com/watch?v=K7Pahd2X-eE.

9   https://informationisbeautiful.net/visualizations/the-billlion-pound-o-gram.

10   Brian Brettschneider, 'Lessons from posting a fake map', Forbes.com, 2018. 11. 23, https://www.forbes.com/sites/brianbrettschneider/2018/11/23/lessons-from-posting-a-fake-map/#5138b31959ec.

11   Florence Nightingale, 'Notes on the Health of the British Army', 인용 출처: Lynn McDonald(편집), *The Collected Works of Florence Nightingale*, vol. 14, p. 37.

12   McDonald(편집), *The Collected Works of Florence Nightingale*, vol. 14, p. 551.

13   1857년 8월 19일에 시드니 허버트에게 보낸 편지에서 발췌.

14   Alberto Cairo, *How Harts Lie*, W. W. Norton(2019), p. 47.

15   William Cleveland, *The Elements of Graphing Data*, Monterey(1994); Gene Zelazny, *Say it with Charts*, McGraw-Hill(1985); Naomi Robbins, *Creating More Effective Information*, Graphics Press(1990).

16   Edward Tufte, *Envisioning Information*, Graphics Press(1990).

17   Larry Buchanan, 'Idea of the Week: Inequality and New York's Subway', *New Yorker*, 2013. 4. 15, https://www.newyorker.com/news/news-desk/idea-of-the-week-inequality-and-new-yorks-subway.

18   Simon Scarr, 'Iraq's Bloody Toll', *South China Morning Post*, https://www.scmp.com/infographics/article/1284683/iraqs-bloody-toll.

19   Andy Cotgreave, 'Lies, Damned Lies and Statistics', *InfoWorld*, https://www.infoworld.com/article/3088166/why-how-to-lie-with-statistics-did-us-a-disservice.html.

20 1863년 11월 24일에 나이팅게일에게 보낸 편지에서 발췌, 인용 출처: John M. Eyler, *Victorian Social Medicine: The Ideas and Methods of William Farr*, Johns Hopkins Press(1979), p. 175.

21 https://www.sciencemuseum.org.uk/objects-and-stories/florence-nightingale-pioneer-statistician.

슈퍼 팩트 법칙 10 전략 전환에 두려움이 없어야 성공한다

1 Leon Festinger, Henry Riecken, Stanley Schachter, *When Prophecy Fails*, Harper-Torchbooks(1956).

2 Walter A. Friedman, *Fortune Tellers: The Story of America's First Economic Forecasters*, Princeton University Press(2013); Sylvia Nasar, *Grand Pursuit*, Fourth Estate(2011).

3 Friedman, *Fortune Tellers*.

4 Irving Fisher, *How to Live*, Funk and Wagnalls, 21판(1946).

5 Mark Thornton, *The Economics of Prohibition*, University of Utah Press(1991).

6 Esther Ingliss-Arkell, 'Did a case of scientific misconduct win the Nobel prize for physics?', https://io9.gizmodo.com/did-a-case-of-scientific-misconduct-win-the-nobel-prize-1565949589.

7 Richard Feynman, 'Cargo Cult Science', 칼텍Caltech 강연(1974), http://calteches.library.caltech.edu/51/2/CargoCult.htm.

8 M. Henrion, B. Fischhoff, 'Assessing Uncertainty in Physical Constants', *American Journal of Physics*, 54, 1986, 791-8, https://doi.org/10.1119/1.14447.

9 2020년 1월 22일에 조나스 올로프손Jonas Olofsson이 저자와 나눈 인터뷰에서 발췌.

10 T. C. Brock, J. L. Balloun, 'Behavioral receptivity to dissonant information', *Journal of Personality and Social Psychology*, 6(4, 1부), 1967, 413-28, https://doi.org/10.1037/h0021225.

11 B. Fischhoff, R. Beyth, '"I knew it would happen": Remembered probabilities of once-future things', *Organizational Behavior & Human Performance*, 13(1), 1975, 1-16, https://doi.org/10.1016/0030-5073(75)90002-1.

12 Philip Tetlock, *Expert Political Judgement*, Princeton University Press(2005); Philip Tetlock, Dan Gardner, *Superforecasting: The Art and Science of Prediction*, Crown(2015), p. 184.

13 Welton Chang, Eva Chen, Barbara Mellers, Philip Tetlock, 'Developing expert political judgment: The impact of training and practice on judgmental accuracy in geopolitical forecasting tournaments', *Judgment and Decision Making*, 11(5), 2016. 9, 509-26.

14 Tetlock, Gardner, *Superforecasting*, p. 127.

15 Nasar, *Grand Pursuit*; John Wasik, *Keyne's Way to Wealth*, McGraw-Hill(2013).

16 Anne Emberton, 'Keynes and the Degas Sale', History Today, 46(1), 1996. 1; Jason Zweig, 'When Keynes Played Art Buyer', *Wall Street Journal*, 2018. 3. 30; 'The Curious Tale of the Economist and the Cezanne in the Hedge', 2014. 5. 3, https://www.bbc.co.uk/news/magazine-27226104.

17 David Chambers, Elroy Dimson, 'Retrospectives: John Maynard Keynes, Investment Innovator', *Journal of Economic Perspectives*, 27(3), 2013, 213-28, https://doi.org/10.1257/jep.27.3.213.

18 M. Deutsch, H. B. Gerard, 'A study of normative and informational social influences upon individual judgment', *Journal of Abnormal and Social Psychology*, 51(3), 1955, 629-36, https://doi.org/10.1037/h0046408.

19 Philip Tetlock, 트위터, 2020. 1. 6, https://twitter.com/PTetlock/status/1214202229156016128.

20 Nasar, *Grand Pursuit*, p. 314.

21 Friedman, *Fortune Tellers*.

에필로그 슈퍼 팩트 십계명

1 Orson Wells, UCLA 강연, 1941.

2 Onora O'Neill, Reith Lectures 2002, Lecture 4: 'Trust and transparency', http://downloads.bbc.co.uk/rmhttp/radio4/transcripts/20020427_reith.pdf.

3 Dan M. Kahan, David A. Hoffman, Donald Braman, Danieli Evans Peterman,

Jeffrey John Rachlinski, "They Saw a Protest": Cognitive Illiberalism and the Speech-Conduct Distinction', 2011. 2. 5, Cultural Cognition Project Working Paper no, 63; *Standford Law Review*, 64, 2012; Temple University Legal Studies Research Paper no. 2011-17, https://ssrn.com/abstract=1755706.

4   Dan Kahan, 'Why Smart People Are Vulnerable to Putting Tribe Before Truth', *Scientific American: Observations*, 2018. 12. 3, https://blogs.scientificamerican. com/observations/why-smart-people-are-vulnerable-to-putting-tribe-be-fore-truth/; Brian Resnick, 'There may be an antidote to politically motivated reasoning, And it's wonderfully simple', Vox.com, 2017. 2. 7, https://www.vox. com/science-and-health/2017/2/1/14392290/partisan-bias-dan-kahan-curi-osity; D. M. Kahan, A. Landrum, K. Carpenter, L. Helft, K. Hall Jamieson, 'Science Curiosity and Political Information Processing', *Political Psychology*, 38, 2017, 179-99, https://doi.org/10.1111/pops.12396.

5   2017년 11월 24일에 저자와 나눈 인터뷰에서 발췌.

6   J. Kaplan, S. Gimbel, S. Harris, 'Neural correlates of maintaining one's political beliefs in the face of counterevidence', *Scientific Reports*, 6(39589), 2016, https://doi.org/10.1038/srep39589.

7   G. Loewenstein, 'The psychology of curiosity: A review and reinterpretation', *Psychological Bulletin*, 116(1), 1994, 75-98, https://doi.org/10.1037/0033-2909.116.1.75.

8   L. Rozenblit, F. Keil, 'The misunderstood limits of folk science: an illusion of explanatory depth', *Cognitive Science*, 26, 2002, 521-62, https://doi. org/10.1207/s15516709cog2605_1.

9   P. M. Fernbach, T. Rogers, C. R. Fox, S. A. Slomon, 'Political Extremism Is Supported by an Illusion of Understanding', *Psychological Science*, 24(6), 2013, 939-46, https://doi.org/10.1177/0956797612464058.

10 Steven Sloman, Philip M. Fernbach, 'Asked to explain, we become less partisan', *New York Times*, 2012. 10. 21.

11 Michael F. Dahlstrom, 'Storytelling in science', *Proceedings of the National Academy of Sciences*, 111(Supplement 4), 2014. 9, 13614-20, https://doi. org/10.1073/pnas.1320645111.

12 Bruce W. Hardy, Jeffrey A. Gottfried, Kenneth M. Winneg, Kathleen Hall Jamie-

son, 'Stephen Colbert's Civics Lesson: How Colbert Super PAC Taught Viewers About Campaign Finance, Mass Communication and Society', *Mass Communication and Society* 17(3), 2014, 329-53, https://doi.org/10.1080/15205436.2014.891138.

13   'The Planet Money T-Shirt', https://www.npr.org/series/262481306/planet-money-t-shirt-project-series?t=1580750014093.

14   *Economics: The Profession and the Public*, 재무부에서 열린 세미나, 런던, 2017. 5. 5.

15   인용 출처: Investigator, https://quoteinvestigator.com/2015/11/01/cure/.

16   유명한 영국 기자인 루이스 헤런Louis Herren의 표현이다.

슈퍼 팩트

세상의 진실과 거짓을
한눈에 간파하는 강력한 10가지 법칙

초판 1쇄 발행 2022년 10월 7일
　　 2쇄 발행 2022년 12월 20일

지은이 팀 하포드 | 옮긴이 김태훈
펴낸이 오세인 | 펴낸곳 세종서적(주)

주간 정소연 | 편집 한진우
표지 디자인 thiscover | 본문 디자인 김미령
마케팅 임종호 | 경영지원 홍성우
인쇄 천광인쇄 | 종이 화인페이퍼

출판등록　1992년 3월 4일 제4-172호
주소　　　서울시 광진구 천호대로132길 15, 세종 SMS 빌딩 3층
전화　　　경영지원 (02)778-4179, 마케팅 (02)775-7011
팩스　　　(02)776-4013
홈페이지　www.sejongbooks.co.kr
네이버 포스트　post.naver.com/sejongbooks
페이스북　www.facebook.com/sejongbooks
원고모집　sejong.edit@gmail.com

ISBN 978-89-8407-991-5　(03320)